i

为了人与书的相遇

旭日残阳

清帝退位与接收清朝

桑兵 著

广西师范大学出版社
·桂林·

目　录

创建民国新阁

民元孙中山与逊清皇室的交往：兼论清皇族的归属选择

绪论：回到晚清再革命

一　渊源

　　个人的学术生涯一开始就与辛亥革命研究有缘。二十世纪七十年代末在四川大学读书时，由章开沅、林增平两位先生领衔的《辛亥革命史》编撰组一行人来成都开会调研，川大历史系邀请其中几位学者来校做学术演讲。恰逢改革开放不久，很少有正式的学术演讲，记得首场主讲人便是开沅师，讲演的内容是关于"同盟会成立与华兴会、兴中会、光复会、二十世纪之支那社等小团体的关系"。也许当时开沅师已有成稿，讲起来充满自信，条分缕析，层层深入，有着很强的感染力，连对辛亥革命史事知之不多的门外汉，也被深深吸引。后来听过的学术演讲不少，说到印象深刻，还属这一次难以磨灭。

　　其时川大历史系部分恢复"文革"前的专门化教学模式，力求尽快将学生引入研究状态，因此毕业论文确定的时间相当早。我对中国近代史兴趣较大，又与擅长保路运动史的隗瀛涛老师有些联系，于是在定选题的双向选择中，挑了辛亥革命的题目，并以隗老师作为指导教师。论文从搜集资料到撰写进行得相当顺利，基本没有走什么弯路，按照隗老师的意见修改了两次，便基本得到肯定。这次还算成功的尝试进一步增强了我学习中国近代史尤其是辛亥革命史的意愿。

毕业后考到中山大学随陈锡祺先生攻读硕士学位，陈先生的专长是孙中山研究，而孙中山研究在相当长的时期里与辛亥革命研究密不可分。中南地区的辛亥革命研究会，中山大学也是重要团体会员。中大图书馆收藏的晚清期刊数量之多，在全国各大图书馆中亦不多见，其中相当部分的卷期超出各种篇目索引、期刊介绍。仔细阅读这些书刊，开始对清季留日学生的问题感到兴趣，稍后又扩大到国内新式学堂学生和一般知识人的活动，逐渐形成了一些可以深入探讨的题目。后来这些想法大都一一落实，撰写而成的论文，陆续发表后，收入结集的各部专书。

二十世纪八十年代初的中山大学，硕士也享有入库看书的特权，每日进馆，遍阅包括旧平装书和线装古籍的所有中外文书籍，大开眼界，思路迅速开阔。其间无意中翻到一本1913年出版的英文书《龙旗消逝》（J. C. Keyte, *The Passing of the Dragon: The Story of the Shensi Revolution and Relief Expedition*, London-New York-Toronto, 1913），记录陕西辛亥革命以及救援陕北受困传教士的历史，虽然其中所载图片有的已为《中国近代史资料丛刊·辛亥革命》选用，研究者却很少征引。尤其是升允在陕西独立之时曾经与革命军有所交接之事，为各种中文文献所未见。出于训练外文和深究史事的考虑，将其全部翻译成中文。可惜最近一次迁居过程中，遗失少量书籍文稿，这份译稿不幸在其中。另一份关于华兴会考证的长文草稿，也不见了踪影。

1981年，还在硕士二年时，有幸参加了长沙纪念辛亥革命七十周年青年学术研讨会。倡行者主要是鉴于武汉纪念辛亥革命七十周年学术研讨会的容量有限，希望为更多的后进提供机会。这一届以青年为主体的长沙会议，影响持续了几十年，如今各校不少研究骨干，仍是那次会议的代表。在三次革命高潮的架构依然主导中国近代史研究的环境下，太平天国和义和团研究领域，都没有出现这样对新进学人具有持续影响力的学术会议。而后来举办的孙中山研究青年学术研讨会以及纪念辛亥革命八十周年青年学术研讨会，与之相比似也相形见绌。究其详，因缘时会，以及辛亥革命研究在那一时期具有更强的内在张力，当为重要原因。我生也幸，躬逢斯会，忝列预流之列。

硕士学位论文最后选定以 1905 年以前的国内新式学堂学生为题，是考虑到原来关于近代中国学生的认识，大都以五四运动为起点，留学生的研究虽然方兴未艾，却有资料的局限，不易形成前后内在联系的具体课题。国内学堂学生则刚好兼得两利。因为有了四川大学毕业论文的训练，收集资料、写出初稿不难，可是修改定稿却大费周章。材料太多，史事繁复，而学生作为社会群体的历史又很难将每个个体逐一陈述，如何叙事说理，而不是简单地铺陈罗列，对于初学者还是一大考验。在陈先生的指导和陈胜粦老师的具体点拨下，历时十月，十易其稿，终于获得通过。经过这次历练，对于掌握历史论文的写作自觉上了一个台阶，对于辛亥时期的历史也有了深入一层的认识。

硕士毕业，留在中山大学历史系任教。一年后，中国近现代史学科开设了博士点，开沅师是首位由国务院学科评议组通过的中国近现代史博士生导师，华中师范大学历史所是首个中国近现代史博士点单位。我一方面预感随着教育学术的发展，系统完整的学位训练势将日显重要；另一方面，硕士论文只写了 1905 年以前部分，此后直到 1912 年清亡，国内新式学堂学生群体的人数更多，材料和史事更丰富，社会作用和影响也更大，若能在开沅师的指导下续完晚清国内学堂学生的研究，将进一步提升自己的研究能力，同时也能将近代中国学生运动的历史向前拉长。

　　怀着这样的期待，抱着试试看的忐忑心情，向开沅师表达了希望入门执弟子礼的想法。由于硕士论文答辩时，开沅师是主席，知道底细，很快明确回复，欣然同意。于是来到武昌桂子山，师从开沅师，开始进行博士学位论文选题的研究。其时开沅师正担任华中师范大学校长，事务繁忙，但是营造了良好的学术氛围。同届的博士研究生共有四位，其他三位分别研究商会、袁世凯和护法运动，大体都在辛亥前后的各个层面，可以经常相互交流。另外，华中师大还有政治学和文献学的博士点，在读的几位也是好谈之士。我的兴趣广泛，常常和他们海阔天空地谈西马和上古生殖文化等等。因为每每吃饭时在阳台交谈，某日突发奇想，笑谈可以研究阳台进入中国的历史及其功能的演化。

　　为学不能满足已有，因而常常要有意识地为难自己，以求突破改变。博士学位论文的选题虽然是接着硕士论文的下限继续往下做，硕士论文也得到相当的肯定，可是并不希望仅仅做成硕士论文的简单放大或延续。那时中国的思想界相当活跃，相对滞后的史学界，也不甘成为"死学"，引进了五花八门的理论，用于解释历史问题。那些左冲右突的时髦尝试，大都拿着外来或别科的系统条理固有材料，如今看来不无幼稚肤浅之嫌，当时却令人耳目一新，年轻人尤为所动。自己也不能免俗例外，阅读了从结构语言学到行为科学的各类书籍，试图有用于研究历史。不过，历史学的训练还是本能地具有约束作用，一是总想追根寻源，不肯断章取义，二是不愿机械套用，尤其是不愿轻易用于表述，而是努力尝试在研究阶段运用相关原理方法解读史料史事。因此，虽然达不到从心所欲而不逾矩的境界，如今看来还不至于太过令人汗颜。而且经过一轮漫山跑马，倒是对历史为综合的学问不宜分科有所体验。

二　承接

开沅师是中国近代史研究的大家，尤其以辛亥革命史见长，尽管后来另辟教会大学史等崭新的领域，对于辛亥革命史的研究始终挂怀。还在辛亥革命研究如日中天之时，开沅师已经开始思考进一步推进提升的取径办法，并多次在学术报告中重点提示。大体而言，其取向包括相辅相成的两方面：一是要扩展辛亥革命研究的视野和方面，如加强对官绅商学等社会群体的研究，并着重指出应当大力研究作为革命对立面的清王朝；二是可以暂时跳出辛亥革命的范围，前后左右研究晚清民国史的各个时段层面，在对整个中国近代史的认识大幅度深化的基础上，将所获成果经验再转而应用于辛亥革命史的研究，以期能够厚积薄发，反哺辛亥革命史，使后者提升到新的境界。

为了实现这一目标，开沅师身体力行，组织力量，很早就开始着手编辑《辛亥革命史资料新编》。我在攻读博士学位期间，参与了其中英国档案有关辛亥革命部分的翻译。其时英国蓝皮书的相关部分已经翻译出版，两相比较，发觉后者往往于关键部分有所删减，以维护英国的形象。从而意识到辛亥革命研究仍然任重而道远，也体察到比较不同的史料对于历史研究的极端重要。

时间过去三十年，开沅师倡导的第一取向，在他的带领下取得显著的进展，而第二取向，恐怕有些不如人意。离开辛亥革命，多数学人向着各自心中崭新的领域披荆斩棘，一路狂奔，与初衷渐行渐远，好像不再打算回头，而且也回不来了。日本的辛亥革命研究会和国内的中南地区辛亥革命研究会相继解散，虽然原因各异，却反映了辛亥革命史已经从显学退隐，和孙中山研究相似，日渐成了逢五逢十纪念史学的一部分。

出现这样的情形，可以说是大势所趋。只是大势的当否，尚有可议。近年来，与原来中国现代史合并称为中国近代史的百余年历史的研究，呈现时段和层面不断下移的趋势。导致这一趋势的因素，无非是下列各项：其一，域外研究取向的带动。一方面，思想史、政治史、外交史等传统领域遇冷，另一方面，新文化史和新社会史等等日新月异。其二，创新填空的驱动。本来所有的人文研究都必须在前人基础上再进一步，否则就是废话，还有抄袭之嫌，刻意要求，意味着可以沿袭陈说，反之，则希望用前人未见的材料研究前人没有做过的问题。其三，各种新材料的大量发现，不仅推动了以新材料研究新问题，而且提供了很大的便利。其四，已经前人研究过的部分难度较大，不易下手，难以超越，开辟新途则看似容易达成突破前人的目标。其五，随着时间的推移和资料的开放，原来处于历史研究视域之外的时段几乎可以同时满足上述所有条件，因而越来越成为人们普遍关注的研究对象。

平心而论，中国近代史的各个领域，很难说哪一部分已经研究到了穷尽的程度，无法继续深入扩展，可以束之高阁。与相对成熟的古代史相比，近代史更加显得薄弱甚至粗疏。中国近代史研究起步较晚，开始研究者较少，且多从其他方面转入，有些研究者的素质和意识略受限制。后来虽然人数迅猛增加，却又有趋易避难之嫌。在一段时期里，研究历史被以找好工作为目的的学子视为畏途，避之唯恐不及。而不得不读历史的人当中，选择中国近代史的原因有的居然是因为古汉语不好，不能选古代史，外语不好，不能选世界史。其实治近代史必须沟通古今中外，既要古汉语好，又要多种外语能力。加之中国近代史的研究原来选择性较明显，架构较为固定，禁忌和顾忌较多，许多重要的人与事，至今没有得到很好的研究。更加令人头痛的是，材料太多，难以遍览，缩短战线，则容易偏狭。如何取得平衡，实非易事。可以说，治近代史其实是对学人天赋功力的极大考验。

所谓近代中国是史料大发现的时代，原来主要是指古代史料的发现远过于历代。至于近代史，除少数例外，一般不在学人的关注之列。古代史的以新材料研究新问题，已经出现一些流弊，引起学界的警惕和批评。其中之一就是人所共知的书都不看，一心只找前人未见书。有时甚至错将常见书当作秘籍，遭到老辈的讥笑。而近代史料极大丰富，研究工作起步又较晚，未经前人过目的材料和较少着手的领域方面较多，学人受以新材料研究新问题之说的误导，一味披荆斩棘，而自诩填补空白。其实拓荒开垦形同刀耕火种，园艺式的深耕细作才是走出粗放时代的必由之路。

　　治史要想精益求精，必须专精与博通相济。前人披荆斩棘，垦荒拓殖，来者理应在其奠定的基础上反复耕耘，才能结出硕果。如果只是不断开荒，反倒很难走出蛮荒时代。前人尤其是前辈大家的工作，往往抓住本源主干，如大事要人与文物制度。要想超越，应该首先能够接续其研究，然后争取百尺竿头更进一步。若是一味扩张版图，不能接续既有事业，很可能舍本逐末，得不偿失。应当学习借鉴古代史大家的治学良法，根据晚近史材料极大丰富的特点，加以调适，充分彰显其潜力。否则连接也接不住，遑论超越？而深耕细作不是划分畛域，株守一隅。专家的通论，充其量不过是横通。

　　治学之道，应当先因而后创，接着做是题中应有之义。学术要想创新，首先必须接得住。开沅师学术视野开阔，涉足的时段和方面甚多，其中尤以辛亥革命史研究最为人所称道。真正的耕耘者其实最能体察所开拓领域的潜力和趋向，他晚年仍一直将新编辛亥革命史资料作为重要事业，除了了却心愿，恐怕还有对于来者的期待。

　　近年来，有意承接陈锡祺先生的孙中山研究和开沅师的辛亥革命研究。这两个领域从来关系密切，同时并进，可以相得益彰。关于孙中山研究，陆续主持编辑编撰了《各方致孙中山函电汇编》《孙中山史事编年》《孙中山思想政见各方论争资料集》，正在编撰《孙中山纪念编年》和《孙中山图像编年史》。关于辛亥革命，从大小历史的不同视角，分别撰写了三本专书。此外正在主持编撰包括辛亥革命与民国肇建纪念在内的民国重大纪念编年。努力的目标在于，搜集、整理各类新旧史料，深入探究一系列重大问题，并利用亲历者的日记，追寻近代中国政权鼎革之际各色人等的心路历程，作为重写大历史和呈现小历史的开篇，同时在整体联系的脉络之中，展现重要人物重要事件的历史枢纽作用，使得推进孙中山及辛亥革命研究与扩展深化整个近现代历史研究（诸如晚清史、民初北京政府时期历史以及同时代形形色色的人事）相辅相成。

三　转身

民初乱象横生，社会动荡，康有为幸灾乐祸，将辛亥年撰写的那些自认为奇思妙想却不合时宜的文章汇辑成《不幸而言中不听则国亡》的小册子，以显示其有先见之明。而一般民众身陷战乱危局，也常常抱怨早知如此何必革命。只是这样针对时势而发的怨言，并不能当成怀念清朝的证据，若是当真回到晚清，他们大概还是会毅然决然发动革命的。

集合概念往往后出，而"辛亥革命"或"辛亥革命史"的说法，则是事件还在进行之际就已经出现。武昌起事后，上海各大报纸对南北战事的胜负极为关注，纷纷开辟专栏，予以重点报道。1911 年10 月 15 日起，《神州日报》关于武汉战事的报道，除了延续使用"鄂乱""湖北乱事"等指称，也明确说是"革命"，甚至出现每天固定地以"辛亥湖北革命史"为名目的专题报道。[1] 随着形势的发展，10 月 26 日，《神州日报》又将该专题更名为"辛亥中国革命史"。1911 年 10 月 27 日，《时事新报》也将原来连续 14 天的专题报道"武昌乱事纪"改题"中国革命史"[2]，稍后又以期刊形式编辑出版《中国革命记》。由渤海寿臣编辑，五族民报社 1912 年 6 月出版，汇辑

---

[1] 《神州日报》1911 年 10 月 16 日，第 3 版，"特别纪事"。

[2] 《中国革命史初纪》，《时事新报》1911 年 10 月 27 日，第 1 张第 3 版，"特别纪事"。

1911 年 10 月 11 日至 1912 年 2 月 12 日各报关于革命报道的专书，书名就叫《辛亥革命始末记》。或称该书以及同年由"草莽余生"（廖少游，又名宇春）编辑出版的《辛亥革命大事录》，为最早见诸记载的"辛亥革命"一词，实则这一概念很可能源自《神州日报》的专栏，只不过事件进行中"中国"被凸显，时过境迁，时间的分别更受重视。

能够接得住或是承接得当，须有一定的条件，需要相当的知识储备。就此而论，开沅师当年提出的扩展范围或暂时跳出，确是远见卓识。承接辛亥革命与孙中山研究这类前人成果相当丰富的老题目，并且希望由此开始重写中国近现代历史，得益于三个相辅相成的方面：其一，文献资料的大规模出版；其二，晚清史等前后左右相关研究的深入拓展；其三，学习和借鉴近代学问大家治史的取径和方法。

治史理应后来居上，不创新就形同废词，而根本的凭借是史料掌握的多寡和理解的深浅。套用一句流行语，研究历史光有材料是不够的，但没有材料则是万万不行的。二十一世纪以来，随着综合国力的增长和学术界出版界的自觉，各种历史文献被大规模编辑出版，就中国近现代史而言，其数量远远超过上个世纪的总和。包括清史工程在内的多种大型资料出版以及网络资源的迅速膨胀，使得相关研究的取材较以往大为便利。虽然一味以新材料研究新问题容易偏蔽，可是没有新材料仅就旧材料反复解释，更加危险。况且，这些公之于世的文献，未必是尘封已久或躲在深闺，但除了少数机缘巧合者，相当多的部分接触利用可谓困难重重。大量的时间和精力耗费在动手动脚找东西的上穷碧落下黄泉上面，久而久之，容易误以为看得到比读得懂更加重要。治史应以平等眼光看待一切材料，并将新旧材料融会贯通，进而比较不同的材料以近真且得其头绪。在大量文献容易利用的基础上，可以使读人所常见之书说人所不常说之话的境界更上层楼。

　　就本书所及范围而论，开沅师的《辛亥革命史资料新编》，以及《袁世凯全集》《赵凤昌藏札》和多种重要的日记文集报刊，都在其列。尽管这些新编新出文献未必全是新问世，可是经过整理编排，对于在原有时空位置中还原史事本相和前人本意，大为便利。即便是影印出版，利用起来也极为方便。将所有新旧文献依时排列，大体能够一一对应，不仅可以相互比勘印证，近真求实，而且能够把握来龙去脉，进而体察解释背后错综复杂的联系。治史能够得到这样的典型案例和完整材料，可谓三生有幸。得此良机，全都仰仗前贤锲而不舍的努力。历史研究，若是不鼓励资料的编辑整理，一味要求推陈出新，只能是南辕北辙。

　　史料的大规模出版之外，对辛亥革命史研究直接促进作用最大的，当属晚清史研究的显著进展。治史是在整体之下研究具体，专精与博通互为支撑，因此不能盲人摸象，坐井观天。一味株守一隅，专攻一点，不及其余，做成打洞式的学问，难免偏蔽。个人的学术眼界如此，一个领域或方向的研究态势同样如此。学术史上，高明者大都无门无派，无招无式，即便有所渊源，也要竭力超越，穷其变化。否则，画地为牢，还以固陋为独门奇技，岂不贻笑大方。

　　晚清史与辛亥革命史，时段上高度重合，有时甚至可以说是一而二之事。开沅师最为识者称道的，恰是《翁张交谊与晚清政局》这类侧重晚清史的论著，在以革命为中心的年代，这样别开生面的研究的确令人耳目一新。近年来，晚清史尤其是戊戌至清亡的研究，取得了长足的进步，诸多方面的成果明显较前深入拓展。尤其是制度和人事问题，已经开始进入精细化的境界。或以相关研究者人数和发表论著数量的减少作为凭据，认为晚清史研究相对于其他领域还处于滞后状态。其实，学术研究的高下，非但不能以数量多少为断，而且从之者众的热闹，往往是肤泛浅显的表征。这也是中国近现代史的研究者和论著数量早已超过其他各个历史学分支，可是其水准和地位一直颇受诟病的重要原因。

学问之事，往往喧闹的热潮过后，才能渐入佳境。大浪淘沙，留下来的人当中，不乏训练和天分较好、素质较高、性情相宜、沉潜好学、耐得住寂寞的读书种子，正好适应时势的需求，进行精深的探讨。经过学人们不懈的努力，晚清史研究的水准整体大幅度提升，与专人和论著的减少适成反比。换言之，粗疏表浅的不入流做法，由于对清朝的体制人事认识大为深入，为重新探究反清一面的言行提供了重要参照和比较依据，单就革命势力一面立论的态度方式相应地随之调整，这就为深化和拓展包括革命在内的辛亥时期的历史进程研究，形成内在驱动力。

中国近现代史研究起步较晚，其发端又伴随着种种其他因素，预设前提的态度、粗放的研究方式以及随时而转的跟风趋时取向，严重影响了研究的格局和水平。在这方面，有必要学习古代史大家的治学经验，努力掌握其卓有成效的治学方法，应用于史料极大丰富的中国近现代史研究。陈寅恪、傅斯年等人倡导并且身体力行的长编考异与比较研究相结合的办法，尤其值得用心揣摩。"长编"不仅仅是资料排序或编年的初稿，也不像梁启超所说取材容易编排不难，既要在整体脉络中展现前后左右的联系，又要呈现比较不同史料以近真的取舍过程。这不但有助于改变中国近现代史研究观念先行任意取证的偏蔽，以及事实未明急于说理的通病，更能强有力推动进一步夯实基础，垫高平台，使良法与材料相辅相成，发挥更大的效用，进而衍生发展出良法的变体甚至生成变相的新法。

就个人而言，二十余年来进行的庚子勤王、孙中山、近代中国的知识与制度转型等方面的研究，对于重新接续辛亥革命研究具有直接的支撑作用，其效应相当显著。

着手庚子勤王的研究，其实是编撰《孙中山年谱长编》和撰写孙中山传记的副产品，按照长编考异之法将所有资料顺序编排，比较近真，得其头绪，发觉原来的解读几乎完全错误，不能将所有材料史事安放到得其所哉的位置。于是拨开迷雾，从头梳理，渐渐水落石出，真相大白。而近代中国的知识与制度研究，为集众的工作，参与者数十人，历时二十年，从最初隐约朦胧的雾里看花，到来龙去脉，胸有成竹，在中学、西学和东学的架构下，依据材料将人事放回原有的时空位置，将思想还原为历史，形成一整套行之有效的做法。此番重回辛亥革命的努力，前后共得50余万字，分成两本专书，其中《旭日残阳：清帝退位与接收清朝》基本运用《庚子勤王与晚清政局》的成法，另一本则为知识与制度转型研究的挪移。

曾几何时，凡事都好套用时代与阶级烙印的说词，细想也并非毫无道理。胡适指钱穆、张其昀等人是未出国门的苦学者，部分原因是说他们保留旧观念较多，不能如自己改得彻底。胡适的思想是否彻底，见仁见智，但是人在一定的社会环境中生息活动，如果没有外力作用，不易跳出思维的定势。欧洲走出中世纪，尚且如此。人生所受教育，都有时代痕迹，观念说话作文，难免留有印记。如今重读自己早年的作品，遣词用字就有显而易见的岁月流痕。而教书的过程中惊奇地发现，一茬又一茬的青年学子流水而过，这些痕迹似乎辗转在他们身上依然显现。不禁慨叹历史教育的基本规则，仍有加强贯彻的必要。

长编考异与比较研究相结合，最能体现历史研究视角的相对性，将钱穆所说的历史意见与时代意见清晰分别，始终保持高度自觉。历史的相对性与所谓相对主义风马牛不相及，主要是指历史亲历者立场态度地位条件各异，所记只能反映其有限的知，必须前后左右多角度全过程比较参看，才能察其大体，把握内涵外延。如此这般，有助于探究观念事物的渊源流变，防止以时代意见取代历史意见。

专题研究应立足于先行研究的基础之上，以所有与本专题有不同程度、层面联系的相关研究所达到的前沿为出发点。而专题研究各有视角取径，所谓先行研究并非综述，不必详细罗列所有相关论著，而又不能遗漏真有贡献之作。对此研究者必须胸有成竹。时下中国近现代史发表出版的论著虽多，却往往不能包含其先行研究，甚至不及先行研究。如果不加甄别地一概罗列，反而暴露继起者不能把握既有研究依时序后来居上的进展。那种罗列之后又滥加但书的征引，表明作者一方面误将先行研究视为自己的工役，另一方面则不知如何才能紧扣主题取舍得当。须知前人立论，各有视角，并非为自己打工，贡献之外，便是留下的空间。更有甚者，每每罗列大批关联不大的论著，以炫其博识，却遗漏最重要的直接关联研究，因为若不如此其论著很可能变得毫无价值。这样故意毁尸灭迹，虽然屡屡瞒过不得要领的刊物和毫无章法的评审，却不能尽欺天下人。治学必须高度自律，心术不正，即使侥幸得逞于一时，等于将自己永远绑在历史的耻辱柱上，成为来者的警示。

本书并非全面检讨后来所称辛亥革命时期的史事，而是聚焦武昌起事至清帝退位、民国肇建大约半年左右时间里，风起云涌的中国政治舞台上各种势力的博弈角逐，也就是严格意义上辛亥革命的历史进程。由此演出的一幕幕大戏，较荧屏银幕上的演义何止精彩百倍。现实比魔幻更加千奇百怪，丰富多彩，而历史本来的变幻莫测，让任何添油加醋都黯然失色。孙中山与袁世凯的政坛过招，可谓棋逢对手，双方的出招拆解，明显较他人技高一筹。那些抓住一点不及其余的指摘议论，自以为聪明过人，道德据高，其实是缺乏了解同情看不出门道的外行话。连过往的历史本相也会一叶障目，回到现场，恐怕难以成为真正的对手，自然也就不可能领略双方的袖里乾坤。

自然界的旭日残阳，绝无交集的可能。而帝制终结与共和登台，却是相互交错。只不过夕阳余晖，尚有人恋恋不舍；旭日东升，还须穿云破雾。这与清帝退位和接收清朝何其相似。在革命进程中革命党一方是堂堂正正之师，其他各方留在历史画卷上的则多是侧面和背影，包括清帝黯然退位下台，最后一代王朝寿终正寝。清帝退位后，自己的作为与世事的变化交相作用，使得清朝的帝后王公亲贵乃至满人，渐渐成了失语者，即使偶尔发声，也多是负面。这与退位之初各方的观感很有些不同。而导致二千年的帝制一朝覆亡进入共和时代，武力革命固然是主动，谈判桌上的折冲樽俎，台面下的密谋斗法和交易妥协，同样至关重要。关于清朝如何结束，民国如何建立，既有认识还存在不少盲点误区。由共和取代帝制，对于在皇权的灵光笼罩下生存了数千年的中国人，实在是石破天惊的大事。孤帆远影碧空尽，唯见长江天际流。望着那些逐渐逝去的背影，总有一种正面相对、仔细审视的冲动。也许这就是史家的天性。

关于辛亥革命的成败得失，学界从来意见各异，比较具有共识的，就是推翻皇权，终结帝制。尽管对于中国是否需要皇帝，民初以来一直众说纷纭；尽管当今世界上依然保持皇权王权的国家不在少数，而且社会发展程度并不因此受限；尽管有些王权在社会矛盾不可调和之际，的确起到了化解的作用，避免了流血冲突的惨剧；尽管王国的臣民们对帝王毕恭毕敬之余，王室成员的大事小情俨然已经成为重要商机，不仅可以怡情，而且能够发财；我还是庆幸辛亥中国不但将清帝赶下台，而且一劳永逸地结束帝制，让中国人从此不必继续再向帝王顶礼膜拜。

本书的取材，得到门下在读的博士生赵建民、邓华莹（现为中山大学副研究员）等人的帮助，尤其是前者，具有超强的搜寻和下载电子版书籍的能力。核对引文则由余露（现为岳麓书院助理教授）承担部分工作。提供过资料帮助的还有骆宝善、刘路生、左松涛等师友，谨此一并致以谢忱。

提要

国事共济会与国民会议

关于杨度、汪精卫等人于辛亥民军、清军的战事陷入胶着时成立的国事共济会，学术界一直认为不得人心，因而短命，其组织、人员也语焉不详。仔细梳理比勘新旧各类相关资料，不仅能够求证国事共济会成员的身份作为以及该会之于辛亥政局鼎革的复杂关系，还能深入探究国民会议（大会）发生演化的脉络及其对近代中国政制建构的长远作用。国事共济会虽然为时短暂，所提出的国体政体主题，却牵动南北各方的敏感神经。而其主张的以国民会议（大会）公决形式解决重大国事纷争，不仅成为南北和谈纠结不已的一大关键，而且对民初以来中国政制架构的发展演变产生了深远影响。

列强与南北和议的政争

南北议和第二、三次会议之间，袁世凯对于唐绍仪提出的通过召集国民会议公决国体政体的议案，迟迟未作答复。他虽然大权在握，但在亲贵、革军、尤其是列强的压力之下，必须竭力保持平衡，避免局面失控。列强本来赞成君主立宪的居多，随着局势的变化，英国逐渐倾向于接受由中国国民公决的共和制作为解决时局纷争的选项。与英国保持同盟关系的日本出于自身利害考量，坚决反对中国改行共和制，受制于英国和其他列强，不能单独采取干涉行动，被迫袖手旁观。袁世凯主要关注权力的归属而非国体政体的形式，他既要利用内外矛盾达成目的，同时也要因应时势的变化，调整实现政治诉求的具体方略。因而必须造成"非袁莫属"的时势，才能水到渠成地登上权力的巅峰，从容施政。在外力干扰解除后，袁世凯转而逼迫清廷及亲贵就范。

南北和谈与国民会议

南北和议，谈判的主要内容不是共和与君宪的优劣短长，而是以何种形式实现共和。开始双方争论的焦点在于是否以国民会议公决国体政体，以及包括代表产生、会议地点在内的如何召集等问题。和谈期间，本来主动提出此议的是袁世凯内阁代表一方，民国代表只是被动接受。可是双方共识的基础在谈判会场之外并未得到广泛认同，围绕能否以国民会议的形式公决国体政体及其实施办法，中外南北各种政治势力相互角力，使得谈判双方不断调整各自的态度立场，导致已经达成的各项协议全然失效，最终由国民会议公决国体政体的成案胎死腹中，改由直接迫使清帝退位作为南北纷争的解决之道。

袁世凯《请速定大计折》与清帝退位

由于民军根本否定帝制，主张共和，与通行的认识有别，袁世凯暗示清帝退位的《请速定大计折》并非如张国淦所说，提出于

1912 年 1 月 16 日，而是 1911 年 12 月 27 日前。在由国民会议取决国体政体因唐绍仪辞去议和总代表陷入停顿后，袁世凯很快就重启清帝退位动议，并且取得明显进展。其间在国民会议问题上与伍廷芳的反复纠缠，很大程度上不过是彼此心照不宣地演双簧施展障眼法。由于清帝退位之议尚未水到渠成即被意外披露，在清朝内部引发激烈反弹。刊布一个月前的《请速定大计折》，旨在使清帝退位不再是清方的难言之隐，从而对坚持君主制的拥清势力产生釜底抽薪的作用。

政权鼎革与法统承继：清帝退位的南北相争

南北战事相持不下，为了避免因战祸延长给国家社会带来重大危机，促使清帝退位成为首要选项。这一场台前幕后牵涉中外南北各方的政治博弈，孙中山和袁世凯可谓棋逢对手，彼此出招拆招，明显较相关者技高一筹。在清廷和中华民国临时政府之间，袁世凯上下其手，一面化解君主党的反对压力，一面排除民党的限制约束。他力图借权力来自清帝逊让之名主导南北政府合并，使得延续清朝的法统与承接清朝的政府相辅相成。对于袁世凯的种种心计，孙中山虽然预判准确，针锋相对，却无力回天。通过清帝退位，辛亥革命以最小代价换取最大成果，在实现帝制到共和的跨越的同时，维护了国家的统一和民族的共存，同时也留下重大隐患，令当事人后来痛心疾首当初做出的妥协。

接收清朝旧署

和议告成，依法国务院成为统一民国政府的权力中枢，也是各方角力的关键。南京临时政府自认为中国唯一具有正当性的共和政权，而清朝末届内阁总理全权大臣袁世凯变身统一临时政府大总统，千方百计将前清的阁府部院当作民国的北方政府，以图偷梁换柱延续清朝的法统，抵拒南京中华民国临时政府的革命法统。民国从前清接下的不但是机构的烂摊子和财政的空架子，还有麻烦不断的大批旧员和层出不穷的人事纠纷。

创建民国新阁

既往研究中，民国肇建的具体过程主要关注军事冲突和政治角逐，至于国家行政权力机构如何建制，则语焉不详，甚至略而不论，而这对于理解民国的创建及其趋向至关重要。接收清朝旧署与建置民国新部的南北新旧之争相互纠葛，使得各种风潮层出不穷，新政府的成立及其运作举步维艰，作为责任内阁的国务院无形中大幅度被弱化和虚化。精心导演了这一幕开国大戏的袁世凯，看似渔翁得利的最大获益者，各方角力的结果，府一极坐大坐实，最终达到大权独揽的目的。

民元孙中山与逊清皇室的交往：兼论清皇族的归属选择

民元8、9月间，孙中山北上在京活动21天，百忙之中，专门抽出4天与逊清皇室往还，不仅出席了清皇室的宴请，还分别拜访了前摄政王载沣、贝子溥伦、内务府总管大臣世续，并由后者及其所派人员陪同，游览了颐和园、南海、天坛等宫苑名胜。隆裕太后积极回应民国政府的呼吁，对孙中山来京表示欢迎，虽然带领宣统会见孙中山的初衷碍于皇族内部的反对未能实现，仍为招待孙中山提供仪驾之便。长期敌对的双方握手言欢，孙中山（包括黄兴）方面既是对清帝退位实现共和统一表达肯定和敬意，也是做出由反清排满转向五族共和的政治姿态，以回应各方的质疑，使得满蒙回藏能够与汉人同心协力，以期实现合各地为一国、各族为一人的誓言。

而在清室方面，虽然国体变更、失去统治地位未必心甘情愿，但是
包括隆裕太后、摄政王以及参与招待孙中山的几位皇族内臣，的确
有意信守协议和承诺，在民国政权下继续安享尊荣。为此，隆裕太
后还从全族和宗庙陵寝的安危以及中国的安定着眼，扼制各地亲贵
旧臣的图谋不轨。在京满人的满族同进会，则积极在民国政治架构
里争取自己的权益。清皇室皇族乃至满人在作为征服者统治者和中
国人之间必须二取其一时，多数人宁可放弃前者而不愿失去后者，
其表现在民初得到一般国民的普遍认可。这样的大势所趋，重要的
动因在于晚清因应外强的压迫，清廷不得不撤藩建省，放弃内亚的
藩部制而一律采取中华体制，同时逐渐弱化旗人的特性，使得旗民
分治的界限日趋模糊。虽然革命党的排满宣传凸显了满汉矛盾，仍
不宜用民族识别以后的观念来加以解读。尽管后来宣统卷入张勋复
辟和伪满洲国，祸及全族，逊清皇室和旗人对五族共和身份的认同，
毕竟成为民族同化和疆域统一的重要机缘。

国事共济会与国民会议

　　辛亥武昌起事后，民军与清军陷入犬牙交错的混战，局势扑朔迷离，前途一时难卜。一些身处北方的人士一则担心乱局久拖不决，生灵涂炭，强邻趁机瓜分；二则唯恐清、民双方关于国体政体的抉择尖锐对立，纷争不已，势成割据，很难实现长治久安。因而联络组织国事共济会，提出以国民会议的形式对君主立宪和民主立宪进行国民公决，从而用和平方式解决武力冲突，打破当前的政治僵局，并且为国家民族的安定发展奠定良好的政治基础。

　　由于北方仍然处于清政府的控制之下，而光复各省坚持推翻清朝帝制，对于公决君宪民主之举均不以为然，发起和参与其事者，当时大都隐姓埋名，事后亦不愿述及这段不大光彩的往事[1]，相关人事，长期隐而不显。后来的研究，一般通史、相关专书及专题论文

---

[1]　各当事人对于该会事宜多不愿言及，如黄远庸声称："余于革命时，有一事大足记述，即余被推为代表，谒见庆王、那桐者，说宪法事。此平日赫赫炙手可热之庆、那，到此最后关头，其情状可怜，乃出意表。庆王自谓此后得为老百姓已足。那桐者至踽踽而道，

虽然间有提及，大都语焉不详。[1] 一些当事人的年谱涉及相关人事，
还有所舛错。

　　国事共济会虽然为时短暂，成效不彰，所提出的国体政体主题，
却牵动南北各方的敏感神经，影响中国未来的政治走向。而其主张
的以国民会议（大会）公决形式解决重大国事纷争，不仅成为南北
和谈纠结不已的一大关键，而且对民初以来中国政制架构的发展演
变产生了深远影响。仔细梳理比勘各类相关资料，于求证国事共济
会成员的身份作为以及该会之于辛亥政权鼎革的复杂关系之外，还
能深入探究国民会议（大会）发生演化的脉络及其对近代中国政制
建构的长远作用。

一　组织及成员

　　一般相关论著中，关于国事共济会的陈述包括下列内容：其一，

（接上文注）谓吾曹向日诚假立宪，此后不能不真立宪。余非到此等时，尚不知彼等之
　　恶劣，一至于斯也。吁嗟，满洲亡其家国于此等人之手，岂不可哀。"（远生：《忏悔录》，
　　《东方杂志》第 12 卷第 11 号，1915 年 11 月，第 9 页。）这样的选择性记忆，除了作文
　　的需要外，显然与后来时势的变化有关。

[1] 先行研究大都是以汪精卫、杨度等人为主题，涉及国事共济会。直接以国事共济会为题
　　的有闻少华的短文《汪精卫与"国事共济会"》(《南开学报·哲学社会科学版》1985 年
　　第 3 期)，韩国首尔大学金衡钟的《1911 年的汪精卫、杨度与国事共济会》(中国社会科
　　学院近代史研究所政治史研究室、杭州师大浙江省民国浙江史研究中心编：《中国社会
　　科学论坛文集·政治精英与近代中国》，北京，中国社会科学出版社 2013 年版)。前者
　　1975 年就与丁贤俊联名发表《辛亥革命时期的一个投降派——汪精卫》(《吉林大学社会
　　科学学报》1975 年第 6 期)，还根据《辛亥革命始末记》和《民立报》辑录了《国事共
　　济会资料》(《近代史资料》总 51 号，北京，中国社会科学出版社 1983 年版)。闻少华
　　的文章扣题而过于简短，金衡钟文则主要篇幅用于概述汪精卫和杨度辛亥前的政见，认
　　为国事共济会宣言基本反映后者的理念，并声称由于资料缺乏，于会本身着墨很少。波
　　多野善大的《辛亥革命の南北议和と汪兆铭》(龙谷大学东洋史学研究会：《小野胜年博
　　士颂寿记念东方学论集》，京都，朋友书店 1982 年版)，王晓秋的《试论清末京城立宪派》
　　(《北京社会科学》2009 年第 3 期)、《清末京城立宪派与辛亥革命》(《明清论丛》第 11 辑，
　　2012 年) 及其汪荣宝研究，裴京汉的汪精卫研究等，也从特定角度论及国事共济会。

成立时间为 1911 年 11 月 15 日；其二，发起主持者为杨度、汪精卫、汪大燮，有的还分别提到黄为基、汪荣宝、范源濂；其三，幕后指使人是袁世凯，袁还提供了 50 万巨款；其四，目的是以民间团体的形式鼓吹停战，主张南北议和，由国民会议和平解决国体或政体问题。[1] 上述各条，除最后一条外，其余均有可议。

国事共济会最早公开进入国人的视野，是 1911 年 11 月 15 日北京的《爱国报》以《中国共济会出现》为题刊发报道："近日大局纷扰，南北相持，内部之糜烂，外部之乘机，内外人士，莫不引为忧虑。闻有某某志士组织一中国共济会于天津，立宪党用杨度出名，革命党用汪兆铭出名。该会之宗旨，首在要求停战，北军之停战，由立宪党要求政府，南军之停战，由汪设法向南军鼓吹。此议既决，则组织国民会议，聚集全国代表，协议政体。政府及南军共应服从国民之同意。现已由该会发表意见书，布告天下云。"[2]

第二天，日系的《顺天时报》以"特件"的名目刊载了国事共济会宣言书，并于次日将宣言书以及该会简章连载完毕。简章共七条，可以大体显示该会的宗旨目标、政治主张、行动方略和组织形式：

国事共济会简章

（一）本会以保持全国领土（各省及各藩属）之统一为宗旨。

（二）本会依前条之宗旨，要求两方停战，鼓吹组织临时国民会议，解决君主民主问题，以免全国战争之祸。

（三）本会会员平日主张君主立宪者，担任请愿北京政府赞

---

[1] 前述先行研究各文外，可参考金冲及、胡绳武《辛亥革命史稿》第三卷（上海人民出版社 1991 年版，第 460 页），章开沅、林增平主编《辛亥革命史》下册（北京，人民出版社 1981 年版，第 266—267 页），侯宜杰《二十世纪初中国政治改革风潮——清末立宪运动史》（北京，人民出版社 1993 年版，第 536 页）。

[2] 《中国共济会出现》，《爱国报》第 1766 号，1911 年 11 月 15 日，第 2 版，"国事要闻"。

成本会办法，平日主张民主立宪者，担任请愿武昌军政府赞成本会办法。

（四）无论何人，得本会会员二人之介绍，均得为本会会员。

（五）本会本部暂设天津，各省及各藩属地方，随时得设支部。

（六）本会设干事四人，两党各举二人。

（七）各省及各藩属地方有赞成本会宗旨者，得自行组织支部，一面通知本部。[1]

成立国事共济会，主要就是分别劝说清廷、革命党双方停战，用国民会议的方式决定国体政体。虽然目标是临时性的，却有建立全国性常设组织的愿望。

此事因为事先没有得到信息，南北报界的反应相对迟缓。两天后，近在咫尺的天津《京津时报》以《中国共济会出现》的同名标题转发了《爱国报》11月15日的报道[2]；而天津《大公报》直到11月19日才刊出国事共济会宣言书[3]。

报馆最为集中的上海，虽然已经光复，脱离了清朝的统治，但与北方的信息并未中断。11月18日，《申报》刊登消息："立宪党杨度、共和党汪兆铭组织国事共济会，议有章程八条，俟各省代表到京，将开大会，提出君主立宪民主共和两问题，由多数取决。"[4]次日，《时事新报》也转载了《京津时报》关于国事共济会的报道。11月21日，《时事新报》又刊登了国事共济会宣言书并附简章。而

---

[1]《国事共济会宣言书（续）》，《顺天时报》1911年11月17日，第2版，"特件"。关于宣言书的时间，刘晴波编《杨度集》（长沙，湖南人民出版社1986年版，第538—540页）据11月18日《经纬报》，但是署期11月15日。

[2]《中国共济会出现》，《时事新报》1911年11月19日，第2张第1版。该报所加按语称："此条系由《京津时报》内摘出，确否则未能悬拟。"

[3]《国事共济会宣言书》，天津《大公报》1911年11月19日，第2张第3版。

[4]《申报》1911年11月18日，第1张第3版，"专电"。

《民立报》对于此事的反应较慢，信息不灵之外，更主要的应是不以为然的态度。

关于国事共济会成立的时间，先行相关论著多指成立于 11 月 15 日，主要是依据报纸刊出国事共济会宣言书的时间以及当事人汪荣宝的日记等资料。汪荣宝日记中的相关记述如下：

> 九月二十二日丙戌（阳历 11 月 12 号星期日）
>
> 早起，闻南京已复，与闰生同往电报局探听消息，晤杨霁川，知南京确已无事，并闻武昌有平和解决之说。午刻回闰生寓。……二时半赴晢子约，顺道复访闰生，伯屏在坐，以李总裁致议员书见付，大略言京师现在无事，大局颇有转机，属各议员早日会集，定廿三日开会云云。遂诣晢子，商榷国民议会发起事，预议者除余及晢子外，有孟鲁、静生、继新、翊云、远容，议决先组织一团体，名为国事共济会，由会中提出一陈请书于资政院，请召集国民议会，解决近日纷争之问题。……晚饭后，孟鲁及宰平来谈，孟鲁报告国事共济会发起办法，顷又另议得妥当办法，本夕尚拟接续会商，因复共诣闰生一谈，旋又同往晢子处商榷，至三时顷而散。

> 九月二十五日己丑（阳历 11 月 15 号星期三）
>
> ……饭后到法制院，晤仲鲁、仲和，又往统计局，与晢子商榷国事共济会问题，旋以议员谈话会赴资政院。……五时顷散会。到章寓，闰生由津回京，亦来谈。晚饭后回寓。[1]

另外，严修是重要知情人，关于此事，其日记中也有所记述：

---

[1] 北京大学图书馆馆藏稿本丛书编委会编辑：《北京大学图书馆馆藏稿本丛书·汪荣宝日记》，天津古籍出版社 1987 年版，第 1051—1054 页。

　　九月二十二日，……午前，符曾、石曾、唐易庵（渔）、黄远庸（为基）、稽恪生、江翊云同来，黄君发挥政见。

　　九月二十三日，……访黄远庸、唐易庵，晤翊云、宰平、季新、李景圻、石曾。……晚车同石曾晋京。

　　九月二十四日，七钟起，小食后访皙子久谈。访静生不遇。……到内阁印铸局，晤卢小湘，待一小时，璧臣始至。谈次，袁云台亦至。璧臣留饭，饭后同云台至其家见官保，同见者皙子、燕孙、伯讷。谈至十二钟辞出。

　　九月二十五日，六钟半起，与符曾兄弟同车回津。……（午）饭后访唐绍川大臣。又至单级讲习所，陪石曾、季新又到唐处久谈。四钟出。[1]

　　《顺天时报》11 月 16 日刊出国事共济会的宣言书及简章，则该会的成立应在此前，但是否到前一天才成立，则有待斟酌。严格说来，国事共济会类似于同人团体，其政治目的也相当简单，不会过于在意讲究组织形式。从汪荣宝和严修的日记看，发起组织的活动集中在 11 月 12 日，一鼓作气，连夜完成。此后的活动，尤其是 15 日，已经不是结会，而是为了达成政治目的的运作和具体事务的商议。如果说 12 日至 15 日这几天均有可能作为国事共济会成立日期的话，最恰当的应该是 12 日或 13 日，而非 15 日。《爱国报》最早于 11 月 15 日报道国事共济会成立的消息，也可以间接印证该会的成立当在此前。

　　国事共济会之所以在天津发起，并将本部暂设天津，是因为其时北京风声鹤唳，官绅纷纷逃往津沪等地。该会即由避地天津的清朝官员与寓居天津的人士相结合，由是发起和组会等活动主要在天

---

[1]　《严修日记》编辑委员会编：《严修日记》第 3 册，天津：南开大学出版社 2001 年版，第 1707—1708 页。

津进行。由于北京局面仍然危殆，虽然暂时没有失陷之虞，但随时可能陷入混乱，避居天津的官员时时往还于京津之间，一时间不敢举家回京。或指该会总部设于天津，其策划与活动则在北京[1]，至少就策划一点看，与事实不尽吻合。

由于局势相当混乱，为了防止参与其事者遭遇人身危险，国事共济会宣言书发表时，发起人只署了"君主立宪党杨度等，民主立宪党汪兆铭等"，其余则不列名。而各种事后的记载，于此也往往略而不论，因而相关论著大都语焉不详，只能简略举几位可能参与者的名讳。前引各研究论著提及的参与者，杨度（晳子）、汪精卫（季新、继新）毫无疑问，汪大燮其时仍在驻日公使任上，后来才擅自潜回国内，而且汪荣宝和严修等人的日记以及其他资料均未提及其名，应当不在发起人乃至会员之列。汪荣宝本人的日记可以提供其参与并主导其事的确证，黄为基（远庸）、陆宗舆（闰生）、范源濂（静生）等亦可由汪、严的日记予以证明。其中汪荣宝所记"远容"，即严修日记中的黄远庸，本名为基。12 月 15 日罗惇曧（瘿公）致梁启超函提到："汪兆铭同时南行有黄为基者，与其发起共济会。"[2]

确认并梳理发起参与国事共济会各人的履历、身份和倾向，有助于理解该会的性质及相关史事。

杨度（1875—1931），字晳子，湖南湘潭人。光绪十九年（1893年）举人。1902 年留学日本东京弘文书院师范速成班。1903 年再入弘文书院（一说日本法政大学速成科），与汪精卫同学，研究各国宪政，任留日学生总会干事长，为出洋考察宪政五大臣起草《中国宪政大纲应吸收东西各国之所长》和《实行宪政程序》。1907 年回国，任湖南宪政公会会长。次年，由袁世凯、张之洞保举任宪政编查馆提调。时任皇族内阁统计局局长。

---

[1]　侯宜杰：《二十世纪初中国政治改革风潮——清末立宪运动史》，第 536 页。

[2]　丁文江、赵丰田编：《梁启超年谱长编》，上海人民出版社 1983 年版，第 578 页。

汪兆铭（1883—1944），字季新，笔名精卫，原籍浙江山阴，生于广东番禺。1902年得秀才，1904年官费留学日本法政大学速成科，后加入同盟会。因刺杀摄政王被捕入狱。武昌起事后，被开释出狱。

汪荣宝（1878—1933），字衮父，江苏吴县人。1897年丁酉科拔贡。1898年应朝考，以七品小京官入兵部任职。1900年入南洋公学堂。后赴日本留学，入早稻田大学、庆应义塾，主攻历史兼及政法。肄业回国后，历任京师译学馆教习、巡警部主事、民政部参议、宪政编查馆正科员、资政院议员、协纂宪法大臣。

黄为基（1885—1915），字远庸，江西德化人。浙江南浔浔溪公学肄业，1903、1904年两年内连捷举人、进士（最后一届会试）。后留学日本中央大学，学习法律。1909年回国，任邮传部员外郎兼参议厅行走、编译局纂修官。

范源濂（1875—1927），字静生，湖南湘阴人。1898年入长沙时务学堂学习，后留学日本，先后在大同学校、东京高等师范学校、横滨东亚商业学校（一说法政大学法科）学习。1905年回国，历任学部主事、参事，参与创办清华学堂。

陆宗舆（1876—1941），字闰生，浙江海宁盐官人。1899年自费赴早稻田大学高等师范部法制经济科学习。1902年归国后任进士馆和警官学堂教习、巡警部主事，1905年随五大臣出洋考察宪政。1907年调任奉天洋务局总办，后为宪政编查馆馆员、资政院议员、交通银行协理、印铸局局长、度支部右丞。

此外，汪荣宝、严修的日记还提及伯屏、孟鲁、仲鲁、翙云、宰平、苻曾、石曾、唐易庵（渔）、稽恪生、仲和、李景圻等人。有的较易确认，有的则较为难解，还有的存在信息舛错，有必要逐一加以考订。

苻曾（亦作符曾）、石曾，为晚清名臣高阳李鸿藻之子李焜瀛（1874—1937）、李煜瀛（1881—1973）兄弟，《严修年谱》以石曾为李景圻字，误。[1] 李焜瀛曾任兵部员外郎、刑部郎中、邮传部左侍郎。李煜瀛留学法国，参与革命党，在巴黎创办豆腐公司，以收益接济同志。民初与张继、吴敬恒、蔡元培、汪精卫等发起进德会，提倡改良社会风俗。

　　孟鲁、仲鲁为李景和、李景圻兄弟。据 1920 年北京敷文社编辑出版的《最近官绅履历汇录》："李景龢（亦作和），字孟鲁，年三十五岁，福建闽侯县人，前清举人。日本法政大学卒业，内阁中书。历充总统府秘书、众议院议员、总统府谘议、参政院参政。"[2] 李景和的职位不高，但接近中枢，权力不小，《申报》曾有报道称："满清有势力人物如良揆、良弼、刘道仁、李景和、卢静远、沈林一、唐宝锷之类，于邮传部中均有干薪……为数甚巨。"[3] 清帝退位后，由袁世凯指定为临时筹备处法制股办事员。[4]

　　关于李景圻，《最近官绅履历汇录》的记载为："字仲奋（应为仲鲁），年三十三岁，福建闽侯县人，日本成城学校毕业，早稻田大学政治经济科毕业，仍入该校研究科，专攻国法行政法各科，得正学士学位，充出使日本考察宪政大臣随员。回国应学部考试，中式法政科举人，分发黑龙江补用知县、京师法律学堂教员兼法政学堂教员。"历任理藩部科员、蒙藏事务处副科长、京师地方审判厅推事、京师高等审判厅推事、大理院推事、刑事第一庭庭长。[5] 民初袁世凯组织"宪法研究谈话会"，与曹汝霖、陆宗舆、汪荣宝、章宗祥等具有法律知识的人士一起出任委员。

---

[1]　严修自订，高凌雯补，严仁曾增编，王承礼辑注，张平宇参校：《严修年谱》，济南，齐鲁书社 1990 年版，第 265 页。此误因《严修日记》在李景圻后将石曾退格，似为前者的字。

[2]　《最近官绅履历汇录》第 1 集，北京，敷文社 1920 年版，第 46 页。

[3]　《交通部之今昔观》，《申报》1912 年 4 月 26 日，第 2 版，"要闻一"。

[4]　《约请临时筹备处各股办事员名单》，骆宝善、刘路生主编：《袁世凯全集》第 19 卷，郑州，河南大学出版社 2013 年版，第 575 页。

[5]　《最近官绅履历汇录》第 1 集，第 39—40 页。据《清实录》记，为最后一次游学毕业生考试得举人，廷试以知县分省即用。

翙云，严修日记指名为江翙云，即江庸（1878—1960），江瀚之子，福建长汀县人，生于四川璧山。成都中西学堂英文班肄业，后留学日本，先后就读成城学校、早稻田大学法制经济科。1906年毕业回国后，任分省试用知县，北洋法政学堂、北洋师范学堂教习，学部普通司兼参事厅行走，京师法政学堂教务长，修订法律馆专任纂修兼法律学堂总教习。1907年调任大理院详谳处推事，大理院刑科第一庭帮审官。1908年应学部考试，成绩优等，奖给法政科举人。1909年参加游学毕业生考试，以一等第四名，授大理院正六品推事，兼任京师法律学堂监督。[1]1911年作为唐绍仪随员参与南北议和。民国成立后，留任大理院推事兼北平法政专门学校校长，后历任京师高等审判厅厅长，司法部次长、总长，日本留学生总监督，法律编查馆总裁。

伯屏，又作伯平，即金邦平（1881—1946），安徽黟县人。1899年天津北洋西学学堂律例科毕业。1902年早稻田大学法政科毕业回国，先后任翰林院检讨、直隶总督袁世凯文案、北洋常备军督练处参议等职。1905年考取游学毕业进士。1906年任天津自治局督理，后来担任资政院秘书长等职。民初历任中国银行筹办处总办、政事堂参议、农商部次长兼全国水利局副总裁、农商部总长。

宰平，即林志钧（1878—1961），福建闽县人。1903年癸卯科举人，留学日本，法科毕业。历充储才馆馆员，外务部日本股股员。民国时任外交部佥事、大理院推事、司法部参事、国立法政专门学校教务长、司法部民事司长，后任教于清华大学、北京大学。

仲和，即章宗祥（1879—1962），浙江吴兴人。早年中秀才，日本东京帝国大学法科毕业，获明治大学法学士学位。1903年回国，在京师大学堂任教，清廷赐进士出身。历任法律馆纂修官、工商部候补主事、民政部财例局提调、宪政编查馆编制局副局长等职。

---

[1] 《最近官绅履历汇录》第1集，第24页。

1909 年任北京内城巡警厅丞，曾参与审理谋刺摄政王载沣未遂案。1910 年任法律编纂局编修、内阁法制院副使。1912 年后任袁世凯总统府秘书、法制局局长、大理院院长等职。

唐易庵、稽恪生的情况不详。

严修虽然介入国事共济会，与共和、君宪双方都有所联系，但是内心还是赞成君宪，不以共和为然，至少认为共和不适合中国当时的情势。在此期间，他曾与主张君主立宪的旷生入内室久谈，而与来访的李石曾"宗旨不合，辩论良久"。12 月 4 日，听来访的唐蒪庭"谈皖中近事甚详。又述上海革军占领后情状"，表示："余私持中国不能遽跻共和之见，今益自信不谬矣。"不过，罢官之后的严修不愿公开介入清政府的政事，袁世凯请其赴鄂参与南北议和，亦力辞不就。[1]

国事共济会成立后，根据简章的规定，还积极发展会员。11 月 18 日，内阁承宣厅行走许宝蘅（1875—1961，祖籍浙江仁和，生长于湖北）在法制院遇到杨度，"见其与汪兆铭所组织之国事共济会简章及宣言书，晢子劝余入会。晢子所主者君主立宪，汪所主者民主立宪，欲要求停战开会公决，此二主义仿法国拿破仑第一时由全国人民投举公决帝政、民政两问题之例，此会若成，于战争之祸或可少纾，然亦难矣"。[2]

综合参与其事的骨干人员的情况，可见君主立宪党占大多数，民主立宪党除汪精卫外，可以确定的只有李煜瀛。当然，顺直地区的革命党人可能还有列名者，只是不能具名，无法查考。这些人年龄相近，在 28 岁至 38 岁之间，大都有留学日本学习法政的经历，并且学识才干出众，在京师各部院任职，参与预备立宪活动，不少人与袁世凯的渊源甚深，关系匪浅。

---

[1] 《严修日记》编辑委员会编：《严修日记》第 3 册，第 1710—1712 页。

[2] 许恪儒整理：《许宝蘅日记》第 1 册，北京，中华书局 2010 年版，第 377 页。

此外，依据会章，各地赞成该会宗旨者，可以自行组织分会。目前已知的有奉天分会，以申钟岳、荣升为正副会长。其宣言书称：

> 奉省逼处两强，际此风鹤频惊，烽烟四起之时，其地位尤较各省为危险。谋独立则易启外人之干涉，守中立则无健全之形势，言保安则恐土匪纷起，人心恐惶，甚或假革军名义以实行抢掠，玉石不辨，剿抚俱难，而全省糜烂矣。主急进则恐党派分争，兵连祸结，甚或分满、汉种族以互相仇杀，生命财产同归一烬，而人道有乖矣。若犹是不南不北，观望徘徊，人心一无归向，党派势必纷歧。京政府既保护维艰，军政府亦经营莫及，孤城坐困，干戈顿兴，血肉纷飞，头颅浪掷，胡匪大起，强邻横来，嗟我爱国诸志士，忍独令我奉演此最危险最凄惨之悲剧乎？然而祸患之来，必由于党派分立，而党派分立，又不外君主、民主之一大问题，主张各异而谋国则一，若合两党而共成一会，鼓吹临时国民会议，以解此难解之问题，以血肉相搏之争端易而为樽俎雍容之谈判，吾四万万同胞之幸福莫大乎是。此杨、汪两君所发起之国事共济会，我辈不能不赞成，而奉天国事共济分会不能不成立也。钟岳等现已联合两党志士同时发起，一日之内闻风而至者数十人，足征趋治避乱人情所同，谋国爱民各党一是。当即一面刊发宣言书及分会简章，一面通告天津总会，协谋共济，指日告成，我爱国志士尚其鉴诸。

据此，奉天分会除了本部的政治诉求之外，还有自己的考虑，即对内借此避免本省陷入纷争战乱，对外试图在京、军两政府之间左右逢源。该分会的简章第一至三款与总会一致，第四款增加"但必已成年而具有政治思想者"一句。以下各款为："（五）本分会假设奉天亚东栈为临时事务所，各府、厅、州、县随时另设支部。（六）本分会设干事若干人，开会时由各党公举。（七）各府、厅、州、

县有赞成本分会宗旨者，得自行组织支部，一面通告本分会。（八）
本分会特制黄质红花徽章，文为'奉天国事共济分会'，分给各会
员配带于左臂，以示区别而免危险。"其发起人为：申钟岳、支可宗、
李镇东、邵元良、李作新、王恩澍、李琇环 [寰]、陶魁贤、侯家麟、
唐钟澍、高遐福、张肇甲、刘秉钧、王梦龄、仇振名、德权、景云、
锡福、锡祥、董凤池、裕纶、方经权、邢德、陈荆玉、罗霭云、恒
祺、孙祖泽、刘文宝、习子澄、金子明 [铭]、庆升、李小 [筱] 峰、
李复斋、刘昱五、刘襄臣、李久华、孙泽纶、齐允中、荣升、姜舜卿、
陈嘉谟。[1]

　　奉天国事共济分会随即推定了各职员，以申钟岳为正会长，荣
升、支可宗为副会长，下设执行、评议两部，执行部以高其志为正
部长，邵元良、陈嘉谟为副部长，下设文牍（李镇东、方经权、李
艳阳、李作新）、庶务（季宗鲁、王梦龄、姜舜卿、景云）、会计（陈
永藩、恒祺、陶魁贤、胡名海）、招待（罗霭云、李琇寰、侯家麟、
徐振东）、交通（唐宗澍、邢德、王恩澍、于翰馨、德权）、纠察（锡祥、
董凤池、李祯赏、定昌、孙泽纶、张恒懋、黄鸣春、金维三）六股，
评议部以锡福为正部长，杜阁臣、刘文宝为副部长，李久华、齐允中、
刘襄臣、刘星五、李筱峰、庆升、金子铭、习子澄、孙祖泽、陈荆玉、
仇振名、刘秉钧、张肇甲、高遐福为评议员。[2]

　　另外，吉林、黑龙江也成立了国事共济会。据吉林西南路兵备
道孟宪彝电告总督："奉吉两省发起国事共济会，无疾而呻，徒滋
扰乱，宜及早解散，用保治安。"[3] 该支会由郭宗熙、王国琛、傅疆、
何寿鹏、李宝楚、范治焕、汪熙、王运孚、周家树、吴渊、王家襄、

[1]《奉天国事共济分会之成立》，《盛京时报》1911 年 11 月 28 日，第 5 版；《奉天国事共济
　　分会成立》，《顺天时报》1911 年 12 月 2 日，第 4 版，"各省要闻"。
[2]《国事共济会推定职员》，《盛京时报》1911 年 12 月 1 日，第 5 版。
[3]《孟宪彝日记》，李德龙、俞冰主编：《历代日记丛钞》第 161 册，北京，学苑出版社
　　2006 年版，第 378—379 页。

维钦、朱兆熊、穆恩堂、成凤韵、文耆、程崇实、易翔、汪樵琴、李惠人、余大鹏、王盛春、李焕章、谢家琛、刘康煜、成鳌、徐志铎、范溥、张树荣、王庚等人发起。"省城官绅睹国事日非，急谋共济之方，乃援天津国事共济会章程，亦组织一支会，名之曰吉林国事共济会。现由发起人散布通告。其通告略谓：时局阽危，外患逼迫，共和立宪与君主立宪之二大主张，相持莫决。诚恐鹬蚌相争，渔翁得利，祸延噬脐，虽悔何及。现天津业有国事共济会之设，吉林僻在东陲，实为根本重地，亟宜组织支部，以期联络一气，共保平和。同人等兹择于本月初十日午后二时，假谘议局先开成立大会，凡军界政界绅界学界警界各同胞，无论满汉回蒙，客居土著，凡有赞成本会宗旨者，即希届时惠临，共同讨论为幸。"[1]

十月初十即 11 月 30 日，吉林共济会在东门外谘议局开发起大会，各界到者千余人。

　　首由发起人王揖堂报告宗旨，大旨谓此会发起于杨皙子、汪兆铭两君，其目的在政治改革而非种族相争，则所争者大，非个人存有私见，而肇此祸端也。并阐明民主君主理由。次由清交涉司郭宗熙演说，谓欲解决此种问题，须从人民之心理、各地之现状着想，庶几适当。盖发表意思为个人之自由，而解决此种问题，则毫不可强制。至于进行手续，第一，须问此会赞成否。如果赞成，则要求谘议局为共济会机关，设匦征求意见，以便取决。谘议长庆康报告，奉天国事共济分会亦已成立，今日来函，并附宣言书与章程，颇多可采取之处。诸君今日既莅会，必赞成，似无庸表决，认此会为当然成立（众拍手）。遂宣言从此吉林共济分会成立。次由孙君演说，谓吉林一省，若人民各行其是，则今日之会必不能解决，不如编簿列册，别为两党，

[1]　《吉林国事共济支会成立》，《顺天时报》1911 年 12 月 8 日，第 4 版，"各省要闻"。

民主君主，各以己意，自行签名，庶可以计数之多寡，而解决此问题。当由各发起人先行签名。又有开埠局员陈士龙登台哭呼曰："今日请不必争论，今日之争战，死者莫非吾同胞我兄若弟，兄生于南而弟死于北，则我将何适乎？可以见人民涂炭之苦矣。诸君今日欲解决者，无非谋人民幸福，则莫如先请停战。今日应电政府请求，若断断于此，空言何补，而死者不可复生，生者行将及难。"时台下人以陈君之哭甚哀，亦同声痛哭，声振屋顶。后谘议局员李君谓：照今日现状而论，主张民主之多，已经可见。惟请停战一层，尤为本会进行之第一要着。今日应即解决，不失为国事共济四字之义。至能否调停，则非鄙人所能知矣。然今日民主既经多数，则后之吉林结局，亦可知矣。诸君欲免生灵涂炭，则要求之电，责任同负，自必不能推辞。应即举定起草实行（众拍手赞成）。民政科长范治焕谓：会已成立，今日余之主张，则在民主。盖人人具民主之心，已不自今日始，今日而民主不成，民主之势或衰，则他日者民主之余烬，必然复生。与其此次生灵困苦之时，不为一网打尽之计，再贻君主怪物于世上，将来仍有血肉横飞之一日，不如今日收十分之效果，免将来之涂炭云云。众以为然。故民主之势力殊盛，即多数旗人，亦以民主为正当。坐中赞成君主者，据记者（访员自称）所闻，惟有一人。此人系江南（松花江南岸）蚕桑局经理傅金坡，年已龙钟，人极顽固，众闻其言，无不嗤之以鼻。[1]

黑龙江国事共济会支会的报告书称：

窃自蜀鄂肇乱，天下骚然，军队杀戮，惨无人理，以汉口、江宁、太原为最甚。而我人民所以遭此涂炭者，则以政治腐败，

[1]《吉林共济会大会记》，《时事新报》1911年12月13日，第2张，"特别纪事"。

上下壅塞，君主之阶级过高，贵族之权限太盛，有以致此也。由是各省纷纷宣告独立，粤闽湘皖开之于先，江浙云贵继之于后，晋秦兵变，齐鲁民哄，君主命令，不出都城，所属行省，惟余燕豫。中国大局已成不可收拾之势。我黑龙江省素混于满蒙界限，民情朴质，风俗闭塞，只知服从命令，遑计利害攸关。当此孤悬塞外无所倚赖之际，若不预先筹画，保合治安，则为奴为仆，作牛作马，皆目前事也。况又处两大之间，日人扼之于南，俄人伺之于北，稍有疏虞，即招外祸，更为我人民所当深思熟虑者也。今北京已设有国事共济会，乃杨君度、汪君兆铭所发起，其宗旨以招集临时国民会议，解决君主民主问题。而我江省处此时代，无论君主民主立宪，皆有密切之关系。凡财政之支绌如何筹算，军事之薄弱如何整顿，商务之萧条如何振兴，实业之幼稚如何提倡，俄人之跋扈如何对待，国债之担任如何偿还，胡匪之抢掠如何抵制，皆我江省人民所绞脑焦心之处，亦君主民主立宪所当共同研究者也。而尤须注意者，则预备选举解决之问题，自应首先考察地方人民之程度高低，或宜于君主，或宜于民主，苟不先胸有成竹，及至临时会议，将以何者为倾向乎？虽然，此盖关我江省之狭义宗旨，且夫广义，则对于全国之民生财力不受损害，列强之豆剖瓜分无可藉口为必要。仆等已为该会会员，拟在本省组织一国民共济支会以号召同志，力挽危局。我江省军学绅商各界，诸多热诚君子，倘能发愤有为，襄同办理，匡我不逮，不独仆等之幸，亦通国之幸也。[1]

　　据此，该会为已经加入国事共济会者在本省发起组织，发起人为管颖侯、高察骥、薛珠、秦广礼、杨振翮，他们如何先期加入国

---

[1]《黑龙江国事共济支会报告书》《黑龙江国事共济支会报告书（续）》，《顺天时报》1911年12月5、6日，均第2版，"要件"。

事共济会，有两种可能，一是在京津入会，二是由北京来人或通信方式在黑龙江加入。该支会的简章与奉天分会同样是八条，但内容明显不同。"（一）本支会以保持全国领土之统一及预备本省之宪政进行为宗旨。（二）本支会为临时国民会议解决君主民主之问题之研究预备。（三）本支会有要求本省督抚允许之权利。（四）本支会与本省谘议局有联合提倡之责任。（五）无论何人与本会宗旨相同，有人介绍，均得为会员，然须誓共守信义。（六）本支会设在省城，其各府、厅、州、县随时亦可设为支部。（七）本会会员有赴本府、厅、州、县提倡之义务。（八）发起人及会员量力捐助会中经费。" [1] 仍然坚持预备立宪，且与谘议局联合，其倾向显而易见。

虽然《顺天时报》声称自杨度等人发起国事共济会后，"于是各省纷纷设立分会"，实则除东三省外，其余各省尚未发现成立分会的记载。可见国事共济会主要是在仍处于清廷控制下的北方尤其是东北一些省份活动，光复各省无人响应。

二　两面碰壁

按照国事共济会制订的简章，其宗旨是保持全国领土（各省及各藩属）的统一。为达此目的，要求清军、革命军双方停战，组织临时国民会议，解决君主、民主问题，以免全国战祸蔓延。具体进行办法是，由主张君主立宪的会员向北京政府请愿，主张民主立宪者向武昌军政府请愿。国事共济会宣言书详细阐明了上述宗旨和实现步骤。在该会看来，双方相争起于君主立宪与民主立宪的分歧，要想解决纷争，必须由此入手。君主立宪党认为：中国立国，以满汉蒙回藏五种人集合而成，而蒙回藏人之所以能与汉人同处一国政府之下，全恃清帝名义羁縻之。如今世界各国对华政策，方主领土

---

[1]《黑龙江国事共济支会报告书（续）》，《顺天时报》1911年12月6日，第2版，"要件"。

保全，门户开放，机会均等，"而其所谓领土者，乃合二十二行省、蒙古、西藏、回部等藩属而言，若汉人以二十二行省自立一国，变为民主政体，一时兵力必不能兼定蒙藏，而蒙藏又无独立一国之力，则满洲君主去位之时，即汉蒙回藏分离之时，蒙必归俄，藏必归英，东三省必归日俄，而各国领土保全之策以破，德法不能坐视英俄日之独有所得也，法必得云南等处，德必得山东等处，于是汉人土地亦不能瓦全矣。欲求领土之完全，满汉蒙回藏之统一，非留现今君主名义不可"。因此主张君主立宪。

民主立宪党认为：各国革命，可以至君主立宪而止，而中国则不能。"非谓君主之为满人，必欲以种族相仇之见排而去之也。乃以君民之种族不同，则人民之权利必为君主所吝与，即令一时被迫而尽与之，然使尚有保持君位之力，则亦仍有推翻宪政之力。故君主一日不除去，即宪政一日不确立。根本解决之法，惟有改君主为民主，满汉蒙回藏五种皆平等立于共和政府之下，始有完全之宪政。并非于政治革命之外，别有所谓种族革命也。"因此主张民主立宪。

虽然两党各持一说，各谋进行，其所争之点无他，君主民主之一问题而已。"此外如确定宪政，发挥民权，则两党之所同也。满汉蒙回藏五种，必使同立一政府之下，决不可使分离，以与各国保全领土主义冲突，又两党之同也。然则两党共同之目的安在乎？皆不过成立宪国家以救危亡之祸而已。"

因政见不同而产生对立，本是立宪政治的常态。可是中国尚未进入宪政，冲突双方只能寻求武力解决的途径，从而引起威胁国家民族生存的巨大危险，尤其是如何在实现政治变动的同时确保国家的统一，或者说国体政体的抉择不会导致国家的分裂，避免大规模的流血冲突长期持续，成为中外南北各方关注的焦点。"近者革命军起，东南响应，北京政府与武昌军政府，各以重兵相持，两不相下，设必欲恃兵力以决胜败，无论孰胜孰败，皆必民生涂炭，财力困穷。以保一君主为目的，而使全国流血，君主立宪党所不忍出也。

以去一君主为目的，而使全国流血，民主立宪党所不忍出也。设更
不幸而二十二行省中有南北分立之事，又不幸而汉人团为一国，蒙
回藏遂以解纽，以内部离立之原因，成外部瓜分之结果，则亡国之责，
两党不能不分担之矣，岂救国之本意哉。"

　　战乱与分裂，固然是君宪、民主两党都无法承受之重，更为重
要的是："两党之政见应何去而何从，非两党所能自决也，必也诉
之于国民之公意。用是两党之人联合发起，以成斯会，意在使君主
民主一问题，不以兵力解决，而以和平解决。要求两方之停战，发
起国民会议，以国民之意公决之。无论所决如何，君主民主两党皆
有服从之义务，不服从者即为国民公敌。"世界历史上，法国拿破
仑一世执政时全国人民投票公决帝政或民政，南意大利诸小邦投票
公决属于罗马教皇或撒丁王国，"国家大事决于国民会议，此先例
之可援，而适于今日中国时势者也"。至于实行该会宗旨，"其对于
北京政府之行动，由君主立宪党任之，其对武昌军政府之行动，由
民主立宪党任之。总之，两党之意，不欲背其平日救国之怀，而以
相争酿成危亡之祸，故于纷争之际，咸有惴惴之心，此则对于全国
国民所共同求谅者也"。[1]

　　主张君主立宪者向北京清政府运动，主要有两条途径：一是向
资政院陈情，希望由该院议决，具奏请旨；一是直接向内阁呈请代奏。

　　11月17日中午，汪荣宝前往李景和家，与杨度、范源濂、汪精
卫等人商榷国事共济会办法。当日，杨度以国事共济会君主立宪党的
名义，由议员范源濂、刘泽熙为介绍，向资政院递交了陈情书，内称：

　　　　近者革命事起，全国响应。政府与武昌革命军各拥重兵，
　　两不相下，无论孰胜孰败，皆必民生涂炭，财力困穷，决非可

---

[1]　本节以上各段引文均见于《国事共济会宣言书》《国事共济会宣言书（续）》，《顺天时报》
　　1911年11月16、17日，均第2版，"特件"。

恃兵力以决胜负，必宜别有平和解决之方。度等为此，发起本会，建议两方停战，组织临时国民会议，解决君主、民主问题，以免全国战争之祸。现由本会决定陈请贵院议决，具奏请旨，声明实行停战，一俟武昌承诺停战之后，即将赴鄂军队撤回，以示永远停止战争、不以兵力解决之诚意，并请旨召集临时国民会议，议决君主、民主问题，以期和平了结，实为全国之幸。为此陈请，即希照章议决施行，无任翘企之至。[1]

11月20日早10时，汪荣宝造访杨度，关于国事共济会问题商议许久。其间范源濂、汪精卫先后来谈。饭后，汪荣宝和范源濂同往资政院。关于资政院会议讨论的过程，汪荣宝日记比较简略：

三时顷开会，首议剪发具奏案，多数赞成，次议改用阳历具奏案，决议以宣统三年十一月十三日改为宣统四年元旦，次议共济会陈请事件，静生首表赞成之意，经三四议员讨论后，喻君志韶起而反对，宗室某君和之，拍案大呼，声震议场，秩序大乱，遂由议长宣告散会。[2]

而报纸的报道则大为详细，逐一记录了整个会议进程以及所有的个人发言。仔细比较，各报的报道不仅细节上详略有别，具体内容也有所差异。综合各报所记，大体经过情形如下：是日午后2时55分，资政院举行第11次会议，议长李家驹出席，到会议员共92人。由股员长报告或议员、陈请股股员提出议题共9项，包括初读的出版条例法律以及会议的爱国公债章程案，速开国会以消内忧而

[1] 《致资政院陈情书》（1911年11月17日，据中国社会科学院近代史研究所藏原件），刘晴波编：《杨度集》，第540—541页。

[2] 《北京大学图书馆馆藏稿本丛书·汪荣宝日记》，第1059页。

弭兵祸、鄂军煽乱官军克复汉口总统等纵兵焚烧杀掠请朝廷严加惩处并将激成叛兵之张彪即行正法、保存中国事、陕省糜烂大局岌岌宜速派知兵大员相机剿抚等建议案，改用阳历、降旨剪发、特赏内帑充妇孺救济会经费等具奏案。而具体讨论国事共济会议案的过程，可以比较《顺天时报》和《经纬报》的报道大体还原：

程序	《顺天时报》[1]	《经纬报》[2]
介绍议案	议长命郑议员潢报告收受杨度及汪兆铭陈请组织临时国民议会以决定君主立宪民主立宪问题，其陈请书之内容在请政府速急停战，万不可以军力平乱。	杨度等陈请设立国事共济会，其意以为战争不已，则生民涂炭无有已时，于此求一和平解决之法，即两面停战，复召集国民会议，仍可表决君民主主立宪问题。
议员张锡光发言	张议员锡光谓此事关系重大，须细心研究。	
议员江辛发言	江议员辛曰：停战非不战之谓也，作战准备两尚准进行。	
议员范源濂发言	范议员源廉[濂]复登台演曰，谓平定内乱，断不可专用兵力，无论孰胜孰败，皆于国家前途不利。现在革党系极端的主张共和政体，而本院又系极端主张君主立宪政体，两不相下，非有第三者出而调停，终不能解决。现中国共济会既有此陈请书，本院可代为上奏，听候裁夺。	范议员源廉[濂]登台发言，谓国事共济会其所希望即在国民会议，其应议问题，即君主与民主之政体。或者谓提议民主非本院所宜，但革命党以此为旗帜，徒恃本院持君主立宪之说未必足以破之。宜请明发上谕，许开国民会议，两面共同研究，主张君主立宪者，详说其真理，以维持君主立宪。盖国民会议在中国为例外，在各国为常举，且为各国办有成效之法。但求此法不壅于上闻，采择与否，听之朝廷而已。
议员刘述尧发言		刘议员述尧谓：国家既不以兵力平乱，惟有以此和平方法解决之。国事共济会者即发表政见之地也。

[1] 《资政院第十二次议事详志》，《顺天时报》1911年11月21日，"时事要闻"，第7版。
[2] 《资政院第十一次会议纪略》（《经纬报》十月初二日），渤海寿臣辑：《辛亥革命始末记》，沈云龙主编：《近代中国史料丛刊》（420），台北，文海出版社1969年版，第1228—1230页。该报所称资政院第十一次会议，与《顺天时报》所称第十二次议事为同一事。

续表

程序	《顺天时报》	《经纬报》
议员李文熙发言		李议员文熙谓：大局如此，本院对于存亡问题，不能不设法研究。盖两面趋于极端，势必出于战，战则生民涂炭，不堪设想。至有谓该会合两党聚为一堂，恐易生冲突者，似无足虑。盖政府与革党及各省三面派人为共同之讨论，自可和平解决。
议员牟琳发言	牟议员琳又诣演台曰：革党当起事之日，即张中华民国旗帜，岂肯骤然取消。若国民议会能组织成立，将来征集全国人民意见，若主张君主立宪者占多数，则革党是服从全国人民之意思，亦好让步。且两方战事一停，外人即无从干涉。故本院对于此陈请书不妨代为上奏。	牟议员琳登台发言，谓大乱起源，即因政治不良所致，现信条颁布，人民之要求极为圆满，故资政院对于政府，但能为君主立宪之请愿。如有国民会议可以发表意见，否则南方纷纷独立，但有民主之说，其势甚危险。又大局糜烂如此，革党已宣布为中华民国，未必肯自行取消。如能开会服从多数，亦未始非取消民主党之机会。即自中国历史地理观之，亦不利于民主。至谓资政院系主张君主立宪者，不能提及民主，但国事共济会非出自本院，但为之上达，亦不至有所违碍。
议员喻长霖提问	喻长霖忽起身曰：资政院前次奏请颁布之信条十九条，系确定君主立宪，今又将此陈请书代为上奏，岂不自相矛盾。且政府虽或承认，若革党不承认，又将如何。	喻议员长霖、景议员安均谓与信条有冲突，宜取消。
议员牟琳回答	牟议员答曰：此事系国民陈请，于资政院无涉。	
议员景安、毓善即席喧嚣	景安即拍桌大声反对，毓善亦反对，云资政院不能不守法律。	
议员籍忠寅发言	籍议员忠寅登台演曰：诸君对于此陈请书无须激烈，资政院议员并无主张民主立宪之人，且无论君民主，资政院无议决之权。总之，君主民主问题一日不解决，大局即一日不能定。当此存亡一发，诸君不必动气。资政院系主张君主立宪，革党系主张共和，两者断不能直接谈判。若将此陈请书代为上奏，请组织国民会议，将来由国民议会解决，方是最和平之办法。	籍议员忠寅谓我辈既为资政院议员，自无主张民主者。但时势危急如此，不能拘牵法理。凡有可以救亡者，吾辈即当细心研究之。乃者乱事迭起，将及一月，其所以不能即平者，即君主民主两问题未决之故。自种种方面观察之，既无以兵力平乱之理，则惟合全国人民之意见以为和平解决之法。本院对于此陈请书，但期以之上达，承认国民会议，将来国家前途乃有希望。不然，因内忧而牵及外交，乃至危险之事也，可不惧哉。

辩论至此，因"反对者颇持激烈之说，议场大哗，议员亦多退席者"，议长遂宣告会议展期，时间已到 5 点 5 分。[1]

从与会议员发言看，赞成或默许国事共济会者居多。可是由于旗籍议员反对者依仗清王朝的统治地位，持论激烈，其他议员不便坚持立场，主持会议的议长等人也不愿多事，结果只能不了了之。

资政院提出议案受挫，杨度等仍不甘心，11 月 23 日，又向内阁呈请代奏，其书曰：

> 国事共济会会员、君主立宪党开缺学部副大臣杨度等，为请朝廷明降谕旨实行停战，速开临时国民会议，议决君主、民主问题，以救危亡而维大局，呈请代奏事：窃自武昌革命军起，全国响应，朝廷号令不出都城，未独立者仅直隶、河南二省耳。宗社之危系于一发，若欲仍恃兵力以裁内乱，非特生民涂炭，财力困穷，且沿江沿海遍竖白旗，亦复战不胜战。与其专为战守之计，何如别求解决之方。用是集合同志，创成此会，意在要求两方停战，速开临时国民会议，而以君主、民主一问题决之国民公意。
>
> 议者以为会议必由多数取决，是否必为君主，殊无把握。不知此时欲言完全把握，虽伊、吕复生，不敢自信。惟是会议既开之后，则外交内政，利害得失，彼此可以互陈，以期归于一是。比之目前状况，君主立宪之言仅能言于都下，而各省概置不理者，实犹彼善于此。即令决议改为民主，然朝廷既肯以君主、民主问题付之公决，则尧舜至公之心，已为海内所共敬。人民对于皇室，其必优礼相加，而无丝毫危害之意，可以预决。

---

[1] 《资政院第十一次会议纪略》（《经纬报》十月初二日），渤海寿臣辑：《辛亥革命始末记》，沈云龙主编：《近代中国史料丛刊》（420），第 1230 页。《顺天时报》之《资政院第十二次议事详志》记为"是时已五钟半，议员纷纷退出，议长即宣告散会"。

而知和平解决之方，莫逾于此。

　　拟请明降谕旨，实行停战。一俟武昌革命军承诺停战之后，即将赴鄂军队撤回，以示永远停止战争、不以兵力解决之诚意。并召集临时国民会议，议决君主、民主问题，若能将君主、民主朝廷皆乐于观成之意，昭示天下，咸使周知，尤足以生人民之感情，为平和之保障。至于临时国民会议之组织与其选举方法，应由会中拟具草案，仍由两方 [承] 诺，然后据以召集。未便由谕旨遽定办法，致生窒碍，合并声明。[1]

　　比较宣言书以及提交资政院的陈情书，呈请内阁代奏书的行文用词可见杨度等人真的急了。一方面，各地光复之声不绝于耳，形势发展的迅速远超出他们的预料，清廷能够直接管辖的区域日益缩小，而且上海已经邀集各省代表商议组织临时政府事宜，照此下去，清廷连可议的余地也不复存在；另一方面，向资政院的温和陈情居然遭遇强烈反对，令他们觉得与其轻描淡写不如放声作狮子吼。相比于朝廷、百官和钦派议员，杨度等人对于局势实况的知情度无疑要高得多，因而对形势的判定要清醒得多。这时资政院自身已成众矢之的，而多数议员会议时尚主张对革命党痛剿，难怪汪荣宝慨叹道："真可谓至死不悟矣。"[2]

　　但呈请内阁代奏依然不能奏效，而局势瞬息万变，很快就到了国事共济会无所作为、无须维系的节点。1911 年 12 月 4 日，仍由国事共济会发起人君主立宪党杨度等、民主立宪党汪兆铭等同启，该会发布了解散国事共济会宣言书：

---

[1] 《呈请内阁代奏书》(1911 年 11 月 23 日，据《国民公报》1911 年 11 月 26 日)，刘晴波编：《杨度集》，第 541—542 页，标题将 "代奏" 误为 "代表"。

[2] 《北京大学图书馆藏稿本丛书·汪荣宝日记》，第 1063 页。

自战事开始以来，两党之人皆知战事延长，于中国前途有无量之危险，故欲以国民会议解决君主民主问题，以息将来之战祸。两党之人持此目的，发起斯会，一面由度陈请资政院议决，呈请内阁代奏，舌敝唇焦，以求主张之通过，一面由兆铭电达上海军政分府转武昌军政府，请求承诺所主张。乃资政院不为议决，内阁不为代奏，而武昌军政府亦无回电。上海回电，只承诺国民会议，于停战与否，并未提及。今者武汉血战，兵事方殷，平和解决之难，已为天下所共见。在君主立宪党之意，始终不愿以杀人流血解决君位问题。北军进攻，实所反对。在民主立宪党之意，则以为若别无平和解决之法，惟有流血以护其宗旨。是共济会之所主张，已归无效用，特宣告解散。惟天下伤心人共鉴之。发起人杨度汪兆铭等同启。[1]

依据解散宣言的内容，国事共济会中君主立宪党呈请清内阁代奏之举也碰了壁。而民主立宪党向南方革命军政府的陈情，武昌军政府方面没有回应，上海虽然回电，却只承诺国民会议，不及停战之事。可是，尽管南北两面同样碰壁，解散宣言却刻意强调南方的态度对于该会的解散起了决定性的作用，认为是民主立宪党执意流血以护宗旨，才使得国事共济会的主张归于无效，等于将此事的流产归咎于革命党方面。

对于国事共济会的主张，南方民党的确从一开始就旗帜鲜明地表示反对，尤其在停战议和与国体政体公决两个关键问题上，根本予以否定。从 11 月初开始，《民立报》不断发表有关此事的社论，振公的《和平解决之殷鉴》指出，"今日汉满已成不两立之局势，

---

[1] 《共济会如此下场》，《民立报》1911 年 12 月 11 日，第 3 页，"新闻一"。刘晴波编《杨度集》第 542—543 页署期为 12 月 5 日，渤海寿臣辑《辛亥革命始末记》（沈云龙主编：《近代中国史料丛刊》[420]）第 1376—1377 页无具体时间，侯宜杰《二十世纪初中国政治改革风潮》第 536 页记为 12 月 4 日。

即今日之汉族同胞已达有进无退之地位"，法国大革命之历史和清政府往昔之态度显示，"吾国革命事业进行之态度，不可迷心于和平解决而稍涉犹疑。盖和平解决之终了，即野蛮专制之发端"；当日该报的"天声人语"栏还大声疾呼"万无和理"。[1] 随后又"警告国人毋惑于议和谬说"，认为"自袁世凯起用以来，议和议和之声，久已播扬人口，……朝廷必仍假立宪之虚名，以实行其专制，则是吾国终无革新之日，即终必沦于瓜分灭亡"。[2]

南方民党根本反对和议，则对于国事共济会的停战、公决主张更加不能接受。关于此节，各种先行著述虽然提及南方民党对于国事共济会及其主张表示反对，可是语焉不详。已经处于光复政权之下的南方各报，虽然没有响应国事共济会的主张，但也没有正面予以批驳，真正严词痛批的主要还是《民立报》。11 月 19 日，《民立报》"大陆春秋"栏刊登马君武的《言论自由》，断言："闻汪精卫与杨度立共济会，其事若实，精卫未免太退化。盖今日全国民希望共和，其意态至明白，无所用于派代表至污秽黑暗之北京会议也。"[3] 三天后，《民立报》记者徐血儿撰写了专题社论《无聊之共济会》，正面表达了否定的意见并详细阐述了理由：

> 近闻北京共和党人汪兆铭与立宪党人杨度组织共济会，欲各省派代表至京，议决君主、民主两大问题。记者闻之而疑，以为或舆论猜测之辞，不必见有实事。而今复见其布告书及草章，始知北京党人竟有此无聊之举动，其根本上见解已属荒谬无聊。记者既有所见，安得不辞而辟之。嘻，今后之中国，为君主为民主，尚欲开议解决耶。以全国国民之同意，咸趋于共和民主，

[1] 振公：《和平解决之殷鉴》，血儿：《万无和理》，《民立报》1911 年 11 月 6 日，第 1 页，"社论""天声人语"。

[2]《警告国人毋惑于议和谬说》，《民立报》1911 年 11 月 19 日，第 1 页，"社论"。

[3] 君武：《言论自由》，《民立报》1911 年 11 月 19 日，第 4 页，"大陆春秋"。

帝王一物，已不容复现于新中国，而况彼爱新氏无知之孺子乎？
且中国革命，本非欲汉族独立组织国家，亦必合满蒙回藏四大
民族共立于共和光中，同享自由之幸福。今天下光复过半，苟
立宪党人能省大势之所归，同心协力，推倒满清皇室，则战祸
自然消弭。而其消弭乃根本上之方法，亦无复逾于此者，又何
必以五大族之英秀人群终屈服于一二冥顽无识野蛮皇族之下哉。

　　作者分别剖析了满族、立宪党和共和党之于君主、民主的利害
关系。在他看来，满族虽然与汉族为世仇，"亦其不肖酋长遗谋不
彰之咎"。如今汉族既消除前嫌，开心剖肺示天下以至诚，则满族
亦必企望共和早日成功，"而不愿爱新氏一家高踞君主之位，而贻
灭类之大祸"。立宪党人本是同种，休戚与共，何必自相歧异，使
国是不能早定，而为他人作保卫尊容计乎？"盖今日君主之不祥物，
断断不容于中国，已不待片言之讨论，又何必作此种无谓之举动，
以惑世人之观听哉。"至于共和党人，其宗旨目的手段既以共和为
主体，则心中对于民主建施不应稍存疑虑，而君主之不及民主，其
理解亦复洞稔。"今日革命事业将告成功之际，为共和党人者，亟
宜注全神于建设，而巩固中华民国万世不拔之基。奈何复随波逐流，
惑于立宪党人一二之谬说，将待于君主民主之解决乎？……而一世
英物之汪兆铭，竟感虏廷不杀之恩，而为彼满皇族说法乎？不然，
既纯然主张共和，则不致而有所欲各省代表会议于君主民主为也。"
最后，该作者称：

　　　　共济会之设，非吾全国共和党人之同意也。夫共济会成立
　　之意义，亦不过曰消弭南北之战祸而已。然所谓消弭战祸者，
　　岂在君主、民主两问题之解决哉，亦不过曰共和目的达则战祸弭，
　　共和目的一日不达，则战祸一日不得弭而已。在京党人既恐战
　　祸之延长，即当于各种方面尽力使共和目的早日得达，不当妄

行要求停战，而作无聊之讨论也。记者最后之一言，甚望吾全国同胞不承认此种荒唐之共济会，而并力于共和之建设，使君主之不祥物永远不存留于二十世纪之新中国，流无数热血而购得真正之自由，亦爱国男儿所乐为也。战祸云乎哉？[1]

同日，《民立报》第 3 页新闻版又以《共济会之宗旨何在》为题，刊登了驻津访员的来函，内容与 18 日《经纬报》的消息相同，文字略有差异，值得注意的是添加了一些批判性的评语：

> 国民会之发生，乃著名之宪客某为政府所画之密策，袁内阁、李资政大赞成之，而革党中亦颇有中其计者。兹由个中人探得某宪客所议国民会得力之点如下：（一）国民会之招集，非两月后不能开会，此两月中，各省人心一懈，鄂晋等要省必可夺回（宪客做梦）；（二）即一旦开会，主张君主立宪者必占多数（宪客放屁）；（三）即令主张共和之票竟占多数，亦必有许多反对之省分，彼时国民与国民宣战，政府可不劳而致胜（政客恶计，其如各省国民不宣战何）；（四）藉京城恐慌人人逃归之际，密遣议员托词避乱，斋重金回籍运动在籍之议员军人，令其主张君主立宪，不悦者手枪毙之，则国民会开时政府必无失败之虞（议员变为走狗，宪客变为流寇）。[2]

闻少华注意到，在刊发上述社论的次日，《民立报》刊登一条醒目的消息《欢迎革命家黄复生、罗伟章》，消息称："记者（即徐血儿）顷晤黄君，询以汪先生对于'共济会'的意见，俱悉汪先生之苦心，不辞嫌疑。记者昨日对于汪先生之责难，诚过非贤者。"

---

[1] 血儿：《无聊之共济会》，《民立报》1911 年 11 月 22 日，第 1 页，"社论"。

[2] 《共济会之宗旨何在》，《民立报》1911 年 11 月 22 日，第 3 页，"新闻一"。

并以负疚的心情表示："呜呼！英雄为同胞谋幸福，致久陷缧绁之厄，今反使其一片不得已之血心，不得大表白于天下，是则非社会之过，乃记者之过也。"[1]据此做出的判断是，徐等于正式向汪精卫赔礼道歉，恢复名誉，全盘否定了社论。并由此进而推断《民立报》的一百八十度大转弯，如果没有得到革命领导人的同意和督促，是不可想象的。

此说略显急切，在随后的南北和谈期间，国事共济会的方案虽然一度成为正式选项，民军内部的反对声音依然强烈。也就是说，为汪精卫洗冤，不等于认可国事共济会的办法。持论激进的《天铎报》就于11月22日刊登短评《不可揣测之共济会》，质疑该会："共济乎？集会乎？无意识之结合而已。姑无论共和立宪两主义如冰炭水火之不相容也，就令国民代表群集京师，两者之中，必有所择。此时多数意见如属意共和，则请愿虏廷解权逊位，当由君主党任之。试问杨度有此能力乎？否则会议结果主张立宪，则运动民军释兵解甲，当由民主党任之，试问精卫南来由此面目乎？要之，此会就令成立，必无结果，可断言也。精卫闻誉卓卓，当不致退化至此。如果在发起之列，或为别有用意。道途传说，未敢轻测大贤，姑拭目以觇其后。"[2]11月29日，《天铎报》又刊登消息，指"汪精卫中途变节，与著名之走狗杨度为伍，所设国事共济会，其宗旨虽惝恍迷离，而真相固已暴露于社会，无可掩覆。近闻与袁世凯密谋，且函致各省都督，大施秘密运动之手段"[3]。

不过，北方反对的声音同样很大。资政院陈情未获通过的次日，徐佛苏拜访了汪荣宝，主张南北分立，力言统一主义不可行于今日，且谓国事共济会徒滋纷扰。汪荣宝觉得"所言亦颇有理由"。[4]而言

---

[1]《民立报》1911年11月23日，第3页，"新闻一"。

[2] 布雷：《不可揣测之共济会》，《天铎报》1911年11月22日，第2版，"遒职一"。

[3]《汪精卫之鬼鬼祟祟》，《天铎报》1911年11月29日，第3版，"中外大事"。

[4]《北京大学图书馆馆藏稿本丛书·汪荣宝日记》，第1060页。

官对于钦派议员们至死不悟的态度依然觉得软弱无力，希望言辞更加决断，出手更加凶狠。12月2日，御史欧家廉具奏，折称："近闻资政院仍主不用兵力。京师复有弭乱和平会声明已电武昌和平解决。其尤可愤可恨者，则莫如国事共济会，欲以君主民主政体召集国民，投票取决。是匪战而胜则以兵力取吾国，匪战而败则以民力取吾国。然则无论如何终亦必亡而已。"他主张乘胜进剿，一律肃清，不任调停。同日又再度上奏，历数资政院要君之罪三，误国之罪三，通匪之罪五，其中通匪之罪第五条便是："国事共济会欲以君主民主政体投票取决，大逆不道，令人发指，而该院竟提作议案，既不能通过，又欲协商阁臣代奏，其为敌作伥也可恨，其视君父如路人也可杀。"[1]

言官动辄口诛笔伐是常态，钦定议员居多的资政院会议否决呈请也在意料之中，倒是内阁拒绝代奏的举动令人有些不可思议。一般论著均指国事共济会的成立及其主张受袁世凯的指使，而这时袁世凯正是内阁总理，反而拒绝国事共济会的要求，似乎不合情理。

国事共济会的兴废与袁世凯的行止的确有着密切联系。国事共济会于11月12日发起，而袁世凯于11月13日抵达北京，11月14日晚，汪荣宝、杨度等人即分别拜见袁世凯。避居天津的汪荣宝于13日晚接到资政院电话通知回京议事，抵京后的活动日程为："饭后到资政院，晤伯屏，悉昨日会议，以袁相已到，本院应与接洽一切，故今日特开谈话会计议对待袁相之法。三时顷开会，李议长报告顷已晤袁相，尚拟辞职，又对于宪法信条上总理大臣之地位颇不了了，且亦未悉资政院政见是否与己相合，故非讨论明白，不能担此重任。议员讨议数四，公举征宇、绥珊、仲威及余，凡四人，前

[1] 故宫档案馆：《武昌起义清方档案·清吏条陈·宣统三年十月十二日御史欧家廉奏折》，中国史学会编：《中国近代史资料丛刊·辛亥革命》（5），上海人民出版社1957年版，第501—502页。

往谒见，解决各项问题。旋散会。电约袁相于八时顷往见。余先散，与征宇等约以七时半会东兴楼，旋往东单二条胡同访仲和。晚饭后，赴东兴楼，与征宇等同诣锡拉胡同谒袁，袁首述主张君主立宪之宗旨及理由，次述对于信条上种种之疑问，次言对内对外各种困难情形，末言辞职之意。余等一一为之解释，并劝其当以天下为己任，不可固辞。袁允再商，旋各散。余回二条胡同，许九香来谈，是晚即宿章寓。"[1]

同日，杨度等人亦拜见袁世凯。严修日记："九月二十四日，七钟起，小食后访皙子久谈。访静生不遇。……到内阁印铸局，晤卢小湘，待一小时，璧臣始至。谈次，袁云台亦至。璧臣留饭，饭后同云台至其家见宫保，同见者皙子、燕孙、伯讷。谈至十二钟辞出。"[2]

如果说汪荣宝等人见袁世凯主要还是资政院的公事，只是先与章宗祥会晤，可能涉及国事共济会的立场主张，杨度和严修、梁士诒等人一同拜见袁世凯，显然就是为了国事共济会的事情。九月二十五日（11月15日），汪荣宝专程到统计局与杨度就国事共济会事务再次商议。两天后，又到李景和家与杨度、范源濂、汪精卫等人商榷国事共济会办法。恰在此时，袁世凯内阁成员连同副大臣名单一并发表，汪荣宝对于新内阁的用人颇感失望，但这并未影响国事共济的行动步骤。袁世凯就任内阁总理的当天，各报即刊出消息称："其政见之第一步，即在质询国民之意见，是否将满廷倾覆，抑仅令政治改革。又谓袁系主张君主立宪之人，惟限制君权云云。"在南方民党的报纸看来，这种说法"揣袁氏之意，直以各省起义为儿戏已耳。是说之无根据，而又最足摇惑人心，不辞以辟之，必有坠其术中者。……今日我国除采用共和政体外，必无以免危亡之局也"。[3]

[1]《北京大学图书馆馆藏稿本丛书·汪荣宝日记》，第 1053—1054 页。

[2]《严修日记》编辑委员会编：《严修日记》第 3 册，第 1708 页。

[3] 汉立：《万难舍去之民主论》，《民立报》1911 年 11 月 24 日，第 1 页，"要件"。

可是，南方指为无根之谈的传言，在北方却在实际进行之中。尽管此前杨度曾经往来于京师、彰德，为袁世凯出谋划策，从时、地、人等因素比照看，以国民会议的形式公决国体政体，平息战事，与其说是由袁世凯授意，不如说是杨度等人主张建言、袁世凯考虑作为备选方略之一更加近真。

九月二十八日（11月18日）《经纬报》的报道提及，"该会之发生，乃著名之政客某为政府所画之密策"[1]，所谓著名政客，依据以往关于国事共济会的描述，指向似为杨度。在国事共济会中，杨度的确扮演了重要角色，他不仅名义上担任君主立宪党的具名代表，而且该会的许多决策活动均由他一手操办。国事共济会成立伊始，清廷发表了新一届袁世凯内阁的成员名单，杨度榜上有名，任学部副大臣。但为了国事共济会立场持中，取信各方，杨度特意辞去官职。《民立报》据德文报电称："杨度虽授学部侍郎，不允授职，汪兆铭曾与之在京组织一会，请各省派代表至京，研究是否主张共和，抑或君主立宪。"[2]为此，陈请内阁代奏书中他还特地标明"君主立宪党开缺学部副大臣杨度等"。

此时袁世凯虽然接受内阁总理之职，可是尚无全权，而且摄政王在上，不仅颇多掣肘，两人的宿怨心结也难以化解，因而一直犹疑不决，屡屡表示去意。随后几天，局势风云变幻，从汪荣宝所记他们获取的信息及其反应，可以大概窥知何以如此迅速地结束国事共济会。

11月29日，汪荣宝访李家驹（柳溪）及赵秉钧（智菴），"各谈半时许，旋回寓。饭后到部办事，四时顷散。到陆宅，拟与仲和同谒袁相，因兴致阑珊，复思作罢，忽得费仲深自苏州来书，附来

[1] 渤海寿臣辑《辛亥革命始末记》引九月二十八日《经纬报》，沈云龙主编：《近代中国史料丛刊》（420），第1367—1368页。
[2] 《民立报》1911年11月21日，第3页，"专电·大革命之外电"。

上袁相书一缄，属为代呈，仲和因力劝余往一见。即持书往谒，良久入谈，余告以大势之所趋及国民意向之所在，不宜过事拂抑。袁相极言外交危急，历引三韩故事为鉴，现在总以赶速平和了结为要。亦复持之有故，言之成理。谈一时许辞出，仍回陆宅住宿"。

11月30日，"早起，回寓。徐相来谈，谓革党近在奉天、大连等处有所举动，颇有日本人在内为之主谋，并接济军械，俟革党发动，日本政府即以兵据奉天，盖运动中国内乱，因而乘机以平乱为口实，遂其野心也。又闻英人进兵广州，法人进兵云南，若再不解决，必召瓜分之祸，属设法将此意宣布国民，先将奉天暴动暂行按住，徐商平和解决之策。余允到津与闰生一商"。

12月1日，"早起，……旋往闰生处，转述徐相意，共商办法。饭后，与同诣晳子，遇季新，邀之来寓一谈，缉荟、巨六、晳子、孟鲁、意城、仲威、子来、君度先后来"。

12月3日午后，"在津友人先后来访，知南京已于昨日被民军完全占领，并闻官军与武昌革军定休战条约如下：一、两军各不得进攻；二、于休战期内各不得增加战备；三、海军中立；四、休战期以十五日为限；五、本条约由英领事保证之。傍晚，得念慈书，报告南京被占之事。闰生来谈，旋与立甫、蓉阁共为手谈以消遣。晚饭后，子来、意城来述南中情形，已而孟鲁来长谈"。

12月4日，"早起，访闰生及伯刚，各谈片刻而回。得仲仁、翼之等公电，属转达项城，大意谓两军各有和意，会议结果应绝对服从，请预储实力，以免反汗"。[1]

短短几天，局势变化的主要焦点就将由战场转到谈判桌上。结束国事共济会，可以避开两面受敌的尴尬，尤其是避开清廷内部强大的阻力，而将其政治主张通过和谈来实现，然后转而向清廷施压。

作为国事共济会的分支机构，奉天的国事共济分会"其宗旨甚

---

[1]《北京大学图书馆藏稿本丛书·汪荣宝日记》，第1068—1073页。

形歧异。因系政界发起，故到会签名者大率主持君主立宪，而各界
人士咸希望共和政体，彼此各执一是，恐难取效"[1]。该会既然以立
宪派居多，便循合法途径，举定职员后，将所拟办事章程禀请总督
鉴核。结果总督谕饬：

　　　朝廷实行君主立宪，重要信条业已宣誓，是国民改革之目
　　的已达。国事共济总会原为征求两方面意见而设，今宗旨已定，
　　即可无须再立分会。且闻天津总会近已解散，则各省分会更属
　　何所附属，所谓继续进行尤属无谓，且党派分歧，议论蜂起，
　　决非人民幸福。反不如各安生业，一意保安，俟大局平定，再
　　行组织政党，较为有益。仰即遵照解散，所拟章程著即作废。[2]

　　合法程序尚未完成，组织便已经寿终正寝。而吉林和黑龙江的
国事共济支会，成立之时已是国事共济会即将解散之日。

三　南北议和的关键议案

　　就在国事共济会宣布解散之际，形势继续急剧变化。一方面，
革命军和清廷通过不同渠道暗中已经开始议和；另一方面，迫于列
强拒绝借款等内外巨大压力，摄政王被迫退位，袁世凯如愿成为责
任内阁的全权总理大臣。相较于成立之际，局势更加有利于国事共
济会主张的实现。因此，与现行成说有异，国事共济会的政治主张
虽然南北两面均遭碰壁，但未必是全然不得人心，而该会的解散，
也并非由于其政治主张不切实际。恰恰相反，在南北和谈中，以国
民会议表决国体政体成为重要选项，也是清政府与民党持续争执的

[1]《共济会之现状》，《盛京时报》1911年12月5日，第5版。
[2]《督宪谕饬解散共济会》，《盛京时报》1911年12月5日，第5版。

焦点，而国事共济会成员在其中扮演了重要角色，成为尖锐对立的南北双方之间的润滑剂。深入一层考察，也可以说，正是由于国事共济会的组织公开解散，才便于其成员在南北和谈中发挥作用。

国事共济会解散后，一部分成员试图另行组织，介入南北和议之局。汪荣宝记：12月8日，"四时许诣陆宅，巨六、孟鲁、伯平诸君以两军在汉口开平和会议，欲另行组织团体，相机补助，劝余同行，余殊不欲预闻"。汪荣宝的态度，并非不关心和谈，而是不希望结团引人注目。12月12日，"早起，雪，访闰生，略谈即回。旅居无事，私拟媾和条款数事，大略如下：一、改大清帝国为中华民国；二、民国之统治权由国民依宪法组织各机关行之；三、大清皇帝及其继统之子孙永远享有皇帝之尊称及荣誉；四、皇帝驻跸热河；五、皇帝于皇室自治事宜有制定法规之权；六、皇族之有爵者依旧世袭；七、皇族除特免兵役义务外与国民有同一之权利义务；八、皇室经费年三百万圆；九、本约与民国宪法有同一之效力。似此调停，君民之间彼此均可相安无事，实为上策，未审会议诸君见及此否"。

次日，汪荣宝将所拟媾和条款示来访的张心毅，张大赞成之，遂访陆宗舆，初意约其一同入京将条款游说徐世昌转达袁世凯，陆宗舆颇不同意，争论良久，即回。后来汪荣宝又找曹汝霖共同游说徐世昌，曹辞以感冒。12月22日，因上海举行的南北和谈南方民党坚持共和，停战展期，山陕告急，外债又无从借贷，曹汝霖嘱将前拟条款转达徐世昌，忠告袁世凯。汪荣宝遂作书致徐世昌。[1] 只是这时上海和谈已有眉目，准备以国体政体问题付诸国民会议公决，汪荣宝等人所拟条款胎死腹中。

另一部分国事共济会成员，如江庸、杨度、汪精卫、黄为基、章宗祥、金邦平、范源濂等，则直接介入了南北和谈，而且杨度、

---

[1]《北京大学图书馆馆藏稿本丛书·汪荣宝日记》，第1077—1091页。

汪精卫还分别在清廷、民党以及南北之间起着沟通联系的作用。袁世凯出任内阁总理不久，就"令资政院议员多人，又另委任杨度、刘泽熙等会同拟订议和条件"[1]。据说汪精卫曾在北京多方策动，促成唐绍仪为议和代表；后来又在谈判过程中辅佐伍廷芳，力图掌握和议的主导权。[2] 也就是说，解散国事共济会，并非因为和平解决无望，公决不可行，而是很难说服清廷接受这一方略，于是将主攻方向转到南北和谈的谈判桌上。

南北和谈中，北方所代表的是袁内阁而非清廷，谈判很大程度上就是贯彻落实国事共济会的宗旨，实现停战，通过协商，决定由国民会议公决国体政体问题。清廷看似仍在袁内阁之上，其命运却操自他人之手。这一转换虽然不过是权力的转移，而非宗旨的改变，其结果却避开了清廷的干扰，使得袁世凯可以掌握操纵局势发展变化的主动权。

12 月 18 日南北开议，第一次会议主要讨论停战问题，三天后的第二次会议则进入正式议案，首先要解决的，就是君主立宪与共和立宪的取舍。民国总代表伍廷芳坦言民军主张共和立宪，清帝逊位，由百姓公选大总统。唐绍仪声称，北京来者不反对共和立宪，所协议的是和平达到共和宗旨的办法："共和立宪，万众一心，我等汉人，无不赞成。不过宜筹一善法，使和平解决，免致清廷横生阻力。且我共和思想尚早于君，我在美国留学，素受共和思想故也。今所议者，非反对共和宗旨，但求和平达到之办法而已。"双方似乎一拍即合。所以伍廷芳说："盖承认共和,则一切办法皆可商量。"[3]

[1] 《民立报》1911 年 11 月 23 日，第 2 页，"专电"。

[2] 《铃木驻南京领事致内田外务大臣函》1912 年 2 月 1 日，中国社会科学院近代史研究所中华民国史研究室主编，邹念之编译：《日本外交文书选译——关于辛亥革命》，北京，中国社会科学出版社 1980 年版，第 344 页。

[3] 《南北代表会议问答速记录》，丁贤俊、喻作凤编：《伍廷芳集》上册，北京，中华书局1993 年版，第 391 页。

可是，接下来的情形却有些微妙。伍廷芳以为只要优待清室，包容满人，便可以和平解决。而自称全权大臣的唐绍仪，虽然代表袁世凯表示接受民主共和，又认为"国人皆希望共和"，前提却是"必须徇众"。所谓徇众，具体办法就是由国民大会决定君主民主问题，服从多数之取决。唐绍仪自称武昌起事后他曾上折请求用此办法，清廷不允，但是现在自己仍然坚持。尤其强调："对于袁氏非此法不行也。其军队必如此乃可解散。开国会之后，必为民主，而又和平解决，使清廷易于下台，袁氏易于转移，军队易于收束。窃以为和平解决之法，无逾于此也。"[1]

唐绍仪所说的奏折，迄未见到。专文论述唐绍仪与辛亥南北议和的学人，或坦言未见，或未予追究。[2] 张晓辉、苏苑著《唐绍仪传》称，武昌起义后，唐绍仪拒绝出任邮传部尚书，主张根本改革：（1）禁止皇室亲贵参预政权；（2）确立立宪政体，尽速制定宪法，召开国会；（3）实行责任内阁，改革地方官制，中央与地方分权；（4）裁减军费；（5）国家重大问题，由新设国会决议解决办法。10月19日，唐起草了一份说帖，呈送内阁总理大臣奕劻和协理大臣徐世昌，提议"赶速召集国民大会，商讨今日中国如何立国，以解决一切所不能解决之问题"。并且《唐绍仪传》特意括号说明"此即后来南北和谈以国民会议解决国体问题的发端"。[3]

关于此事的依据，《唐绍仪传》没有注明出处。而时间和引文的文字与张国淦自拟的一份说帖完全一样。张国淦《辛亥革命史料》记，八月二十七日，内阁阁丞华世奎（璧臣）告诉他：江苏程德全因时局危迫，电奏"请罢免现任亲贵内阁，另简贤能，并惩办酿乱首祸之人，提前宣布宪法"。揭破政治革命、种族革命，向来疆吏

---

[1] 《南北代表会议问答速记录》，丁贤俊、喻作凤编：《伍廷芳集》上册，第392页。

[2] 丁贤俊、陈铮：《唐绍仪与辛亥南北议和》，《历史研究》1990年第3期，第137页；朱英：《唐绍仪与辛亥南北议和》，《广东社会科学》1989年第2期，第76页。

[3] 张晓辉、苏苑：《唐绍仪传》，珠海出版社2004年版，第128—129页。

不敢据以上闻者，可谓有胆。然而，当轴对此电奏的态度却是："摄政王不置可否，庆邸自知才力不足，屡屡乞休，今日得此电奏，总协理一同恳求罢斥，泽、洵、涛三人，不以为然，泽尤强硬，言荫昌大军，已到汉口，指日可平。"张国淦表示："此次武昌起事，在民党方面，酝酿不止一朝，其潜伏势力，弥漫全国，若视为武昌一隅，能用大兵剿灭，便是错误，当求其他方法解决。雪帅电奏办法，如在两三年前，或可有效。现在局势如此，似非此种常谈所能挽回，雪帅岂有不知，但身任疆吏，不得不如此立言耳。"华世奎指误国全在载泽一人，并以其言转陈总协理。次日，总协理请张国淦详写办法节略。于是张拟就一份说帖交华世奎转呈总协理。说帖全文如下：

　　窃以今日立国于世界之上，当先审世界之大势，大势所趋，有如决川，虽有强力，莫之能遏。今日世界大势，论政体则有专制立宪之殊，论国体则有君主共和之异，在各国早演为事实，在吾国尚视为新奇。溯自甲午中东一役，继以庚子联军，朝廷毅然改图，已颁布立宪之诏矣。顾人民奔走呼号，争先恐后，而政府迟回审顾，计日待时。其稳健者主张君宪，无以厌其要求；其激烈者倡言民主，更复资为口实。总之，无论君宪民主，悉本于爱国之忱，爱国无望，于是政治革命种族革命之说，相摩相荡，而全国风靡矣。

　　大凡事变之来，必求自省。本朝临御天下二百余年，昔何以盛，今何以衰，昔何以治，今何以乱，推原其故，皆因政治之不修，兼以世界潮流，澎湃而至，穷变乃久，决非拘囿成法所能挽回。今之论者，以为川鄂一隅，党徒思逞，大兵一集，指日可平。然民心已涣，政府何以萃之；民心已动，政府何以静之；疆吏之离心离德，谁共艰难；军士之趋势趋时，谁能效命；此不待智者而知其不可为矣。论者又以为亲贵内阁，应予罢斥，实行立宪，以期补救。然此种办法，若在两三年以前，见诸实行，急起直追，尚可收效。今则涣汗之号已失，崩溃之局已成，虽莅太庙而宣誓之，诏国人而申儆之，时事日非，空言何补。为今之计，唯有开诚布公，以全国人心为趋向，当即饬令开拔军队停止前进，赶速召集国民大会，商讨今日中国如何立国，以解决一切所不能解决之问题；内政如何而修明，外侮如何而抵抗，种族如何而融化，党派如何而沟通。议决以后，立即宣布，朝野上下，一律遵守，庶可示国人以大信，保皇室之久安。

侧闻总协理谦让为怀，屡思引退。继任人选，如程德全、伍廷芳、唐绍仪、张謇、汤寿潜、梁启超、谭延闿、汤化龙、蒋方震、蔡锷、章士钊、陈锦涛等，果能前席以待，定为众望所归。在此时间，开放党禁，如蔡元培、王宠惠、章士钊、居正、宋教仁、胡汉民等，不宜歧视，亦当旁求。在朝有焕然之改观，在野自幡然而望治。并由社会有力人士，唤起舆论，分途向各方接洽，勿论何人，以国家为重，停止一切进行，静待大会议决。或谓时局纷庞，众论簧鼓，果其议决，有为政府所不能办者，又将奈何？然今日举朝皇皇，几有朝不保暮之势，再经酝酿，窃恐土崩瓦解，更不忍言，至彼时求如今日之从容讨论，且不可得矣。与其人为汤武，毋宁我为尧舜。华盛顿开国之成规，法兰西革命之惨史，在人自择，亦在人自为，不必残民而召其亡之痛，不必流血而臻大同之庥，中外播为美谈，古今传为盛事，孰得孰失，是在总协理衡量轻重，造膝密陈而已。既承明问，敢用直言，事机急迫，伏望恕其狂妄焉。幸甚。

所谓总协理，即内阁总理、协理大臣奕劻、徐世昌等。据华世奎说："此说帖交总协理，阅至末段，庆邸颇惊异，亦无表示；徐相言，可告其将'与其人为汤武'以下删去，再誊一份送来，以便呈摄政。"张国淦认为摄政王载沣无知识，不足与言，故不愿删去再誊，华亦未催，只是告以："说帖中国民大会，徐颇重视。"又说："总协理询问王宠惠、章士钊、居正、宋教仁、胡汉民等为何如人？"

张国淦自称："其后伍、唐议和，以国民会议解决国体问题，其发端即在此。"虽然临时国会一事后来议而无果，"此说帖无足轻重，然其立论以国民会议解决时局，与当时一般之主张君宪不同"。[1]更为重要的是，考虑到以国民会议的形式作为解决重大问题的选项影响深远，如果发端的历史地位能够确立，价值不言而喻。

不过，程德全电奏发于八月二十五即公历 10 月 16 日，而八月二十八为 10 月 19 日，此时仅武昌一地起事，虽然川乱已久，各地局势开始动荡，但只有零星暴动。这样早就提出召集国民大会来解决包括立国在内的一切问题，似嫌突兀，尽管文字内容并无与时势不相吻合之处。

张国淦不仅将国民会议公决国体政体的发明权归于自己，而且声称南北和谈采用此法亦由其建言，据他说，十一月初五日（12 月24 日）深夜，唐绍仪嘱汪精卫、魏宸组来，约其往唐绍仪下榻的戈登路英人李德立家，唐声称："若不承认共和，不能开议。已电袁内阁，袁主张亦困难，但在会议席上，又不能公然表示，奈何！"张国淦即表示："在武昌起事时，我曾有一说帖，召开国民大会，此时如以国民大会，讨论国体问题，代表人民公意，似尚不难解决。"唐曰："召集大会，须相当时日，又不敢言确有把握，奈何！"张认为："不必过虑，在今日共和已不成问题，此不过一种过程，在此过程中，一再酝酿，当有多方面凑合，得以达到目的，何妨与伍代表一商。"唐沉思半晌，说道："确是好办法。"于是"唐告伍，伍亦欣然接受，当密电袁，袁复电同意，故有初八日召集临时国会之电"。[2]

---

[1]　张国淦编：《辛亥革命史料》，沈云龙主编：《近代中国史料丛刊续编》（252），台北，文海出版社 1976 年版，第 273—275 页。

[2]　张国淦编：《辛亥革命史料》，沈云龙主编：《近代中国史料丛刊续编》（252），第 292—293 页。

据此，召集国民大会讨论国体问题是南北和谈期间张国淦向唐绍仪建言的结果，而唐绍仪致袁世凯的电报则显示其离京南下前已经和袁世凯会议有关事项。况且十一月初五已在第二次会议之后，以此证明召集国民会议公决国体政体的主张源于张国淦的建言，时间上无法对应。张国淦关于晚清民初的记载，虽然作为当事人亲历者的确掌握不少内幕隐情，但也掺杂一些后来的绘声绘色，令人征引之时颇为迟疑。此即一显例。

目前关于南北和谈的资料，唐绍仪部分缺漏最多。后人著述误引张国淦所拟说帖为唐绍仪的说帖，并不能否认第二次会议时唐绍仪自称曾经上折的说法。有学人注意到，1911 年 11 月 21 日洪述祖致赵凤昌的一封信，透露了一些关于此事的消息。函谓：

> 上月初在少川处，读吾哥密电。次日弟草一诏稿，托人转说前途，迄未有效。直至项城入京，方以此稿抄两份分途达之。（少川之力）项城甚为赞成，而难于启齿，不得已开少川之缺。（非开缺不肯行）于廿七日入都商定办法。弟廿八日入都，于廿八日少川自往晤老庆，反复言之。老庆亦谈之声泪并下，然亦不能独断，允于次早决定。不料一夜之后，（想必与载沣等密商矣）廿九早，全局又翻，说恐怕国民专要共和云云。菊人、项城均力争不得，项城退直，焦急万分；少川代谋，即以此宗旨由项城奏请施行。（约五日即可见）倘不允，即日辞职，以去就争之。事机千载一时，南中切勿松劲。（惟到沪议政员，殊难其人，以少川来，南中人愿否？乞密示。）[1]

作者据以推断，1911 年 10 月下旬，洪述祖在唐绍仪处读到赵

[1] 上海社会科学院历史研究所编：《辛亥革命在上海史料选辑》，上海人民出版社 1981 年版，第 1069—1070 页。

凤昌的歌电（10月26日），次日起草了一份诏书文稿。这份诏稿是由唐绍仪授意或在其赞许下拟定的，意在由隆裕太后发布诏书，召开国会，以多数决定采取君主或民主制，但遭到王公贵族的反对，并无结果。到11月13日袁世凯出山，才由唐绍仪把诏稿分送王公贵族和袁世凯。袁甚为赞成，却难于启齿。不得已，同意唐绍仪所请，将其从原定内阁名单中开缺，以便行事。11月18日，唐绍仪往晤奕劻，反复劝说。庆王以不能独断，推说次日决定。而次日却又翻覆，说恐怕国民专要共和。徐世昌、袁世凯均力争不得。唐绍仪便建议由袁世凯以内阁总理的身份奏请施行这项主张，如清廷不允，即以辞职相逼。[1]

与此相应，11月14日，清廷眼看"自武昌事起，各省纷扰，大局岌岌，实为全国存亡所关。朝廷胞与为怀，不设成心，亟应征集国民意见，共谋扶危定倾之策。著各督抚传谕各该省士绅。每省迅速公举素有名望、通晓政治、富于经验、足为全省代表者三五人，克期来京，公同会议，以定国是，而奠民生"。[2]此举很可能是对国民会议的一种变相回应，只是代表选举、召集地点等事项，显然与民意相去甚远。在清政府的主导下，资政院尚且不能代表民意舆情，临时召集的代表更是难以表达意见。

作为奉诏者之一的张謇，鉴于武昌起事后形势剧变，已经改变原来主张君主立宪的态度，认为唯有共和可以解救危局。不过他更加倾向于清帝主动退位，通过袁内阁暗中冒死建言，至于公开答复清廷的电召，则声言：

　　政体关系人民，应付全国国民会议。以业经辞职并非公推

[1] 丁贤俊、陈铮：《唐绍仪与辛亥南北议和》，《历史研究》1990年第3期，第137页。
[2] 佚名辑：《宣统政纪》，沈云龙主编：《近代中国史料丛刊三编》（180），台北，文海出版社1989年版，第1151页。

之一二人与少数廷臣讨论，断无效力。现在各省表示独立，若仍以君主名义召集，势必无人承认。应先请明发谕旨，宣布尊重人道、不私帝位之意，以豁群疑而昭圣量，然后令全国军民公举代表，于适宜之地，开会集议，确定政体及联合统一之法。事经公决，国民自无异议，即不至有纷争割裂之祸。事机危迫，舍此无可和平解决。[1]

拒绝的是清廷以君主名义召集的官绅会议，而主张全国军民公举代表的国民会议。

此外，由唐绍仪发端的说法还得到一些相关证据的支持。1911年12月15日，各省都督府代表联合会在上海开会，浙江代表陈毅报告，在汉口与黎元洪大都督代表会晤的清内阁总理袁世凯的全权代表唐绍仪称，"袁内阁亦主张共和，但须由国民会议议决后，袁内阁据以告清廷，即可实行逊位"，所以代表会当天做出"缓举临时大总统"的决议。[2] 这表明到上海之前唐绍仪已经向民党表示要以国民会议决定国体政体。

在此前后，提出类似主张者不仅唐绍仪一人，正在密切关注时局变化以图积极参与的梁启超也有召开国民会议公决国体政体的主张。11月18日，梁启超获悉袁世凯内阁以其为法律副大臣，立即致电袁世凯请辞，同时进言道："祸变至此，今后戡难图治，必须视全国民多数意向，虽有非常之才，苟拂舆情，终无善果。"具体而言："今惟有于北京、武昌两地之外，别择要区，如上海之类，速开国民议会，合全国人民代表，以解决联邦国体、单一国体、立

---

[1]　《复内阁电》1911 年 11 月 27 日，《张謇全集》编纂委员会编：《张謇全集》(2)，上海辞书出版社 2012 年版，第 292 页。据章开沅《开拓者的足迹——张謇传稿》(北京，中华书局 1986 年版，第 243 页)，电报发于 11 月 27 日。

[2]　刘星楠：《辛亥各省代表会议日志》，中国人民政治协商会议全国委员会文史资料研究委员会编：《辛亥革命回忆录》第 6 册，北京，文史资料出版社 1981 年版，第 250 页。

君政体、共和政体之各大问题，及其统一组织之方法条理。会议结果，绝对服从，庶几交让精神得发生，分裂之祸可免。"[1]

唐绍仪、梁启超、张謇、张国淦、洪述祖等人的不约而同，至少说明在当时中国朝野政坛上的一些有力人物看来，以国民会议的形式决定国体政体是不错而且可行的选项，唯有如此，才能迅速平息战乱，避免分裂。可以说，唐绍仪在和谈第二次会议提出用国民会议公决国体政体，具有一定的社会基础。

四 袁世凯、唐绍仪的态度取向

面对国体政体的抉择和国民会议这样前所未有的取径，袁世凯必须权衡取舍。提议人虽然代表了中国朝野南北的实力派，但是在袁世凯的政治考量中，列强尤其是英国（仍然主导世界并且在华拥有话语权）和日本（虽然后起却与中国利益攸关）的态度更加至关重要。与中国关系密切的列强，对于中国发生革命后国体政体的态度取向，大体与本国实行的政治制度相吻合，并依据局势的变化前后有所调整。其中日本、俄国坚持君主立宪，英国开始认为君主立宪适合，后来则倾向于只要是中国民众自决，任何政治形式均可接受。12月19日，袁世凯将与上海唐绍仪的来往函电抄件各一份派人送给日本驻华公使伊集院，唐来电称：

本人由汉口启程之际，英国总领事曾向本人透露称：革命党坚决主张国体共和，和谈能否成功，实无把握。做为调停方案，

---

[1] 《梁启超致袁世凯电》，《申报》1911年11月26日，第1张第4版，"公电"。电文署期"勘"，即二十八日，当为农历九月二十八日，即公历11月18日。故宫档案馆：《关于南北议和的清方档案·宣统三年十月初九日法部副大臣梁启超致内阁电》记："立集国会，以顺舆情、定国体。"中国史学会主编：《中国近代史资料丛刊·辛亥革命》（8），上海人民出版社1957年版，第144页。

拟向双方建议在一定期间采取君主立宪制，限期至现今皇帝年满二十五岁为止。届时可视皇帝之才德如何，学问如何，以及民智程度又如何，由国会研究决定究竟采取君主政体或民主政体。未悉此案是否可行？该总领事又云：此案业已告知黎元洪，等等。在今后会议中，革命党方面是否会提出如上议案，虽尚不得而知；但英国公使是否仍持此意见？阁下对此有何见地？均希急电示知。

袁世凯的复电谓：

我方应坚决主张君主立宪，应以《十九条》为谈判基础。估计革命党方面必加拒绝，但总要坚持到底。直至争论到最后，方能考虑调停办法，借以博取天下之同情。[1]

英国总领事的方案，虽然较唐绍仪等人的意见更为保守，将国会公决国体放到十几年以后，基本思路和取向却与唐绍仪等人大体一致。而袁世凯的答复以及将相关函电送交日本驻华公使，一方面是显示自己身不由己，另一方面则有试探反对中国实行共和的日本政府的态度反应之意。

关于袁世凯、唐绍仪围绕国民会议的策划活动，在京师探听消息的罗惇曧于 12 月 13 日致函梁启超有所报告：

汪兆铭自共济会后，时来往京津之间，先由严修介绍见袁。袁谓："国民会议，我极赞成，惟我站之地位，不便主张民主，

---

[1]《伊集院驻清公使致内田外务大臣电》1911 年 12 月 19 日，中国社会科学院近代史研究所中华民国史研究室主编，邹念之编译：《日本外交文书选译——关于辛亥革命》，第 289—290 页。

仍系主君主立宪，万一议决后，仍系君主多数，君当如何？"汪答：
"议决后我必服从多数；惟以我观察时论之趋向，必系民主多数。
如议决民主，公当如何？"袁谓："既经议决，王室一面我不敢
知，我个人必服从多数。"汪复至津见唐，唐言此事是我发起，
必以多数为服从。汪已屡与唐协商。（唐为正，杨士琦、严修为
副，有严不愿行之说。）此次议会北中以唐为主体，南中以汪为
重要枢纽，议决后战事当可望和平。

　　袁当时尚未敢迫监国退位，及收禁卫军后，乃由唐代为计画，
先将禁卫军炮队全数调援山西，再将药弹运送南伐之军，除调
发外，京中所留仅三四千人，无炮无弹，决定洵、涛等必无能为，
乃决请监国退位。旋派冯国璋充军统，尽收满人兵权（军谘府
早已归徐，满人无一有兵权者。）而满人最枭雄者为良弼，亦收
为己用。于是满人之权，尽入己手，必无他虞。乃派大使赴汉
口议和，无论解决如何，皆易办理，皆唐氏帷幄之功。[1]

　　是函显示，从罗所获信息看：其一，国民会议由唐绍仪发起，
唐本人当时几次在不同场合如此表示；其二，袁世凯赞成由国民会
议多数取决民主立宪还是君主立宪；其三，为袁世凯谋划的政客，
杨度之外，唐绍仪更是关键人物，就地位而言，唐绍仪更加有力。
再参照前引严修日记，国事共济会成立之际，其成员以及严修的确
与唐绍仪有所接触商议，则唐绍仪幕后策划以国民会议公决国体政
体问题，不是没有可能。只是从时间看，国事共济会并非由唐绍仪
授意组织，唐的作用应是在国事共济会与袁世凯之间联系，利用国
事共济会鼓动实施召开国民会议公决国体政体的方略。

　　随之而来的疑问是，在袁世凯、唐绍仪看来，由国民会议公决
国体政体，是迫于形势而对民党和清廷的权宜之计，甚至如报纸所

[1]　丁文江、赵丰田编：《梁启超年谱长编》，第576—577页。

称的缓兵之计，还是真的打算将国家大政诉诸民意。进而言之，袁世凯对于君主立宪和民主共和的选择究竟态度如何，唐绍仪与袁世凯之间对此是否具有完全的共识。由于相关记载千差万别，以及袁世凯、唐绍仪、杨度、汪精卫等人后来的表现各异，导致学界认识分歧，事实真相扑朔迷离。需要仔细梳理解读史料，努力回到历史现场，设法还原史事本相和前人本意。

袁世凯就任内阁总理大臣时，曾宣布其政见，其中说道：

> 中国进步党中有两种人，一种主民主共和，一种主君主立宪。余不知中国人民欲为共和国民，是否真能成熟？抑现在所标之共和主义，真为民人所主持者也？中国情形纷扰，不过起于一二党魁之议论，外人有不能知其详者。故欲设立坚固政府，必当询问其意见于多数国民，不当取决于少数。[1]

袁世凯的此番表白，究竟是真心实意还是故作姿态？关于袁世凯的政治取向及其权变底线，他本人在不同场合以及通过各种渠道传达出来的信息，可谓变幻莫测，以致令许多局内人也大惑不解。而袁世凯公开与私下的解释，则往往强调其他各方的态度压力，使其身不由己。最终目的，还是考量对方的立场和利益。只是在不断东倒西歪、左右逢源的终点，达成最符合袁世凯本人利益的目标，或者说，使之成为最大的获益者。所以亲历者和后来人均认定袁世凯是弄权窃国。

接受国民会议公决国体政体的前提，需要对共和有所认识。袁世凯原来主张君主立宪，重返北京政坛之初，与之关系密切的坂西利八郎少佐就告诉他人，袁世凯觉得与黎元洪很难和解，因为后者

---

[1] 《袁世凯宣布政见》，《时报》1911 年 12 月 1 日，第 2 版。

坚持建立纯粹的共和国，两人的立场完全相反。[1]11 月 14 日，袁世凯派其子代表他往见英国驻华公使朱尔典（J. N. Jordan），试探英国的态度。据说袁世凯原本希望挽救清廷，现在似乎已再不可能扮演忠贞角色，不知究竟应采取何种路线，实在极感困惑。黎元洪和武昌起义的领袖们已促请袁世凯出来担任中华民国的总统，并保证充分予以支持，相信上海、广州及其他革命据点也都会跟着给予支持。虽然袁世凯希望在清廷之下组成立宪政府，但一般民众希望废弃王朝制度，唐绍仪和袁氏的许多旧友也拒绝为君宪与袁合作。针对袁世凯的询问，朱尔典表示，外国人的一般看法是，最好的解决办法是保留清王朝作为国家的象征元首，同时进行立宪改革。共和体制看来仍不适合中国，而是一项冒险的尝试。袁世凯的儿子声称起义人士要袁担任统治者，甚至暗示其父可能被拥立为皇帝，共和只是个过渡阶段，并同意朱尔典的请求，让朱尔典将所谈秘密转告美国公使。[2]

可是，次日朱尔典拜会袁世凯，听其本人直接表达的意见，却有异于其子的推测。袁世凯指黎元洪坚持废除清制，而反对自己的所有建议。上海和南方革命军皆支持成立民国，北方民意则赞成君主立宪。袁意欲领导赞成后项政策的党派。资政院已不足以代表全国民意，袁建议在上海或天津召开各省代表大会，将自己的计划交由大会通过。若能结合北方各省支持其政策，将可形成一个政府核

---

[1] 《鸳泽与四二来函》，[澳] 骆惠敏编，刘桂梁、邹震、张广学、石坚译，严四光、俞振基校：《清末民初政情内幕——〈泰晤士报〉驻北京记者、袁世凯政治顾问乔·厄·莫理循书信集 上卷（1895—1912）》，上海，知识出版社 1986 年版，第 788 页。

[2] 《朱尔典爵士致格雷爵士电》1911 年 11 月 14 日北京发，第 278 号，章开沅、罗福惠、严昌洪主编：《辛亥革命史资料新编》第 8 卷，武汉，湖北人民出版社 2006 年版，第 100—101 页。据袁世凯的儿子说，袁本人主张迅速建立完全的立宪政府，保留清王朝的地位，而不让其掌握实权。但与之间接洽谈中的国民大会不信任清室的诺言，坚持要求解除清军，作为一项保证。《朱尔典爵士致格雷爵士函》1911 年 11 月 6 日发自北京，第 427 号，章开沅、罗福惠、严昌洪主编：《辛亥革命史资料新编》第 8 卷，第 112 页。是函提及 11 月 22 日的电报，署期似误。

心，借以终将赢得南方的支持，或以武力收取。但袁同时又说毕竟面临极大困难，旧幕僚四处分散，不易与其结合；国库空虚，没有收入，无法推展政务执行与军队补给。其明言的政策为：妥协辅之以武力。目标则为：确实把握民意，据以策定计划。希望英国有实际经验的政界人士以朋友身份协助其完成艰巨任务。[1]

11 月 19 日，唐绍仪告诉朱尔典，他认为袁内阁的政策在目前舆论中被认为毫无希望，并说已婉拒入阁。其建议由太后懿旨令摄政王让权，暂时改由汉人辅佐皇帝，同时另下谕旨，待尽早于上海召开的国民代表大会民意表决采取何种政府形式，届时另作变更。唐期望最终成立民国，由袁世凯担任总统，并正致力于达成此目标。北京的资政院议员和回国留学生多数赞成建立民国，唐之目标必然得到他们的赞同，可能亦为袁氏本人所默许。[2]

次日，朱尔典接见了三位由唐绍仪介绍来的主张共和人士的代表，据说均与袁本人保持着私人联系。他们指责袁世凯采购军火，增派大批军队前往汉口，此举将引起血战，无益可言，所以反对任何外国人违背中立原则给予袁氏财物支援，并询问能否加以劝阻。朱尔典答称已尽力协助防止生命损失，列强在汉口只有防卫性行动。而三位来访者辩称情形并非如此。主张共和的人士皆热切盼望和平解决中国问题，唯有清廷暂退热河，等待民意宣言，且清军撤离北京，方可得见和平前景。袁本人应当认清这一局势，惟尚待有人向其提醒劝说。对于是否愿意出面担任劝说者的问题，朱尔典表示干涉如此大事，驻华公使绝不可为。[3]

[1]《朱尔典爵士致格雷爵士电》1911 年 11 月 15 日北京发，第 281 号，章开沅、罗福惠、严昌洪主编：《辛亥革命史资料新编》第 8 卷，第 102 页。
[2]《朱尔典爵士致格雷爵士电》1911 年 11 月 19 日北京发，第 287 号，章开沅、罗福惠、严昌洪主编：《辛亥革命史资料新编》第 8 卷，第 105—106 页。
[3]《朱尔典爵士致格雷爵士电》1911 年 11 月 20 日北京发，第 288 号，章开沅、罗福惠、严昌洪主编：《辛亥革命史资料新编》第 8 卷，第 107—108 页。

后来朱尔典报告称：唐绍仪在整个谈判过程中的做法令人费解，唐本人的解释是，他发现上海和长江流域的共和主义信念比预料的要强烈得多，而被迫做出其所能做的最大妥协，以期实现和平解决。然而，极为普遍的看法则是，从不隐瞒其共和倾向的唐氏认为，他能够左右北京，并制造一种使袁氏非担任共和国总统不可的形势。但无论袁氏的倾向如何，由于谈判的方针使将领们和北方军人产生反感，他不得不对唐氏及其行动不予承认。[1]

虽然此前相继有唐绍仪、张国淦、洪述祖等人建言召开国民会议，袁世凯还是有些忐忑。据张国淦记载，袁世凯到京后，主张君主，不言共和。后各处通电到京，表示虽不赞同共和，但世界既有共和学说，不妨研究，于是约汪精卫到锡拉胡同谈论。汪每晚七八时谒袁，十一二时辞出。初只及共和学理，三夜后渐及事实。汪又约魏宸组同往，讨论君主、共和何者适宜中国。因魏善于辞令，每以甘言饵之，连谈数夜，袁渐不坚持君主，最后不言君主，但言中国办到共和颇不易。汪、魏言中国非共和不可，共和非其促成不可，且非其担任不可。袁初谦让，后亦半推半就矣。汪、魏并常到六国饭店，与唐绍仪接洽。唐谒袁所谈，汪、魏亦不知。袁本意在拉拢民党，为便于接谈后进一步了解，故唐往南议和，汪、魏同往。[2]

针对袁世凯就任之初所发表的政见，时论揭露其隐衷道：

> 袁世凯惧第一期之大统领为他人所得，而又无能为毛遂之谋，故于各方面密遣心腹，竭力运动，己则扬言共和政体如何不宜于今日之中国。实则一俟运动成熟，遂尔实行，其所以反对共和者，意固别有所在。……袁初到北京，即向人云：内阁

---

[1]《朱尔典爵士致格雷爵士函》1912 年 1 月 6 日于北京，第 13 号，章开沅、罗福惠、严昌洪主编：《辛亥革命史资料新编》第 8 卷，第 190—191 页。

[2] 张国淦编：《辛亥革命史料》，沈云龙主编：《近代中国史料丛刊续编》（252），第 115 页。

大臣三年一任，为期太迫，恐于政治不能多所举措。识者莫不
嗤之。今于共和前途，如是作梗，推其心，殆欲将万世一系之
专制君主易为袁姓而始快意也者。[1]

《时报》的意思是，袁世凯的所作所为，目的只在最高权力，
而且必须专制。至于名目以共和还是君主，则要看如何才能有助
于攫取和施展权力。后来白蕉撰写《袁世凯与中华民国》，即征引
《时报》的这一段文字，证明"袁之不见信于当时"。[2] 张国淦《北
洋从政实录》从不同角度记录辨析了袁世凯、唐绍仪、杨士琦和国
事共济会关于君主民主的本意及差异：徐世昌告以袁表面维持清室，
其次讨论君主民主，又其次乃偏重民主。北方代表唐绍仪所谓主民
主，意思为袁受禅，而杨士琦所谓君主，也是项城而非宣统。同时汪、
杨组织国事共济会，杨度所谓君主者，与杨士琦亦同，但两人各不
相谋耳。[3]

《时报》的政治后台是袁世凯的政坛老对手康梁一派，因而能
够洞察袁世凯的内心世界。不过，袁世凯的这一点司马昭之心，当
时却未必路人皆知。康梁等人在京师负责与袁世凯及其亲信联络的
罗瘿公、蓝公武等人，对于袁世凯、唐绍仪等人究竟宗旨为何，前
后探得的消息就很不一致。12月15日罗瘿公致函梁启超称：

　　议和已移至上海，唐、杨、严之外，加派杨晢子为参赞，
范静生系范老约同行。时论谓君主一层，大有希望，而梁燕孙
谓不过有三成把握而已。汪兆铭同时南行有黄为基者，与其发
起共济会，则谓汪宗旨极和平，而沪中各报已攻击之。汪力调

[1] 《袁世凯之隐衷》，《时报》1911 年 12 月 29 日，第 2 版。
[2] 白蕉：《袁世凯与中华民国》，荣孟源、章伯锋主编：《近代稗海》第 3 辑，成都，四川
　　人民出版社 1985 年版，第 16 页。
[3] 杜春和编：《张国淦文集》，北京燕山出版社 2000 年版，第 90 页。

停于官、革两方面，而革一边不甚有势力。南中各省代表多系
宪友会人，如浙省陈敬第（江苏为雷奋）来缄，谓大势已趋共和，
君位一层，开口即遭诟詈，恐不能不并入共和，将来解决民主，
必举项城为总统。皙子谓项城仍可为拿破仑云。各报均言唐力
主共和，梁燕孙谓绝无其事。梁征问公议论，略以相告。梁谓
君位共和，项城与唐均同此旨，嘱将尊恉隐括简言由梁电告唐，
资其议和之材料。即已电蜕将尊意见书暨北江致黄书，并录送
唐阅，或可资其采择。惟深察南中情形，似非民主不可，若决
定民主，则项城不知如何处置。有言俄、日、德三国断不容中
国出于民主，必出而干涉，以兵力压制革党，此后隐忧方大，
深望南中有深识之士，早为解决耳。日内拟谒项城，备达尊旨，
已托其近习约期相见。燕孙谓项城得尊缄（已泄矣），询及若海，
燕云：不识。适杨皙子（已泄）在座，谓其人在津，并略陈若梗概。
项城甚欲晤谈，请即函若，粤事毕即北上可也。燕谓公言论机关，
所需款几何？答言：非十万两不能开手，欲握言论之中坚，非
绝大报不可。燕谓：大众商量，亦以公为君主立宪主持最力之人，
得公主持于下，必可渐转舆论。其意似甚欲项城出资，组一机
关报，此事当熟商之。鄙意谓间接为之，未始不可也。[1]

康梁等人当时主张虚君共和，梁士诒等人的说法，很可能是投
其所好。照此看来，袁世凯、唐绍仪等人眼中的共和，与南方民党
的共和迥异，而南中各色人等心中的共和，也相去甚远。可见即使
在“共和”的观念上，各方也是相当不共和的。

南北和谈第二次会议虽然由唐绍仪提出以国民会议公决国体政
体问题，伍廷芳并未明确表示同意。他认为清廷不会允许这样做，
况且“今各省既皆言共和矣，可谓众矣”。尽管还有数省服从于清

---

[1] 丁文江、赵丰田编：《梁启超年谱长编》，第 578 页。

政府的权力之下，总体而言已达多数取决的多数。又提及各省代表已至南京议决共和，若是另行选派代表，势必耽搁时日。既然多数国民心理倾向共和，应当从速决断，以免另起风波。唐绍仪则指出，各省代表不能由谘议局指派，到上海的直隶、河南、东三省、甘肃等省代表，不能代表实际管辖各该省之人，不具备决断实行之权，但原则上同意和平解决，且非共和政体不可，并表示将以此办法致电请示袁世凯。[1]

　　这一请示，迟迟未得回复。第二、三次会议，整整间隔了8天，这在瞬息万变、火烧眉睫的局势中，可以说相当漫长。虽然唐绍仪声称袁世凯内心赞同共和，而要袁接受共和就非以召开国民会议公决国体政体之法不行，袁世凯实际上也未必在意国体政体的名实，可是到了公开表态决断之际，身处南北中外各种势力夹缝之中的袁世凯，还是要瞻前顾后，权衡再三。

　　8天当中，袁世凯在列强和南北各方政治势力之间纵横捭阖，在避免日本强力干预中国的政局发展以及国体政体的选择之后，袁世凯又迫使清室及王公亲贵同意召集临时国会公决国体政体。12月29日和谈复会，并连续举行会议，取得了一系列协议。可是在国民会议召开的地点以及代表产生的方法上，双方再度陷入僵局。由于袁世凯担心按照和谈协议的安排，将失去掌控局势的主导权，否认各项已经达成的协议的有效性，唐绍仪及全体袁内阁和谈代表被迫请辞，由袁世凯亲自主持谈判事宜。后者不仅坚持在会议地点和代表产生方式等问题上拒绝让步，而且欲将所有成议推倒重来。

　　伍廷芳接受袁世凯召集国民会议决定君主民主的要求，事先并未征得民党各方面的同意，因而民党对此本来不予承认。可是，当袁世凯因为主张会议地点在北京、代表选举办法由清廷制订的意见不被接纳，便全面撕毁所有协议时，民党方面反而成为和谈成果的

---

[1] 《南北代表会议问答速记录》，丁贤俊、喻作凤编：《伍廷芳集》上册，第392—394页。

捍卫者，并借此揭露、抨击袁世凯对于和谈本无诚意，甚至其人亦无诚信可言。眼看和谈陷入绝境，双方急于和平解决者干脆抛开国民会议公决国体政体的选项，另起炉灶，暗中联系，策划直接逼使清帝退位，以达到用不流血的方式实现共和的目的。

正当清帝退位之事筹有眉目，将近公布之时，不料机事不密，报纸先期发布，引起清廷内部的一片混乱。清廷和袁世凯为了稳定北方局势，不得不公开否定相关交涉，并且重提国民会议的旧案。民党方面不知就里，质疑之外，双方展开新一轮的唇枪舌剑。经过一阵台面和台下心照不宣的骂战及交涉，1月29日停战期限已到，伍廷芳公开宣布由于清廷的阻挠，和平解决的期望破灭。至此，民党方面关于召集国民会议公决国体政体问题的努力完全终结，转而全力运动逼使清帝退位，以实现共和。

有意思的是，1月29日停战届满的当天，杨度等人在北京组织共和促进会，主张从速实行共和。在回答他人的诘难时，杨度表示，原来主张君主立宪是为了和平，而今日北京主张君宪者大都主战，只有共和才能和平。[1]另组新会，也可以说是国事共济会主张以国民会议公决国体政体的变相。

清帝宣布退位后，2月16日，伍廷芳、温宗尧、汪精卫等公电南京孙大总统、武昌黎副总统、各省都督，对于南北和谈的一波三折加以总结："盖所谓议和，即与北省同胞和衷商榷之谓。迨前清内阁袁君世凯所遣全权代表唐君绍仪至沪，彼此开议，唐君即宣言欲和平解决。惟以北省军民与十四省起义之民军情谊或有隔膜，意见自不免参差。如欲一致进行，必宜先避冲突之端，以成共济之美，因欲彼此息战，开国民会议，取决多数，以定国体。盖当时彼此明知全国人心已趋于共和，特以是为表示之作用耳。乃事机未熟，枝

---

[1]《复黄光焯陆廉钦书》（1912年2月4日，据北京《民视报》1912年2月4、5日），刘晴波编：《杨度集》，第544—546页。

节横生，补救调和，费尽心力。由是乃有清帝退位之说。"[1] 有意无意之间，议和与国事共济会的联系若隐若现。

五　取代国会的政制选项

通过国民会议以和平方式解决重大问题，避免冲突战乱和分裂瓜分的危机，在世界历史上不乏先例。1912年2月1日起，《盛京时报》连载论说《论国民议会宜借鉴于历史之陈迹》，对于国民会议的历史演进有所陈述："革命成功后，大权属国民，以决定新政体必开会议。然其间虽含有自开或迫于旧政府开之两性质，要曰国民会议，或曰构成会议（政体构成之义）。此种会议，开幕于法兰西大革命之后，屡反复于十九世纪之间，历史上斑斑可考也。此次支那革命之结果，闻亦欲寻国民会议之例，以解决新政体之问题。详绎十九世纪历史上之事迹，可作支那国民之殷鉴者良多。……革命军设能避延长战争之惨祸，不失列国感情，即可免列国之兵备干涉者，可断言也。"国民会议有一般国民的无限制直接选举，与先由各地选举大统领选举者再由选举者选举大统领的间接选举法两种。美国即后者。法国1848年用直接选举，结果拿破仑三世出现，共和政体不能持久。而中国的问题是，若国民会议决定采取君主制，又或皇帝要裁可决议，革命军当如何应对。国民会议只能决定政体如何，具体审议宪法条文，应由国民会议后再委任少数国民以会议之。[2]

就当时中国的时势看，混杂着满汉对立的社会矛盾极其尖锐，冲突双方不但此消彼长，而且你死我活，乍看似乎很难找到调和妥协的空间。当君主立宪与民主共和两派合组的国事共济会提出由国民会议决定国体政体之时，清廷、革命党两边的反应都是坚决反对

---

[1]　《临时政府公报》第20号（附录），1912年2月23日。

[2]　《论国民议会宜借鉴于历史之陈迹》，《盛京时报》1912年2月1、3、6日，均第1版。

或不屑一顾。但是，伦理中国社会毕竟是由各种纽带连结起来的人际关系网，又极具兼容性，表面的势不两立之下，潜藏着千丝万缕的联系。尤其是当战事进入胶着状态，双方均无把握克敌制胜之时，暗地的接触、交涉与公开的谈判、联合便持续进行。在双方重要人士的主张支持下，一开始就被弃置的国民会议取决国体政体，却成为南北和谈的重要选项。只是倡议的一方后来偷梁换柱，将临时性的国民会议变成正式国会，使得原来被排除于谈判之外的清廷仿佛成为主导者，甚至根本否定和谈的成果；而以为国民会议不过是走向共和的台阶过渡的一方，反而扮演了和谈维护者的角色。

尽管国民会议一波三折，最终胎死腹中，毕竟几度成为和谈的选项，维持了停战的局面，避免了战事的延续和生命财产的损失。这也使得一直虎视眈眈试图武力干涉的列强尤其是日俄两国碍于各国的牵制不能出手，其所预期的藩部脱离未能实现。而且通过各方角力妥协，最终迫退清室，在实现国体政体重大转变的同时，国家民族避免了分裂，维持了统一。在列强眼中连君主立宪也程度不及遑论民主共和的中国，居然克服了内外种种难以跨越的障碍，和平化解了危机，成功建立起东亚第一个共和制国家，的确令人刮目相看。

从后来者的观念考察，清帝退位与让位于袁世凯均为辛亥革命的败笔，前者埋下复辟和伪满洲国的祸根伏线，后者造成革命果实被窃取，专制独裁政治得以延续，甚至出现洪宪帝制的闹剧。诚然，政坛上的袁世凯给予世人的普遍印象早就是权谋狡诈，可是，如果将袁在国民会议问题上的种种言行统统断为弄权算计，似亦有夸大其能力之嫌。在列强、皇族、枢臣、督抚、议员、言官、北军、革命党、民军以及朝野立宪派势力的错综复杂之间，袁世凯不得不想方设法借力打力，以求局势不至于朝着不利于己的任何一面极端发展。其公开与私下言行的差异，的确存在时势使然不得不然的无奈。他知道保留清帝大势已去，真心民主则情有不甘，其余都在可以接受的范围之内。如果皇帝不是满人，维护帝制的努力也许不会那样孤立无援；另一方面，对于共和的普遍向往，夹杂着对于清帝的深仇大恨。只有彻底结束满人的帝制，汉人才能因为免于秋后算账而感到心安。

国民会议的几度搁置，并不意味着这一解决政治冲突的和平方式不得人心。在民初乃至后来的政治发展进程中，国民会议（或国民大会）不仅屡屡作为国人决定重大事宜的临时选择，而且越来越成为取代声名日益狼藉的代议制的重要选项。

代议制进入中国，始终争议不断。康有为、梁启超等人一直以开议院为主要政治目标，预备立宪期间，这样的宗旨被立宪派承继。革命党人方面，也不乏对议会政党政治抱有极大兴趣的宋教仁等。在革命党人中，湖南人士历来被视为激进的力量，不过他们中间却有不少人对于通过参与现政权进行改革兴趣盎然，包括蹈海而死的陈天华和杨毓麟，看似情绪激昂，却未必一味激进。而实现参政目标的重要渠道就是议会政治。

一些重要的革命党人从来反对代议制，最著名的就是章太炎和孙中山。1908 年，章太炎针对杨度等人鼓吹开国会，撰写《代议然否论》，指代议政体为封建之变相，实行选举法，则"上品无寒门，下品无膏粱，名曰国会，实为奸府，徒为有力者傅其羽翼，使得腠腊齐民，甚无谓也"。甚至提出，"要之，代议政体必不如专制为善。满洲行之非，汉人行之亦非，君主行之非，民主行之亦非"。建立共和，选举总统则是，陈列议院则非。国务官之选，须看功过才能；选议员则不以成绩，"有权力者能以势藉结人，大佞取给于口舌，哗众啸群，其言卓荦出畴辈，至行事乃绝异"。民权不能借代议扩张，而反因之扫地，造成社会贵贱贫富分裂。他主张另设法司、学官制约负责行政、国防及代表外交的总统，视议院为民之仇，而非民之友。[1]

---

[1]   太炎：《代议然否论》，《民报》第 24 号，1908 年 10 月，第 1—28 页。

章太炎的主张是否可行有效，的确令人怀疑。不过，孙中山也有类似想法。他赞赏瑞士的直接民权，而对美国的代议制不以为然。为此，他要在立法、司法、行政三权之外另设考选权和纠察权，实行五权分立，以改善三权分立制度。具体而言，关于考选权，孙中山认为："因为要通过考试制度来挑选国家人才。我期望能根据这种办法，最严密、最公平地选拔人才，使优秀人士掌管国务。如今天的一般共和民主国家，却将国务当作政党所一手包办的事业，每当更迭国务长官，甚且下至勤杂敲钟之类的小吏也随着全部更换，这不仅不胜其烦，而且有很大的流弊。再者，单凭选举来任命国家公仆，从表面看来似乎公平，其实不然。因为单纯通过选举来录用人才而完全不用考试的办法，就往往会使那些有口才的人在选民中间运动，以占有其地位，而那些无口才但有学问思想的人却被闲置。美国国会内有不少蠢货，就足以证明选举的弊病。"[1] 对于国人普遍向往的民主政治形式，尤其是被认为最好的美式民主如此评判，的确有些惊世骇俗。

对代议制的非议，主张主权在民的卢梭已经表达得非常明确。他认为主权不可放弃，亦不可代表，指代议制违背公理法则。中江兆民翻译的卢梭《民约论》十九世纪末即在中国翻刻流行，成为趋新人士重要的思想资源。孙中山、章太炎等人的主张，至少与卢梭的观念相契合。

民初议会政治的实行，为清季各种争论不休的政治理想提供了检验之机，其效果显然未可乐观。二十世纪四十年代，陈寅恪借为吴其昌所撰《梁启超传》书后，为梁启超与近代中国的政治结缘进行辩解之余，引申论道："自戊戌政变后十余年，而中国始开国会，

<hr>

[1]《与该鲁学尼等的谈话》1906 年 11 月 15 日，广东省社会科学院历史研究室、中国社会科学院近代史研究所中华民国史研究室、中山大学历史系孙中山研究室合编：《孙中山全集》第 1 卷，北京，中华书局 1981 年版，第 319—320 页。

其纷乱妄谬，为天下指笑，新会所尝目睹，亦助当政者发令而解散之矣。自新会殁，又十余年，中日战起。九县三精，飙回雾塞，而所谓民主政治之论，复甚嚣尘上。余少喜临川新法之新，而老同涑水迂叟之迂。盖验以人心之厚薄，民生之荣悴，则知五十年来，如车轮之逆转，似有合于所谓退化论之说者。是以论学论治，迥异时流，而迫于事势，嗫不得发。"[1]

脱离具体的历史背景，陈寅恪的这番话难免被解读成守旧。其实，但凡经历了民初开国会历史进程及其变相的过来人，都是有目共睹，异口同声。虽然胡适一度认为贿选反而说明议会仍有效力，可是最终连捍卫国会的护法者也弃之如敝屣，不得不另辟蹊径，就不仅仅是好与坏那样简单。只是后来人不知前事因缘，以至于前仆后继地做循环反复的努力而不自知。

议会制与政党政治相辅而行，而在北京政府时期，议会中的党派代表却逐渐流于各省和中央军政实力派的附庸，使得各方面极为不满，酝酿着各式各样的改革方案。二十世纪二十年代，人们普遍意识到，国会的不良是导致现行政体失效的主要原因，如何进一步对政体进行改良，存在两种不同的取径：一是在现行政体的框架下，削减国会的权力；二是引入直接民权，建立真正的人民主权机关，并以此作为各权力机关之母。

改革的基本理路，是间接民权与直接民权的协调，代议制的间接民权受到严重质疑，但是直接民权在广土众民的国度又难以操作，只能在二者之间设法平衡。在此思想观念的主导下，改革的基本取向大体有二：一是就代议制本身进行调整，包括削减国会的权力和改变国会的结构，并以国民大会或国民会议的形式加以补充和制衡，尤其是解决临时性重大问题，必须召集国民大会（会议）；二是彻

---

[1] 《读吴其昌撰梁启超传书后》，陈美延编：《陈寅恪集·寒柳堂集》，北京，生活·读书·新知三联书店 2001 年版，第 168 页。

底放弃代议制国会，而以国民大会或国民会议作为替代。

梁启超及其研究系开始采取第一种方案，试图改造国会，不料在选举中被安福系官僚利用金钱和依靠政治实力派打得大败。此事让自清季以来一直对开国会孜孜以求的研究系人士深刻反省议会制是否适应中国的问题，汤化龙沉痛地说："使吾意想中之国会政府一日见诸实事，而国家犹无治效者，则吾乃真死心削迹矣。吾政制师外国，不知彼固亦旧而新、恶而善者，方其自旧之新、自恶之善，必有层累曲折致力之所，始逮今日。吾但取彼既新既美之制，涂附旧习恶政之上，以冀相人，其药不应病，宁足怪。而觇国者皆撷此遗彼，此良可恨。吾将亲察而求之，或有万一之获。"[1] 外国的良法美制是根据其国情民意不断调适的结果，照搬未必能治中国之病，必须另辟蹊径。

梁启超欧游之后，对在中国能否有效实行代议制也完全动摇，他说："代议制在欧洲确为一种阶级，而在中国则无可能性，盖必有贵族地主，方能立宪，以政权集中于少数贤人之手，以为交付于群众之过渡。……至于中国则不然，自秦以来，久无阶级，故欲效法英、日，竟致失败，盖因社会根底完全不同故也。"[2] 在 1919 年 9 月创刊的《解放与改造》发刊词中，他公然宣布："同人确信旧式的代议政治，不宜于中国，故主张国民总须在法律上取得最后之自决权。"[3] 也就是说，要从代议制的间接民权转向直接民权，用直接民权来取代代议制。

欧战的惨烈令人根本怀疑欧洲文明的至高无上，在欧洲东方文化流行一时的反衬下，国人对于西学西制的盲目信从有所降低，代

---

[1] 《汤化龙行状》，中国社会科学院近代史研究所近代史资料编辑室编：《近代史资料》总 70 号，北京，中国社会科学出版社 1988 年版，第 9 页。

[2] 丁文江、赵丰田编：《梁启超年谱长编》，第 900 页。

[3] 梁启超：《解放与改造发刊词》，《饮冰室合集》文集之三十五，北京，中华书局 1989 年版，第 20 页。

议制民主未能制止人类陷入大混战的惨剧，自然也在反省之列。《东方杂志》刊出署名昔尘的《议会政治之失望》，提出议会制是否应当继续的问题："观察今日各国之议会政治，实益倾于少数者之独裁政治，其组织议会之议员，对于社会改造之大问题，殆毫无智识抱负。所谓议会者，几成别一天地，与国民一般之全体生活，完全悬隔，而行反背时代要求之政治,是议会迫世人以直接行动也。今后之世界，将议会主义者占胜，仍得维持势力而竟其改革议会之功乎？抑非议会主义者占胜，而依直接行动以行社会改造之事业乎？"[1]

孙中山本来就主张直接民权，实行全民政治，只是为了反对北方的军阀官僚政客，才打出护法的旗帜。1923 年 1 月 1 日，国民党发表宣言，指"现行代议制度，已成民权之弩末，阶级选举易为少数所操纵"，并提出三点主张："甲、实行普选制度，废除以资产为标准之阶级选举；乙、以人民集会或总投票方式，直接行使创制、复决、罢免各权；丙、确定人民有集会、结社、言论、出版、居住、信仰之绝对自由权。"[2] 曹锟贿选事件发生后，国民党改组，正式放弃护法旗号，重新回到军事革命的路线上。

曹锟贿选事件不仅使得更多的人对国会的幻想破灭，而且国会本身已经成为众矢之的。张君劢在《申报》发表《我心理上国会之死刑宣告》，宣称："当此武力与民治对峙之日，议员诸君所当注目者，即如何以法治之力限制政府之行动，宪法所以达此目的之具也，预算亦所以达此目的之具也，此二者正诸君之所当力争者，乃每以人事问题如内阁如总统驱诸君以旁骛外驰，而诸君初不之觉，亦有甘为人利用以人事牵制根本问题之解决者。……特殊势力环伺于国会之侧，国会当以一致之团结图所以驱除此特殊势力，乃诸君计不出此，忽党袁，忽党孙，忽党段，忽党黎，授外人以可乘之隙，而

[1]　昔尘：《议会政治之失望》，《东方杂志》第 17 卷第 17 号，1920 年 9 月 10 日，第 28 页。
[2]　《中国国民党发表宣言》，天津《大公报》1923 年 1 月 1 日，第 2 张第 2 页。

国会亦无以自保。……若此无以名之，名之曰有奶便是娘，岂真为法统为主义者，亦曰金钱之驱使耳。"[1]

如果说从汤化龙到梁启超的反省，主要还是探究橘逾淮为枳的问题，那么昔尘到张君劢就不仅仅是考虑代议制是否适合中国，而是将中国国会的破产视同代议制本身势将衰落的表征。就此而论，孙中山重回武力革命不过是举国上下对现行政治体制彻底失望的表现。既然代议制不适宜中国，也不再属于世界潮流，能够取代间接民权的就只有直接民权。而直接民权的机关形式，主要就是国民大会（会议）。这样的追求，本质上也是希望努力超越模仿移植的欧美政治体制的局限或痼疾。

自辛亥提出用国民会议公决国体政体以来，每当遇到重大国事问题，就不断提出并召集国民大会（会议）予以应对。开始是因为没有正式国会，后来则是国会不足以承担如此重任，再后来就对国会的正当性产生怀疑，甚至主张根本抛弃代议制。重新设计政体，一方面是削减国会的权力，从国会析出部分权能归属于其他机关；另一方面是尝试特设能够真正代表民意的主权机关，并以主权机关作为凌驾于各权之上的常设机关。国民大会（会议）一是要在割据分裂的政局之下发挥民意在解决诸如政争、制宪等重大问题时的作用，二是要更好地体现主权在民的思想，使得全体国民能够普遍、常态、有效地行使主权。

直接民权源于主权在民的观念，可是，笼统分散的国民如何才能组成真正的权力机关并有效行使主权，却是令人困扰的难题。"民主国则主权在民，民无直接行使主权之方法，则国会代为行使而又不受真主人之束缚，假其名义以制政府，又脱其束缚以便身图。"[2]

---

[1]　张君劢：《我心理上国会之死刑宣告》，《申报·国庆纪念增刊》1923年10月10日，甲组第3张第11版。

[2]　心史：《今日为制宪较相当之时期》，《申报》1923年10月14日，第3版。

上海未参加贿选的议员尤其重视主权机关的创设，其宣言要求："主权在民，不可不切实规定，谓最高发动及监视之机关；……宪法修正最终之决定，不可不归诸最高主权之机关。"[1] 代议制可以常设并且有效，仅仅增加国民动议和直接投票，未必能够起到国民普遍行使民权和监督权力的作用；而为制宪等事项设置的国民大会或国民会议，只是临时性处置。以怎样的形式使国民成为行使主权实际而有效的机关，成为有识之士苦思冥想的棘手难题。

在众多加强直接民权的设想中，孙中山参照综合各种国民大会方案制订的五权宪法，将国民大会正式列为国家行政体制的常设机关和最高机关，不仅拥有法律上创制与复决的最终裁决权，还有对国家各机关人事选举与罢免的最高决定权。这样的政治架构，成为国民政府的正式建制，也影响了此后国家政权的政治建制。若以为人民代表大会只是对苏维埃体制的简单移植，忽略了民初实行代议制的诸多流弊以及国民大会产生实施的渊源流变，则是错解历史，误读现实。至于新的政治架构仍然难以解决国民直接和常态行使主权的难题，则应当进一步向前探索，而不是简单地反向诉诸历史已经证明不能很好代表民意的代议制，重蹈以西为新的覆辙，看似求新，实则复古。如此才能避免陷入循环往复的泥淖，走出一片前无古人的崭新天地。

---

[1] 《关于宪法问题之两宣言》，《申报》1924 年 1 月 31 日，第 4 张第 14 版。

列强与南北和议的政争

　　辛亥南北议和，在第二、三次会议之间，整整休会了8天。考虑到局势危殆，军情紧迫，举行和谈本来就是为了救火，8天的间歇显得过于漫长。关于此事，相关论著虽然有所提及，并未予以深究。原因之一，或是认定和谈不过袁世凯的机心诈术，所有事情均按照其预先策划的权谋实施展开，所以不必追究。可是历史是各种去向各异的力量合力作用产生种种变量的结果，很难完全依照某一方面的预想发展而不受其他各力的影响。即使有所预谋，也不能予取予求，甚至未必能够如愿以偿。休会的8天，正是各方博弈、充满变数的过程。其间列强尤其是英国和日本的态度至关重要。虽然多数材料已经披露，研究者耳熟能详，应用起来仍然难免任意取舍的偏蔽，况且还有不少新出材料，如果安放得当，可以起到成活一片的作用。依时序将各类新旧材料排比对勘，不仅各方的各种言行可以显现本意本相，而且彼此的内在联系也逐渐浮现。原来关于此事详情细节的解读认定，可以渐次调整，使得整体上贯通无碍，不至于捉襟见肘，则认识更加近真，头绪也更为清晰。

一 各怀鬼胎的不干涉

在 1911 年 12 月 20 日举行的南北和谈第二次会议上，双方代表同意和平解决纷争战乱，并以实行共和为预期。只是袁世凯内阁总代表唐绍仪希望通过召集国民会议公决国体政体的程序，达到结束帝制实现共和的目的，以示遵循多数国民的意见，使得国体政体的转变具有坚实的民意基础，"清廷易于下台，袁氏易于转移，军队易于收束"。在民国总代表伍廷芳没有明确反对的情况下，唐绍仪表示将召集国民会议公决国体政体以实现和平解决的办法致电请示袁世凯。[1]

关于唐绍仪的提议，无论当时人还是研究者，多纳入袁世凯的权谋诈术进行考量判断，以为唐不过袁的工具，两人合演双簧。随着研究的深入，后来虽然加以区别，仍然认定袁世凯狡计弄权，事先安排好了一切戏码，并且进行幕后操控。从结局看，这样的判断并非毫无道理，也符合对袁世凯的盖棺论定，但是转换视角，未免有高估袁世凯当时的实力及其掌控局势的能力之嫌。实际上，袁世凯固然是主角，其他各方也并非是陪衬而已那样简单，更不是任人摆布的傀儡木偶。

对于已经大权在握的袁世凯而言，亲贵、革军、名节等各种有形无形的压力，使其仿佛走在钢丝绳上，稍有不慎，便失去平衡。更为关键的是，虎视眈眈的列强虽然表面上不干预中国的内政，形同中立，实际上各怀鬼胎，各有盘算。如果说袁世凯面对国内官革南北各方的压力还可以从容应对，甚至如时人及来者所认为的，狡计玩弄于股掌之上，那么列强的态度却绝对不可忽视，更无法左右。换言之，袁世凯非但不能将己意强加于列强，还不得不看列强的眼色行事，在明确列强的态度之前，他无法回复唐绍仪的请示。而列

---

[1] 《南北代表会议问答速记录》，丁俊贤、喻作凤编：《伍廷芳集》上册，第 391—394 页。

强各国对华利益不一，态度有别，如何协调平衡，并非轻而易举之事。袁世凯所能做到的，只是设法利用列强的相互制约，尽可能达到自己的目的。

接到唐绍仪的请示电报，袁世凯首先必须展开外交层面的活动，以争取达成实现内政方面政治目标的条件。而他之所以整整耽搁了8 天，主要就是因为迟迟未能得到列强一致的同意，尤其是至为关键的英国和日本的态度没有最终定论，使得袁世凯无法做出最后决断。

早在和谈开始之前，列强就已经围绕对华政策问题展开了多方磋商交涉。在列强当中，日本可以说是最不愿意看到中国变成共和国的国家。其公开的理由是中国的国情不适合共和制，勉强实行，势必导致内乱，列强趁机插手，影响日本的在华利益。而不能宣之于口的原因还有担心因此引发日本国内的动荡，危及天皇和明治政府的统治。为此，日本除了与具有同盟关系的英国力求保持步调一致外，还极力拉拢同样不希望中国实行共和制的俄、德等国，以便朝着维持清朝和君主立宪的方向对华施加压力。

袁世凯出任内阁总理大臣后，11 月 18 日，日本驻华公使伊集院彦吉往见袁世凯，希望尽快恢复秩序，避免列强干涉，尤其关注其解决时局的根本方案。袁世凯趁机询问道：

> 本人始终认为中国非行君主立宪不可，而革命党及其它方面俱主张共和制或联邦制，极力抗争，本人之主张颇难贯彻。不知贵公使以及欧、美各国人士认为君主立宪与联邦共和等政体何者更为适宜？

伊集院答称：

> 按贵国近三百年来之历史以及各地实情观之，以君主立宪统一全国，实为万全之策。至若实行共和制或联邦制等类主张，

俱与当前之民智程度不相适应，其后果，难保不招致灭亡之结局。

　　为此，要尽快改正此前宣布的宪法十九信条，以免出现"名为君主立宪而实为民主立宪之怪现象"。并且告诫道：与日中夙有共同利害关系不同，欧美人士对于中国政体问题并不关心，"彼辈所孜孜以求者，惟其自国人民生命财产之保全、通商贸易之发展以及利权范围之扩大等等而已"。希望袁世凯迅速稳定秩序，不给外国人以干涉的口实。

　　伊集院注意到，袁世凯对于国体问题无所适从，所称君主立宪，也只是原则主张的自我表白，而没有明确见地。[1]其实，就本心而论，袁世凯未必没有政见，在共和与君宪之间，他显然更加倾向于后者。可是，面对举国反清以及推翻帝制实现共和的呼声，他也并非完全不能接受共和。尤其是如果要将国家大权由清廷转到他本人手中，共和制总统是不能完全排除的重要选项，甚至可能是比较现实的选项。

　　为了加强对华影响力以及确保中国实行君主立宪制，日本政府决定和与自己有同盟关系的英国协调立场。10天后，日本外相指示其驻英临时代办山座圆次郎与英国外交大臣会晤，希望以中国实行清朝名义主权的君主立宪制为最良方策，并作为两国联手行动的基准，采取具体办法，与各方会商并提出建议。[2]12月1日，山座拜会了英国外交大臣格雷（Edward Grey），示以日本政府的两封来电，认为中国局势的发展使得单靠中国政府已经无力恢复秩序，列强不

---

[1]　《伊集院驻清公使致内田外务大臣电》1911年11月18日，中国社会科学院近代史研究所中华民国史研究室主编，邹念之编译：《日本外交文书选译——关于辛亥革命》，第249—252页。

[2]　《内田外务大臣致山座驻英临时代理大使电》1911年11月28日，中国社会科学院近代史研究所中华民国史研究室主编，邹念之编译：《日本外交文书选译——关于辛亥革命》，第253—256页。

应继续保持旁观态度，必须采取适当的手段，以维护在华拥有的重大利益。进而希望就采取什么步骤与英国坦率交换意见，并达成协议，再根据协议，联系其他列强。目前中国人讨论的基本问题是君主制与共和制哪种更加适宜。日本政府认为共和制对中国不切实际，而清朝业已完全丧失权威，所以，挽救局势的唯一最佳办法是，一方面放弃空洞而不现实的共和制理想，一方面清廷废除独裁制度，尊重汉人的权利，建立一个实际由汉人治理的政府，但名义上仍在清朝的统治之下。为此，列强应该劝清廷承认按照上述原则以求维持王朝，同时让革命分子了解共和理想不但不实际，还会危害国家的生存和民族未来的繁荣。由此促成两派停战议和。希望与英国在认识和行动步骤上协调一致。[1]

据山座转述英国助理外交次长坎贝尔（F. A. Cambell）的话，英国在最良方策的意见上与日本完全一致，但不赞成外力干预，主张由南北双方筹思熟议，唐绍仪说服其他委员赞成君主立宪，亦非全无可能。[2] 英国驻华公使朱尔典也告诉格雷，驻北京的外国代表一致认为，在清朝名义下组织立宪政府是最佳解决办法，共和制可能行不通，并会导致中国分裂。但是如果由外国干涉来促进，君主立宪也会受到歧视。目前列强做出任何维持清朝的协定在这个国家都很不受欢迎，并使列强因此而担负重大责任，被看作是半个多中国公开反对的专制统治的拥护者，不得不在必要时迫使南方接受其方案。这给地理接近的日、俄两国采取军事行动以便利。目前唯一的选择是延长停火使各省代表调节分歧，达成协议。干涉是一切办

---

[1]《格雷爵士致窦纳乐爵士函》1911 年 12 月 1 日外交部发，第 244 号；附件《日本政府给日本驻英代办山座圆次郎的指示》，章开沅、罗福惠、严昌洪主编：《辛亥革命史资料新编》第 8 卷，第 119—121 页。

[2]《山座驻英临时代理大使致内田外务大臣电》1911 年 12 月 6 日，中国社会科学院近代史研究所中华民国史研究室主编，邹念之编译：《日本外交文书选译——关于辛亥革命》，第 267 页。

法均告无效时的最后选择。[1]

尽管如此，日本对于袁世凯是否坚持君主立宪始终有所担忧，以极大的忧虑看待官、革双方取得共和制的可能性。[2]并且密切注视中国局势的发展变化，不断试图采取武力介入的方式。只是迫于列强的相互制衡，不敢轻举妄动。12月5日，日本驻华公使伊集院向朱尔典提交了包括两份文件的备忘录，并解释道，日本政府已经得出结论，以不可缺少的外国干涉来恢复中国秩序的时机已经成熟，并就此征询朱尔典对于局势的看法。朱尔典虽然同意满人名义统治下的立宪政府是危机的最圆满结局，但是长江以南各省都已宣布为共和，清王朝信誉扫地，袁世凯也无望在现政权下得到各党派的支持。尽管和谈前景渺茫，仍应等待结果。伊集院表示日方并未准备立即付诸行动，但要做好准备，如果不能和平解决，必然代之以武装干涉。朱尔典表示几乎不敢想象用强权迫使亿万人民接受一种他们反对的政体，这将会引起严重后果。应尽全力促进斗争双方直接谈判，以避免上述不幸事件。[3]

英国驻日大使窦纳乐（C. M. MacDonald）在就上述问题会晤日本外相内田康哉时表示，自己个人也颇认为共和制不适合中国，但是看了有关长江流域及中国南方事态的报道，再看成千上万在日中国人所表现出来的革命热情，其中甚至有数百人宣誓在必要时牺牲生命，以求建立民主共和国，又令人觉得极不可能如日本所说，去说服中国的革命党承认民主共和无法实行，因为民主共和的目标

[1]　《朱尔典爵士致格雷爵士电》1911年12月3日于北京，第318号，章开沅、罗福惠、严昌洪主编：《辛亥革命史资料新编》第8卷，第121—122页。日本的看法又见《致朱尔典爵士备忘录》1911年12月5日，章开沅、罗福惠、严昌洪主编：《辛亥革命史资料新编》第8卷，第149—151页。

[2]　《窦纳乐爵士致格雷爵士电》1911年12月7日东京发，第55号，章开沅、罗福惠、严昌洪主编：《辛亥革命史资料新编》第8卷，第124—125页。

[3]　《朱尔典爵士致格雷爵士函》1911年12月8日于北京，第490号，章开沅、罗福惠、严昌洪主编：《辛亥革命史资料新编》第8卷，第148—149页。

似乎已经深植在这些人士心中。对此内田外相认为这些革命热情只是空谈，一旦面临死亡，这些热心的革命者将会迅速改变心意，以求生存。中国真正的民意是赞成君主立宪。

日本的一系列外交活动清晰地显示，日本政府十分担心中国实行共和制，因为太平洋两岸的两个大国如果都实行共和制，对于日本将产生巨大影响。日本极力否认中国革命党人对于民主共和向往的真诚和决心，认为由苦力和社会不良分子组成的革命军一旦给养不济，可能重演义和团之乱，而中国的真正民意是实行君主立宪。因此，日本政府对于美国舆论同情中国人、提倡共和的意见完全抹杀，非常希望列强赞同自己的看法，并力求为此共同采取一致行动。除了对于战乱延续秩序混乱的担忧，日本政府与其他列强最大的不同就在于其极不希望中国成为共和国。这样的担心固然有害怕战乱和分裂影响日本在华利益的考虑，同时也唯恐共和制的新中国对日本国内政局造成冲击。而英国方面，包括窦纳乐本人，对于各地中国青年踊跃参与革命的热情和真诚都留下了深刻印象。[1]

12月11日，听说清国陆军部有人秘密透露，如果和谈不成，"或则乾坤一掷，断然废黜皇帝，完全同意共和政体；或则效法罗马教皇之故智，使皇帝保持尊荣而置于虚位，不使其干预一切国政，二者必择其一，袁世凯对此已有所准备"。伊集院公使于次日紧急求见袁世凯，要求其就上述信息坦率言明态度以及各种相应举措。袁世凯坚持表示，始终主张君主立宪，而且清廷已经弃旧图新，变更国体没有必要，南方各地四分五裂，更不能实行共和。如果革命军方面坚持共和主张，只好发表声明，坚决予以反对，让世界各国评论双方意见。

对于袁世凯的表态，伊集院认为虽然完全否认共和政体，但是

---

[1] 《窦纳乐爵士致格雷爵士函》1911年12月8日于东京，第332号，章开沅、罗福惠、严昌洪主编：《辛亥革命史资料新编》第8卷，第167—170页。

否保留清帝，则含糊其辞，有可能改变国号，或进一步限制君主大权。[1] 日本政府表示，完全支持袁世凯关于根本方针的表态，为此将不吝给予相当援助。[2]

问题是，尽管日本很想，毕竟不能单独对华采取行动，尤其是与之有同盟关系的英国的态度，至关重要。早在 12 月初，日本就主动提出，在此紧急时刻双方真诚合作的愿望之下，两国应达成一份备忘录并付诸实现，主要内容是：

> 看来所有最有能力形成一个主张的人都同意，在清王朝名义的统治权之下的立宪政府，将为目前危机提供最佳解决办法，而共和制则是行不通的，可能引起中国的全面分裂。所以，乍一看，列强似应支持现存王朝。但英王陛下政府认为，中国过去的历史产生了这样一种看法，外国干涉会损害而不是促进君宪制度。强烈赞成共和的南方党人会得到许多新的拥护者，这是外国列强公开承认的事业。……很可能从外部强加给中国人民的任何解决办法都行不通。[3]

12 月 11 日，山座圆次郎向英国外交部递交了另一份备忘录，进一步确认两国看法相同，都认为解决当前危机的最好办法是建立以清朝为名义最高主权的立宪政府。日本政府知道帝党和革命党均无实力解决问题，没有列强的帮助就不可能得到令人满意的结果，

---

[1] 《伊集院驻清公使致内田外务大臣电》1911 年 12 月 12 日，中国社会科学院近代史研究所中华民国史研究室主编，邹念之编译：《日本外交文书选译——关于辛亥革命》，第268—270 页。

[2] 《内田外务大臣复伊集院驻清公使电》1911 年 12 月 15 日，中国社会科学院近代史研究所中华民国史研究室主编，邹念之编译：《日本外交文书选译——关于辛亥革命》，第274 页。

[3] 《致日本代办备忘录》1911 年 12 月 5 日，章开沅、罗福惠、严昌洪主编：《辛亥革命史资料新编》第 8 卷，第 114 页。

在此紧要关头，应与英国政府就各主要在华利益国采取何种步骤交换看法。尽管日本政府对于汉口即将举行的和谈不抱太大的希望，但赞成英国政府的看法，除非发生意外，否则应等待会谈结果再决定是否采取任何步骤。[1]

南北和谈开议前，美、法、德三国驻华公使于 12 月 15 日访晤英国驻华公使，提出两点，除了借款问题，时局已不容再事袖手旁观，并提议与清国有重大利益关系的日、英、美、法、德、俄六国紧急磋商。英国公使征得日本驻华公使的同意后，当天下午，上述各国公使或代理公使会晤讨论，一致认为，如不由外国施加影响，南北不可能达成妥协，时局之解决毫无希望。决定将各国政府的意见作为备忘录，由各国驻上海总领事非正式递交即将在上海举行会谈的官、革双方和谈代表，以促其达成协议。[2]

在六国当中，日、俄两国其实对于中国能否实行立宪政体也抱有疑虑，只是迫于当前形势，认为此外别无良策，对于共和制则根本反对。日本尤其担心中国实行共和制。为此，分别征求各国的态度。英国方面虽然觉得中国更适宜于君主立宪，但是认为官、革双方已不可能在保存清廷的基础上达成协议，希望考虑新的解决方案，如是否可以立孔子后裔为皇帝等，据说此议出自伍廷芳一边。日本

---

[1] 《1911 年 12 月 11 日山座先生递交的备忘录》，章开沅、罗福惠、严昌洪主编：《辛亥革命史资料新编》第 8 卷，第 135—136 页。

[2] 《伊集院驻清公使致内田外务大臣电》1911 年 12 月 15 日，中国社会科学院近代史研究所中华民国史研究室主编，邹念之编译：《日本外交文书选译——关于辛亥革命》，第 276 页。朱尔典称，美、德、法三国代表竭力强调有必要立即给袁世凯以扶助，使之能够迫使革命党人做出合理的让步。朱尔典担心招致革命党的报复措施，不甚愿意参与借款。日本公使对于美、德、法的观点表示同情，但在接到日本政府的指示前，不能表示任何明确的意见。俄国代办则觉得接受这一请求有巨大困难，认为在目前情况下给袁世凯以援助，可能会阻碍而非促进上海的谈判。因为借款之事无望达成协议，会议转而讨论上海谈判和六国联合行动以协助解决的可能性。（《朱尔典爵士致格雷爵士函》1911 年 12 月 21 日于北京，第 508 号，章开沅、罗福惠、严昌洪主编：《辛亥革命史资料新编》第 8 卷，第 166—167 页。）

坚持君主立宪，为了应对排满，赞成所谓由汉人组成的"摄政会议"，并且表示愿意就此征询袁世凯的意见。袁世凯表示，如果和谈不成，将借助于各国调停，日、英两国可为主导，尤其是日本为主动。对于新立满人以外的皇帝、太后垂帘听政、汉人组织摄政会议之说，袁世凯认为前两项不可行，而极为赞成摄政会议，并就此征询日本公使的意见。事后日本公使又向英国驻华公使通报了与袁世凯会谈的内容，英国公使基本表示同意。[1]

英方记载的朱尔典与伊集院谈话的内容，与日方的文件大体吻合，但也有一些微妙的差异。例如，如果上海和谈不成，袁世凯承认尚未制订出明确的政策予以应对，除了听取列强的建议，别无办法。日本公使趁机表示，假如中国需要求助于外国，应首先找英国和日本，因为两国在远东的利益关系最重，而且对中国最友善。袁世凯表示同意伊集院的看法，他已看出英国尽力帮忙促成中国两派的和谐。日本的建议如果得到英、日两国的同意，他十分愿意照办。在伊集院的询问下，袁世凯还表明，只要英、日两国同意，一旦上海会议失败，他只向两国求助，并遵照其决定和建议行事。对此英国认为，日本外相的言行过分且不明智，令人以为英、日两国立场一致，在调停中支持失败的一方，可能对英国在华人民、财产和贸易造成极大损害，而且给观望期待的其他列强制造了机会。[2]

12月17日，为了促成和谈，日、英两国驻华公使通告袁世凯，两国愿就官、革双方协商进行善意斡旋，并于次日分别转告唐绍仪和伍廷芳。据称唐绍仪闻讯表情十分喜悦，觉得和谈前途颇有希望，

---

[1] 《伊集院驻清公使致内田外务大臣电》1911年12月16、17日，中国社会科学院近代史研究所中华民国史研究室主编，邹念之编译：《日本外交文书选译——关于辛亥革命》，第280—287页。

[2] 《朱尔典爵士致格雷爵士函》1911年12月18日于北京，第504号，章开沅、罗福惠、严昌洪主编：《辛亥革命史资料新编》第8卷，第164—165页。

而伍廷芳则一语未发。[1]

此后，日本又分别与美、俄等国磋商，着重探讨是否实行君主立宪制、满汉权力地位以及万一和谈破裂如何采取进一步行动等问题。俄国等担心日、英联合干预，排斥其他各国，同时对于美国能否接受维持清廷表示担忧。[2]

经各国公使分别征得本国政府的同意，12 月 20 日，各国驻上海总领事（或代总领事）分别访晤了唐绍仪和伍廷芳，提出如下备忘录：

> 六国政府认为，中国目前战乱的延续，不仅使国家本身，而且也使外国侨民的物质利益人身安全面临着危险。迄今一直保持绝对中立态度的六国政府认为，自己有义务非正式地提请双方委员注意，必须尽快达成有益于平息目前战乱的协议，确信这一观点与有关双方的愿望是一致的。[3]

这一行动，引起各方的不同解读，民军方面视为对光复政权的承认以及列强中立的表态，清方内部则意见不一，唐绍仪愿意理解为列强希望和平解决，而清室及亲贵也感到了由谈判解决时局问题的压力。恰在此时，袁世凯接到唐绍仪关于是否可以国民会议公决国体政体的请示电。

---

[1] 《伊集院驻清公使致内田外务大臣电》1911 年 12 月 17 日、《有吉驻上海总领事致内田外务大臣电》1911 年 12 月 18 日，中国社会科学院近代史研究所中华民国史研究室主编，邹念之编译：《日本外交文书选译——关于辛亥革命》，第 287—289 页。

[2] 《埴原驻美临时代理大使复内田外务大臣电》1911 年 12 月 19 日、《本野驻俄大使致内田外务大臣电》1911 年 12 月 20 日，中国社会科学院近代史研究所中华民国史研究室主编，邹念之编译：《日本外交文书选译——关于辛亥革命》，第 290—295 页。

[3] 《六国代表致上海和谈委员的备忘录》1911 年 12 月 21 日于北京，第 508 号附件，章开沅、罗福惠、严昌洪主编：《辛亥革命史资料新编》第 8 卷，第 167 页；《伊集院驻清公使致内田外务大臣电》1911 年 12 月 15 日，中国社会科学院近代史研究所中华民国史研究室主编，邹念之编译：《日本外交文书选译——关于辛亥革命》，第 277 页。

二　英国变脸　日本无奈

就在各国驻上海总领事分别向唐绍仪和伍廷芳递交备忘录的当天，《泰晤士报》驻华记者莫理循（G. E. Morrison）拜访了日本驻上海总领事，提出：清廷已无力作为，解决时局，除推袁世凯为大总统外别无他策。现在舆情极力主张共和，最好的解决办法是促使双方和谈委员达成一致，使清皇室退至热河，建立共和政体，推袁世凯为大总统。并声称已就此意昨日与伍廷芳交谈了一个多小时。[1]紧接着袁世凯又通知日方，据上海方面报告，黄兴等坚决主张共和。唐绍仪认为各国领事的外交方针似有所变化，未必仍旧支持君主立宪，请尽速筹拟方策。日方表示态度并无改变。据说同时袁世凯还派人询问英国公使的态度，英方同样答以主张君主立宪的立场没有变化。[2]

12月21日，风云突变，英国驻华公使突然造访日本公使，告以英国驻上海总领事与唐绍仪密谈经过，认为长此下去，官、革谈判不能成功，既然不能保全清廷，可否推袁世凯为大总统。伊集院公使认为，废除清廷，建立共和政体，清国无法维持统一与安宁的秩序。因为袁世凯无法在全国范围内得到一致拥护与信任，南方各省对袁相当反感。英国公使表示，素来也相信维持清廷、实行君主立宪是最佳方案，共和体制无论如何不能巩固。但现在既已无法强制革命军接受这一方案，"就只好从谈判决裂和成立共和政府这两害之中任选其一"。伊集院同意从诸害中选其为害最轻者从之的主

---

[1]《有吉驻上海总领事致内田外务大臣电》1911年12月20日，中国社会科学院近代史研究所中华民国史研究室主编，邹念之编译：《日本外交文书选译——关于辛亥革命》，第297页。

[2]《伊集院驻清公使致内田外务大臣电》1911年12月21日，中国社会科学院近代史研究所中华民国史研究室主编，邹念之编译：《日本外交文书选译——关于辛亥革命》，第297—299页。

张，但以君主立宪为最佳方案。如果成立共和而导致四分五裂，就不再单纯是清国的内政问题，必然引起国际纠纷。与其实行共和使清国趋于瓦解或大混乱，不如冒着引起南方反感的风险由外国人施加压力，以消除大乱根源共和制的危险。这同样是两害相权取其一，只是取舍的对象不同。

英国公使表示，原则上同意伊集院所说，但英国在华中、华南地区拥有贸易上的重大利害关系，故英国政府不能无视南方人的思想感情，甘冒遭受攻击的风险而轻易采取措施以强行贯彻君主立宪。倘若莫理循等人已将其拥戴袁世凯为大总统之类的意见电告本国报界，情况将更加如此。对此，伊集院向日本政府抱怨英方顾虑颇多，行事软弱，不可能下决心施加压力促使官、革双方在君主立宪基础上达成协议。其基本态度是与其无术可施，不如推出袁世凯为大总统以求稳定时局于一时。[1]

对于英国政府态度的转变，日本政府大不以为然，继续坚持以君主立宪制度为解决中国问题的最佳良方。英国则照旧表示原则上赞同日本的主张，但无法强迫中国人接受。日方进一步声称：日本与各国不同，与清国具有特殊利害关系。如清国实施共和制度，并由此引起更大的混乱，日本国不但在实质上将遭受甚大损害，而且在思想界亦必蒙受极大影响，希望英国公使理解日本的特殊境地。此外，日本公使还描绘了实行共和制对于外国的可怕前景：清国人的特点在于不知事物的发展各有极限，一旦得势，如不在适当时机加以扼制，即将肆无忌惮，不知自制，甚至难保不招致自我毁灭之灾。如果收回利权的观念不被抑制，甚至坐视其实现共和制度，将一发不知自制，甚或想入非非，以为万事均可按照彼等的意愿推进。其

---

[1] 《伊集院驻清公使致内田外务大臣电》1911 年 12 月 21 日，中国社会科学院近代史研究所中华民国史研究室主编，邹念之编译：《日本外交文书选译——关于辛亥革命》，第 299—301 页。

结果，必然是排外思潮更加泛滥，以致掀起收回利权之狂潮，动辄与外国人作对，必使外国之处境较前更加困难数倍。如此下去，愈演愈烈，其结果不问自明。[1]

鉴于英国的态度明显朝着认可袁世凯出任大总统的方向转变，日本一面通过各种渠道尝试施加影响，继续坚持努力实现君主立宪的方策，一面开始考虑进一步干预或退一步默许的变项。12月22日，日本驻上海参事官松井访晤唐绍仪，告以日本政府的旨意以及日本驻华公使与袁世凯会谈的梗概，并言明："帝国政府为维护君主立宪，已准备提供充分援助。至于何时提供何种援助，将与袁世凯随时磋商定夺。"此时唐绍仪也接到袁世凯来电，告以"日、英两国政府不论在任何情况下都将扶持满洲朝廷"。据说唐绍仪离京之前，驻日公使汪大燮曾电示日本准备向武昌方面派兵两个师团，所以袁世凯相信日本会提供兵力援助。但是唐绍仪认为这无异于借用外国兵力屠杀本国人民，以扶持清廷，甚为不当，已致电袁世凯，力阻其借用外国武力。同时正告松井，插手操纵别国的国家体制，实属无理，"现时国民舆论既已要求共和，置此现实于不顾而仍欲扶持满洲朝廷，是何居心，本人甚感难于理解"。进而毅然决然地表示："本人必敦促朝廷速颁上谕，国体问题一任民意决定，由国民组成共和政府，各国承认与否，任其自便。倘共和国政府不能维持秩序，届时各国必然进行干涉。在此以前，各外国切不可横加压迫。"

面对唐绍仪毋庸置疑的表态，松井重申该国政府认为共和政体万万不适于清国国情，明知其不适宜而硬要勉强试行，非常危险，不如帮助清国从开头即建成一种合宜之政体；多少施加一点无形压力，或能产生促使革命党反省的作用，为此才表明对袁世凯提供某

---

[1] 《伊集院驻清公使致内田外务大臣电》1911 年 12 月 22 日，中国社会科学院近代史研究所中华民国史研究室主编，邹念之编译：《日本外交文书选译——关于辛亥革命》，第 305—307 页。

种援助，但是否认会出兵。唐绍仪希望日方促使袁世凯放弃能够借助外国武力的念想，若清廷按照上述意旨颁发上谕，就可以实现停战撤兵。至于是否成立共和政府，另行计议。[1]

关于唐绍仪的态度，朱尔典从英国驻上海总领事的来电获悉，共和倾向十分明显的官方代表唐绍仪实际上已宣布背弃他受命代表的事业，并电告袁世凯，为避免谈判破裂，有必要发表正式声明，未来国家取何种政体，应留待三个月内在上海召开的国民会议决定。这是打破僵局和避免更多无谓牺牲的途径。可由 22 行省的议会各举三名代表，双方的现有代表一概不准与会。此建议明显得到革命党中稳健派的赞许。这是使袁氏摆脱目前抛弃清廷和对抗民意的尴尬处境的唯一出路。[2]

此时日本从英国政府获得的信息显示，英国反对干涉中国的事变，革命党不会同意保存清廷，如果袁世凯不改变主张，即将驱逐满人。虽然共和政体不适宜中国，其他选项如另立皇位之类，可否作为今后的应对办法予以考虑。[3]12 月 22 日会见朱尔典时，袁世凯非常强调他与共和毫不相干，况且即使本人愿意接受革命党的建议，也无法使他的将领和军队听从。袁还以看上去极为真诚的口吻说，他确信共和政体将导致中国分裂和灭亡，宁可退隐，也不愿参与如此冒险的尝试。他主张保持国家的完整，并相信帝制观念牢固地扎根于民众的习惯和心理之中，不能容忍因共和立宪的引进而造成对过去的剧烈破坏。像伍廷芳、温宗尧这种既无执政经验又无国

---

[1] 《有吉驻上海总领事转发松井参事官致内田外务大臣电》1911 年 12 月 22 日，中国社会科学院近代史研究所中华民国史研究室主编，邹念之编译：《日本外交文书选译——关于辛亥革命》，第 307—309 页。

[2] 《朱尔典爵士致格雷爵士函》1911 年 12 月 28 日于北京，第 520 号，章开沅、罗福惠、严昌洪主编：《辛亥革命史资料新编》第 8 卷，第 173—175 页。

[3] 《山座驻英临时代理大使复内田外务大臣电》1911 年 12 月 23 日，中国社会科学院近代史研究所中华民国史研究室主编，邹念之编译：《日本外交文书选译——关于辛亥革命》，第 309—310 页。

家知识的人，无权代表中国民众。朱尔典表示个人同意袁的观点，但提出可以接受唐绍仪的建议，将此问题提交专门召开的代表会议决定。袁世凯认为在目前混乱的状态下，要召集真正具有代表性的会议极其困难。没有皇上的谕准，他不能接受该建议。然而他个人十分愿意让同胞们对此做出清醒的抉择。[1]

12月22日下午，日本驻华公使伊集院拜访袁世凯，就和谈问题与袁交换意见。他首先对公开声明自己原系共和论者的唐绍仪能否代表号称坚持君主立宪的袁世凯完成谈判使命表示怀疑。袁世凯则辩解说，唐绍仪的确是依据自己亲授指令的君主立宪方针与革命军折冲至今，只是或许受南方革命气氛感染，头脑混乱而倾向共和，袁自己绝无赞成之意。伊集院不欲纠缠于袁、唐各自主张的真实性，进而追问在此情况下和谈能否取得成效，袁认为唐绍仪所提将国家体制交由国会的建议是否可行。

袁世凯声言革命军方面绝对反对君主立宪，坚决主张共和，不能指望我方目的仍能实现。实施共和政体，国民所受荼毒必较专制政体更甚，且政府内部也将争权夺势，以致四分五裂。至于国会议决政体，未免缺乏常识过甚，因为国会作为国民议政机关必须以完整选举为依据，即将在上海召开的国会，其议员全系自命之各省代表，组成漫不负责之团体，不能决定一国之安危大计。今后仍将坚持以得到英、日两国支持的君主立宪为目的。可是，今日英国公使态度突然转变，表示支持君主立宪只是个人意见，并无政府任何明确训令，英国已转为袖手旁观。如果日本政府与英国持相同态度，自己只好引咎辞职。不知日方是否继续支持君主立宪。

伊集院表示，无论英国政府态度如何，日本绝不致中途改变方针，必始终支持君主立宪原则，以求迅速平定时局。最后声明：日

---

[1] 《朱尔典爵士致格雷爵士函》1911年12月28日于北京，第520号，章开沅、罗福惠、严昌洪主编：《辛亥革命史资料新编》第8卷，第173—175页。

本与中国的关系，不同于单纯着眼于物质利害的欧美各国，万一中国变成共和国体，日本国民在思想上必受到不少影响。仅此日本也要支持中国实行君主立宪，并尽可能促其实现。

不过，接下来袁世凯转述了与英国公使面谈的情形，后者认为，事态既已如此，必须迅速研究补救办法。其意见是，唐绍仪既已来电提出建议，不如将计就计，以召开国会决定国体为基础，考虑解决方案。革命党拟议召开的国会，只能代表局部地区，不能真正代表全国人民，"我方何妨乘此时机提议将此局部性机构改变为确能普遍反映全民意志之全国代表机关，然后讨论国体问题。这就需要马上制订选举法。为此，双方继续停战两三个月，在此期间内多方筹备，以便召开不偏不倚之国会，议决国体"。[1]

袁世凯认为，英国公使所言，固不失为一种方案，并且坦言，即使停战，也无法实现君主立宪的目的。此后，他又一再追问日本公使，日本政府能否始终支持君主立宪，是否将来也不会改变态度。在得到肯定的答复后，袁世凯进而询问日本能否在不采用危险手段的范围内公开表明立场，例如由松井参事官在上海向唐绍仪和伍廷芳同时言明日本政府援助君主立宪。如此，对于清方将是唯一之奥援，或能收到意外成效。伊集院认为此举并非难事，同意立即电报日本政府考虑，希望上海和谈维持现状，切莫轻率做出决议。

袁世凯与伊集院的此番会谈，与其说是继续朝着君主立宪的方向努力，毋宁说更多意味着袁世凯再次试探日本的底线并逼其表明态度，如果后者不能采取切实行动，自己便不得不改弦更张。所以伊集院的感觉是袁的处境已十分困窘，危机迫在眉睫。日本政府"若不急速采取措施，以明确之态度提出具体方案，引导袁世凯充分信

---

[1] 今人翻译的国会，当时除清廷用临时国会外，一般为国民会议或国民大会。而共和君宪，当时人混用国体政体加以概称。有关情形，另文详述。本文尽可能按照所引材料原来的说法，难免歧异，并不表示对所用概念的当否已做判断。

赖我国，则本职今后与袁世凯殊难维持以往之关系。而且鉴于袁氏性情与素行，在穷极之余不无可能一改常态，转而做出令人意想不到的举动"。[1]

日本外务大臣内田接到伊集院的来电，认为"帝国政府已面临必须下定最后决心之时刻"，日本将于 12 月 24 日举行元老会议讨论局势。可是就在 23 日，袁世凯特派蔡廷干通告伊集院，庆亲王订于次日在袁邸会见日、英两国公使，当是奉皇太后之命就目前时局问题与两国公使磋商。同日，山座驻英临时代办又报告前一天莫理循来电的要点，据说袁世凯虽然仍然主张君主制，但到最后如果无术可施，就很可能同意就任第一任大总统。虽然各方面对其本人反感颇大，却认为容易获得国际承认。其步骤将首先颁布上谕，邀集各省代表在上海召开国民会议，讨论政体，朝廷则按会议决议行事。有理由相信黄兴将同意此种步骤。国民会议将做出何种决议，已毫无怀疑余地。不过，袁世凯公开扬言，日、英两国决心采取共同行动，维护君主政体，必要时不惜使用武力。[2]

日本政府并非不愿武力干预中国内政，在六国联合向和谈双方递交备忘录后，日本仍想采取进一步行动，为此向列强各国发出备忘录，征求意见。俄国等虽然觉得刚刚采取过联合行动，此举不知意欲何为，仍然表示同意和日本一致行动。只是由于英国的反对，日本只能遗憾地予以放弃。[3] 迫于其他列强的牵制以及无力单独掌

---

[1] 《伊集院驻清公使致内田外务大臣电》1911 年 12 月 23 日，中国社会科学院近代史研究所中华民国史研究室主编，邹念之编译：《日本外交文书选译——关于辛亥革命》，第 310—314 页。

[2] 《内田外务大臣复伊集院驻清公使电》1911 年 12 月 23 日、《伊集院驻清公使致内田外务大臣电》1911 年 12 月 23 日、《山座驻英临时代理大使致内田外务大臣电》1911 年 12 月 23 日，中国社会科学院近代史研究所中华民国史研究室主编，邹念之编译：《日本外交文书选译——关于辛亥革命》，第 314—316 页。

[3] 陈春华、郭兴仁、王远大译：《俄国外交文书选译（有关中国部分 1911.5—1912.5）》，北京，中华书局 1988 年版，第 233—234 页。

控广大地域的局面，日本元老会议只是继续坚持确立君主立宪为解救清国时局之最良方策，至于具体行动，还是原定以日英同盟为基础解决清国时局的方针，不敢单独行动。为此，只能以非官方形式，派人秘密前往上海劝说革命军方面的有力人士，使之软化，从而继续以君主立宪为基础进行协商。

12月23日，朱尔典收到英国驻上海领事的来电，告以袁世凯答复唐绍仪，进一步强调六强不会承认共和，而愿坚持维护君主制。共和派的领袖们怀疑列强宣布调停的通牒所含的意图。唐绍仪则激烈反对列强调停，认为将使中国各阶层各党派团结起来反对外国人，对中外利益产生极大的损害，希望英国驻上海领事催请袁世凯接受唐绍仪在12月20日的会议上提出的建议。英国政府否认所谓六强不会承认共和而愿维护君主制的说法，并指示朱尔典强烈驳斥袁世凯有害和不真实的有关言论。[1] 英国外交部于12月25日发表声明，否定英、日两国协同支持清国实施君主立宪政体，必要时甚至不惜使用武力的报道。英国政府努力的目标，是援助中国在人民拥护的基础上建成有效的政府。朱尔典警告袁世凯，不要把英国同日本连起来作为君主制的支持者。

此消息在日本国内也产生不良反响，有报纸发表社论，批评政府的明显偏向和干预政策，引起革命党对日本的强烈敌意，呼吁寻找新的处理中国问题的基本原则。据说日本外相的确收到革命党的一份措辞强硬的电报。[2] 1912年1月8日横滨的《日本每日邮报》刊登了一篇文章，引用某个与外交部门有长期联系的官员的话，否认日本为了强迫中国实行君主立宪制将不惜诉诸武力，并指相关的谣传源于袁世凯。同时全面和正面阐述了日本政府的公开对华政策，

---

[1]《朱尔典爵士致格雷爵士电》1911年12月23日北京发，第364号，章开沅、罗福惠、严昌洪主编：《辛亥革命史资料新编》第8卷，第146—147页。

[2]《窦纳乐爵士致格雷爵士函》1912年1月6日发自东京，第8号，章开沅、罗福惠、严昌洪主编：《辛亥革命史资料新编》第8卷，第193—195页。

甚至否认日本政府主张中国应当实行君主立宪制。[1] 此举显然是出自日本政府授意的非正式澄清和表态。

英国政府的声明，不仅是对莫理循来电的回应，前一日庆亲王奕劻和袁世凯先后会见英、日两国公使，当面告以决心采纳唐绍仪的建议，召开国民会议讨论政体问题，并已据此拟就致唐绍仪的电稿，授权他同意在双方商定的条件下，于两三个月内召开国民会议做出决定。奕劻保证此建议得到整个皇族的同意，请朱尔典作为老朋友坦率表示看法。朱尔典表示，这似乎是理由充足的提议，使政府在道义上居于有利地位，若革命党人反对，则会对他们产生不利的影响。[2] 只要真正体现全国人民的意愿，自己没有任何异议。

奕劻询问道：倘若革命党不接受国民会议决定国体问题的建议，使得谈判破裂，朱尔典是否考虑到外国列强会出面进行干涉。朱尔典表示，没有英国政府的指示，他不能做出回答。他个人认为，倘若共和派拒绝调解，干涉只能意味着试图用武力对南方诸省实行强制，他几乎不能设想会有列强采取如此步骤。尽管奕劻和袁世凯反复说明共和制在中国不能产生一个巩固的政府，袁世凯还表示假如国民会议决定实行共和，就会辞职，而朱尔典也表示同意两人的看法，却坚持外国人不能越俎代庖决定共和制在中国是否可行。而且在华外国人的观点也有分歧，有人认为不适合，也有人认为地方政府的许多方面本质上是民主制。在上海的外国人似乎全部偏向共和制。[3]

稍后日本公使伊集院表示，日本政府一向认为实施君主立宪为

[1]《窦纳乐爵士致格雷爵士函》1912年1月9日于东京，第9号，附件《日本对华政策——外交官的看法》，章开沅、罗福惠、严昌洪主编：《辛亥革命史资料新编》第8卷，第195—197页。
[2]《朱尔典爵士致格雷爵士函》1911年12月28日于北京，第520号，章开沅、罗福惠、严昌洪主编：《辛亥革命史资料新编》第8卷，第173—175页。
[3]《朱尔典爵士与庆亲王和袁世凯会谈记录》1911年12月24日，章开沅、罗福惠、严昌洪主编：《辛亥革命史资料新编》第8卷，第175—176页。

解救清国时局的最佳方案，至于是否为此使用武力，自己尚不确知，所以关于电训，需要请示本国政府。日本外相内田认为，如果日、英两国承认电训，等于两国政府赞成召开国民会议决定政体，似有排除美、俄、法、德面对中国重大问题独断专行之嫌；如将政体交由国民会议讨论，最后必至采用共和制，而不愿屈居汉人共和制之下的满、蒙、回、藏各族势必分裂出去，甚或依附其他强国，致使保全清国领土之原则遭到破坏，而清国本土也难免陷于支离破碎的状态。日、英两国对此应当慎重其事。在此之前，还应采取某些可能措施，例如向革命军晓以利害，仔细说明采取君主立宪制度为收拾时局之最佳方案，劝诱彼等在此基础上继续商谈。并希望由六强国共同行动，施加无形压力，为解决时局开辟通道。[1]

对于日本的建议，英国方面似乎有些敷衍。英国驻华公使在会见袁世凯时回答后者询问"是否可以指望外国干涉"，即明确表示绝对不可加以干涉，否则就是压迫大半个中国。不论政体如何，但求在国民自行选择下，出现一个统一、巩固的中国。而英国外交次长助理兼代亚洲司长蓝格雷回答日本驻英代理大使山座的询问，已经表示英国从未特别希望中国采用立宪政体，更不同意使用武力；只要中国人决定采用共和制，袁世凯或其他人出任总统均可；至于废黜皇帝和袁世凯掌权是否会引起动乱纷扰，则不能顾虑太多太远。况且动乱未必会加害于外国使馆。

日方对于英国态度的转变相当不满，坦言驻外公使未经请示本国政府即对如此重大事件径自发表意见，实为产生误会之根源；真正代表民意之国会，在地广人众的中国很难组织，而且其间很难维持局势。所以，即使召开国会，也不可能真正测知民意所在。根本

---

[1] 《内田外务大臣致山座驻英临时代理大使电》1911 年 12 月 25 日，中国社会科学院近代
    史研究所中华民国史研究室主编，邹念之编译：《日本外交文书选译——关于辛亥革命》，
    第 317—319 页。

问题不在总统人选，而在如何确定政体。并且认为，北京发生动乱时外国人生命财产可保无虞的估计未免过于天真。山座几乎是在毫不掩饰地逐一驳斥英方的意见，尤其是反复指出英国政府曾经多方认定君主立宪政体为解决中国时局的最良方案，希望依然照此共同致力。英国外交次长表示，个人虽然赞成君主立宪政体，但不会作为政府的原则立场向革命党公开宣告。若与各国协商共同进行，可能较为适宜。蓝格雷还指袁世凯未经商谈即贸然电示唐绍仪英、日两国偏袒君主立宪政体的举动殊为不当。[1]

据伊集院公使的报告，庆亲王表示并不坚决认定共和制度绝不可行，只是觉得按现时国民程度，很难完全实现，希望日本明言将用何种具体办法援助君主立宪。伊集院对于庆亲王所谓共和并非绝不可行一语，表示颇难理解。袁世凯急忙从旁开解，称其反对共和，但不便在外国官员面前吐露反对之意。接着提出，当前有一难题，上海和议已休会4天，唐绍仪每日数电催索回示，不能再等日本政府训令。加上英国公使态度模棱，难以捉摸，故拟按英公使提示的变通办法，全面组织国民议会，议决政体。现已拟就复唐电稿，请问日方意见。电稿要点为：首先制订选举法，待地方平定后，由各省选出议员，齐集北京，召开国会，其决议案由皇上批准，然后公布。筹备工作至少需要数月时间。

对此难题，伊集院显然不以为然，反问袁世凯：如果革命军接受这一方案，是否有决心断然实行。袁世凯答称：革命军绝对不能接受，如此便可以将难题推给对方。如果拒绝，谈判即行决裂，然后再下最后决心。伊集院认为此举太过危险，万一革命军方面接受，即不可挽回，所以应暂时放弃这种意念。无论是对方提出的国会议

---

[1]《山座驻英临时代理大使复内田外务大臣电》1911年12月25日，中国社会科学院近代史研究所中华民国史研究室主编，邹念之编译：《日本外交文书选译——关于辛亥革命》，第322—325页。

决之说，还是英国公使示意的组织完全国会之说，均不可行。如果袁世凯在日本政府回训之前贸然采取上述手段，日本将怀疑袁世凯的真意，从而引起对中国不利的后果。[1] 在外交场合把话说得如此直白，几乎等于赤裸裸地进行威胁。

伊集院回到使馆后，当天袁世凯又紧急召见日本公使馆的高尾翻译官，转告新收到唐绍仪急电，由于伍廷芳不断催促开议，并怀疑延宕会期是备战的缓兵之计，必须痛下决心，或急速决定召开国会，或断然辞去总理职务。[2]

日本与英国的协商进行得也很不顺利。12 月 24 日，日本驻英临时代办山座圆次郎向英国外交部递交了根据 21 日伊集院与朱尔典会晤形成的备忘录，对朱尔典似乎转向支持袁世凯出任共和国总统为解救时局的良策不以为然，认为包括满人和革命党在内的各方面对袁都会产生恶感，中国难免再度陷入危机。日本政府坚持认为，君主立宪是解救中国时局的最佳方策，并热切希望英国政府同意这一观点，一如既往继续尽心竭力地谋求在中国建立立宪政体。同时期望确认朱尔典与伊集院私下会晤时所透露的观点，是否得到英国政府的支持。[3]

内田外相复电伊集院公使，认为关于召开国民会议决定政体问题，目前不但英国驻华公使已表态同意，而且有迹象显示，英国政府亦必逐渐趋向同意。如果英国政府决心同意，则日本不顾两国间的协调关系而单独出面梗阻，亦属无趣。同时袁世凯本人坚持君主

[1] 《伊集院驻清公使致内田外务大臣电》1911 年 12 月 25 日，中国社会科学院近代史研究所中华民国史研究室主编，邹念之编译：《日本外交文书选译——关于辛亥革命》，第 319—321 页。

[2] 《伊集院驻清公使致内田外务大臣电》1911 年 12 月 25 日，中国社会科学院近代史研究所中华民国史研究室主编，邹念之编译：《日本外交文书选译——关于辛亥革命》，第 321—322 页。

[3] 《山座圆次郎先生递交的备忘录》1911 年 12 月 24 日，章开沅、罗福惠、严昌洪主编：《辛亥革命史资料新编》第 8 卷，第 155 页。

立宪的决心业已动摇，甚至皇室懿亲如庆亲王等，亦有转而赞成召
开国民会议议决政体之迹象。事态至此，虽然日本仍然坚持原有看
法，为清政府决定由国会议决政体而感到其前途堪忧，但是单独继
续拥护君主立宪的理由业已丧失，其处境已无进一步为清政府尽力
之余地。指示伊集院在接到英国政府的正式答复后，即刻向袁世凯
透露上述意旨，鉴于各国意向以及清政府的转变，日本只能听任事
态自然发展。[1]

　　此时日本政府当中仍然有人企图武力干涉中国的政治走向，外
务大臣内田康哉便是其中代表。民元1月8日（辛亥年十一月二十日）
孙中山与黄兴会见来华的犬养毅、头山满等人，据说犬养毅离日赴
华前，为听取日本政府对中国之方针，特往访日本内阁总理大臣西
园寺公望，询以"政府是否绝对不许中国行共和政治？"西园寺答
道："没有这回事，邻国采取何种政体与日本无关。"但内田康哉却
对犬养毅说："中国行共和政治对日本不利，所以我们反对，必要
时，日本将以武力维持中国的君主政体。请您将这种方针转达南方
革命党的领袖。"犬养毅对此很反对，所以特地请东京帝大教授寺
尾亨和早稻田大学教授副岛义一、松本康国同往中国。[2]是日会见
时，犬养毅转达了内田外相的意图，并提出"大同联合论"，认为
中国欲达革命目的，须联合岑春煊、康有为，进而与北方的段祺瑞
结合以对抗袁世凯。不过，对于岑、康二人，孙中山明确表示："我
们不能跟这两个人合作。"[3]

　　12月25日，英国驻日公使窦纳乐与日本外相内田、外务次官

---

[1] 《内田外务大臣复伊集院驻清公使电》1911年12月26日，中国社会科学院近代史研究
　　所中华民国史研究室主编，邹念之编译：《日本外交文书选译——关于辛亥革命》，第
　　326页。

[2] 陈鹏仁译：《孙中山先生与日本友人》，台北，水牛图书出版事业有限公司1990年版，
　　第33—35页。

[3] 段云章编著：《孙文与日本史事编年》（增订本），广州，广东人民出版社2011年版，第
　　243页。

石井菊次郎会面，日方再次表达前一天致电日本驻伦敦代办已转达英国外交部的观点，其要点为：六国应当真诚地呼吁革命党尽力接受有限的君主制，指出在这种政体下革命党几乎可以得到所要求的一切。一旦各国默许袁世凯关于代表会议的建议，就要服从会议的决定。窦纳乐答称，革命党会把这一行动看作是干涉，是强制汉族中更富有学识的一半人采用他们强烈反对的方针。因此所提步骤是极不明智的。[1] 尽管日本原则上反对召开国民会议决定国体政体，认为会议将被伍廷芳、孙逸仙之类的人支配，投票赞成共和制，而这一政体肯定会使中国亡国；应由对革命党施加强大压力的六国列强再做一番努力使其看到君主政体的优越性，并确信这样的压力会产生非常可观的效果。可是如果英国政府赞成召开国民会议，日本将立即采取一致步骤，只是应当得到所有六国的支持。窦纳乐表示进一步施压是不明智的，而且革命力量及其共和观念，显然要比日本认为的大且深。[2]

　　12 月 26 日上午，袁世凯致函朱尔典，告以由于事情紧迫，而且日本要求的两天答复期限已到，打算当天下午复电唐绍仪。朱尔典回复说，没有日本公使的同意不应复电，并致函伊集院报信。随后伊集院来访，与朱尔典长谈，强调如果中国建立共和制，日本将被置于极其困窘的境地。并试图使朱尔典相信，若列强明确表示他们希望保持君主政体，将会对革命党人产生预期的影响。朱尔典指出，革命党人控制了外国人在华所有生命财产的四分之三作为抵押，英国驻沪总领事和其他权威观察家认为，革命党肯定会不满于强迫他们接受特殊政体的企图，而对他们控制范围内的外国人采取报复措施。考虑到在华外国侨民以及居住在香港、新加坡的华南人大都

[1] 《窦纳乐爵士致格雷爵士电》1911 年 12 月 26 日于东京，第 65 号，章开沅、罗福惠、严昌洪主编：《辛亥革命史资料新编》第 8 卷，第 147 页。

[2] 《窦纳乐爵士致格雷爵士函》1912 年 1 月 5 日于东京，第 6 号，章开沅、罗福惠、严昌洪主编：《辛亥革命史资料新编》第 8 卷，第 188—190 页。

对革命公开表示同情，英国的地位变得特别微妙。据英国驻沪总领事法磊斯（E. D. H. Fraser）的报告，伍廷芳等人宣布，日本人的反对将使全体中国人在生死斗争中团结起来，民军奉命 12 月 31 日再次进入战争状态，并致电警告日本公使和日本政府，战端再启的后果完全由日本承担。[1]

是日，格雷答复山座，应谨慎行事，不可企图强迫革命党人或袁世凯接受各自都未准备接受的方案；迄今为止的调停行为应明确表明，期望看到在中国人民愿意采取的无论什么政体下，有一个统一和强大的中国。如果越出这一范围，向革命党表示偏好君主制，必须先与列强磋商并取得一致意见。在此之前，应当考虑有所偏好或施加压力的巨大危险。当天形成的山座递交的备忘录显示，日、英两国促进由国民会议决定政体，排除与中国有重大利害关系的列强的影响，由中国人民自行决定中国的头等大事。照此行事，国民会议无疑会选择共和政体，结果满、蒙、藏等将不愿隶属中华共和国而自行分裂出去，或奉其他国家为宗主国，最终导致保持中华帝国完整的原则消亡，中国将四分五裂。山座个人认为，明智之举是向双方解释中国的真正利益在于采取君主立宪制以解救时局，并在此基础上达成协议方为上策。若英国同意以上观点，日本可以征得其他四国的同意，利用六国在道义上的影响，为目前局势取得令人满意的结果打开通道。[2]

同日下午 5 时，在袁世凯的一再催促之下，伊集院往访袁世凯，极力劝其缓发回复唐绍仪的电报。袁表示万难再事迁延，而且复电已经发出。伊集院声明，日本政府断不能同意此举。既然无法扭转

[1] 《朱尔典爵士致格雷爵士函》1911 年 12 月 28 日于北京，第 520 号，章开沅、罗福惠、严昌洪主编：《辛亥革命史资料新编》第 8 卷，第 173—175 页。

[2] 《格雷爵士致朱尔典爵士电》1911 年 12 月 26 日外交部发，第 238 号；《山座圆次郎先生递交的备忘录》1911 年 12 月 26 日,章开沅、罗福惠、严昌洪主编：《辛亥革命史资料新编》第 8 卷，第 155—156 页。

其决心，只好急报本国政府，而袁要承担由此产生的一切后果。[1]
后来袁世凯告诉伊集院，唐绍仪组织完全国会的方案，果然未被革
命军接受。据唐绍仪电奏，对方坚持共和政体，不肯退让。[2]

  次日，日本外务省接到山座代办关于 26 日与蓝格雷会谈的报
告，英国外长正式指令，英、日两国政府应避免以强制手段提出革
命党和袁世凯双方均不能接受的解决方案，两国政府的行动应一如
既往，限制在调停的范围之内。同时要明确宣示，两国政府的希望，
仅在于促使中国建成一个真能代表人民意愿，并团结巩固的政府。
非经有关列强协商一致，切不可超出这一范围贸然行事，并特别提
出不应向革命党进言应该采用君主立宪制度等，以免造成中外纠纷。
进而声明，对政体问题的可否提出建议，或采取哪怕是微小的类似
压迫之行径，即使由列强共同提出，也是重大冒险行动，必须事前
慎重加以考虑。这无异于彻底堵死了日本强行干预的一切企图。

  不仅如此，英国驻华公使还表示，共和制度将是一种危险的尝
试，但只要与中国人民的愿望相符，不论采用何种政体，自己均无
异议。若按唐绍仪所提办法向革命党提出建议，革命党当不会认为
这是对该党不公平之行动。若由外国提出劝告，促使彼等采用君主
立宪政体，则必激起革命党之反感，招致南方忌怨，从而认为不可
以如此行事。[3]

  彻底明了英国政府的立场和态度后，日本政府通知各国，鉴于

---

[1]《伊集院驻清公使致内田外务大臣电》1911 年 12 月 26 日，中国社会科学院近代史研究
  所中华民国史研究室主编，邹念之编译：《日本外交文书选译——关于辛亥革命》，第
  327 页。
[2]《伊集院驻清公使致内田外务大臣电》1911 年 12 月 29 日，中国社会科学院近代史研究
  所中华民国史研究室主编，邹念之编译：《日本外交文书选译——关于辛亥革命》，第
  334 页。
[3]《山座驻英临时代理大使复内田外务大臣电》1911 年 12 月 27 日，中国社会科学院近代
  史研究所中华民国史研究室主编，邹念之编译：《日本外交文书选译——关于辛亥革命》，
  第 327—328 页。

英国的意见和中国政府的意图是将政体问题留待国民会议决定，日本政府对华时局转为暂持静观态度。[1]俄、德等国也均认为不宜干涉。但是德国提出，若有某些国家动议，由各国协商，共同劝告中国采用君主政体，将欣然表示同意。[2]

当然，日本政府如此行事实在是情非得已，而且仍然不肯善罢甘休。28 日，山座再度拜访格雷，留下一份日本政府关于中国局势的电报译文。该电报内容与 26 日山座递交的备忘录相同，只是作为日本政府的正式意见。格雷则一如既往地表达了列强通过施加压力来决定问题的尝试是极其冒险的看法。[3]

三　向亲贵施压

随着列强对华态度的变化，实行共和制的外力干扰基本解除，袁世凯遂将主攻方向对准清廷和亲贵。12 月 27 日，唐绍仪电请袁世凯代奏召集国会解决国体问题：

> 查民军宗旨，以改建共和为目的，若我不承认，即不允再行会议。默察东南各省民情，主张共和，已成一往莫遏之势。近因新制飞艇二艘，又值孙文来沪，挈带巨资，并偕同泰西水陆军官数十员，声势愈大。正议组织临时政府，为巩固根本之计。

[1] 《内田外务大臣致山座驻英临时代理大使电》1911 年 12 月 27 日、《内田外务大臣复本野驻俄大使电》1911 年 12 月 27 日，中国社会科学院近代史研究所中华民国史研究室主编，邹念之编译：《日本外交文书选译——关于辛亥革命》，第 329—330 页；《格雷爵士致窦纳乐爵士电》1911 年 12 月 28 日外交部发，第 67 号，章开沅、罗福惠、严昌洪主编：《辛亥革命史资料新编》第 8 卷，第 156 页。

[2] 《杉村驻德大使致内田外务大臣电》1911 年 12 月 30 日，中国社会科学院近代史研究所中华民国史研究室主编，邹念之编译：《日本外交文书选译——关于辛亥革命》，第 336 页。

[3] 《格雷爵士致窦纳乐爵士函》1912 年 1 月 4 日于外交部，第 5 号，章开沅、罗福惠、严昌洪主编：《辛亥革命史资料新编》第 8 卷，第 156—157 页。

且闻中国商借外款，皆为孙文说止各国，以致阻抑不·成。此次和议一败，战端再启，度支竭蹶可虞，生民之涂炭愈甚，列强之分割必成，宗社之存亡莫卜，倘知而不言，上何以对皇太后，下何以对国民。绍仪出都时，总理大臣以和平解决为嘱，故会议时，曾议召集国会，举君主民主问题，付之公决，以为转圜之法。伍廷芳谓各省代表在沪，本不乏人，赞成共和，已居多数，何必再行召集。当时以东三省、直、鲁、豫及蒙、回、藏等处，尚未派员，似非大公，折之。伍廷芳仍未允认。现在停战期间已促，再四思维，惟有吁请即日明降谕旨，命总理大臣颁布阁令，召集临时国会，以君主民主，付之公议，征集意见，以定指归。[1]

据徐世昌说："唐电到后，袁约余（徐自谓）计议，认为国体共和，已是大势所趋，但对于宫廷及顽强亲贵，不能开口。若照唐电召开国民大会，可由大会提出，便可公开讨论，亦缓脉急受之一法。乃由余先密陈庆邸，得其许可，袁即往庆处计议，当约集诸亲贵在庆处讨论（载泽未到），决定赶由内阁奏皇太后召集王公大臣会议。次早，皇太后据内阁奏召集近支王公会议，庆邸首先发言，毓朗、载泽表示不赞成，然亦说不出理由，其余俱附庆议。于是允唐所请，当即下召集临时国会之谕。"[2]

同日，赵秉钧鉴于上海会议情况日趋险恶，君主立宪主张已万难贯彻，若停战期满而会议无结果，后果不堪设想，甚或致使清朝覆亡。各部大臣只有处理国务之责，而无改变国体之权，袁世凯又不便提出，为此，必须做出最后决断，建议让皇太后及皇族了解实情，以便下定决心，明降谕旨，最终结果只能是共和体制。具体做法，

[1] 张国淦编：《辛亥革命史料》，沈云龙主编：《近代中国史料丛刊续编》（252），第293页。骆宝善、刘路生主编《袁世凯全集》第19卷第225页所录电文字句有所出入。
[2] 张国淦编：《辛亥革命史料》，沈云龙主编：《近代中国史料丛刊续编》（252），第294页。

首先如实禀奏上海会议经过情形，将唐绍仪与清政府间往还电报全部呈阅，并将官革两军实态、各省动向及缺乏饷械、财政窘迫等情况列表，由各部大臣联衔启奏。全体阁僚一致赞成，定于 28 日入奏，又因内阁将于 28 日开会，入奏改为直接面商。[1]

综合考察和评判上海和谈第二、三次会议休会期间列强与袁世凯之间的博弈，实际情形应是，日本出于自身利害的考虑，坚决反对中国改行共和制，为此不惜采取包括武力干预在内的强硬措施。欧洲列强当中，本来赞成君主立宪的居多，可是随着局势的发展，主要势力范围集中在长江流域和南方的英国态度发生变化，反对外力干预，逐渐倾向于接受共和制作为解决时局纷争的选项。与英国具有同盟关系的日本跟不上英国的变化，又受制于英国和其他欧美国家的牵制，无法单独采取干涉行动，最终被迫袖手旁观。

相对于日本始终坚持君主立宪，袁世凯的态度与英国大体同步，面对日本和清廷，其真正要选择的并非国体政体的形式，而是权力的归属。袁世凯与清廷宿怨甚深，早就不想继续受制于皇族亲贵，更不愿顶着排满的声浪与天下人为敌。不过，袁世凯也自知生存于错综复杂的矛盾漩涡中心，未必服众，必须赢得各方的同情，造成"非袁莫属"的时势，才能水到渠成地登上权力的巅峰，并且继续维系与各方的关系，以利于将来的施政。他巧妙地利用内外矛盾达成目的，或是矛盾的变化发展刚好适合了他的政治诉求。总之，如果不是袁世凯太有心计，就是运气太好，局势的确一步步走向袁世凯最希望的方向和目标，使其心中所想逐渐付诸现实。当然，在此过程中也要因应时势的变化，调整实现诉求的具体方略。

28 日，袁世凯与全体国务大臣会奏"革军力主共和，代表请

---

[1] 《伊集院驻清公使致内田外务大臣电》1911 年 12 月 27 日，中国社会科学院近代史研究所中华民国史研究室主编，邹念之编译：《日本外交文书选译——关于辛亥革命》，第 331 页。

开国会，拟恳召集宗支王公会议，请旨以决大计"。按照这份会奏
的描述，和谈为英国公使朱尔典倡议，日、美、法、俄、德诸国先
后赞成。而伍廷芳"极言共和不可不成，君位不可不去"。虽然袁
世凯迭饬唐绍仪与之辩驳，彼党毫不通融，"必我先允认共和，彼
方肯开议条件。唐绍怡［仪］又电称，各国政府投书劝和，双方并
题，彼党认为已以政府见待，其气愈增。即就劝和书观之，亦只期
和平了结，并无不认共和之意。唐绍怡计无所出，苦心焦思，以为
只有速开国民大会，征集各省代表，将君主共和问题付之公决之一
法。……果能议决仍用君主国体，岂非至幸之事。就令议决共和，
而皇室之待遇必极优隆，中国前途之幸福尚可希望"。既然形势无
可转圜，言和则说词已穷，言战则饷械两绌，"即俯如唐绍怡国会
公决之请，而用正当选举之法，选合格代表之人，其手续与时期，
均非旦夕所能蒇事。革党迫不及待，尚不知能否听从。即能听从，
而决定如何政体，亦难预料"。[1]

接到这样迹近最后通牒的会奏，近支王公当天召开紧急会议，
经过一番争闹，束手无策的清廷只好答应袁世凯的要求，太后懿旨：

> 据专使唐电，上海连日议和，各省总代表伍坚称，人民志
> 愿趋向共和为唯一之要求。此次武昌变起，朝廷即许滦州将士
> 十九条之陈请，由皇帝告庙宣誓，颁布信条。原冀早息干戈，
> 与全国人民同享和平之福。今人民以不信朝廷之故，希望改建
> 共和政体，余惟天生民而立之君使司牧之，原以一人养天下，
> 非以天下奉一人。中国从前政体相因二千余年，现际世界大同，
> 本无久而不变之理。皇帝缵承大统，甫在冲龄。余一妇人，更
> 何忍以天下自私，黩武穷兵，致亿兆人民糜烂于兵革战争之惨。

---

[1] 《与诸国务大臣会奏拟恳召集宗支王公会议请旨以决大计折》，骆宝善、刘路生主编：《袁
世凯全集》第 19 卷，第 209—210 页。

惟改革事大，不得不迅开临时国会，征集意见，以定指归。著
袁即以此意电令唐转告伍，宣示各省，速于日内即就议和之地
召集。如果全国人民大多数赞成共和，则天视视民，天听听民，
余与皇帝必不违天而有所吝惜。[1]

并且明发上谕：

我国今日于君主立宪、共和立宪二者以何为宜，此为对内
对外实际利害问题，固非一部分人民所得而私，亦非朝廷一方
面所能专决；自应召集临时国会，付之公决。兹据国务大臣等
奏请，召集近支王公会议，面加询问，皆无异词。著内阁即以
此意电令唐绍仪转告民军代表，预为宣示。一面由内阁迅将选
举法妥拟，协定施行，克期召集国会。并妥商伍廷芳，彼此先
行罢兵，以奠群生而弭大难。[2]

当一切木已成舟之后，第二天，袁世凯告诉日本驻华公使伊集
院，清皇室对万事俱已放手，决心在万不得已的情况下听任采用共
和政体，毫无其他办法。[3] 其实，皇室早已成为袁世凯手中的一枚
棋子，其存在和作用只能仰仗于袁世凯的政治需求。

南北和谈第二、三次会议之间袁世凯的内外活动显示，在不同
的背景、场合，对不同的对象，袁世凯所说的话不一定都是其内心
的直接表达，脱离相关语境，抽出只言片语，很难作为指认袁世凯

---

[1] 《附录 2·清廷致内阁》，骆宝善、刘路生主编：《袁世凯全集》第 19 卷，第 207—208 页。

[2] 故宫档案馆：《南北议和的清方档案·宣统三年十一月初九日懿旨》，中国史学会主编：
《中国近代史资料丛刊·辛亥革命》(8)，第 155 页。

[3] 《伊集院驻清公使致内田外务大臣电》1911 年 12 月 29 日，中国社会科学院近代史研究
所中华民国史研究室主编，邹念之编译：《日本外交文书选译——关于辛亥革命》，第
335 页。

真心实意的凭据。必须前后左右，相互参看，才能大致体察袁世凯
究竟意欲何为。由此可见，即使预设了政治目标，强人要想达成心
愿也并不那么轻松自如。8 天的纵横捭阖，在精于算计的袁世凯虽
然说不上惊涛骇浪，却也经历重重险阻，绝非一叶轻舟顺流而下那
样轻而易举。

南北和谈与国民会议

　　辛亥南北和议，谈判桌上的主要议题不是共和与君宪的优劣短长，而是以何种形式实现共和。开始双方争论的焦点在于是否召集国民会议公决国体政体，以及包括代表产生、会议地点在内的如何召集等问题。而以国民会议公决国体政体，是被学界认定不得人心的此前国事共济会的主张，该会因为这一主张两面碰壁，很快便宣告解散。和谈期间，本来主动提议的是袁世凯内阁代表一方，民国代表只是被动接受。可是双方共识的基础在谈判会场之外并未得到广泛认同，围绕能否以国民会议的形式公决国体政体及其实施办法，中外南北各种政治势力展开了错综复杂的博弈，使得谈判双方不断调整各自的态度立场，导致已经取得的各项协议全然失效，最终由国民会议公决国体政体的方案胎死腹中，改由直接迫使清帝退位作为南北纷争的解决之道。相关事实，在以往的研究中已有大致描述，只是涉及各自的立场责任之时，未能详细梳理材料与事实的关联，追究起来难免先入为主，时有偏颇之处。将原有材料与各种新出资料排比对勘，可见各方介入其事的你来我往几乎都能一一对应，各种言论行事的缘由趋向，也大致可以呈现。在此基础上探究相关事

情的来龙去脉，不仅近真，而且能够通贯无碍，以免任意取舍造成
对史事本相罗生门式的各执一词。

一　国民会议的南北之争

南北议和首次会议决定停战事宜后，于 12 月 20 日第二次会议
进入正式议案，首先要解决的君宪与共和的取舍问题，也是南北和
谈的主要议题。时人普遍担心双方在此问题上尖锐对立，很难达成
一致。不料，在民国总代表伍廷芳坦言民军主张共和立宪，清帝逊
位，由百姓公选大总统之后，袁世凯内阁的代表唐绍仪竟然声称北
京来者并不反对共和立宪，所协议的是和平达到共和宗旨的办法。
其原话是："共和立宪，万众一心，我等汉人，无不赞成。不过宜
筹一善法，使和平解决，免致清廷横生阻力。且我共和思想尚早于
君，我在美国留学，素受共和思想故也。今所议者，非反对共和
宗旨，但求和平达到之办法而已。"这番出人意料的表态在令关注
各方愕然之余，也显示谈判双方似乎一拍即合，事态的发展比预期
要顺利得多。既然主要分歧已经化解，接下来的具体操作不过是技
术性程序性问题。所以伍廷芳说："盖承认共和，则一切办法皆可
商量。"

可是，正当人们以为难关已过，感到如释重负之际，却波澜再起。
恰是在看似皆可商量的实施办法上，双方产生了严重分歧，而且各
不相让，以致到了难以商量的地步。伍廷芳以为只要优待清室，包
容满人，便可以和平解决。而自称全权大臣的唐绍仪，虽然代表袁
世凯表示接受民主共和，并且认为"国人皆希望共和"，可是实现
的前提却是"必须徇众"。所谓徇众，具体办法就是由国民大会决
定君主民主问题，服从多数之取决。唐绍仪自称武昌起事后他曾上
折请求用此办法，清廷不允，现在自己仍然坚持。尤其强调"对于
袁氏非此法不行也。其军队必如此乃可解散。开国会之后，必为民

主，而又和平解决，使清廷易于下台，袁氏易于转移，军队易于收束。窃以为和平解决之法，无逾于此也"。

对于唐绍仪提出以国民会议公决国体政体的建议，伍廷芳并未明确表示同意。他认为清廷不会允许这样做，"今各省既皆言共和矣，可谓众矣"。尽管还有数省服从于清政府的权力之下，实际上已经达到多数取决的多数。况且各省代表已至南京议决共和，若是另行选派代表，势必耽搁时日。既然多数国民心理倾向共和，应当从速决断，以免另起风波。唐绍仪则指出，各省代表不能由谘议局指派，到上海的直隶、河南、东三省、甘肃等省代表，不能代表实际管辖各该省之人，不具备决断实行之权。但原则上同意和平解决，且非共和政体不可，表示将以此办法致电请示袁世凯。[1]

袁世凯迟迟未能回复唐绍仪的请示，第二至第三次会议，整整间隔了8天，这在急如星火的情势下，可以说相当漫长。8天当中，袁世凯暗中加紧活动，利用列强以及国内各种政治势力之间错综复杂的关系，迫使坚决反对中国实行共和制的日本以及不肯轻易交权的清廷皇室亲贵接受召集国民会议取决国体政体的办法。虽然唐绍仪声称袁世凯内心赞同共和，而要袁接受共和就非以召开国民会议公决国体政体之法不行。可是到了公开表态决断之际，身处南北中外各种势力夹缝之中的袁世凯，并没有足够的实力和十足的把握掌控局势，只能利用各种势力相互制约，保持平衡，因而不得不瞻前顾后，权衡再三，唯恐处置不当导致局面失控。

国民会议公决国体政体，无论如何实施，至少形式上看，共和与君宪两种结果均可能出现。尽管袁世凯本人一再公开声称他主张君主立宪，保留清帝，实际上只要能够大权在握，也可以接受共和，出任总统。但是，这样的两可未必能得到各方的认可。在外部，列强当中日本坚决反对中国实行共和制，其他也大都认为中国不宜实

---

[1] 《南北代表会议问答速记录》，丁俊贤、喻作凤编：《伍廷芳集》上册，第388—394页。

行共和制。在国内，清朝皇室尤其是亲贵视君位为身家性命的保障，不肯放弃权力，坚决抵制共和。

日本反对中国实行共和，除了担心在华利益受损之外，主要是害怕太平洋两岸的两个大国都采用共和制，会对日本本国的天皇制造成巨大冲击。与日本结成同盟关系而且同样在华利益巨大的英国，以及多数列强，都认为中国以保留清朝皇帝而将政权交给汉人执掌的君主立宪体制为宜。为此，日本进行了各种外交行动，设法与英国在对华外交政策上协调一致，共同进退，以此为基础主导，争取与其他列强步调一致，对中国的官、革双方施加压力，使之按照列强的意愿决定国体政体。

英国方面，虽然同意日本政府的看法，不认为中国适宜共和制，但是因为其利益和人员主要在光复各省，担心外交乃至武力干预激起强烈反弹，引发排外运动，同时目睹南方各省和华侨、留学界日益高涨的共和热情，英国不仅反对任何形式的干预，而且反对明确向南北各方表达关于国体政体的意向，声称将此大事交由中国人自行决定。在英国的坚持下，无力单独行动的日本只好极其不情愿地放弃任何主动干预的想法，任凭局势自然发展。

外力干预的危险消除后，袁世凯加大力度继续向清廷和王公亲贵施压。在局势的迅猛发展和唐绍仪的不断催促下，无钱无兵又各怀鬼胎的王公亲贵既不能战，便只好退而求和。12月28日，经过一番争闹，尽管百般不情愿、束手无策的清廷只能答应袁世凯的请求，同意召集临时国会，将国体政体付诸公决。

清廷颁布上谕的当晚，唐绍仪终于收到袁世凯的电令。12月29日，上海南北和谈复会举行第三次会议。关于袁世凯电令的内容，会谈速记录只记录了唐绍仪所说："昨夜得袁内阁之令，嘱我令商阁下招集国民会议，决定君主民主问题。"[1] 而会议当天发出的伍廷

---

[1]《南北代表会议问答速记录》，丁俊贤、喻作凤编：《伍廷芳集》上册，第394页。

芳致黎元洪及各省都督、北伐联军总司令、南京代表团、天津《民意报》电，内容较为详细，而且有所不同："今日唐使言：自初一会议以后，日将赞成共和之意电达告袁内阁，昨接袁电嘱开国民会议，将共和问题付之多数取决。决定之后，两方均须依从。"召开国民会议，袁世凯的电报是说决定君主民主，而伍廷芳则强调共和指向，有意避开君主制的存废是否仍在考量之列。

从一开始民党方面就坚持以实行共和制为议和的前提条件，因而不以清廷为谈判对手，虽然第二次会议唐绍仪提出以国民会议公决国体政体的建议，伍廷芳并未明确表示同意。而再度开议，伍廷芳却轻易答应了袁世凯的要求，等于放弃了既定的和议原则立场。对此伍廷芳解释道："廷意共和主义已为全国人心所趋向，原不必再开会议以观民情，但袁既欲免战事，且有服从民意之心，则此亦可为解决目前问题之一法。因与唐使开议。"[1]1912年1月和谈陷入僵局时，伍廷芳答复南京代表团的问难，解释稍详，意思一致："廷意今日国民大多数趋向共和，已为显著之事实，而唐使尤以开国民会议为言者，不过欲清帝服多数之民意以为名誉之退位而已，且传之万国，知民国政府为国民多数之意见。使清帝服从，不徒用兵力，尤为文明待遇。实历史上光荣之事，故廷意以为可行。至于民国各省决无适用清政府所定选举法之理。"[2]等到清帝退位，与温宗尧、汪兆铭等人辞去和谈代表之职时，伍廷芳又声称，开国民会议，取决多数，以定国体，"盖当时彼此明知全国人心已趋于共和，特以是为表示之作用耳"[3]。

如此轻描淡写地解释这一原则性让步，很难令人信服。国事共

---

[1] 《致黎元洪及各省都督电》1911年12月29日，丁俊贤、喻作凤编：《伍廷芳集》上册，第383—384页。

[2] 《致南京代表团电》1912年1月12日，丁俊贤、喻作凤编：《伍廷芳集》下册，第437页。

[3] 《致孙文黎元洪各省都督电》1912年2月16日，丁俊贤、喻作凤编：《伍廷芳集》下册，第497页。

济会提出以国民会议公决国体政体时，民党方面坚决反对，丝毫不予考虑，南北和谈一开始，又坚持以共和为前提，否则不能开议，何以会轻易同意唐绍仪提出的以国民会议公决国体政体的设计？这不仅回到国事共济会的立场，而且使得民党既定的开议前提形同虚设，因而显得有些不可思议。

南方参与和谈的人员当中，明确主张以国民会议公决国体政体的就是国事共济会的民党代表汪兆铭，他在南北之间极力运动协调，影响力却未如预期，所以罗瘿公说："汪力调停于官革两方面，而革一边不甚有势力。"[1] 不过，汪兆铭与杨度联手进行的活动在关键问题上还是起到重要作用。由于他的居间关说，12月9日，黄兴复电表示：只要袁世凯与民军一致行动，迅速推倒清政府，"中华民国大统领一位,断推举项城无疑"。其前提条件是，"惟项城举事宜速，且须令中国为完全民国，不得令孤儿寡妇尚拥虚位"。[2]

黄兴的意思，是要尽快推翻清朝，结束帝制，实现得到国际承认的共和制中华民国。第二次和谈会议前夕，唐绍仪专门拜访了黄兴，并提出自己以国民会议公决国体政体的宗旨。可是在会议期间提及此事时，并未说明黄兴作何反应。据12月21日日本驻华公使伊集院致内田外务大臣电，20日唐绍仪密电称："昨日与黄兴会晤，进行简短交谈，以探索其意向所在。革命党坚决主张共和，似已毫无折冲余地。此次会晤虽系个人交谈，但在正式会议上双方若公开坚持各自主张，谈判必至破裂；且各国领事之外交方针似亦有所变

[1]　丁文江、赵丰田编：《梁启超年谱长编》，第578页。

[2]　毛注青编著：《黄兴年谱长编》，北京，中华书局1991年版，第245页。黄兴的复电是发给汪兆铭，唐绍仪称："黄兴有电致袁内阁云：若能赞成共和，必可举为总统。此电由汪君转杨度代达袁氏，袁氏谓此事我不能为，应让黄兴为之。是袁氏亦赞成，不过不能出口耳。"《南北代表会议问答速记录》，丁俊贤、喻作凤编：《伍廷芳集》上册，第391页。

化，未必仍旧支持君主立宪。务希尽速筹拟方策，来电示知。"[1] 由此可见，黄兴并没有同意唐绍仪的建议，至少并未就此明确表态。

从现有资料判断，同意北方提出的以国民会议公决国体政体的建议，应是民国代表伍廷芳个人的决定，事先并未征得民军各方的同意，这也是造成此后南方无视和谈达成的协议不断出招的潜因。而伍廷芳之所以在如此重大的问题上擅自做主，一方面是认为自己拥有代表民军的全权，而且共和制已经得到普遍赞同，即使公决，也不会发生意外；另一方面，则是因为一直表面维持不干涉中立的列强，终于决定出手逼迫官、革双方尽快达成和平协议。这表明，列强虽然不会强行干预南北各方的政治取舍，却不能容忍战事持续，局面失控，危及自身的利益。

1912 年 1 月 2 日，面对来自光复各省对其同意以国民会议公决国体政体的强烈质疑，伍廷芳致电南京及各省做出解释说明：

> 顷接长沙谭都督元电、福州孙都督侵电，论国民会议办法，鸿识远虑，极可钦佩。廷于唐使提请国民会议时，曾力言今各省代表团即是国民会议，勿庸再为赘举。唐使坚称：直隶、山西、河南、奉天虽派代表，只有发言之权而无决断实行之权，且蒙、回、藏尚未有人来，不可使疑为见弃云云。廷意今国民大多数趋向共和已为显著之事实，而唐使犹以开国民会议为言者，不过欲清帝服从多数之民意，以为名誉之退位而已。且传之万国，知民国政府以国民多数之意见使清帝服从，不徒用兵力，尤为文明待遇，实为历史上光荣之事。若决议共和彼不肯从，则是失信于天下，不止为全国人民所共弃，且将为万国所

---

[1] 《伊集院驻清公使致内田外务大臣电》1911 年 12 月 21 日，中国社会科学院近代史研究所中华民国史研究室主编，邹念之编译：《日本外交文书选译——关于辛亥革命》，第 297—298 页。

共弃。故廷亦以为可行。至于民国各省决无通用清政府所定选
举之理。已将国民会议之组织办法，议决电闻。至议决之地方，
唐使言：袁意在北京，廷则主张南京。唐使历以青岛、威海卫
为言，廷皆拒绝。后以不愿因争议之故，耽延时日，改为在上
海开会，唐使允电告袁内阁，尚未回电。至于日期，务宜从速，
俟续议订定，即行电闻。[1]

这段话较前引三处解释更为详尽，但仍然只是事实陈述。实际
上，必须仔细考察休会期间官革中外之间错综复杂的博弈，才能合
理解释伍廷芳的行为。在此期间，袁世凯通过公开或私下的各种渠
道，让伍廷芳认识到：袁世凯可以接受共和制，并出任总统；内有
清廷、亲贵和满人的压力，外有日本等列强的反对，袁世凯不能自
己公然主张共和制，否则无法稳定局势，实施统治；如果不能尽快
实现停战，列强可能采取干涉行动；必须设法打破僵局，使和谈继
续进行，并尽快取得成效。

既然谈判双方在主要问题上已有默契，接下来事情的进展似乎
相当顺利。第三次会议决定：

（一）现在两全权代表会议，图解释猜疑，以安大局，特订
条款如左。

（二）开国民会议解决国体问题，从多数取决。决定之后，
两方均须依从。

（三）国民会议未解决国体以前，清政府不得提取已经借定
之洋款，亦不得再借新洋款。

（四）自十一月十二日早八时起，所有山西、陕西、湖北、
安徽、江苏等处之清兵，五日以内，一律退出原驻地方百里以外，

[1]《致南京及各省电》1912年1月2日，丁俊贤、喻作凤编：《伍廷芳集》下册，第416—417页。

只留巡警保卫地方，民军亦不得进占，以免冲突；俟于五日之内，商妥退兵条款，按照所订条款办理。其山东、河南等处民军已经占领之地方，清军不得来攻，民军亦不得进攻他处。至于国民会议办法、地方、日期等及清军退兵条款，均于明日续议。[1]

值得注意的是，在第三次会议上，双方还商议改定了"关于清皇帝之待遇""关于满蒙回藏之待遇"各五款。此事本应在共和制确定之后才会提上日程，如此看来，尽管国体政体形式上要待召开国民会议来公决，与会双方的确心照不宣地都认为已是确定无疑之事，因而才会着手商议后续事项。

双方大概均认为关键障碍已经突破，因而连日开会，希望一鼓作气将所有事项迅速敲定。可惜事与愿违，接下来的第四次会议在国民会议的开会地点以及与会代表的省份比例等问题上，双方又出现尖锐冲突。由于袁世凯来电不愿会议地点在上海，唐绍仪提出，会场在上海，蒙回藏全体反对，宜在北京。伍廷芳坚决反对在北京开会，认为"万万不能，如此则无庸议"。接着唐绍仪又提出汉口、胶州、威海卫、烟台等地，伍廷芳则以交通不便、地方偏僻等理由予以否决，仍然坚持以交通便利、会场易择、行旅皆安、万国消息灵通且两位全权与各代表接洽亦易等条件好的上海为最宜。考虑到袁世凯坚持不愿在上海，伍廷芳又提出香港备选，唐绍仪亦不赞成。

鉴于民党坚决反对在北京开会，唐绍仪表示："我料投票必为共和，但形式上事耳。"伍廷芳顺势道："一家之事，何必如此争执？今日之事，将近成功，不如以上海为便也。"于是双方将议题转到与会省份的比例。一般情况下，到会省份达三分之二以上即可开议。

[1]《致黎元洪及各省都督电》1911年12月29日，丁俊贤、喻作凤编：《伍廷芳集》上册，第384页。

唐绍仪认为，今为特别之事，宜全数同意。伍廷芳觉得不能以一二省之故而不开议，虽然如唐所说可以随时开会，毕竟会期一定而且有限。唐绍仪仍然认为三分之二未免太少，举总统亦不如是草草。有所争议的其他还有蒙古能否算作省之类的具体问题。会议最终议定国民会议产生方法四条：一、国民会议由各处代表组成，每省为一处，内外蒙为一处，前后藏为一处。二、每处各派代表三人，每人一票，到会代表不及三人之处，仍有投三票之权。三、开会日期，各处代表四分之三到会，即可开议。四、江苏、安徽、湖北、江西、湖南、山西、陕西、浙江、福建、广东、广西、四川、云南、贵州代表，由中华民国临时政府发电召集；直隶、山东、河南、东三省、甘肃、新疆代表，由清政府发电召集，并由民国政府电知该省谘议局；内外蒙古及西藏，由两政府分电召集。[1]

12月31日第五次会议时，危机已经出现。先此，就在29日和谈复会的当天，17省代表在南京选举孙中山为临时大总统。次日，各省都督府代表联合会以清内阁代表唐绍仪要求召开国民会议一事，议决由伍廷芳答复毋庸再开，因已选举临时大总统，足见国民多数赞成共和。并以上海各省都督府代表联合会的名义，于当天电告清内阁总理袁世凯："现各省到会代表已一律承认共和国体，无庸至北京取决。……并请万勿再持君主立宪与共和立宪之歧说。"[2] 是为民军方面首先直接否决和谈所议召开国民会议公决君主民主的协议。所以在第五次会议上伍廷芳说："南京代表团来电，不认国民会议，故我亦为难，至于极地。"不过，伍廷芳对于各省都督府代表联合会的质疑及意见并不接受，他告诉唐绍仪："然我有全权代表，即可以全权行事也。我等所商量者，并非不正式。君

[1]《南北代表会议问答速记录》，丁俊贤、喻作凤编：《伍廷芳集》上册，第397—401页。
[2] 故宫档案馆：《关于南北议和的清方档案·宣统三年十月十一日上海各省都督府代表联合会致内阁总理袁世凯电》，中国史学会主编：《中国近代史资料丛刊·辛亥革命》(8)，第144页。

既为全权代表，彼不能不承认也。"坚持继续沿着既定方向进行谈判。

这时唐绍仪方面也遇到阻碍，主要症结还是会议地点。袁世凯并不否认召开国民会议决定国体政体的原则，可是坚决反对以上海为会议召开之地，希望民党去北京，而伍廷芳又坚持不肯，双方僵持不下。伍廷芳提议由上海城改为租界，唐绍仪仍然表示为难之极，理由是袁世凯以为粗率。对于这样的解释，伍廷芳觉得不可思议："只求开会正式，不必上海粗率，北京即不粗率也。"进而表示："未决定国体之前，彼此猜疑甚多。故速决为佳。"双方就此你来我往，纠缠不已："唐：所以问优待皇室之事。伍：先决定国体问题为宜。唐：蒙古反动，非所愿也。上海会议，蒙古必不肯来，宜以何法招之使来？伍：汉蒙平等，有何不可。唐：一个月内开国民会议何如？伍：太迟。"[1] 由此可见，双方在具体细节上再度陷入相互扯皮状态，检验并且考验各方对于和谈及其取向的真心诚意。

袁世凯接受唐绍仪的国会公决之请，除了事先有所密谋，主要是可以借此应对内外各方的压力，使之相互制衡，从而让形势朝着有利于自己的方向发展，同时也是不得已而为之的无奈之举。12月29日，他密电东三省总督赵尔巽，告以"将来用正当选举之法，举合格代表之人，使正人得以发言，君宪未必无望，或可舒目前之兵祸，杜外人之干涉"[2]。同时，他又告诉来访的《大陆报》访员："余今决计反对民军所定召集国会办法，因民军之要求为一方面之主意。似此集会不足代表团体，将与戏剧无异。故余主张召集此会，其会员须实有代表各省之性质。"其结语"则仍主张君主立宪，谓民主

---

[1] 《南北代表会议问答速记录》，丁俊贤、喻作凤编：《伍廷芳集》上册，第403—404页。

[2] 《致东三省总督赵尔巽电》1911年12月29日，骆宝善、刘路生主编：《袁世凯全集》第19卷，第219页。

共和恐不易成功云"。[1]

袁世凯的左右为难与表里不一，刚刚回到北京的莫理循洞若观火。袁世凯得到的印象，或者说由于日本方面的施压而产生的误解，是日本政府无论如何不承认在中国建立共和政府，不仅英日两国将会共同行动，其他大国也达成了类似的谅解。莫理循认为唐绍仪12月20日在上海发表同情共和的声明，应是得到袁世凯的充分认可，可是袁世凯在北京的说法则与此相反。莫理循看过唐绍仪提供的所有与袁世凯的来往电报，早在12月21日，袁世凯就告以唐的突然行动令所有的外国公使迷惑不解。唐绍仪敦促召开国民会议公决国体政体，袁复电称日本的伊集院公使表示了含蓄的威胁，他不能促使颁布诏书召开国民会议，因为各种迹象表明会议的决定肯定是建立共和国。"在那种情况下，你能指望从英国和日本得到什么呢？"

鉴于上述情形，莫理循从上海发电报建议英国政府最好明确宣布，不再以任何方式担保支持帝制在中国延续下去。同时，唐绍仪电请袁世凯指示驻英公使刘玉麟会见英国外交大臣格雷，要求对此明确表态声明。结果表面上表示与日本协同行动的英国，实际上不得不反对日本人的政策。而日本国内共和思潮的增长令天皇深感忧虑，担心中华民国的建立会对日本的民权运动起到激励的作用。

尽管莫理循向上海的共和派首领们指出，孙中山或黎元洪出任民国总统，绝不能指望得到列强的早日承认，只有袁世凯才能得到列强的信任，革命党的领袖们表示肯定会任命袁世凯为中华民国首任总统，而且准备写下书面谅解。可是袁世凯明确告诉英国驻华公使朱尔典，他不能接受这一任命，并且责成向所有外国政府致函说明。他不愿做篡位者，只有清廷本身要求任命他，才是最好的解决办法。所以莫理循提出，一旦国民会议提名，清廷就自己支持任命

---

[1] 《接见〈大陆报〉访员之谈话》1911年12月29日，骆宝善、刘路生主编：《袁世凯全集》第19卷，第220页。

袁世凯当总统。[1]

　　12 月 30 日，袁世凯接到唐绍仪汇报当天会议要点的来电：

　　　　其会议地方，伍初欲在上海城，怡坚执不允。伍谓否则可
在南京，怡驳之。另提出胶州、烟台、威海卫、汉口等处，伍
亦坚执不允。又谓各处均不如上海之便，如不欲在民军驻扎地方，
则仍在上海租界，断不能改，此为万国公共地方等语。怡以钧
电不主上海，亦未允。现未议决。其到会省数有三分之二即开
议一条，怡谓此为中国极大之事，必须全国各省及各属地均到
齐方能开议，如三分之二即开，是含有东三省、直、鲁、豫等
省不必列入之意，岂为公允。伍谓并无此意，可电催各省速派。
怡谓既须候各省到齐，则十一月二十日断难开议。伍谓以速为
佳，因民军跃跃欲战，且地方商业以战事亏损甚大……至选举
一层，伍谓各省已来沪之代表，多系该省谘议局员，自属合格，
何必再定选举法，徒延时日。怡谓恐非谘议局员尚居多数。以
上各节均未议决，现订明午再议。惟不认选举法及上海会议两节，
我拒之甚力，彼持之益坚。应如何对待，乞裁夺电示。[2]

　　袁世凯回电称："彼此宗旨原在和平了结，如强以万办不到、
万来不及及不合公允之条件，是失和平之意，永无了结之期，是岂
两造之本意。"[3] 这样"万办不到"的底线很快就摆上台面。收到 12

---

[1]　[澳] 骆惠敏编，刘桂梁、邹震、张广学、石坚译，严四光、俞振基校：《清末民初政情内幕——
　　〈泰晤士报〉驻北京记者、袁世凯政治顾问乔·厄·莫理循书信集 上卷（1895—1912）》，
　　第 815—819 页。

[2]　《议和北方全权大臣代表唐绍仪来电》，骆宝善、刘路生主编：《袁世凯全集》第 19 卷，
　　第 225—226 页。此电署期宣统三年十一月初十日即 12 月 29 日，而内容与第四次会议相符，
　　似应为 30 日。

[3]　《致议和北方全权大臣代表唐绍仪电》1911 年 12 月 30 日，骆宝善、刘路生主编：《袁世
　　凯全集》第 19 卷，第 224 页。

月 30 日唐绍仪来电呈报当天第四次会议签定的国民会议产生办法
四条，袁世凯极为不满，断然予以否定："本日已迭次声明，必须
将选举法妥拟协定，并由阁电申明。讨论权限，承示签定。代表人
数四条，断无效力，本大臣不能承认，请取销。另向伍代表照迭次
阁电妥议，以昭信用。"[1]

当天，袁世凯又接连几封急电，分别阐述制定选举法以及地点
选在北京的必要性：

> 定选举法及在北京开会均属必要，无论君主、共和，皆以
> 图国利民福、永远治安为目的。兹当解决国体之时，必须普征
> 全国人民意思以为公断，自应用各国普通选举之法，选出国会
> 议员，代表全国人民意思而议决之，始能收效。倘以少数之代
> 表人草率议决，实与专制无异。各省及各藩属军民决不公认，
> 必至再起争端，殊乖和平解决之本旨。此必须定选举法之理由
> 也。如民军虑本政府藉此为迟期备战之计，则退兵条款现已订明，
> 于五日内妥订实行，断无违约之理。至必在北京开会之理由有三：
> 一、北京久为中央政府地点，而民军完全统一之政府尚未成立。
> 一、按全国道里，以北京为相距适中之点，而蒙、回各属人民
> 远赴上海，未必肯去。一、各国公使驻在北京，万国具瞻，可
> 昭大信，非上海一隅之地所能并论。以上各节，务望坚持。[2]

> 国会公决，如以潦草从事，断无效力，军民必不信从。昨
> 采北京舆论，且明达时务者，佥谓必须北京开办正式国会，否

---

[1] 《内阁致议和北方全权大臣代表唐绍仪电》1911 年 12 月 30 日，骆宝善、刘路生主编：
《袁世凯全集》第 19 卷，第 227 页。
[2] 《内阁致议和北方全权大臣代表唐绍仪电》1911 年 12 月 30 日，骆宝善、刘路生主编：
《袁世凯全集》第 19 卷，第 227—228 页。

则无人承认。请竭力坚持，勿稍松劲。[1]

次日，袁世凯继续就上述问题穷追不舍，迫问"真五电所签四条谅已取消"，并且变本加厉，进一步提高价码和扩大范围：

> 此事既已普征全国人民意见公决为宗旨，自应由各府、厅、州、县各选议员一人，方足当"舆论"二字。若每省只有代表三人，仍蹈少数人专制之弊，内不足以服全国之人心，外不足以昭列邦之大信。且各藩属辖境甚广，除内外蒙古十盟外，尚有科布多之杜尔伯特两盟，新土尔扈特一盟、伊犁之旧土尔扈特等五盟、青海之左右翼两盟，此外察哈尔、乌梁海、哈萨克部落尚多，若有一处不选议员，不列议席，将来议决，断难公认。又，国体未经议改以前，召集国会仍应由本政府发布命令于各省各藩属，其电邮阻梗之处，可由各军政府担任转递。至来电所称中华民国临时政府一节，未经本政府承认，断无分电之理。[2]

按照该电，已经不仅是在选举代表的办法上讨价还价，而是根本否定和谈的政治基础，如果清政府正统合法，则革命当然属于非法行动，无所谓谈判可言。国体变更与否，对于清政府固然是重大抉择，对于独立各省，早已随着光复而实际改变。中华民国临时政府，便是独立各省联合组成的革命政权。此政权的政治目标旨在推翻清政府，而不是获得清政府的承认。

显然，袁世凯在迫使清廷万事放手之后，面对原来借力向清廷施压的革命党急于恢复或确立自己的正统地位。只是正统的形式虽

---

[1] 《致议和北方代表唐绍仪电》1911 年 12 月 30 日，骆宝善、刘路生主编：《袁世凯全集》第 19 卷，第 229 页。

[2] 《内阁致议和北方全权大臣代表唐绍仪电》1911 年 12 月 31 日，骆宝善、刘路生主编：《袁世凯全集》第 19 卷，第 231 页。

在清皇室，实际权柄却握于全权责任内阁。尽管这一政府仍然披着清朝的外衣，控制范围已经大幅度收缩，毕竟占据着原来中央正式政府的正统地位。

同日，袁世凯还向唐绍仪发去如下内容的电报：

> 数千年君主国体欲于此时议改，非得真正之国民会议多数取决，必不能服全国之人心，免将来之革命，并不足对付目前外交。兹有二事，请向伍代表切实声明：一、国会地点必在北京，断不迁就。二、选举法已另择要电达，必须照此协订，万不能名托召集，实同指派，以为掩耳盗铃之计。如伍不允此二事，请询其是否欲开假饰之国民会议，不愿开真正之国民会议，即是否不愿和平解决。各军队企踵待命，不能刻延，请速复。[1]

这封电文的措辞与前大不相同，不仅以不容商量的命令口吻，而且以武力相威胁，形同向革命军发出最后通牒。

与此同时，袁世凯又授命草拟国民会议代表选举法，其要点为：一、临时国民会议于北京召集之。一、各厅、州、县及府之有直辖地方者，各选议员一人。一、各省以各府、厅、州、县行政长官充选举监督。一、各藩属以扎萨克总管部长、城长等充选举监督。一、有全员三分之二以上到会即为成立。一、除左列各项外，凡有国籍之男子年满二十五岁，于该选举区内有住所满一年以上者，皆有选举及被选举资格：甲、褫夺公权者。乙、受徒刑以上之刑，由宣告之日起裁判尚未确定者。丙、禁治产及破产者。丁、僧道及各宗教师。戊、现役军人及因此次事变在召集中者。庚、现任官吏及现任民军政府服职务者。一、选举用单记名法投票。一、以得票最多数

---

[1]《内阁致议和北方全权大臣代表唐绍仪电》1911 年 12 月 31 日，骆宝善、刘路生主编：《袁世凯全集》第 19 卷，第 232 页。

之人为当选议员。至此项议员选定后，应由各府、厅、州、县地方行政长官发给印文执照，赍送到京。计到京议员已届总数三分之二时，即行开会。[1]

照此办法，全国必先恢复现政府即清王朝的统治，相形之下革命军便处于非法状态。这让主张以召开国民会议公决国体政体的唐绍仪极为尴尬，因为本来这一建议是回应民军方面坚持以承认共和作为开议前提的权宜办法，他相信此举不会改变实行共和的结局，只是让袁世凯易于接受，并且让伍廷芳也相信这是迅速结束战事、组建新的共和政府的最佳途径。袁世凯的态度究竟是出尔反尔前后反复，还是唐绍仪擅自做主使得两人产生分歧，值得考究。可是这样一来唐绍仪无论如何已经无法在谈判代表的位置上继续待下去，袁世凯全盘否认其所签署的所有协议，使之无形中失去代表的资格，此前伍廷芳所说双方代表的全权，不复存在，唐绍仪只能按照自己事先的声明，辞去谈判代表的职责。12月31日一早，他就致电袁世凯，提出辞职：

> 此次奉派代表来沪讨论大局，原为希冀和平解决，免致地方糜烂起见。到沪后，民军坚持共和，竟致无从讨论。初经提出国民会议一策，当亦全体反对。多方设法，方能有此结果。今北方议论既成反对，而连日会议所定条款，宫保又不承认，怡等才识庸懦，奉职无状，自明日始，不敢再莅会场。除知照伍廷芳外，请速另派代表来沪，不胜迫切待命之至。

首席全权代表去职，其余辅佐之人也不安于位，于是全体代表

---

[1] 《内阁致议和北方全权大臣代表唐绍仪电》1911年12月31日，骆宝善、刘路生主编：《袁世凯全集》第19卷，第231页。

一并辞职。[1]12 月 31 日的第五次会议，其实是在唐绍仪及北方各代表已经集体辞职的情况下召开的，不过聊以尽责而已。伍廷芳提议国民会议在上海开会，日期定在十一月二十日（1912 年 1 月 8 日）。唐绍仪允诺电达袁内阁，请其从速电复。[2]会后唐绍仪报告：

> 今午会议，催定地方、日期，谓国体早定一日，则军队可早散一日，百姓亦多受一日之福。怡谓如在北京开议，则诸事易决，北京为各使所在，足表郑重之意。反复详说，伍仍坚持上海，谓各省代表俱诱至京师围杀等语。怡谓蒙古王公已联名函称不认共和，若不在北京，彼决不允来沪，将来国体虽定，蒙旗不从，必生大阻力，不可不注意。伍谓共和国体与蒙人有益，譬如免为奴才、免其进贡等事，一经解说，彼必忻然信从。怡询以另有何地可商，彼坚不允另议。至日期一节，伍谓只可展数日，多断不能。怡再三譬解，谓若不通融，即非和平解决之意，我只有辞去代表。彼仍坚执。又谓今日如无议决之款，外间必鼓噪。怡不得已，将不甚重要数条与之签定，另由文四电呈阅。……伍奉南京各民军电称，临时政府已成立，何必待开国会徒延时日，可知我等允开国会已为众论所诘责。况连日所议均甚平和，宫保素有卓识，当知并非格外要求，何至有不满意。若此数条将不能决，军队断不允从，我之所处亦甚为难。等语。似此情形，势难讨论，明日不再开议。[3]

袁世凯接到唐绍仪等人的请辞电，表示接受，并于 1912 年

---

[1] 《议和北方全权大臣代表唐绍仪等来电》1911 年 12 月 31 日，骆宝善、刘路生主编：《袁世凯全集》第 19 卷，第 236 页。

[2] 《南北代表会议问答速记录》，丁俊贤、喻作凤编：《伍廷芳集》上册，第 404 页。

[3] 《议和北方全权大臣代表唐绍仪致内阁电》1911 年 12 月 31 日，骆宝善、刘路生主编：《袁世凯全集》第 19 卷，第 237 页。

1月2日致电伍廷芳，声明：

> 委托唐代表赴沪作为总理大臣全权代表，专为讨论大局之
> 利害。其权限所在，只以切实讨论为范围。乃迭接唐代表电开
> 与贵代表会议各节，均未先与本大臣商明，遽行签定。本大臣
> 以其中有必须声明及碍难实行各节，电请唐代表转致。嗣据唐
> 代表一再来电，请辞代表之任，未可强留。现经请旨，准其辞任。
> 至另委代表接议，一时尚难其人，且南行需时。嗣后应商事件，
> 先由本大臣与贵代表直接往返电商，以期简捷，冀可早日和平
> 解决。[1]

如此一来，虽说和谈北方一面只是由唐绍仪代表变为袁世凯直
接主持，可是唐绍仪等去职的原因是商定的各项协议均归无效，整
个谈判表面上看似未曾中断，实际上回到原点，之前的种种努力全
都付诸东流。

二　和谈陷入绝境

袁世凯接受唐绍仪的请辞并且亲自上阵，旨在推翻后者所签订
的各项条款，除了会议地点和选举办法之外，他还就双方撤兵、提
取洋款等事否定前议，重新提案，并提议停战期限延长15天，以
便重新谈判。

变生不测，让自作主张同意召开国民会议决定国体政体的伍廷
芳始料不及，但也为他的尴尬处境带来解脱的转机。本来南京的各
省都督府代表已经否定了和谈达成的协议，宣告共和已经成立，国

---

[1] 《致议和南方全权代表伍廷芳电》1912年1月2日，骆宝善、刘路生主编:《袁世凯全集》
第19卷，第237页。

体问题已无谈判讨论的必要，只是伍廷芳自认为握有代表全权，可以继续谈判，只要谈出令民党满意的结果，获得承认应该问题不大。唐绍仪的辞任和袁世凯的决绝，一方面令伍廷芳大感意外，另一方面，则给他提供了一个和谈如何收场的下台阶。因为现在他需要担心的，已经不是如何让民党接受召开国民会议公决国体政体的和约，而是如何反对袁世凯单方面撕毁协议条款。正是由于袁世凯的全盘推翻协议，使得伍廷芳无形中处于政治和道德的制高点。

事态发展至此，似乎进入一个怪圈，由于南北政局的错综复杂，双方的和谈代表其实都无法真正握有全权，不能代表利益诉求各异的各派势力。伍廷芳在以共和为谈判前提的立场上妥协，同意召开国民会议决定国体政体，已是后退一步，并未得到民党方面的一致认可。然而，预想为不过是形式上增设让袁世凯易于接受共和结果的程序，却遭到原以为受惠一方的袁世凯坚决抵制。而由唐绍仪和伍廷芳签订的协议，本来同样遭到民党的否决，但是袁世凯的否决举动却成为其出尔反尔、居心叵测的铁证，使得根本反对和谈的民党人士反过来维护和谈达成的协议，以便加强反袁的声势。

接到袁世凯准许唐绍仪辞任以及就已签定的协议重新提出谈判条件的来电，伍廷芳立即做出强烈反应，复电痛批袁世凯背信弃义：

　　顷接盐一电，深为诧异，此次唐使来沪，携有总理大臣全权代表文凭。开议之始，互验文凭，本代表即认唐使得有全权会议。五次所订各约，一经签字，即生遵守之效力。来电所称唐使电开会议各条，均未先与商明遽行签定。本代表实不能承认此言，但知一经唐使签字之后，贵政府即当遵行。今唐使虽已辞职，而未辞职以前所签字之约，不因此而失其效力。贵大臣深明交涉，谅必能守此公例。至于所称应商事件，先由贵大臣与本代表直接往返电商云云。应商各件，有非面商不能尽者，远隔数千里，仅以电报往返，必有难于通悉之处。故会议通例，必须面商。通函尚不能尽，何况电报。本代表此次与唐使会订国民会议办法，已将就绪，只余会议地方及日期，已由唐使电达，中外想望以和平解决，指日可俟。今忽有此意外，和局难保不因此动摇。贵大臣如果有希望平和之决心，应先示人以信，宜迅照初十日所订定退兵办法，饬各军队于五日之内，退出原驻地方百里以外，以昭大信，是所切祷。

接到袁世凯当天提议停战期限延长 15 天的第二封电报，伍廷芳电复，请袁世凯先就国民会议办法尚未确定的地点及日期迅为回复，"如以本代表办法为然，则国民会议指日可开，大局早定，人心早安，诸事皆易商量；如不以此办法为然，则彼此磋商必非电报所能尽悉。请贵大臣亲来上海一行，以便彼此直接妥商"。并告诉袁，与唐绍仪约定，若要重开战事，两军须得全权代表电报述和议决裂，才能发令开仗。[1] 此后又数电反驳袁世凯所谓唐绍仪没有全权的说法，坚持双方所有签订的协议一律有效，只能遵守实行，不能再事更改。

双方你来我往的唇枪舌剑之中，关于国民会议的功能定位明显存在反差。伍廷芳所认定的是处置紧急重大问题的临时举措，因此必须从速决定，以便解决迫在眉睫的危机；而袁世凯和清廷所主张的则是正式国会，既然问题重大，不可从权草率，以免将来风波不断。其中又各夹杂有利于己的政治考量，前者希望一鼓作气，后者试图拖延待变。就可行性看，国民会议本来就是应急从权之举，在当时形势下，召开正式国会不但缓不济急，而且无法操作。可是如果按照民党的想法，以南京的各省代表为基础，则结果不问自明，袁世凯当然不肯接受，所提出的不能代表全国人民意愿的质疑也并非毫无道理。

[1]《复袁世凯电》1912 年 1 月 3 日，丁俊贤、喻作凤编：《伍廷芳集》下册，第 418—419 页。

眼看伍廷芳对于上述问题寸步不让，袁世凯于 1 月 4 日突然提出：

> 国体问题，由国会解决，业经贵代表承认。现正商议正当
> 办法，自应以全国人民公决之政体为断。乃闻南京忽已组织政府，
> 并孙文受任总统之日，宣誓驱逐满清政府，是显与前议国会解
> 决问题相背。特诘问贵代表，此次选举总统，是何用意。设国
> 会议决为君主立宪，该政府暨总统是否亦即取消。[1]

此电或者解读为袁世凯是因为南方成立临时政府并选出总统才
反对和议达成的各项条款，其实，早在 12 月 29 日被各省都督府代
表联合会选举为中华民国临时大总统的当天，孙中山就致电袁世凯，
说明组织政府的理由，并表示暂时承乏，对袁"虚位以待"。1 月 2
日袁世凯复电："君主、共和问题，现方付之国民公决。所决如何，
无从预揣。临时政府之说，未敢与问。谬承奖诱，惭悚，至不敢当。"[2]
虽然倨傲无视，却没有多少恼怒。如今忽然借故兴师问罪，显然项
庄舞剑意在沛公，不过是为了扳回谈判桌上的不利地位，转守为攻，
迫使民党一方自觉理亏，从而在国民会议代表选举和开会地点两个
至关重要的问题上做出让步。

对于袁世凯咄咄逼人的诘问，伍廷芳于 1 月 6 日正式答复道：
南京组织临时政府，与国民会议解决国体绝不相妨。理由之一，现
在民军已光复十余省，不能没有统一机关，在国民会议议决之前，
民国组织临时政府，选举临时大总统，是民国内部组织之事，为政
治通例。若以此相诘，则清政府何以不在国民会议议决之前即行消
灭，还派委大小官员。"请先责己，而后责人，方为公允。"此时袁

[1] 《致议和南方全权代表伍廷芳电》1912 年 1 月 4 日，骆宝善、刘路生主编：《袁世凯全集》
    第 19 卷，第 248 页。
[2] 《复中华民国临时大总统孙文电》1912 年 1 月 2 日，骆宝善、刘路生主编：《袁世凯全集》
    第 19 卷，第 239—240 页。

世凯是内阁全权总理大臣，所有人事任免均由其一手操纵，伍廷芳直指其短，抓住要害。理由之二，既然双方均须遵守国民会议的决议，袁内阁也面临一旦决为共和，清帝是否立即退位的问题。两方全权代表签字作准之事，各自遵守，不必彼此质疑。

同日，伍廷芳又连续发出五封电报，继续分别就国民会议代表组织办法、会议地点、唐绍仪的代表权限、请另派代表南来面商等事，与袁世凯反复交涉。伍廷芳的基本立场是，无论袁世凯怎样想方设法地挑剔和否认，始终坚持已经签订的各项协议正式有效，只同意就协议未定事项进行谈判。凡是已经定案者，则绝对不能就哪怕任何细节重启谈判，以防一旦破例，袁世凯势必步步进逼，全盘推翻所达成的协议，后果将不堪设想。

针对袁世凯的各项具体说辞，伍廷芳不厌其烦地一一驳斥。关于国民会议的组织办法，伍廷芳认为袁世凯及北京诸公不知文明选举办法，所以指每省只有代表三人仍蹈少数专制之弊。代表由各处公举，即代表该处人民之意，合之则为全国人民之意。国民会议必早日开会议决国体，才能定人心，息战祸，不要横生枝节，耽误时日。至于唐绍仪代表签订的各项协议，事先与袁世凯商明与否，为其内部之事，自己不必过问。但既认其为全权代表，依照万国公法，所签条款即为有效。袁世凯以唐绍仪为全权代表，便是将自己的权限完全交与唐。唐使不远数千里前来议和，岂有只与以讨论之权，而每事必先商承之理。并反唇相讥，诘问其辞职有无清政府准辞明文。北京系清朝故都，民军起义，建立共和，不应承认专制政府，尚何国都名义可言。交通方面，北京南来不过三四日程，所牵就者甚小。国会无论设于何处，皆为万国所具瞻，况系国内之事，毋庸狃于公使驻在地。北京为清政府势力圈，曾经犯使馆，杀驻使，难保不会围议院，杀代表。况且载涛等人募死士刺杀民党要人，连袁世凯本人也要兵卫保护，何况他人。本来双方各自主张开会地点在北京和南京，改为上海，已是两相迁就的结果。袁世凯撤去代表，理应亲来上海,而无强邀伍廷芳北上之理。上海和谈,袁内阁代表安然无恙,为了国家平和,袁更应亲自前来。[1]

　　不过,伍廷芳反问袁世凯的几个问题,自己也很难确保。尤其是万一国民会议结果为君主立宪,民军方面能否遵从,可以说结论毋庸置疑是否定。因为此举本来只是为了借袁世凯之力推翻清朝,而不是在国体政体问题上还有两可的商量余地。按照私下的磋商约定,只要袁世凯做到这一点,便可以名正言顺地登上总统大位。正因为如此,民党方面也深知袁世凯担心万一民党失信,岂不是落得个鸡飞蛋打。1月2日接到袁世凯语气冷漠的电报,孙中山即复电表示,为了避免南北战争,生灵涂炭,"故于议和之举,并不反对。虽君主、民主不待再计,而君之苦心,自有人谅之。倘由君之力,不劳战争,达国民之志愿,保民族之调和,清室亦得安乐,一举数善,推功让能,自是公论。文承各省推举,誓词具在,区区此心,天日鉴之。若以文为有诱致之意,则误会矣"[2]。

　　孙中山的电文颇有耐人寻味之处。和谈协议是以国民会议公决国体政体,孙中山却声称君主、民主已经不在讨论之列。这显然是根据双方私下磋商的方案立论,完全排除了君主立宪、保留清朝的选项。他一再表明将让位与袁,就是要打消后者的疑虑,以促使其兑现结束清朝统治的承诺。

　　可是,刚刚回国不久又迭经纷繁立国大事的孙中山,对于和谈的详情似乎并不完全掌握,所以当天他致电伍廷芳,切盼其"每日将议和事详细电知",1月4日,又再度电询伍廷芳:"国民会议地点、时期及退兵办法商有头绪否? 祈电知。以后请将会议情形,逐

[1] 《复袁世凯电》1912年1月6日,丁俊贤、喻作凤编:《伍廷芳集》下册,第426—430页。

[2] 《复袁世凯电》1912年1月2日,中国社会科学院近代史研究所中华民国史研究室、中山大学历史系孙中山研究室、广东省社会科学院历史研究室合编:《孙中山全集》第2卷,北京,中华书局1986年版,第5页。

日电告为盼。"[1] 他要求民军"和议无论如何，北伐断不可懈"，以北伐促和议，同时又公开向北军将士宣言："一俟国民会议举行之后，政体解决，大局略定，敬当逊位，以待贤明。"[2]

伍廷芳 1 月 6 日复电的辩解和反唇相讥，袁世凯当然不以为然。1 月 8 日，袁世凯再度复电伍廷芳，坚持道："国体未改以前，数百年已成之政府，无取销之法。而十七人暂举之总统，无公认之理。贵代表既知国会解决必须服从，何以未解决之前便先自武断国体？其蔑视国会，反对多数公决，更复何词可辩？但来电于政府、于总统既皆以临时为名，是已经承认今日之为暂设，而已经承认将来之可取销，不必再相诘问矣。"[3] 并且连电对伍廷芳的诘问逐一驳斥。

关于选举办法，袁世凯辩解道，本政府所提出的选举法，较各国国会现行之通例，手续已简捷数倍，而贵代表犹嫌迟滞，无非欲以国体问题付诸草率之解决而已。既然承认多数取决，一省三代表，一人又能投三票，合计全国不过 72 票，24 人即可代投全额，13 人就过半数，可以解决国体。所谓代表由各处选出，所以三人不得云少，可是所定开会日期紧迫，没有容各处由众选出的时间，只能随意指派。南京以 17 票选举大总统，中外疑讶。若再以指派之少数人草率解决国体，将犯天下国民之众怒，而和平目的终不可达。国家存亡，民族祸福，系于国会一决，非儿戏事，望三复思之。[4]

关于开会地点，袁世凯觉得因此欲取消北京首都名义，殊堪骇

---

[1] 《致伍廷芳电》1912 年 1 月 2、4 日，中国社会科学院近代史研究所中华民国史研究室、中山大学历史系孙中山研究室、广东省社会科学院历史研究室合编：《孙中山全集》第 2 卷，第 6—7 页。

[2] 《致陈炯明电》1912 年 1 月 4 日、《劝告北军将士宣言书》1912 年 1 月 5 日，中国社会科学院近代史研究所中华民国史研究室、中山大学历史系孙中山研究室、广东省社会科学院历史研究室合编：《孙中山全集》第 2 卷，第 7、11 页。

[3] 《致议和南方全权代表伍廷芳电》1912 年 1 月 7 日，骆宝善、刘路生主编：《袁世凯全集》第 19 卷，第 279 页。

[4] 《复议和南方全权代表伍廷芳电》1912 年 1 月 7 日，骆宝善、刘路生主编：《袁世凯全集》第 19 卷，第 280 页。

怪。岂有国民开会公决国体问题，舍首都而行之外国租界，其为国体之辱，当亦民军之所同耻。民军代表没有其他反对理由，于是硬不认北京为首都，又强引南京为比例。北京建都多年，万国使节在此公认。而南京政府既为临时，内无国民全体公认之确据，外无各国政府公认之明文，不能但凭民军代表的武断之词，以暂设之虚称，易永建之实际。所谓上海地方平稳，则手枪炸弹恐吓，天下所共闻。应共怀国家荣誉思想，不要以野蛮自认。[1] 坚持以北京为开会地点，万无更易之理。[2]

　　关于唐绍仪的代表权限，袁世凯指伍廷芳未能细察其代表的性质与文凭的词意，且以一国的国体问题，动引国际公法，又不详考各国学者之说与其成例，空言往还，于重大条件反而不答复。重申凡未经与自己商明的协议，无论和谈代表辞职与否，一律认为无效。[3]

　　关于伍廷芳要求袁世凯南下一节，袁以总理国务，不能远出予以拒绝，反而请伍廷芳到北京面商。至于另派代表，则声称国体问题非代表所能断定，现在所议各项细节，可以直接电商，不必转折。[4]

　　此番较量，双方针锋相对，你来我往，一方坚持已经签署的协议不能更动，会议地点必须上海，时间越早越好，另一方则截然相反，已经签署的协议概不承认，地点必须北京，时间程序不能仓猝草率。双方电文往返，除去关键名词的对立，连措辞都几乎一模一样。较量的结果，看似势均力敌，不分高下，却埋下了清帝退位后袁世凯要求取消南京临时政府的伏笔。

---

[1] 《复议和南方全权代表伍廷芳电》1912 年 1 月 7 日，骆宝善、刘路生主编：《袁世凯全集》第 19 卷，第 281 页。

[2] 《复议和南方全权代表伍廷芳电》1912 年 1 月 9 日，骆宝善、刘路生主编：《袁世凯全集》第 19 卷，第 295 页。

[3] 《复议和南方全权代表伍廷芳电》1912 年 1 月 9 日，骆宝善、刘路生主编：《袁世凯全集》第 19 卷，第 293 页。

[4] 《复议和南方全权代表伍廷芳电》1912 年 1 月 9 日，骆宝善、刘路生主编：《袁世凯全集》第 19 卷，第 295 页。

袁世凯自就任内阁总理直到南北和谈期间，在各种场合关于国体政体问题的表态，看似相互矛盾，前后反复，其实有其一定之规。这也就是《巴黎时报》北京特派员感到大惑不解的问题。11月23日，该特派员专电叙述谒见袁世凯的情形，觉得"袁之政见极为奇异"，一方面，袁认为"中国政治运动现分两派，一主共和，二主君主立宪。共和政治本最文明，然须人民程度相当，始有良果。中国仅少数人能知共和，其大多数均不解共和为何物，骤以此种政治施之全国，未免太早。倘欲真得共和，非经绝长久之时间及绝强大之改革不易办到。今之各省所为，徒召分崩离析，扰害秩序，决非生民之幸。吾意以为，但将君权限制，政治改良，实行十九信条，必能大有裨益"。另一方面，当访员问以究竟用何法方可平定内乱，袁之答词大出意料，"谓先与武昌议和，倘不就抚，则召集临时国会，决定国是。吾但从多数之票决为趋向耳"。"此其措词，又似听命于舆论，而并不坚持君主矣。"[1]

无论是老谋深算的权术作用，还是形势比人强的定律使然，袁世凯一以贯之的做法主要就是对清廷以民党坚持改变国体为口实，对民党、同侪和世人则表面上继续拥护君宪，暗地里密谋逼退清廷，压服民党，接掌大位。

一般而言，袁世凯的公开表态，均为主张君主立宪，如11月21日回答英国《泰晤士报》访员的提问：

> 余今决意重行组织一巩固之政府，以免国家之分裂，故极主张保留清朝，以成一有权限之君主政体。盖将以此为表示权力之中点及担保中国完全之结束物耳。且谓，余信国民十分之七仍持保守主义。现民军已有意见不和之征，北方民军与南方

---

[1] 《答〈巴黎时报〉特派员之谈话》1911年11月23日，骆宝善、刘路生主编：《袁世凯全集》第19卷，第70—71页。

不甚融合。如果覆灭清朝，则必有第二次之革命，于是中国将数十年不能安静。[1]

两天后，又对来访的《泰晤士报》访员表示，决意保存"满洲皇室"名义，但须限制君权，一切以议院为主体。"其意谓倘骛共和虚名，各省行将自讧，势必内乱继续不已，或陷中国于无政府之地位。故欲保中国之领土完整，尊敬门户开放及各国均势，固莫妙于以君主为大纛，而尽去满人之特权及专制之恶习也。"袁世凯深信中国人民十分之七为守旧派，同情改革者不过十分之三。即使共和成立，将来或再有其他守旧党起而革命，谋设专制政体，如此则内乱连绵，或十数年不能平定，中外各国将同其困。[2]

袁世凯的表态，除了基于自身的认识，更多的当是考虑到日本的对华政策能否接受变制的事实。12 月 21 日，袁世凯电告唐绍仪："近日体察各国情形，皆不赞成共和，日本因恐波及，尤以全力反对。如再相持，人必干预，大局益危，亟宜从速自家解决，冀免分裂。况十九信条已具共和性质，君主民主两相维持，即可保全危局，何苦牢守成见，空争名义，致破坏种族。"[3]直到 1 月中旬，"日本是袁世凯和他的下属的主要担心的对象"，尽管莫理循不断告诉他们，根本用不着担心日本人为支持现在的帝制而进行干涉。[4]

袁世凯的不断表态，使得正在暗中设法争取与之携手合作的梁

[1]《答英国〈泰晤士报〉访员问——同题异文》1911 年 11 月 21 日，骆宝善、刘路生主编：《袁世凯全集》第 19 卷，第 65—66 页。

[2]《答伦敦〈泰晤士报〉访员之谈话》1911 年 11 月 23 日，骆宝善、刘路生主编：《袁世凯全集》第 19 卷，第 71 页。

[3]《致议和北方全权大臣代表唐绍仪电》1911 年 12 月 21 日，骆宝善、刘路生主编：《袁世凯全集》第 19 卷，第 178 页。

[4][澳]骆惠敏编，刘桂梁、邹震、张广学、石坚译，严四光、俞振基校：《清末民初政情内幕——〈泰晤士报〉驻北京记者、袁世凯政治顾问乔·厄·莫理循书信集 上卷（1895—1912）》，第 832 页。

启超等人产生误判。12 月下旬，蓝公武致函康有为、梁启超，报告袁世凯的动向：

> 北方前此表面上虽似退让到极点，有开国民会议公决之诏，实则皆项城之计画，借以敷衍时日，为其计画进行之地，前数函均已言及。当诏书未下时，闻李柳溪言，南方之内讧，早在项城意料之中，汉口退兵一节，实以山、陕未平，兵力不宜分，况孤军深悬，既不得用，又犯大忌，故拟退至武胜关一带，反攻为守……前数函中述及项城欲与先生联络一节，并有资助经费等语，均系李柳溪正式转述项城之语。此事如何办法，尚待函示。惟以武等之见，此时仅宜虚与联络，万不宜轻动，俟战端开后，南方锐气尽时，我辈方可大活动也。盖南方之必败，识者早已料及。项城兵力虽厚，然欲借此以平十四省，则不仅势所不可，力所不能，且亦心所不敢。故南方败后，项城必仍以国民会议为收场地步，我辈活动当在此时。盖欲建设，非俟此时，亦仅空谈而已。项城虽有权术，然在今日南北兵力对抗之际，固其世界，而至用兵之时告终，以口舌笔墨争竞时，则彼之能力甚薄，盖武力者仅可以对抗武力，若国会报馆等，则非武力所能抗者也。武等急欲组织团体，惟以人才四散，在京之人，大都庸流黑暗者，不足以言大计，然反对项城静以待时之士夫，亦不乏其人。至南方士夫，则表同情于我辈者颇多，惟在民军威力之下，不敢轻动，故拟俟时机稍熟，即行发起一极大政党。[1]

由此看来，梁启超一派对于政局发展的前景不无乐观，准备在国民会议召开的阶段乃至正式国会时期发挥不可替代的重要作用。

---

[1] 丁文江、赵丰田编：《梁启超年谱长编》，第 580 页。

12 月 27 日，蓝公武再度函告康、梁：

> 今日往见李柳溪，渠云：和议无成，行政经费至本月十六
> 日已尽，借款目下难望，一亲贵嫉视项城。渠又谓目下以筹得
> 款项，按兵不动，（大约以亲贵捐款及卖却宫中宝物为敷衍一时
> 之用。）徐待南方内讧，然后攻其一二重要地方，乃再以和平方
> 法解决时局为上策……此间又有发起国民会议之说。以武观之，
> 时机尚早。[1]

依据京师内线提供的这些信息，梁启超明知袁世凯召集国民会
议只是缓兵之计，却相信其终极主张仍然是维系清王朝的君主立宪，
因而不断提出虚君共和的诉求，以为可以影响袁世凯的决策。可是，
在识者看来，形势早已根本转变，梁启超等人一厢情愿的想法已经
时过境迁。12 月 14 日，吴贯因（即吴冠英）就致函梁启超，以大
势所趋，劝其放弃君主立宪主张："况今日又有所谓民族主义之说
出焉。故昔之为君效死者，人皆称之为忠臣，今日为君效死者，人
则字之为汉奸。夫诚得忠臣之名以死，则或有愿为之者矣；若蒙汉
奸之名以死，谁复乐为之乎？"[2] 虽至以汉奸恶名相加，仍然不能动
摇梁启超的信念。直到 1912 年 1 月 27 日，罗瘿公来函告以：

> 项城之心，千孔百窍，外人无从捉摸，（燕言君号一层，南
> 中承认，仅力结燕，项容言战否？燕言决不战，此则可以表示
> 者也。）日日言君位，至今尚未改口，特松缓耳。而其左右自唐
> 氏明赞共和外，如梁如赵如杨皙子及其余，皆均持共和（见所
> 措置），均向共和一边进行。前者已有真在天津组织临时政府，

---

[1]　丁文江、赵丰田编：《梁启超年谱长编》，第 586 页。
[2]　丁文江、赵丰田编：《梁启超年谱长编》，第 595 页。

定初二赴津，车已久备，因津宅已预定矣。亲贵哄闹之后，此事暂搁。此时去停战期满不过两三日，而项城神志从容（此叶玉甫之言，至日日欲闻也。），纯无焦急，足以断定项城之主共和也。

罗瘿公还直截了当地指出梁启超信息不灵，以致对于局势的判断有误，告诫其必须及时改弦易辙，调整政策：

此间情形日夕万变。公在异国遥策国事，断不能亲切，所凭者东报耳，东报多不可靠。而近者东人，有思鼓煽以利中国之分裂，其言固多不可信也。此时袁氏断不能表示宗旨，其所谓连络者，欲其不为我敌且将收为我用耳。然断无推心置腹听客之所为，又断断然也。吾党与之结合，当在不即不离之间，断无委身其中之理。但使宿嫌捐弃，有可以相助者，略为助之而已。此时国体未能决以前，袁断不将真心出示吾党，亦无明助之理，但虚与委蛇可也。

尊电嘱送燕、柳阅，此时虚君共和字样，京中久已消灭矣。至改中华国从汉姓一层，杨士琦提议不从，至今则无及矣。当派议和代表时，即行此策，撤去众矢之的，犹可及，今则时已过矣。佛苏谓决不可送燕、柳阅，仆与宪同意，遂联名电复，请勿再电（电来无用，电费可惜），此时只有静候解决耳。所谓生米煮成熟饭，特未开饭耳。必谓非生米不可，则徒费饲耳。前两日恭邸甚激昂，泽亦甚主持听袁辞职，可以铁组织内阁。若辈徒哄闹耳。太后决不敢听袁辞，袁亦必不辞，若辈纷纷主战，非不能战也，若辈战则义和团之故辙，徒增糜烂，以至亡国耳，袁必不肯。观日内袁氏从容之态，而知袁之必不放手也。[1]

---

[1] 丁文江、赵丰田编：《梁启超年谱长编》，第589—590页。

罗瘿公直言不讳的劝告，似乎仍未打破梁启超将维系君主立宪寄予袁世凯的幻想。2月5日，罗瘿公再度来函，将北京的内幕实情和盘托出：

> 日来共和政体已决定，君主议论已渐灭无余，京中报馆并改变言论，所尚持君主论者，仅资政院议员所开《民视报》耳，仅数百纸，不足轻重也。日日言发表，终未实行者，或言大纲虽定，尚有细目待磋商，南中未全见之故；或言太后虽已默许，仍待臣下决议，屡议皆含糊而散。项城必欲出诸众人之口，而众人皆不肯开口，故至今不能发表。再有一说，诏纸已备好，盖宝交到项城之手（袁部分之人不肯认）。项城挟以为与南磋商之据，已电知孙氏，此说最近之。所称日日发表者，非无因也。
>
> "虚君共和"名称，长者创之，成为一种议论，袁辞爵折，竟以此名词入告，已奇矣。近日报中常发现"虚君共和"字样，谓将来发表为虚君共和。其字面则同，其内容绝非，盖宣布共和后，仍留此虚君号以存旧君名义耳，非虚君共和政体也。不意长者费多少心血，供他人涂饰耳目之用，至可叹也……大局已如此，亦断无可商量之余地，只能待大定后，另谋组织耳。前此所谋皆成过去矣。[1]

事已至此，梁启超方才如梦初醒，彻底放弃回到北京实现君主立宪的计划。如果说《时报》指袁世凯有权术无政见的议论在一些人看来还有诛心之嫌[2]，那么正是袁世凯自己用行动证明该报所言不虚。

唐绍仪辞职后，袁世凯和伍廷芳就国民会议组织办法、地点、

---

[1] 丁文江、赵丰田编：《梁启超年谱长编》，第590—591页。
[2] 《袁世凯之隐衷》，《时报》1911年12月29日，见荣孟源、章伯锋主编：《近代稗海》第3辑，第16页。

唐绍仪的权限及其签署的各项协议的效力等问题各执己见，反复辩驳。尤其是唐绍仪的权限问题，成为双方言词交锋的焦点。袁世凯声称唐绍仪逾越权限，因而所签署的各项条款当然无效，伍廷芳则坚持既然是全权代表才开议，所签协议均当遵守。不仅议而未决的会议地点、日期彼此各执一词，互不相让，就连已经定议的各项协议，也难以维持，和谈大有全盘破裂之势。

1912 年元旦，朱尔典拜会了袁世凯，主要谈论和议的困局以及解决办法。袁自称一直致力于促进和平地解除危机，感谢朱尔典对这一目的抱有同情并提出了若干友好的建议，眼下的状况似乎表明，继续使用和平方式已不可能，庆幸朱尔典能听取他关于需要改变政策的原因的解释。袁氏指和谈一开始革命党的态度就是蛮不讲理，拒绝讨论共和制以外的任何事情。因此，当唐绍仪报告说唯一可行的办法是将政体问题提交国民会议决定时，袁还强迫皇上发布上谕，表示同意。可是革命党的代表伍廷芳对这一绝大让步并不满足，强迫唐绍仪签订了四项一面倒的条款。虽然唐无权在袁奏准之前同意任何事情，为了避免谈判破裂，袁仍然准备接受，只是电告唐未经批准不得再签署任何东西。不料唐已经签署了另外四项条款，接受了革命党人关于国民会议组成的要求，使之局限于该党首领们提名的一小撮成员中，绝不能广泛地代表国民。唐的不明智行为在北方引起强烈反对，袁指示唐遵照内阁关于召开具有更广泛代表性国民会议的提议的精神，修改后来签署的条款，于是唐提出辞职。革命党似乎并不希望和平解决，非但未在谈判中做出让步，还不断违反停战协议。

朱尔典认为没有理由采取中止谈判这样严重的步骤，清政府理应对天下讲清楚自己的道理。袁世凯辩称他对民党的一再让步，已招致对他的一片毁谤，被公开指责是暗中的革命党。其实他不会接受革命党已经塞满其代表的国民会议计划以及已在预料中的结果，这会在北方引起一场革命。蒙古王公、皇族和军队反对共和制和继

续谈判，而民党坚持在上海召开已确定成员的国民会议，拒不接受
袁内阁提出的组织具有真正代表性的国民会议的大纲。既然和平协
议无望，袁只好辞职。除非英国驻沪总领事劝说伍廷芳以两个要点
为基础重新谈判，一是组成何种真正具有代表性的国民会议，二是
应在何处召开。

朱尔典指出，清政府目前坚持从全国每个地区和民族选一名代
表的观点，与上次有庆亲王出席的会谈中曾论及的观点区别很大，
那是由每省谘议局选举三名代表，不包括上海和南京的现有代表。
要在北京召集一千多名代表，需时数月，难以实现，正如革命党的
组织国民会议计划太狭隘一样。肯定另有可行的中间路线，如同会
址可选上海或北京以外的某地。袁世凯重申不存在妥协的希望，并
夸大北方动乱的危险性，将领们一致要求开战，他已无法控制自己
的军队。朱尔典反复强调政府应当提出合情合理的妥协方案，使拒
绝的一方承担破裂的责任。袁则反复申说已不断让步表明和平愿望，
担心局势已非他所能控制。[1]

1912年1月间，双方在谈判桌上交涉不断，各逞口舌之利，却
始终毫无进展。由于双方势均力敌，不可能完全压倒对方，同时和
谈成为中外关注的焦点，且都希望尽快和平解决，避免战乱，恢复
秩序，即使逞强，也无法得到国内外的支持，所以任何一方都不敢
率先重启战端。停战期限一再延展，和谈进程只能在扯皮中继续耗
下去。而双方的分歧似乎越来越大，使得彼此达成协议的几率几乎
为零。1月10日，鉴于袁世凯坚持推翻前议，伍廷芳发文六国领事，
通告清政府和袁世凯破坏已定议案，将来战事再起，罪在清政府[2]，
等于正式对外宣告和谈已经破裂。

---

[1] 《1912年1月1日与袁世凯会谈纪要》，章开沅、罗福惠、严昌洪主编：《辛亥革命史资
料新编》第8卷，第191—193页。

[2] 《致六国领事文》1912年1月10日，丁俊贤、喻作凤编：《伍廷芳集》下册，第436页。

三 舆情纷歧与风波再起

随着谈判双方你来我往的唇枪舌剑步步升级，南北各界的舆论越来越关注国民会议，反对、赞同、建议、指责，各种声音纷纷扰扰，或公诸报端，或发电上书，或代表民意，或依据法律，将谈判桌上的冲突对攻延伸到媒体坊间。

南京临时政府成立和孙中山就任临时大总统，使得各地拥护共和的团体民众欢欣鼓舞，不少地方与南京各省都督代表团根本反对和谈及国民会议的主张一致。江西军政府通电大总统、黄大元帅、黎副总统、伍代表、都督各军司官和各省同胞，宣称：民军起义，唯一目的即在建立民国，共和政府业已成立，何待再取决于国民会议？况且新疆、甘肃、内外蒙古、前后藏等处代表，非三五月不能到齐开会，袁氏狡诈多端，意在延缓时日，"如堕其术，后果堪虞。万一会议结果表决君主立宪，将来亦为再酿第二次革命之惨"。清廷应逊位归顺，否则联师北伐。"至于派国民代表赴会一层，应请作罢论。……清廷藉国民会议以便彼党，准备破坏之诡，不如先时制人，速定大局，倘因议案已成，不便翻变，惟遵照议定二十日开会日期，即以是日为国民会议结果之日，无论清廷允否，吾辈惟有决定实行。"呼吁赞同各省，即电大总统及伍外交总长。[1]

漳州民军司令刘蔚声称：民主、君主不能并立，袁贼外主议和，内增兵力，老我士气，离间民心，"临时国会之招集，迁延时日，罔上空谈"。如今民国已立，清廷已无召集国会之权。惟有北伐，直捣贼巢。[2]桂林议院也来电反对由国民会议议决国体，并质疑何以会承认国民会议："现在大总统既已举定，即认定民主国，投票

---

[1] 《江西军政府来（元月 5 日到）》，观渡庐编：《共和关键录》第 1 编，上海，著易堂书局 1912 年版，第 48—49 页。

[2] 《漳州电报》，《民立报》，1912 年 1 月 7 日，第 2 页。

十七省亦属大多数，国体问题解决已久，何以再须会议？万一各代表把握不定，或暗受奸人运动，竟自取消前此选举大总统之举，不特贻笑外邦，且留第二次革命，目前必致大乱。各代表承认国民大会，究竟因何情形？望即明覆。"[1]

与南京各省都督代表团的根本反对有所不同，中华共和宪政会提出："共和国体，无可再决。即允唐请，应电袁饬属由民设之新旧政团各选一人后，复选到会，切勿由各伪督抚自派，以符正当舆论。民军各省尤须一律，方免藉口。"[2]

黎元洪也赞成由国民会议公决国体政体的办法，但是认为应"妥为筹画，以免疏漏"。1月1日，他致电大总统、各省都督、各军政分府和代表团："伍公与唐使屡次会议，所议各条极为周到。但事体过大，间不容发，万不可不格外严密，以防万一之败。"为此，他提出四条意见："（一）会场宜仍设上海，万不可移于他处。（二）会期宜速，万不可多延时日。（三）民国代表宜选的确抱共和宗旨者，万不可失人。（四）此会事关特别，宜用记名投票法，并将省分注明，以防流弊。"[3]

湖南的谭延闿等人对于和谈始终持有异议，指袁氏狡谲，清廷号令不一，至于国民会议，则认为"南京代表既到十七省，此后纵召集国民会议，满廷不得再派此十七省之人，名额亦必按省平均，不得畸异"[4]。1月3日，谭延闿再度致电伍廷芳、孙中山和各都督，认为以国民会议和平解决战争，达到共和目的，固然有利于民国前途与世界和平，但是袁世凯素以诡谲著称，若以金钱和高官厚禄运动，至以君治国家决议，民国内部必有多省不肯承认，势必再起战争，招致干涉瓜分。其欲将会议地点定在北京，无非是便于运动，或于

[1]《桂林议院来（元月8日到）》，观渡庐编：《共和关键录》第1编，第45页。
[2]《中华共和宪政会电》，《申报》1912年1月2日，第1张第5版，"公电"。
[3]《沪军政府电报》，《民立报》1912年1月2日，第3页。
[4]《长沙谭延闿来（元月2日到）》，观渡庐编：《共和关键录》第2编，第162—163页。

和议不成时，抑留代表。"且临时大总统既经举定，中央政府成立在即，倘决为君治，何以为情？刻下主张共和者已达十四省以上，而其他省分亦均跃跃欲试，则全国人心已可概见，似无庸再开国民会议"，请"设法将国民会议取销，加意防范，极力组织，俾自立于绝对不致失败之地位，庶免误中奸计"。[1]

1月10日，谭延闿公电南京大总统、黄陆军部长、武昌副总统、上海伍外交总长、陈都督及各报馆、各省各都督、各总司令官，请限期以袁世凯同意和谈达成的协议作为开战与否的决断：

> 袁贼狡谋，和议万不可恃，无非充彼战备，懈我军心。正拟联合各省，要请大总统及伍外交长，不再迁延议和，布告开战。适得南昌马都督佳电，以袁世凯来沪与否，及会议地点、日期，限于阴历十一月二十七日内答复，决不再延长停战期限等因，敝省极表同情。务恳伍外交总长即与袁世凯严重交涉，将前次与唐代表所订之两军须得全权代表电报述和议决裂、战事重开，始可发令开仗一条，即行更正。若至停战期满，尚未将君主、民主问题解决，即令各路开战。如大总统及各省都督赞成此议，即请伍外交长宣布中外，万勿再与迁延。[2]

黎元洪将湘赣两省都督的来电转达孙中山、伍廷芳，要求依照所请施行。[3] 两天后，即1月12日，没有收到回复的谭延闿再度致电大总统、黄陆军部长、武昌副总统、上海伍外交总长、李总司令、各省都督、各路司令、各埠报馆：

[1]《长沙谭延闿来（元月5日到）》，观渡庐编：《共和关键录》第1编，第47—48页。
[2]《湘军都督电》，《申报》1912年1月12日，第1张第3版，"公电"。
[3]《武昌黎元洪来（元月12日到）》，观渡庐编：《共和关键录》第2编，第155—156页。

　　袁贼议和，无非肆其狡猾狼毒之手段，舞弄民军。散省原不承认，早经迭请外交总长，请将条文改正，国会取消，未蒙复答。固知开议艰困，未便通口诘难。但君主、民主问题，必非从容坛坫所能解决。况以袁贼阴险，虏性刁顽，必须决胜疆场，乃可以登同胞于共和幸福之中。以伍总长之高明练达，岂不知是，而必强与羁縻，实所不解。近日连接各处来电，不胜隐忧。曾于蒸日电恳大总统，将议和事件截至阴历十一月二十七日止，决不再延长停战期限，致误军机。顷得江北蒋都督蒸电及安庆孙都督真电，知袁贼节节进兵，是彼已破坏和局。扬州徐总司令宣布袁贼罪状，的是至言。惟各省都督既明知和议不可恃，何必再与开议，而不直切宣战，一扫膻腥？大总统原有主持和战全权，不待延阁一人私议，特事机日迫，不敢缄默，用是披沥愚忧，再请各都督合恳大总统，饬令外交总长与袁世凯严重交涉，无论所订若何条件，以二十七日以前解决，过后只有开战二字，万不承认议和，自堕全功。[1]

　　谭延阁的通电引起各地民军的响应，广西的陆荣廷、王芝祥通电南京大总统、黄军政总长、武昌副总统、上海伍外交总长、各省都督、各总司令官，表示："谭都督十号电计达台览。国体已定共和，袁世凯尚欲以会议解决，其狡诈人所共见。无论如何结果，必至于战。"[2] 贵州都督赵德全附和道："袁贼狡诈异常，政体交国民会议一节，窥其意，必潜派汉奸运动，达君主立宪目的，苟不如意，再开战端。适接湘电，音 [言] 常已随唐使到沪运动。袁贼诡谋已露，严立范围，免中袁计。"[3] 第二军总司令李烈钧甚至质问道："袁世凯

---

[1]《湘军都督电》，《申报》1912 年 1 月 14 日，第 1 张第 4、5 版，"公电"。

[2]《广西陆荣廷等来（元月 14 日到）》，观渡庐编：《共和关键录》第 2 编，第 156 页。

[3]《沪军政府电报》，《民立报》1912 年 1 月 24 日。据桑兵主编：《各方致孙中山函电汇编》第 1 卷，北京，社会科学文献出版社 2012 年版，第 186 页。

以停战议和为缓兵之计，欲充其军备，缓我军心，其理易明，其事已见，乃我当道诸公一再允其停战要求，究竟是何居心，有无特别缘故，实难遥揣，要之，欲求早日平和，即须早日决战，能用最多之铁血，方能解决最后之问题。若终始堕其术中，恐宋襄之仁，匪仅无辞以谢天下，大局亦将不堪设想矣。"[1]

1月15日，汤寿潜通电各方，指"此次议和备战，其不信有十四"，包括"明授唐使全权，议件必须电商，名实先已不符"，"遣使议和，清廷已明认民军之国家，默许共和为政体，其亲贵之明达者亦知国民实行优待，密请退位，袁必强待国民会之议决，在斗满汉为鹬蚌，彼将收渔人之利"，"国民地点已明言北京或天津及南京矣，袁自任接议，不敢南来，复强伍总长来京"，"各款由全权唐使电商而后定，忽有取消之说，并径撤唐使"……请从速决战。[2]

光复军总司令李燮和上书孙中山，陈说和战利弊，态度坚定，言辞痛切，说理深刻，最为学界所称引，他说：

> 和战之局，势宜早定也。一月以来，最足为失机误事之尤者，莫如议战议和一事。夫和有何可议者，民主君主，两言而决耳，岂有调停之余地。战亦有何可议者，北伐北伐，闻之耳熟矣，卒无事实之进行。坐是抢攘月余，势成坐困，老[劳]师匮财，攘权夺利，凡种种不良之现象，皆缘是以生。若天下之大局不定，湖山之歌舞依然，吾恐洪氏末年之覆辙将于今日复蹈之也。夫袁氏之不足恃，岂待今日而后知？溯彼一生之历史，不过一反复无常之小人耳。……故袁氏者，断不可恃者也。恃袁氏无异恃袁氏之术，袁氏之术，乃其所以自欺欺人者也。彼自身且不可恃，独奈何欲率天下之人，以依赖袁氏之术乎？故今日者，

---

[1] 《葛店李司令电》，《申报》1912年1月18日，第2版，"公电"。
[2] 《杭州汤寿潜来（元月16日到）》，观渡庐编：《共和关键录》第2编，第22—23页。

必先去依赖袁氏之心，而后可以议战。以神圣庄严之大总统，奉之于袁氏之足下，而袁氏蹴尔而不屑，宁非神州男子之奇辱耶？

　　顾犹有持慎重之说者，以为战限延长，非吾民之福，南人北伐，非地势所宜。燮和独以为凡事之可以平和解决者，则以平和解决之，凡事之不能平和解决者，则战争者，所以促进平和，而断非扰乱平和之具。假令两军相持不决，前途之平和，可希冀乎？不能希冀，而犹欲假和议之美名，以涂饰天下人之耳目，吾未见其可也。今日之所恃者，在能战耳，在能战而后能和耳。若夫抢攘纷扰于不和不战、忽和忽战之间，则人心之恐怖，靡有已时，商业之壅滞，犹如昔日，岂必杀人流血，而后为损失耶。况夫相持愈久，则外交之枝节愈多，此次各国所以取不干涉主义者，尊重人道耳，敬畏舆论耳，非有爱我之心也。我内部而稍有可乘，彼必不肯牺牲自国之利益，以曲徇我为事。今俄之于蒙古，其明征矣。是故无论自对内对外言之，民主、君主之解决，宜速而不宜迟。而其解决之手段，不外乎平和与武力二者。然就今日之时势观之，断非平和可以解决。则徒讲一时弥缝之策，希冀战争之不再开者，名虽尊重人道，实则违悖人道。何则？以其迁延愈久，而损失愈大也。故今日之战，为人道而战，决非破坏人道之举也。[1]

　　总之一句话，必须停止与毫无诚信的袁世凯议和，以武力决定民主君主。

　　1月26日，蔡锷通电各方，以和谈已无意义，力主整兵开战："谭都督咸电，鄙意极为赞同。现民国中央政府已成立，大总统已举定，民主君主问题无复有研究之价值，此其一。国民会议，袁世凯欲于北京开议，又欲各省州县皆举代表，无非为狡展播弄之地步，以期

---

[1] 《光复军总司令兼吴淞军政分府李燮和上大总统书》，《时报》1912年1月19日，第1版。

战息，懈我军心，此其二。主张共和，殆全国一致；所反对者，惟少数之满清奴隶耳。设开会议而圆袁逆狡，遵守为君主国体，则各省必不肯承认，战祸终无已时，此其三。中国此时仍拥戴满清为君主，固理所必无；即别以汉人为君主，亦事势所不容。故君主国体，为中国今日所万不能行，必强留存此物，将来仍难免第二三次之革命，此其四。唐使签定之约，而袁不承认，方在停战期内，而北军袭取颖州，进攻陕州，在清廷亦并未决议和，此其五。故此时直无和议可订，惟有诉诸兵力耳。"请求率精兵长驱河洛，戮力中原。[1]

各地光复政权的军政长官人人慷慨激昂，社团民众也群情激奋。1月18日，龙州商会电称："经十七省举定总统，民主多数已占，我□优胜，纵稍流血，肯弃万载幸福？勿迁就复开全国投票再决，恐蹈袁计，恃票取决，列强藉口，遗恨难追。"[2] 湖南南路士民通电孙中山和各省军政府："和议屡展，士气已衰，开会投票，尤属至危。共和民国，已经中外承认，若待再议，则前举总统、组织政府等事皆戏耳。既凭票决殊难预卜，现今反正止十四省，满人范围尚有十部，以每部三人相较，我只多十二人，若满人转得七人，君主即定。我代表持论堂皇，众所深信，设持之不坚，君主多得一二票，天翻地覆，何堪设想。各省军士云屯，既无战警，恐生内衅。祈速决战，取消国会，毋堕敌计，免误大局。"[3]

争相请缨之外，也有人试图从中调解，以打破和谈僵局。1月10日，曾以第三者自任的张謇鉴于国民会议解决政体只剩开会手续及地点未定，不忍因此再肇战祸，密电袁世凯，拟亲自赴鄂与段祺瑞密商。"一则表示南方设立政府，绝无拥护权利之思；一则酌拟国民会议办法数条，请其与黎元洪双方结约，作为南北军人之公意，

---

[1] 《沪军政府电报》，《民立报》1912 年 2 月 5 日，第 3 页。

[2] 《中华民国立国记》，《时报》1912 年 1 月 26 日，第 2 版。

[3] 《湖南南路士民电》，《申报》1912 年 1 月 23 日，第 2 版，"公电"。

各自电请政府照办。意既出于军人，设南北政府不允照行，军人即不任战斗之事。如是则南北政府得以军人为借口，可免许多为难。"所拟办法大意为："一、开会地点在汉口；二、议员由各省咨议局或省议会公举；三、各省议员人数暨票数，旧查人口之多寡为比例；四、蒙古即派在京王公，西藏或派北京雍和宫喇嘛，或五台山之呼图克图，或章嘉佛；五、开会期至迟不得逾一月；六、多数决定政体后，两方即须照行，蒙藏亦不得翻悔；七、政体决定，另举总统。"张謇自称各条"皆极公允"，请袁世凯决断。若否决，则不再过问，"但恐更一决裂，此后愈难收拾耳"。[1]

同日，岑春煊致电袁世凯，表示："今日国民多数均以共和为目的，朝廷既有召国会决政体之谕，自系采取多数……为皇室计，为国民计，惟有恪守唐使议定条款，从速取决国会，早定大计，庶几上安下全，举国蒙福。"[2]

光复各省弃和主战的声音日渐强劲，在北方，从1911年12月底开始，反对国民会议的声音也不绝于耳。资政院议员毓善等致函袁世凯："恭读初九日谕旨，朝廷不私天下，退让已极。乃闻伍廷芳尚不满意，必须迅速开会。以现在上海之人，强指为各省代表，草草议定。似此办法，名曰共和，实则专制。诚恐君位一去，大乱斯起。本意以求和平，反令相争相杀之机永无止境。"进而提出：一、国民会议选举章程，必由内阁起草，会场必在北京。二、唐在上海未评论君主民主利害，先自赞成共和，其电奏一味恫吓，全堕彼党之计中，实不称任，请迅速调回。三、停战期内各军队不可撤退。四、

---

[1] 《致袁世凯电》1912年1月，张謇研究中心、南通市图书馆编：《张謇全集》第1卷，南京，江苏古籍出版社1994年版，第211页。日期据汤志钧主编《近代上海大事记》（上海辞书出版社1989年版，第719页）。所拟办法还有另稿五条，与此有别者为：开会地点及议员，照应代表与伍代表签定办法；开会期至迟不得逾两旬。有研究称张謇抵湖北后密电袁世凯，改请就商北洋所遣将领通电拥护共和，迫清帝退位。实则张謇在此期间并未再赴湖北。

[2] 《岑春煊致袁世凯电》，《时报》1912年1月10日，第1版。

奏请售卖大内宝器，以备急需。[1]

12月31日，直隶总督陈夔龙致电内阁度支部："明诏召集国会，取决国体，朝廷不设成见，胞与为怀，同深感泣。惟此次讨论大局，革军处处强我听彼，其要求以少数代表于上海开会议决，固可逆料及之。尊处严持拒驳，至佩公忠。"若不行则开战，力筹军饷。[2] 1月6日，甘肃谘议局议长张林焱等致袁世凯转伍廷芳等电：反对共和，坚持君宪，万一实行，绝不承认，惟有联合同志之士，共图保境。[3]

1月28日，资政院议员喻长霖等致内阁袁世凯函称："前本院建议取消国民议会，业经咨呈在案。刻闻有变通选举法之议，谕旨未发，大众惊骇。查遵奉十九信条，皇上有颁布权，无不裁可权。……至临时国会选举，必每县一人，会场必在北京，本院亦早有所陈。兹闻内阁议拟改为各府五县以上者举二人，五县以下者举一人，殊于国民名义不符。顷外间喧传，竟有俯允南军之请，每省举出六人，议场改设于天津、青岛、汉口之说。倘果如所言，直以国事为儿戏。微特议员等不敢承认，即全国人民亦不敢以此草率办法了之。窃谓临时国会即未便取消，亦当坚持前议，每县必有议员一人，会议必在北京，万不可再行游移。"议员们一再筹商要求公布的建议案，旨在"坚持君主立宪，以维大局而免流弊"。[4]

---

[1] 故宫档案馆：《关于南北议和的清方档案·宣统三年十一月□日资政院议员毓善等致内阁总理袁世凯函》，中国史学会主编：《中国近代史资料丛刊·辛亥革命》(8)，第155—156页。

[2] 故宫档案馆：《关于南北议和的清方档案·宣统三年十一月十二日直隶总督陈夔龙致内阁度支部电》，中国史学会主编：《中国近代史资料丛刊·辛亥革命》(8)，第156页。

[3] 故宫档案馆：《关于南北议和的清方档案·宣统三年十一月十八日甘肃谘议局议长张林焱等致袁世凯转伍廷芳等电》，中国史学会主编：《中国近代史资料丛刊·辛亥革命》(8)，第158页。

[4] 故宫档案馆：《关于南北议和的清方档案·宣统三年十二月初十日资政院议员喻长霖等致内阁袁世凯函》，中国史学会主编：《中国近代史资料丛刊·辛亥革命》(8)，第175—176页。

　　不过，北方官民也有赞同国民会议的呼声。1912 年 1 月 2 日至 4 日，河南谘议局接连三次致电内阁，先是要求坚持和议，倘稍有更动，"河南人民誓与朝廷断绝关系，宁死不纳租税"。继而反对"借口正式选举，稽延时日"，"国体一日不定，生民一日不安"。接着指资政院"自反对和议，久成国民公敌，刻在院仅有少数议员，且民选者又占少数，对于解决国体无建议之资格。钧阁如勉从该院要求，无论如何办法，人民均不承认"。[1]

　　唐绍仪辞去谈判代表之后，仍然暗中代表袁世凯与伍廷芳等人沟通联系，设法促成清廷交权。1 月 8 日，他电告内阁："四蒙独立，是已离去中国，外人得所借口，势必瓜分，和议若再不决，将来东三省又倡独立，辽东岂复中国所有。探闻民军拟自行召集国会，凡蒙回藏东省直鲁豫各处均电约到沪投票。此举不商之于我，惟求各国承认。但国民自行集议，各国决无不认之理。"[2]

　　国民会议的僵局和变相也引起国际媒体的关注，只是立场看法分歧相当大。据远东通讯社的报道，1912 年 1 月 3 日比京《独立报》著论："其实皇室早已处于无权之地位，当其既颁明诏，召集国民会议，付以决定政体之权，是即不啻逊位。彼亦预知共和党人决不承认君主立宪，即使国民公意，欲用君主立宪，亦必择汉人为君主也。"1 月 6 日纽约克哈尔特专电："涛、朗两邸于召集国民会议一事，极力反对。庆邸则甚助袁，后太后卒定大计，明颁上谕，似无更改之余地矣。"伦敦《每日电报新闻》专电："袁与革党谈判，决不能和，袁请国民会议开于北京，须有三分以上之议员到齐，始得开会。革党不愿以北京为召集地，且仅允每省派出三人，袁则必须每府派出一人，因此不能解决。"又据纽约克哈尔特北京专电："各国驻京使馆，

[1]　故宫档案馆：《关于南北议和的清方档案·宣统三年十一月十四日、十五日、十六日河南谘议局致内阁电》，中国史学会主编：《中国近代史资料丛刊·辛亥革命》(8)，第 157 页。

[2]　故宫档案馆：《关于南北议和的清方档案·宣统三年十一月二十日清议和总代表唐绍仪自上海致内阁电》，中国史学会主编：《中国近代史资料丛刊·辛亥革命》(8)，第 159 页。

得伍廷芳同样照会，声言此次谈判不成，皆袁一人之过，兵连祸结，袁实负此责也。各国外交官深知此语不确。和议破裂，伍与其党徒，实尸其咎。召集国民会议，公决政体，原为该党所请，袁既允其照办，该党忽又翻悔，仅肯以南京会集少数代表，由各革命政府派出之人，作为国民会议，其不足以得真实之民意可断言矣。今日袁以所有与伍交涉之全案，抄送各公使阅看，公使均赞袁之公平正直，且称袁之所提议者，皆系十分牵就。袁仅欲得全国之真实民意，毫无错处可供革党指摘。"[1]

要想打破僵持不下的局面，必须另辟蹊径。1 月 12 日，上海外国商团致电内阁及奕劻、载沣：国会公决政体，意见相背太远，非一时能以解决现在争端。应互商设临时政府，以保治安。[2] 实际上唐绍仪辞职后，一直通过梁士诒与袁世凯保持密切联系，并与民党方面秘密磋商。经过一番明争暗斗，南北双方干脆放弃招致各方不满的国民会议，通过直接促使清帝退位的方式，解决国体政体问题。到 1 月 14 日晚，袁世凯已经准备接受清帝退位，建立共和，并受命掌管政府，而不再提及国民会议。[3]

与袁世凯的暗中运作相呼应，1 月 15 日，开缺两广总督袁树勋等电请内阁代奏："自初九日奉上谕，政体由国会议决。薄海臣民咸晓然于朝廷公天下之心，非私一家一姓，深为欣忭。乃十二三以后，改议选举章程，节目繁难，延长时日。人民颇疑朝廷有翻悔公同议决之意，未免失大信于天下。方今人心趋向共和，决无第二问

[1] 远东通讯社丛录：《欧报对于中国革命之舆论》，中国史学会主编：《中国近代史资料丛刊·辛亥革命》(8)，第 494—500 页。

[2] 故宫档案馆：《帝国主义干涉中国革命的阴谋活动·宣统三年十一月二十四日清议和总代表译上海洋商团致内阁及奕劻载沣电》，中国史学会主编：《中国近代史资料丛刊·辛亥革命》(8)，第 536 页。

[3] [澳] 骆惠敏编，刘桂梁、邹震、张广学、石坚译，严四光、俞振基校：《清末民初政情内幕——〈泰晤士报〉驻北京记者、袁世凯政治顾问乔·厄·莫理循书信集 上卷 (1895—1912)》，第 835 页。

题，不独东南十数省矢力同心，即西北各省闻亦均表同意。……应请明降谕旨，早定共和政体，上法唐虞，特畀袁世凯以全权，与民军代表组合相当政府。一面速开国会，选举总统，宁息战祸。"电报由唐文治、丁宝铨、杨文鼎、施肇基等联署。同日岑春煊亦电请内阁代奏："既许人民开国会决政，何忽迁延反复？是必有人以一己之私心，不顾大局之糜烂，皇室之危患者。"[1] 公开呼吁清廷交权，国家改制。

全国联合进行会代表张琴、李离、临时国民公会代表朱通儒、刘振源、宪政实进会代表宋育仁、于邦华等人鉴于国会公决政体因选举法及开会地点相持未下，致使和议有决裂之虞，异想天开地上书袁世凯，提出帝国共和主义作为替代方案，试图将帝制与共和熔于一炉。[2] 主张虽然显得有些另类，目的都是为了设法摆脱困境。

面对民军所提退位即予以优待的条件和内外压力，清廷多次召开近支王公会议，讨论是否接受国体变更事宜。恰在此时，天津《民意报》刊载 1 月 18 日伍廷芳致武昌黎元洪及各省都督、北伐联军总司令、各司令、天津《民意报》公电，内称："此次停战展期者，因清帝有退位之议，前此秘密磋商，未便先行宣布。今已议有头绪，大约再过数日即可决定。届时如再失信，必为天下所不容。"[3] 事机泄露，引起多数亲贵的激烈反对，原定于 1 月 22 日发布清帝退位诏书之事暂被搁置。不得已，1 月 22 日，隆裕太后由国务大臣胡惟

[1] 故宫档案馆：《关于南北议和的清方档案·宣统三年十一月二十七日开缺两广总督袁树勋等致内阁请代奏电》《关于南北议和的清方档案·宣统三年十一月二十七日四川总督岑春煊致内阁请代奏电》，中国史学会主编：《中国近代史资料丛刊·辛亥革命》（8），第 160—161 页。

[2] 故宫档案馆：《关于南北议和的清方档案·宣统三年十一月□□日全国联合进行会代表张琴等致内阁袁世凯呈》，中国史学会主编：《中国近代史资料丛刊·辛亥革命》（8），第 161—166 页。

[3] 《致黎元洪及各省都督电》1912 年 1 月 18 日，丁俊贤、喻作凤编：《伍廷芳集》下册，第 444—445 页。

德等面传懿旨，谕饬仍按召集正式国会办法与革军接议。

清帝退位未能如期实现，袁世凯不得不通电北方各军队将领，声明唐绍仪辞退后与伍廷芳直接电商，往来各电，均经登报。且国体须由国会公决，系遵懿旨办理，为国民所公认，"本大臣岂容有与伍秘密磋商之事"。希望军民勿信浮言。[1] 同时致电伍廷芳，重提召集临时国会公决国体的陈案，要求再度商议选举和开会办法。[2]

伍廷芳接到袁世凯的来电，还以为所说为另一事项，复电道：优待条件已正式直接通告尊处，"至于临时国会，应俟清帝退位后，统一全国之共和政府议定选举法，以行召集"[3]。袁世凯回电表示："优待条件，此方未经认可，现在无庸置议。正式国会一节，前经尊处允认，既须以国会公决国体，未决以前，自不能设共和政府。希就前议选举法及开会地点详细讨论，想出妥实办法见复。"[4]

不仅如此，袁世凯还授权美联社发表声明，表示自己所有行为的出发点都是为了全国百姓的最大利益，而非革命党人或拥护帝制者的利益，希望能够继续担任总理大臣，直到创建国会，选举产生议员，或为大多数中国人探索出一条合适而正确的出路。鉴于革命党领袖的态度，普选看来不可能完成。因此，希望尽快创立某种形式的负责任政府，实现和平。如有任何人有能力并愿意为全国人民的利益寻找出路，自己愿意辞职并移交政权。此间一些外国使馆督促本人负起责任，继续主持国政，表明他们对现政府有信心。[5] 1月

---

[1] 《致北方各军队电》1912年1月24日，骆宝善、刘路生主编：《袁世凯全集》第19卷，第383页。

[2] 《致议和南方全权代表伍廷芳电》1912年1月22日，骆宝善、刘路生主编：《袁世凯全集》第19卷，第362页。

[3] 《复袁世凯电》1912年1月23日，丁俊贤、喻作凤编：《伍廷芳集》下册，第453页。

[4] 《复议和南方全权代表伍廷芳电》1912年1月23日，骆宝善、刘路生主编：《袁世凯全集》第19卷，第373页。

[5] 《授权美联社发表的声明》1912年1月23日，骆宝善、刘路生主编：《袁世凯全集》第19卷，第374—375页。

24 日，又奏告遵旨与伍廷芳接议情况，"复语狂悖，尚无头绪"[1]。

原来双方签署的协议是召集国民会议公决国体政体，旧事重提之时，却变成了召集正式国会。看了后一封来电，伍廷芳才知道袁世凯是旧话重提，可是却不知道事从何来，所以他回复道："国民会议选举法，前与唐代表议定，惟开会地点及日期与阁下电商未决。此乃十余日以前之事，迩来所切实筹商者，为清帝退位办法，立候解决。何乃忽提过去之事，实所不解。祈开诚布公，速将清帝退位问题解决，以慰天下之望。"[2] 而清廷和袁世凯此时则不断强调继续商议国民会议之事，否认清帝退位之说。1 月 24 日，谕旨国会选举及开会地点可酌量变通办理。

清方的反复，引起各种传言揣测，在朝野舆论的压力下，1 月25 日，由袁世凯副署清廷上谕，宣称国体问题由国民公决得到朝野上下的赞成，"现在讹言繁兴，人心不靖。诚恐民听易惑，致生误会。其国会办法正在磋商之际，凡我臣民尤不容妄启谣疑"[3]。

同日，袁世凯奏报，原拟每州、县、旗各选一人，伍廷芳坚持定为 24 处选区，每处 3 人。现拟改为 28 处，每省 1 处，蒙藏 6 处，每处 6 人，共 168 人，与资政院相当。国体未决之前，民党不敢来京，地点酌定为天津、汉口、青岛。民军所拟优待皇室条件，系两面派人暗中商议，如改为国会议决国体，优待皇室条件应由国会议定。[4]

当天，袁世凯还答复伍廷芳，强调与之久商未决者为国会选举及地点日期，而非筹商退位办法。其就选举及地点日期另电详述的妥善办法，在坚持国体问题关系至大，务求全体国民公意，条件自

[1] 《与革军接议尚无头绪奏》1912 年 1 月 24 日，骆宝善、刘路生主编：《袁世凯全集》第19 卷，第 377 页。

[2] 《致袁世凯电》1912 年 1 月 25 日，丁俊贤、喻作凤编：《伍廷芳集》下册，第 454 页。

[3] 故宫档案馆：《关于南北议和的清方档案·宣统三年十二月初七日旨》，中国史学会主编：《中国近代史资料丛刊·辛亥革命》(8)，第 171—172 页。

[4] 《国会选举暨开会地点等事奏》1912 年 1 月 25 日，骆宝善、刘路生主编：《袁世凯全集》第 19 卷，第 385 页。

应详密,手续不能草率的前提下,鉴于战事仍是暂停,国民深受其害,为了及时解决,将原订选举条件酌量变通,以便简化手续,从速召集,所修改的各条为:选举区各省以每府及直隶厅州为一区,无属县者附于邻府,非府辖州县合五州县为一区,各藩属以一盟或一部为一区。选举区以统属五州县为断,以上为大区,选出议员 2 名,以下为小区,选出 1 名,藩属每区选 1 名。顺天府与八旗选出 4 名。相关各条相应调整。开会地点则改在天津。[1]

伍廷芳看过来电,仍然对袁世凯断然否认协商清帝退位并重提国民会议之事大惑不解,复电声明系袁世凯撤回代表,并欲消灭已经签定的条款,自己始终坚持,但两方谈判不能复合,中外人士皆虑和议之终无结果。然后有清帝退位之议,才筹商退位办法。况且优待清帝及满蒙回藏人条款,唐绍仪未辞职前已在会场交付,后自己又直电袁世凯。请于再次停战期满前,宣布清帝退位,以期和平解决。若清廷仍争君位,流全国之血,则咎有所在,非民军之责。次日复电,指袁世凯此前欲取消全权代表已经签定之条款,现在又要更定选举法,"直是翻悔,何云让步"。若届时清廷仍未宣布共和,则所开优待条件将全行作废。[2]

袁世凯的翻云覆雨,引起各方的强烈不满。1 月 29 日《时事新报》译载 27 日《大陆报》北京电云:袁态度反复,闻民国愿举为总统,即力主清帝退位,至前此所议之国民大会一节亦复尽行抹却。盖袁氏之意,实欲使北京政府民国政府并行解散,俾得以一人而独揽大权。同日,报载孙中山 28 日致伍廷芳电,指袁反复,不承认选举国民会议以议决国体之法。虽然此事 31 日由总统府秘书处出面予

[1] 《复议和南方全权代表伍廷芳电》1912 年 1 月 25 日、《致议和南方全权代表伍廷芳电》1912 年 1 月 25 日,骆宝善、刘路生主编:《袁世凯全集》第 19 卷,第 386—387 页。
[2] 《复袁世凯电》1912 年 1 月 26 日、27 日,丁俊贤、喻作凤编:《伍廷芳集》下册,第 457 页。

以更正，然而空穴来风，未必无因。[1]

不过，这一次袁世凯的反复，是因为北方坚持君主制的清朝亲贵和将领鼓动风潮，反对清帝退位和宣布共和，不得不掩人耳目。1月26日，他致电伍廷芳转唐绍仪，告以皇族及京内风潮起于"退位"二字。伍廷芳正式来电，万不可言退位，只能说决定宣布共和。[2]又密电孙中山，说明自己现在逼处嫌疑之地，要防止君主党铤而走险，应互相迁就，以维大局。[3]

此时袁世凯一方面继续就召开国民会议之事与伍廷芳公开周旋，另一方面则明里暗中想方设法逼迫清帝退位。他具折请清廷收回封爵的成命，声称自己入朝之初，抱定君主立宪宗旨，奉旨召集临时国会公决国体，虽然有违初衷，还希望国会不至偏重共和，尚存君宪之望。近来绅衿、督抚、使臣、商团、公会多主共和，国势已难维挽。[4]又复电伍廷芳，请就变通选举条件及开会地点作复，至于退位一节，未曾与之商议，不敢置议。[5]甚至表示不能先行逊位，要先开国会解决政体问题后，再议逊位。[6]

鉴于事态有再度陷入僵局之势，相关各方展开紧急磋商。孙中山并未接受袁世凯的辩解和伍廷芳的建议，他致电各国公使，公开指责袁世凯闻民国愿举为总统之消息，即一变保清的态度，力主清

---

[1] 白蕉：《袁世凯与中华民国》（节录），中国史学会主编：《中国近代史资料丛刊·辛亥革命》（8），第135页。

[2] 《致议和南方全权代表伍廷芳转唐绍仪电》1912年1月26日，骆宝善、刘路生主编：《袁世凯全集》第19卷，第393页。

[3] 《致临时大总统孙文密电》1912年1月26日，骆宝善、刘路生主编：《袁世凯全集》第19卷，第393—394页。

[4] 《恳恩收回封爵成命折》1912年1月27日，骆宝善、刘路生主编：《袁世凯全集》第19卷，第395—396页。

[5] 《复议和南方全权代表伍廷芳来电》1912年1月26日，骆宝善、刘路生主编：《袁世凯全集》第19卷，第399页。

[6] 《复议和南方全权代表伍廷芳电》1912年1月27日，骆宝善、刘路生主编：《袁世凯全集》第19卷，第402页。

帝退位，抹杀所议定的国民大会等事。还特电宣布袁世凯破坏和议的罪状。[1]

1月30日，由于停战期限已过，清帝退位尚未宣布，伍廷芳如约通电大总统、副总统、国务各总长、参议院、各省都督和北伐联军总司令，通报议和各事。虽然指袁撤销代表，推翻成议，但最终矛头所向，在于清廷少数亲贵把持反抗，"是则未能未[于]停战期内和平解决者，咎在清廷，非民国政府始料所及也"[2]。至此，民党方面关于召集国民会议公决国体政体问题的努力完全终结，转而全力逼使清帝退位，以实现共和。

而袁世凯方面，一面继续敷衍清廷，表示仍遵旨与伍廷芳商议国体公决的变通办法，并等待皇族王公讨论国体的结果，一面暗中对清廷施加压力。1月19日，出使俄国大臣陆征祥电请外务部代奏：和议不成，应明降谕旨，慨允共和，逊位得名。22日，出使义国大臣吴宗濂、出使日本大臣汪大燮亦电请宣布共和。25日，署湖广总督段祺瑞致电内阁，赞成共和，反对亲贵阻挠。次日，段祺瑞等47位军政大员联名电请代奏定共和政体，以现在内阁及国务大臣等暂时代表政府，再行召集国会，组织共和政府。[3]

1月28日，山西巡抚张锡銮等电请内阁代奏："此两月之内，默察人心大势，除共和之外并无解决之法。"数日以来，发生事实，有无待国会而已解决者，厥有五端：一、民军占领区域占优，北省

---

[1] 白蕉：《袁世凯与中华民国》，荣孟源、章伯锋主编：《近代稗海》第3辑，第23—24页。作者称："上则宣布袁氏罪状之特电，虽三十一日经总统府秘书处更正，然不能遂认为无来历也。"此电《孙中山全集》第2卷据《总理全书》之九《电文》收录，题为《致伍廷芳电》，署期1912年1月29日。两相比较，文字几乎完全一样。《近代稗海》编者据《时事新报》校改的个别文字，或不如原文准确。
[2] 《致孙文、国务各总长、参议院等电》1912年1月30日，丁俊贤、喻作凤编：《伍廷芳集》下册，第463—464页。此电的断句、标点、认字，均有些问题。
[3] 故宫档案馆：《关于南北议和的清方档案》，中国史学会主编：《中国近代史资料丛刊·辛亥革命》(8)，第169—175页。

谘议局多数主张共和，无可待。二、掌握兵权如段祺瑞等已联衔电请共和，不能待。三、民困国亡，不及待。四、在华外人侧重共和，再不解决，必将横生干涉，立召瓜分，不容待。五、北伐出发，不能待。"有此五端，国会决解决之议已归无效。"并拟议十条：一、临幸颐和园或北狩热河，下诏南北罢兵，速组共和政体。二、派全权大臣与伍廷芳在天津组织临时统一政府，南北政府同时取销。三、优待皇室。四、南北军退回八月前驻地。五、安置满人。六、筹满蒙回藏问题。七、防止主张君主各军暴动。八、成立全国民意机关，正式选举大总统。九、临时统一政府期间，各省政权剿匪安民。十、双方不得因政见而仇视。还特意声明："锡銮等明知共和政体未必真能适合于今日，然目前祸机所迫，除此别无解决之方。"[1]

接二连三的电奏，无疑有人暗中指使或相互串联，甚至还有南北两军合作的计划，让已经宣布赞成共和的北军先行北上，民军继后。清方表面上对于民国临时政府发布的相关秘密交涉的消息予以否定，实际上已在紧锣密鼓的交涉商议之中。1月30日、2月1日，清廷连续召开御前会议[2]，决定采用虚君共和制，君主不干预国政，仍然保留帝号君位。其后外交使臣和军政官员再度掀起一波电奏热潮。2月5日、6日，出使德国大臣梁诚、奥国大臣沈瑞霖以国会召集不易，请明诏宣布共和。2月5日，第一军总统段祺瑞电请内阁代奏：二三王公迭次阻挠共和国体，谨率全军将士入京，与王公剖陈利害。同日河南巡抚齐耀琳电请内阁代奏，河南谘议局议长方贞、副议长张嘉谋及议员等呈："十月初九日慈谕，以国体付之国民会议。果能立即召集，自可从速解决。无如中国幅员寥阔，召集不易，迁延时日，士人易生虎狼之心，内地尤多风鹤之警。将来议

---

[1] 故宫档案馆：《关于南北议和的清方档案·宣统三年十二月初十日山西巡抚张锡銮等致内阁请代奏电》，中国史学会主编：《中国近代史资料丛刊·辛亥革命》（8），第176—177页。

[2] 清制并无御前会议制度，应为当时报刊仿日本说法指称宗支王公会议。

决之结果，仍必趋于共和。而议决自下与发布自上，其情势固大有不同。"请即时宣布共和。2月9日，署理直隶总督张镇芳、署理两江总督张勋、署理两湖总督段祺瑞、河南巡抚齐耀琳、署理山东巡抚张广建、安徽巡抚张怀芝、山西巡抚张锡銮、署理山西巡抚李盛铎、吉林巡抚陈昭常等电请宣布共和。[1] 在民军坚持完全共和的主张以及北方军政官员的呼应之下，清帝最后被迫宣布退位。

2月16日，伍廷芳公电南京孙大总统、武昌黎副总统、各省都督，对南北和谈的一波三折加以总结："盖所谓议和，即与北省同胞和衷商榷之谓耳。迨前清内阁袁君世凯所遣全权代表唐君绍仪至沪，彼此开议，唐君即宣言欲和平解决，惟以北省军民，与十四省起义之军民情谊或有隔膜，意见自不免参差。如欲一致进行，必宜先避冲突之端，以成共济之美，因拟彼此息战，开国民会议，取决多数，以定国体。盖当时彼此明知全国人心已趋于共和，特以是为表示之作用耳。乃事机未熟，枝节横生，补救调和，费尽心力。由是乃有清帝退位之说。"[2] 虽然是从民国和谈总代表的角度描述事情的来龙去脉，大体如实，只是要想充分领会把握字里行间的微言大义，所指能指，还须回到历史现场，循着各位当事人的耳目身手重新经历事情的全过程和各方面。若是断章取义，穿凿附会，以后来的成见做简单的判断，就只能徒劳无功地增加一些说法，于体察史事本相和前人本意毫无裨益。

袁世凯同意和谈，未必仅仅施展诈术，所以需要随着局势的变化不断调整策略。况且就算是阴谋弄权，也没有足够的实力可以为所欲为，予取予求。他固然有自己的如意算盘，也有一定的政治底线，但主要考量的还是如何确保自己能够掌控局势的发展，以及按照自

---

[1] 故宫档案馆：《关于南北议和的清方档案》，中国史学会主编：《中国近代史资料丛刊·辛亥革命》（8），第178—181页。

[2] 《临时政府公报》第20号（附录），1912年2月23日。

己的意愿掌控大权，直至问鼎大位。从结局看，袁世凯的确达到了
目的，虽然未必是最理想的结果。可是从过程看，在那样一盘混战
的乱局中，袁世凯也不得不小心翼翼，稍有不慎，便可能满盘皆输。
如果认定其真的能够掌控历史发展的态势，不仅高估了袁世凯的实
力和能力，也使得认识存在大量变数的历史进程陷入阴谋论的泥淖
而不可自拔。

袁世凯《请速定大计折》与清帝退位

　　辛亥革命的具体结局，严格说来，既不是民军用武力将清廷推翻，也不是通过南北和谈达成协议由国民会议公决国体政体，而是清廷在强大的内外压力之下，被迫让位交权，以换取对皇室皇族和旗人的优待条件。围绕清帝退位问题的明争暗斗，牵扯南北中外满汉清民各方的利害关系，堪称辛亥政坛波谲云诡的一幕大戏。历史上诸如此类的密谋，当事各方的说法往往各执一词，令人犹如雾里看花，即使亲历其事者也不得要领。而相关方面竭力角逐的诸多情节暗藏玄机，在不知究竟的后人眼中似乎无关紧要。相较于史事的周折复杂，通行的历史叙述显得有些平淡无奇。加之清帝退位的许多相关文件迄今仍未面世（或已遗失），当时坊间的传闻既多，如今学人的揣测亦夥，看起来更加扑朔迷离。

　　其中重要环节之一，便是袁世凯在奏准召开临时国会公决国体之后仅仅数日，就因为开会的代表选举以及时间地点等事与其全权议和代表唐绍仪僵持不下，以致后者辞职。可是，在和谈陷入僵局甚至几乎破局的情况下，唐绍仪并未返回北京，而是继续在沪宁一带活动，居间联系，并且很快传出清帝退位事宜已经颇有眉目的消息。以往的研究对此曲折虽然有所解读，大体看似成立，却总有一些重要证据与情节不相吻合，无法纳入，或是未经验证，难以支撑，令人忐忑。凡此种种，均与袁世凯的《请速定大计折》关系密切。围绕该折的时间、内容以及是否出奏等问题的勘定，进一步搜集证据，梳理新旧材料，可以揭开谜底，接近真相。

一　重判《请速定大计折》的时间

关于辛亥南北和议至清帝退位的历史叙述，已经进入教科书和一般通史，成为常识性的认知，大致认为双方开始是以召开国民会议公决国体政体为条件，正当谈判进展顺利之际，由于光复各省组成中华民国临时政府，推举刚刚归国的孙中山为临时大总统，导致袁世凯忽然翻脸，以全权议和代表唐绍仪越权为由，借口国民会议代表的选举以及召开的时间地点等问题，否认唐绍仪已经与民军代表伍廷芳达成的协议，迫使唐绍仪以及所有北方议和代表全体辞职，由袁世凯本人直接与伍廷芳电报往还重新进行磋商。因为袁世凯欲将既有成果推倒重来，而伍廷芳要求其接受既成事实，导致谈判处于破裂边缘。在国民会议之事陷入僵局之后，袁世凯才开始以种种方式进行逼宫，要求清帝退位下台。[1]

在此过程中，为了促使清帝退位，袁世凯上奏《请速定大计折》，其主旨就是请清帝禅让，等于正式提出清帝退位的要求。折称："饷无可筹，兵不敷遣，度支艰难，计无所出。……环球各国，不外君主、民主两端。民主如尧舜禅让，乃察民心之所归，迥非历代亡国之可比。我朝继继承承，尊重帝系。然师法孔孟，以为百王之则，是民重君轻，圣贤业垂法守。且民军亦不欲以改民主，末减皇室之尊崇。况东西

---

[1] 较近的著述如张海鹏、李细珠著《中国近代通史》第五卷《新政、立宪与辛亥革命（1901—1912）》（南京，江苏人民出版社 2006 年版），第 432 页。

友邦因此战祸,其贸易之损失,已非浅鲜,而尚从事调停者,以我只政治之改革而已。若其久事争持,则难免不无干涉,而民军亦必因此对于朝廷感情益恶。读法兰西革命之史,如能早顺舆情,何至路易之子孙靡有孑遗。民军所争者政体,而非君位,所欲者共和而非宗社。我皇太后、皇上,何忍九庙之震惊,何忍乘舆之出狩,必能俯鉴大势,以顺民心。"[1] 要求清廷召开皇族会议,从速决定帝位去留。这是目前所见袁世凯最早正式提出清帝退位的直接证据。

不过,这份重要奏折何时拟订、何时上奏以及是否出奏,相关资料和据此而来的现行叙述存在诸多疑点。关于是折出奏的时间,以往一般著述指为 1 月 16 日。此说出自张国淦编著的《辛亥革命史料》,但该书并未注明来源出处。[2] 因此有的著述采用张国淦所说的上奏时间,而另外注明底本。如《辛亥革命史事长编》指该折于 1 月 16 日上奏,注引出处则为 1912 年 1 月 24 日的《大公报》。[3] 这大概是各家所能找到的最早文本,所以《袁世凯全集》也采用这一底本。除此之外,《顺天时报》1912 年 1 月 27 日第 5 版"奏折录要"和《中国革命记》第 22 册"文牍"也分别刊载了同一份奏折,文字基本一致。

袁世凯任内阁总理大臣期间,涉及军国大事的重要奏折都是与诸国务大臣联衔会奏,而这份奏折的文本上并没有出现诸国务大臣的名字以及会奏字样,各报刊载时标名也不一致,《顺天时报》题为《袁内阁奏请速定大计折》,《大公报》题为《袁内阁请速定大计折》,而《中国革命记》题为《袁世凯请速定大计折》。所谓袁内阁,

---

[1] 《袁内阁请速定大计折》,《大公报》1912 年 1 月 24 日,第 2 张第 2—3 版,"要折";《内阁请速定大计折》1912 年 1 月 5 日,骆宝善、刘路生主编:《袁世凯全集》第 19 卷,第 259—260 页。

[2] 张国淦编:《辛亥革命史料》,上海,龙门联合书局 1958 年版,第 299—300 页。

[3] 武昌辛亥革命研究中心组编,严昌洪主编,梁华平、严威编:《辛亥革命史事长编》第 9 册,武汉出版社 2011 年版,第 68—69 页。

其实就是内阁总理大臣袁世凯的简称，而不是指袁世凯及其内阁。这种情况显示，当时各报不能确知奏折究竟以什么名义提出。一般相关著述称袁世凯以内阁总理身份率全体国务大臣联衔上奏，依据是奏折中有如下文字：

> 总理大臣受朝廷之委任，握全国之枢机，治乱所在，去就因之。独至帝位去留，邦家存否，则非总理大臣职任所能擅断。其国务大臣，亦只能负其行政一部之责，存亡大计，何敢思及。然为时局所迫，逼于旦暮，臣会同国务大臣，筹维再四，于国体改革，关系至重，不敢滥逞兵威，贻害生灵，又不敢妄事变更，以伤国体，谨合词具陈，伏愿皇太后、皇上召集皇族，密开果决会议，统筹全局，速定方策，以息兵祸而顺民心。[1]

这显示奏折的确是以袁世凯合同全体国务大臣的名义拟定，却不能证明是否联衔会奏。另一种可能性是原来设想以全体国务大臣的名义出奏，实际未能实现。张国淦的《辛亥革命史料》虽然声称"内阁合词密奏政体共和"，具体叙述却有所保留，写为："袁世凯等（全体国务大臣？）奏云"。作者于"全体国务大臣"之后特意加上问号，表明其亦不能确定是否由袁世凯与全体国务大臣一起会奏。[2]迄今为止，不仅在清朝各种官书中找不到关于该折曾经上奏的蛛丝马迹，在存留的各种清廷档案中也尚未查到任何线索。

尽管如此，作为密奏的可能性依然存在，这就涉及何时出奏的问题。1月16日，袁世凯的确曾经入宫，据报纸的报道，目的就是与清太后面议退位事宜，"闻清廷虽愿退位，然必欲于既退之后，

---

[1] 《袁内阁请速定大计折》，《大公报》1912 年 1 月 24 日，第 2 张第 2—3 版，"要折"。

[2] 章开沅、林增平主编：《辛亥革命史》下册，第 392 页；张海鹏、李细珠：《中国近代通史》第五卷《新政、立宪与辛亥革命（1901—1912）》，第 460 页。

仍驻北京。袁世凯则坚请其退至热河，否则不愿与闻，以辞职相要挟云"。为此，前一天即 1 月 15 日下午，奕劻、载沣等曾经往谒袁世凯，会谈至二小时之久，一面挽留，一面继续磋商是否退至热河。[1]次日，袁世凯于 11 时入宫，12 时 15 分出宫。[2] 事毕回邸途中，即被炸受伤。

　　此时关于清帝退位之事，坊间媒体早就传得沸沸扬扬，且重心已不在是否退位，而是何时退位以及以何种条件退位。既然袁世凯与清太后面议的主要是退位后的居处，则不至于到此时才提出清帝退位的问题。最早刊布《请速定大计折》的《大公报》显然注意到这一情节，特意在折后加一按语道："此折上后即接到上海议和唐代表来电，政体问题取决国民会议，是以未发表。闻日来皇室会议仍系讨论此折。"[3] 此说与《中国革命记》第 20 册所载《议和记》相吻合，据称：唐绍仪解职后，"世凯察知民军之意，万众一心，坚持共和，别无可议，然又以帝位去留，非臣下所可擅断，曾于十月下旬，率各国务大臣具疏陈请，召集皇族密开会议。盖欲令清廷自为审择，以统筹全局速定大计也。十一月九日，遂有召集临时国会，以政体付诸公决之清谕"[4]。明指《请速定大计折》在清廷定策召集国会公决政体之前。

　　根据《大公报》的按语和《议和记》的记述，《请速定大计折》的上奏时间应在上一年即 1911 年岁末唐绍仪来电表示政体问题取决于国民会议之前，这无异于根本否定了 1 月 16 日为上奏日期之说。《袁世凯全集》的编者在编辑过程中发现该折内容主要涉及 1911 年

[1]《西报纪清帝退位之预言》，《时事新报》1912 年 1 月 17 日，第 2 张第 1 版，"特别纪事"；《民立报》1912 年 1 月 17 日，第 3 页，"西报译电"。
[2]《西报述袁世凯遇险事》，《时事新报》1912 年 1 月 18 日，第 1 张第 2 版，"特别纪事"；《时报》1912 年 1 月 18 日，第 2 版，"译闻"。
[3]《袁内阁请速定大计折》，《大公报》1912 年 1 月 24 日，第 2 张第 2—3 版，"要折"。
[4]《议和记》，《中国革命记》第 20 册，第 1 页。

12月底以前的事，因而没有采用疑点颇多的张国淦说。从奏折的内容判断，拟订时间的确当在1911年12月底之前，而不会在此后。该折如此陈述武昌起事后形势的发展及其所面临的困局：

> 窃自武昌乱起，旬月之间，民军响应，几遍全国，惟直隶、河南，未经离叛，然而人心动摇，异于恒有。臣世凯奉命督师，蒙资政院投票选举，得以多数，依例设立内阁，组织虽未完善，两月以来，将士用命，业已克复汉口、汉阳，收回山东、山西。然而战地范围，过为广阔，几于饷无可筹，兵不敷遣，度支艰难，计无所出，筹款之法，罗掘俱穷，大局岌岌，危逼已极，朝廷念国步之艰虞，慨生民之涂炭，是以停战媾和，特简唐绍仪、杨士琦等前往沪上，为民请命，此万不得已之苦衷，亦从来未有之创举也。屡接该大臣等来电称"民军之意，万众一心，坚持共和，别无可议"等语。现期已满，展限七日，能否就范，尚难逆料。

查和谈最初协议停战至十一月初五日即12月24日，第二次会议时议定展期七日，至十一月十二日即12月31日。鉴于上述，《袁世凯全集》的编者认为12月28日前该折已经写就，暂时系于1912年1月5日前，只是为了稳妥起见。参酌前引《大公报》的按语，可见这份奏折绝不可能写于1912年1月中旬，而是1911年12月下旬。至于具体时间，可以袁世凯与诸国务大臣会奏的《拟恳召集宗支王公会议请旨以决大计折》为参照，在这份1911年12月28日正式上奏的奏折中，袁世凯同样概述了武昌起事以来各处变乱的形势，以及饷械不支难以久战的困窘，"万不得已，勉从英使朱尔典之介绍，奉旨以唐绍仪为总理大臣代表，驰赴沪上，与革军代表伍廷芳会同讨论大局"。由于伍廷芳坚持改共和，去君位，否则不能开议，唐绍仪只得提出速开国民大会公决君主共和问题之法，"果能议决仍用君主国体，岂非至幸之事。就令议决共和，而皇室之待遇必极优隆，中国前途之幸福尚可希望。……现计停战之期仅余三日，若不得切实允开国会之谕旨，再无展限停战之望，势必决裂。惟有即日辞去代表名目，以自引罪"。袁世凯等鉴于"言和则词说已穷，言战则饷械两绌"，要求清廷召集宗支王公，速行会议，就唐绍仪所请召开国民大会公决国体问题请旨裁夺，以定大计。[1]

《拟恳召集宗支王公会议请旨以决大计折》要求"俯如唐绍仪国会公决之请"，其时距停战展期仅三天，也就是12月28日。进一步推敲相关文字和事实，《请速定大计折》的拟定及可能上奏的时间，当于12月24日停战期满后刚刚展期七日之际，具体而论，大约在12月25、26日间。

《议和记》又称："袁世凯接唐绍仪电，言伍廷芳等均恳请皇帝逊位，使共和政体早日成立，中国可跻富强，非特国民之福，亦皇室之幸。将来国民对于皇室之待遇，必极优隆等语。凯得电后，甚为踌躇，连日与庆邸及诸亲贵会商，尚无结果。惟清内阁连发数电，嘱唐绍仪如承认共和，先将优待皇室条件提出议妥。"[2] 也就是说，退位之议是因为民军方面坚持和谈以共和为前提而不得不做出的应对举措，此时袁世凯很可能将所拟《请速定大计折》给奕劻、载沣等人看过，并且将相关信息传达给清太后。

不过，一旦正式奏请清帝退位，就要召开宗支王公会议进行决断，形势的发展显然尚未到此地步，没有完全的把握，袁世凯和清廷都不敢贸然行事。不仅如此，袁世凯甚至对国民会议取决国体政体也表示担忧，并通过梁士诒等传达自己的苦心孤诣。而对光复地区的人心向背更加感同身受的唐绍仪坚持原案，"袁世凯因连接唐

---

[1] 《宣统三年十一月初九日内阁总理袁世凯等奏折》，军机处折包档，中国史学会主编：《中国近代史资料丛刊·辛亥革命》(8)，第224—226页。《袁世凯全集》据《内阁官报》，该折题为《与诸国务大臣会奏拟恳召集宗支王公会议请旨以决大计折》。

[2] 《议和记》，《中国革命记》第15册，"记事"，第11页。

绍仪密电，知民党始终坚持共和，无法挽回，且于清帝让位问题，亦难回答。若继续开战，又以借款无着，不能支持，因此焦灼异常。且以承认共和一层，关系太重，不敢负此责任"，于是于12月27日举行内阁会议，商定全体辞职，即日请清廷特开御前大会。其原因有四：一、民党坚持共和，君主立宪目的不能达。二、民党要求禅位，倘即让步允许，深恐诸亲贵啧有烦言，难免意外。三、不让步则和议决裂，即须开战，无款无饷，人心军心不固。四、无可筹之款以维持支撑。[1]此次内阁会议决定的方针，应是促使清帝退位。

　　恰在此时，唐绍仪来电告以民军方面同意召开国民会议公决国体政体，本来就担心退位引起强烈反对的袁世凯遂相应改变计划。次日，清太后召见王公，醇王载沣、庆王奕劻、贝勒载洵、贝勒载涛、贝子溥伦、贝子载泽、肃王善耆等七人入对，询问上海和议及近日国家艰危情形，清太后痛哭，各王公亦哭。旋召内阁总理和国务大臣入对，袁力陈国民坚持共和政体，万难转圜，此事过于重大，请太后宸断。"太后谓：'余系妇人，皇上年幼，凡事皆靠汝等国务大臣主持。如将来办得好，固系汝等国务大臣之功，即使无法转圜，至于失国，有我为证，将来皇帝长大，亦不能怪汝等。'于是袁世凯言及唐绍仪来电，请召集国会举君主民主问题，付之公决一节。清太后命照此办法施行。各国务大臣退，将慈谕告知庆邸，庆再入对良久，而召集临时国会之旨乃决。"[2]是日袁世凯与国务大臣会奏《拟恳召集近支王公会议请旨以决大计折》，当天清廷即谕令袁世凯转致议和代表，同意召开临时国会公决国体政体。

　　综合上述，定大计与决大计两份奏折应是先后拟定，定大计折在前，决大计折紧接其后，前者旨在解决被迫承认共和后必须面对的清帝下台问题。由于民军和谈代表突然同意召开国民会议公决国

---

[1] 《议和记》，《中国革命记》第14册，"记事"，第13—14页。
[2] 《议和记》，《中国革命记》第14册，"记事"，第14—15页。

体政体，实际上奏并公布的是《拟恳召集近支王公会议请旨以决大
计折》。不过，虽然《请速定大计折》实际上并未正式出奏，但也
没有束之高阁，由于袁世凯已经就此与阁僚及部分亲贵暗中通气协
商，并进而试探帝后的态度，可以作为应急权通的选项以备不虞。
后来果然在国民会议受阻的情况下被重新提出，发生作用。

　　《请速定大计折》时间的改判，使得既有论著对于辛亥之际和
战历史进程的通行认识及其相关描述有必要通盘重新检讨，并相应
地进行较大幅度的改写，否则原来种种的看似顺理成章，都变得相
互矛盾，难以成立。或者说，现有的说法，其实是在忽略部分材料
和事实的基础上自圆其说，而《请速定大计折》时间的重新判定，
使得这些被忽略的材料及事实的正当性凸显出来，原来成说的逻辑
链条则出现一定程度的断裂，因而不得不进一步梳理条贯所有的材
料和史事，重新解读，使之真正能够得其所哉。[1]

二　从退位到公决

　　既然《请速定大计折》的拟定和暗中沟通在《拟恳召集近支王
公会议请旨以决大计折》之前，则袁世凯首先是直接要求清帝退位，
紧接着才顺势改请允准召开国民会议公决国体政体。袁世凯并非清
帝退位的首创者，武昌起事后，最早提出让清帝自动交出政权设想
的，应是伍廷芳等人。从民党方面倡议，到袁世凯试探性向清廷提请，
经过了一个发展变化过程。

　　1911 年 11 月 11 日，武昌起事刚刚一月，伍廷芳、樊增祥、宋
教仁、于右任、夏敬观、唐文治、张謇、赵凤昌、庄蕴宽、汤寿潜、

---

[1] 或许是因为注意到《请速定大计折》的诸多疑点，有的辛亥革命史著述并未征引这一重
　　要文本（《北伐、议和、清帝退位与袁世凯窃权》，胡绳武、金冲及：《辛亥革命史稿》
　　第四卷《革命的成功与失败》，上海人民出版社 1991 年版，第 157—180 页）。

张元济、姚桐豫、江谦、高凤谦、温宗尧、汤寿彤、程德全、王敬芳等十八省发起人就通告倡议组织全国会议团，主张各省派人到上海建立临时会议机关，商定共和政治，会议三要件之一，为"对于清皇室之处置"。次日，伍廷芳、张謇、唐文治、温宗尧联名敦促监国摄政王载沣赞成共和，宣称："大势所在，非共和无以免生灵之涂炭，保满汉之和平。国民心理既同，外人之有识者议论亦无异致，是君主立宪政体，断难相容于此后之中国。为皇上殿下计，正宜以尧舜自待，为天下得人。倘荷幡然改悟，共赞共和，以世界文明公恕之道待国民，国民必能以安富尊荣之礼报皇室，不特为安全满旗而已。否则战祸蔓延，积毒弥甚，北军既惨无人理，大位又岂能独存。"同时又致函庆亲王奕劻，告以已"电请皇上及监国逊位，同赞共和"，希望奕劻"致君于尧舜之揖让与民享共和之幸福，则皇室不失其尊荣，生灵得免于涂炭"。[1]

虽然致摄政王的电奏中没有使用"逊位"字样，只是希望清帝及摄政王以尧舜自待，但在给奕劻的信中，明确使用了"逊位"一词。逊有退、让二义，逊位也有退位、让位二解，前者只是单纯地退出现在的位置，后者则包含给谁让出位置或将位置让给谁的意思，近似于主动的禅让。而禅让对于让位者是一种美德的体现，对于承继者则意味着权力来源的合法性。此时各省光复政权尚未成立共和政府，伍廷芳等人所说逊位后同赞共和，应是根本放弃帝位和帝制，赞同由全体国民成立共和国，而不包含将权力交给谁的问题。

11 月 18 日，张謇致电清内阁，拒绝出任江苏宣慰使及农工商

[1]《组织全国会议团通告书稿》1911 年 11 月 11 日《奏请监国赞成共和文》1911 年 11 月 12 日、《致清庆邸书》1911 年 11—12 月，丁贤俊、喻作凤编：《伍廷芳集》上册，第 365—370 页。韩信夫、姜克夫主编《中华民国史·大事记》第 1 卷（北京，中华书局 2011 年版，第 266、284 页）将 11 月 12 日伍廷芳等人的联名电奏分别系于 10 月 21 日和 11 月 24 日，其实这是同一件事。前者可能计算错了阴阳历，后者则是《宣统政纪》卷六十五（沈云龙主编：《近代中国史料丛刊三编》[180]，第 9 页）所载该电奏由美国使馆转致致载沣的日期。

大臣，并请内阁代奏，要求实行共和，清帝逊位，电称：中国国土辽阔，种族不一，应效法瑞士、美国，实行民主共和分治。"宜以此时顺天人之归，谢帝王之位，俯从群愿，许认共和。昔尧禅舜，舜禅禹，个人相与揖让，千古以为美谈。今推逊大位，公之国民，为中国开亿万年进化之新基，为祖宗留二百载不刊之遗爱，关系之巨，荣誉之美，比诸尧舜，抑又过之，列祖在天之灵，必当歆许。论者或以兹事体大，宜开国民会议，取决从违。窃以为不经会议而出以宸裁，则美有所归，誉乃愈大。至于皇室之优待，满人之保护，或阁臣提议，国会赞成，立为适宜之办法，揆之人道，无不同情。"[1]

张謇的电报，不但明确要求清帝推逊大位，而且希望不必经过国民会议讨论取决，即由清帝直接裁断，主动许认共和。此时摄政王已经失去权力，所以张謇没有将他列入应当逊位的名单。

与上一次的联名电奏迟迟未能交到摄政王手上不同，由内阁代奏的电报当天就得到回复，清廷表示：宪法十九信条已经宣布，即将宣誓太庙，此后庶政实行，公诸舆论，决不致再有障碍。"至共和政体，列邦有行之者，惟中国幅员寥廓，满、蒙、回、藏及腹地各行省，民情风俗，各有不齐，是否能收统一之效，不至启纷争割裂之祸，仍著该大臣迅速来京，与廷臣详细讨论，并将朝廷实行改革政治意旨，剀切宣示，以释群疑。"[2] 显然，此时清廷仍然抱有侥幸心理，并不情愿在形势尚不明朗的情况下轻易地主动交权让位。

此后，其他方面也陆续提出同样或类似主张。11 月 23 日，一度宣布独立的山东都督孙宝琦致电光复各省，提议各省派员至京津开临时议会，兼收未独立各省，可议决国体政体问题，兼有临时政

---

[1] 《张季子九录·政闻录》第 3 卷，上海，中华书局 1931 年，第 41—42 页；武昌辛亥革命研究中心组编，严昌洪主编，王兴科、何广编：《辛亥革命史事长编》第 8 册，武汉出版社 2011 年版，第 254—255 页。

[2] 佚名辑：《宣统政纪》卷六十五，沈云龙主编：《近代中国史料丛刊三编》(180)，第 9—10 页。

府作用，"异日以全国意见，要求逊位，可无兵戈而收胜利"。[1] 所说虽然是在临时议会议决国体政体之后，才以全国意见要求清帝逊位，基本办法毕竟是顺应人心，由清帝主动交权让位。

11 月 25 日，顺直谘议局、直隶保安会致电摄政王载沣，以南中已大开国民会议，新政府不日成立，近畿人心亦皆感动愤励，提出："为今之计，若朝廷能早行揖让，公天下于民，民必以优礼报皇室。即大位不以自居，而全国生灵之福，仍出自朝廷之赐。若失此不为，则新政府既成，各省已一律承认，不但直隶不能独异，且恐南军北上，京师蒙尘，虽欲为尧舜之事而不可得。福祸安危，在此一举。"[2] 清军夺占汉阳后，12 月 3 日，顺直谘议局、直隶保安会以军事虽利，人心未回，杀戮愈多，益难收拾，再度电请内阁奏明朝廷："罢兵息战，由朝廷自行谦逊，宣布共和，最足示大公于天下。保全中国，维持皇室，端在此时。"[3] 所谓揖让、谦逊，都是要求清廷主动交出权力大位。

直接向清廷呼吁请求之外，还有人积极展开活动，联络南北各派势力，力图形成强大压力，迫使清廷就范。11 月 26 日，蓝天蔚打出中华民国军政府关东临时大都督的旗号，致函清东三省总督赵尔巽，促其顺应大势，"更有进者，力奏朝廷暂避热河，皇上有禅让之美名，人心或有思清之一日，大局幸甚，人民幸甚，皇室幸甚"[4]。11 月 29 日，朱其瑝受袁克定的指派到达湖北，随身携带汪精卫的

[1] 郭孝成：《山东独立状况》，中国史学会主编：《中国近代史资料丛刊·辛亥革命》（7），第 325—326 页。

[2] 故宫档案馆编：《关于南北议和的清方档案·宣统三年十月初五日顺直谘议局直隶保安会致载沣电》，中国史学会主编：《中国近代史资料丛刊·辛亥革命》（8），第 143 页。

[3] 故宫档案馆编：《关于南北议和的清方档案·宣统三年十月十三日顺直谘议局直隶保安会致内阁电》，中国史学会主编：《中国近代史资料丛刊·辛亥革命》（8），第 144 页。

[4] 《蓝天蔚致东三省总督赵制军书》，《盛京时报》1911 年 12 月 3 日，第 1 版，"丛录"；武昌辛亥革命研究中心组编，严昌洪主编，王兴科、何广编：《辛亥革命史事长编》第 8 册，第 289—290 页。

信函，内容包括邀约南北联合，共同要求清帝逊位。[1]

12月5日，在汉口的各省代表会议决定请伍廷芳来鄂与北方代表会商和平解决事宜，开议的条件为：一、推翻清政府；二、主张共和政体；三、礼遇旧皇室；四、以人道主义待满人。[2]半个月后，黄兴也派顾忠琛与北方代表廖宇春密商，后者提出四条：一、优待皇室；二、组织共和政体，公举袁项城为大总统；三、优待满汉两方面将士；四、开临时国会。双方讨论后改为五条，第一、二两条顺序变换，为确定共和政体和优待清帝。[3]这几次接谈到议和条件，均没有提及清帝如何交出政权，为何要给予优待，应该是将清帝退位让权作为前提条件，无此前提，则其他都谈不上，所以如何退位反而不在所讨论的范围之内。

自11月1日皇族内阁解散，由袁世凯组织全权内阁，摄政王就已经失去权力。挨到12月6日，眼看局势日益恶化，为了平息众怒，隆裕太后懿旨，准载沣辞退监国摄政王之位，以醇亲王退归藩邸，不再干预政事。[4]媒体对于此事亦称退位或逊位。

由上述可见，早在南北和谈开议之前，双方就通过各种渠道接触联系，希望尽可能以较小代价结束战事，实现共和，这使得清帝

---

[1] 李国镛：《李国镛自述》，中国社会科学院近代史研究所近代史资料编辑部编：《近代史资料·辛亥革命资料》第25册，北京，知识产权出版社2006年版，第507页。1912年12月5日，胡适在任鸿隽处看到《朱芾煌日记》，"知南北之统一，清廷之退位，孙之逊位，袁之被选，数十万生灵之得免于涂炭，其最大之功臣，乃一无名之英雄朱芾煌也。朱君在东京闻革命军兴，乃东渡冒险北上，往来彰德、京、津之间，三上书于项城，兼说其子克定，克定介绍之于唐少川、梁士诒诸人，许项城以总统之位"。（曹伯言整理：《胡适日记全编》1，合肥，安徽教育出版社2001年版，第187—188页。）因事出机密，袁世凯不便出面，若被北军查知，则声称由袁克定差遣。

[2] 刘星楠：《辛亥各省代表会议日志》，中国人民政治协商会议全国委员会文史资料研究委员会编：《辛亥革命回忆录》第6册，第246页。

[3] 廖少游：《新中国武装解决和平记》，中国社会科学院近代史研究所《近代史资料》编译室主编：《辛亥革命资料类编》（《近代史资料》专刊），北京，知识产权出版社2013年版，第320页。

[4] 佚名辑：《宣统政纪》卷六十六，沈云龙主编：《近代中国史料丛刊三编》（180），第1—2页。

退位让权成为彼此心照不宣的基本条件。所以谈判一开始，民军方面就表示不以清廷为对手，北方的唐绍仪只是袁世凯内阁即政府的代表，而且因为民军坚持开议的前提是实行共和，否则免谈，则清廷的命运可以说是未议先定，所商议的并非清廷的存废，而是以什么形式退出历史舞台的问题。通过交权让位体面下台，避免战事延续，恢复和平统一，实行共和，以换取优待条件，成为各方认可的首选。

南北议和，民党中广东人士多力持清帝退位之说，不准满人继续秉政。而上海、武昌及其他各地的民党，无不同此意见。[1]12 月 20 日，民军代表伍廷芳于第二次会议时首先提出逊位："且改为民主，于满洲人甚有利益，不过须令君主逊位，其他满人皆可优待，皇位尤然。……改革之后，满人与汉人必无歧视，将来满人亦可被举为大总统，是满人何损而必保存君位。"并声称前此已和汤寿潜、程德全、张謇等各都督致电摄政王，"只请逊位，其余一切优待"。[2]第四次会议时，又说："总之，清帝让位，则诸事易商。"[3] 逊位与让位，都是交权下台，遣词或略有分别，意思则完全一样。

清帝主动交权下台以平息战乱的办法，得到一些清朝驻外使节的赞同和响应。12 月 25 日，出使俄国大臣陆征祥、驻荷兰国大臣刘镜人电请外务部代奏："今既政变纷乘，人怀民主，似不如追踪太王，明诏父老，则先圣后圣德一道揆，既不以一人位号，涂炭海内生灵，仁人之报，利亦必溥。"[4] 正是在这样的背景下，袁世凯尝试向清廷提出逊位禅让的请求。

———————————

[1] 《议和记》，《中国革命记》第 13 册，"记事"，第 2—3、17—19 页。

[2] 观渡庐编：《共和关键录》第 1 编，第 11—12 页。

[3] 观渡庐编：《共和关键录》第 1 编，第 21 页。

[4] 故宫档案馆编：《关于南北议和的清方档案·宣统三年十一月初六日出使俄国大臣陆征祥、出使和国大臣刘镜人致外务部请代奏电》，中国史学会主编：《中国近代史资料丛刊·辛亥革命》（8），第 154 页。

　　清帝退位牵涉诸多方面，仓促间难以办到，况且以何种理由退位，也要名正言顺。12月中旬各省都督府代表联合会开会时，据浙江代表陈毅报告，在汉口与黎元洪大都督代表会晤的清内阁总理袁世凯全权代表唐绍仪就表示："袁内阁亦主张共和，但须由国民会议议决后，袁内阁据以告清廷，即可实行逊位。"所以代表会当天做出"缓举临时大总统"的决议。[1] 稍后黄兴派人与北方代表会谈，虽然也有召开临时国会的议项，却并非作为清帝退位的必经程序，而是结束清朝统治实现共和之后的建制。

　　议和谈判过程中，本来坚持共和毋庸再议的伍廷芳突然同意采用召开国民会议或大会取决国体政体的办法。这一方案此前由杨度、汪精卫等人组织的国事共济会提出，试图以此解决南北之争，结果两面碰壁。该会虽然被迫解散，多位会员却参与了南北和谈，并在会场内外积极活动，继续鼓吹其原订办法。唐绍仪和伍廷芳同意采取这一方案，当与他们的鼓动怂恿大有关系。"清廷遣派代表与民军议和之原因，实由君主立宪党杨度与民主立宪党汪兆铭发起国事共济会于北京，清资政院极意助之，于是李家驹以此意面达袁世凯。袁谓调和两方，固属美举，然谁能当此第三人之任。须知第三人者，必须于两方均无关系，且与两方均无恶感，而后可寻。"于是有人运动英国驻华公使朱尔典作为调人，而朱授意汉口英总领事出面介绍。首次会晤，伍廷芳即提出四项要求，以清帝退位、改行民主政体换取对清帝和旗人的优待。[2]

　　国体政体如果定为民主共和，清帝让位就是理所当然。可是，尽管这一次双方的谈判代表意见一致，由国民会议取决国体政体的方案依然是两面不讨好。民军方面，认为起义的唯一目的就是建立

[1]　刘星楠：《辛亥各省代表会议日志》，中国人民政治协商会议全国委员会文史资料研究委员会编：《辛亥革命回忆录》第6册，第250页。

[2]　《议和记》，《中国革命记》第13册，"记事"，第2—3、17—19页。

民国，共和政府业已成立，何待再取决于国民会议？况且召集各处代表，非三五月不能到齐开会，恐怕是袁世凯的缓兵之计，以便趁机上下其手，"万一会议结果表决君主立宪，将来亦为再酿第二次革命之惨"。清廷应逊位归顺，否则联师北伐。至于派国民代表赴会一层，应作罢论。[1]

　　面对各地光复政权和民军的一片反对之声，伍廷芳于1912年1月2日致电南京临时政府及光复各省，为自己的行为进行辩解："廷意今国民大多数趋向共和已为显著之事实，而唐使犹以开国民会议为言者，不过欲清帝服从多数之民意，以为名誉之退位而已。"[2] 照此说法，清帝不会主动退位，袁世凯也不便出面劝清帝退位，只有通过国民会议决定实行共和，清帝才可能顺势接受退位的不得不然。

　　即使国民会议取决国体政体，在清朝内部遭遇的阻力也不小。在清朝王公亲贵和满汉官员看来，南北和谈的决定只是少数人意见，召开国民会议多数取决，虽然能够反映民意，清帝可以顺从为由，体面下台，也不无机会以君主立宪的名义继续执掌权力。对于坚决拥清者而言，国民会议不过是缓兵之计，他们既不能接受由帝制到共和，更不愿看到满人失去帝位。

三　掩人耳目的双簧

　　召开国民会议公决国体政体，在袁世凯不无拖延待机的盘算。所谓"用正当选举之法，选合格代表之人，其手续与时期，均非旦夕所能蒇事"，所以他担心的是"革党迫不及待，尚不知是否听从"。[3] 照理，这一方案更加符合清廷和袁世凯的政治需求，这也是袁世凯

---

[1] 观渡庐编：《共和关键录》第1编，第48—49页。

[2] 观渡庐编：《共和关键录》第1编，第46页。

[3] 《宣统三年十一月初九日内阁总理袁世凯等奏折》，军机处折包档，中国史学会主编：《中国近代史资料丛刊·辛亥革命》（8），第226页。

搁置《请速定大计折》，将清帝退位改由国民会议公决的主要理据。可是，正当南北双方就国民会议问题磋商顺利之时，袁世凯却忽然出手否认已经签定的一切条款，使得和谈很快陷入僵局。

关于袁世凯的突然变脸，学界普遍的看法是因为孙中山归国及其当选为中华民国临时大总统，打乱了袁世凯的如意算盘，因而其借故向民党施压。不过，袁世凯开始对孙中山就任中华民国临时大总统一事反应平淡，后来兴师问罪，主要是针对伍廷芳在国民会议的代表选举以及时间地点等问题上寸步不让采取的报复性反制。也就是说，南京临时政府的成立和孙中山当选为临时大总统，并非导致袁世凯再度变计的诱因。

唐绍仪被迫辞职，看似造成谈判停滞甚至濒于破裂，然而不无诡异的是，此后他非但没有离开上海，而且暗中仍然与伍廷芳沟通联系，时时往来于沪宁之间。而孙中山一再表示自己是虚位以待："一俟国民会议举行之后，政体解决，大局略定，敬当逊位，以待贤明。"[1] 孙中山的再三表态，不仅产生了另一种逊位即孙中山本人让出临时大总统的位置，更重要的是很可能在向特定人物明确发出心照不宣的特定信号。在当时情况下，这个特定人物，显然就是袁世凯。

一般认为和谈受挫显示袁世凯和唐绍仪之间在如何结束战事、统一中国的认识上严重分歧，直到 1 月中旬提出《请速定大计折》，事情才出现转机。既然《请速定大计折》提出的时间提前到 1911 年 12 月下旬，而袁世凯重新运动清帝退位在唐绍仪去职不久就已经开始，则原有的判断必须大幅度调整，才能合理安放材料和解释事实。

---

[1]《劝告北军将士宣言书》1912 年 1 月 5 日，中国社会科学院近代史研究所中华民国史研究室、中山大学历史系孙中山研究室、广东省社会科学院历史研究室合编：《孙中山全集》第 2 卷，第 11 页；《临时政府公报》第 1 号，第 4 页，"令示"，1912 年 1 月 29 日。原作"民国会议"。

关于和谈的立场和底线，唐绍仪与袁世凯之间，意见的确一度有所分歧，唐绍仪曾复电梁士诒、阮忠枢，详细分析了局势并解释其态度的变化。他说：

> 彼党以共和为标准，反是则无可开议。若一决裂，则大局更糜烂不堪。反复焦思，更无一线转圜之地。来电发明师座对内对外对上对下之苦心，仪岂不知之。顾师所重者，护持太后皇上耳，所虑者，各国干涉耳。试问战争再起，度支何如，军械何如，能操必胜乎？万一挫衄，敌临城下，君位皇族，能保安全乎？外人生命财产，能保护乎？宗社倾危，列强分裂，汉族亦因以沦胥，危险之势，孰甚于此。若从国会之议，皇族之待遇，已许优隆，外人之干预，无由窥伺，倘能建设完全，尤为中国之幸福。危险者如彼，而有可希望者如此，然则所以对内外上下者，更何疑虑哉。仪初意亦何尝赞成共和，第亲历汉沪，目击情实，不得不急为变计。人民各国，皆注目于吾师一人，宗旨一误，祸害立见，与其坚执于前，毋宁养晦待时，舍是二者，决无胜算。支电不尽所言，故复详述。万里遥隔，五内如焚，前席剀陈，望兄为助。师意若何，仍乞电示。[1]

据此，唐绍仪南下前与袁世凯商定的办法，并不是接受共和，到武汉和上海后，知道形势无可挽回，必须以共和为开议前提，并且按照清帝退位交权的基本路径安排各事。[2] 由国民会议公决国体

---

[1] 《议和记》，《中国革命记》第 14 册，"记事"，第 12—15 页。

[2] 莫理循声称："12 月里，我有几天呆在上海，那时唐绍仪宣称他坚持共和的理想。我相信袁世凯知道并准许他这样讲的。唐绍仪的辞职尽管被接受了，可是从那以后他同袁世凯一直保持着密切的关系。他们之间有时直接通信，但一般通过梁士诒。"《致威·伍·柔克义函》1912 年 1 月 24 日，[澳] 骆惠敏编，刘桂梁、邹震、张广学、石坚译，严四光、俞振基校：《清末民初政情内幕——〈泰晤士报〉驻北京记者、袁世凯政治顾问乔·厄·莫理循书信集 上卷（1895—1912）》，第 845 页。

政体，只不过是给了清廷一个体面的下台阶，而不是说真的要由国民会议来决定是否实行共和。可是，好不容易才确定的行动方略，何以短短几天内风云突变，以至于袁世凯和唐绍仪分道扬镳？

其实，唐绍仪因为与袁世凯严重分歧而辞去议和全权代表只是表象，另一种可能性的几率更大。有消息称：

> 或又曰：绍怡之辞职，非得已也。绍怡南下，有在京各省代表从行，许鼎霖者，江苏代表之一。既至沪，愤会议之不获与，无发言权，慭民军者，方以民军饷械匮乏日聒于鼎霖，乃不待会议之毕，与福建代表严复等行矣。入都谒世凯，备言民军之腐败，兵乌合，饷无着，北军当之，直摧枯拉朽耳。绍怡至沪，非议和也，馈献江山耳。世凯唯唯。鼎霖乃密告亲贵，亲贵诘世凯。世凯曰："是何言，余遣绍怡，讨论大局也，他非所知。绍怡既不称职，当罢免。"会绍怡驰电请解职，遂允之，而以彼此电商请于廷芳。自此以往，南北两方，皆藉电报以议和。而唐绍怡虽不居代表之名，仍有参与议和之实也。[1]

北归后许鼎霖的确曾在资政院会议时发表攻击民军的言论，鼓动武力镇压。如果唐绍仪的辞和袁世凯的准都是因此而起，则此事并非由于两人之间出现分歧，而是为了规避亲贵对唐的攻讦责难，不得不再度改弦易辙。袁、唐二人一个愿打一个愿挨，彼此心照不宣。

相关研究已经注意到，折冲樽俎或许从一开始就是暗中密商的掩护，与此同时，南北双方通过几条线秘密接洽，商议如何能够迫使清帝退位，推翻清朝，实现共和，尽早结束战乱。唐绍仪辞职，和谈表面陷入僵局，其实是因为由国民会议公决的途径行不通，只得重新转向寻求清帝退位。唐绍仪滞留沪上，孙中山宣称暂时承乏，

---

[1]《议和记》，《中国革命记》第20册，"记事"，第3—4页。

虚位以待，都是配合袁世凯设法迫使清帝退位演出的戏码。

关于袁世凯与唐绍仪联手演出的苦肉计双簧戏，有一定内幕渠道的《时事新报》评论道：

> 袁世凯入京以后，深知全国民心，倾向共和，而于清廷一方面，又不愿以武力相角，使无数生灵，同遭涂炭，故于外则奏派代表，赴南议和，于内则施其沉毅果决之手段，以布置大局，务使清廷处于安全之地位，而国家可免瓦解之忧。无如一般顽旧之流，不明袁世凯之苦心，既不知赞同其宗旨，又不能协助其进行，诽谤横兴，而唐绍怡不得不辞职。幸自袁世凯与伍廷芳直接商议以来，以电报为议和机关，争执虽多，事实尚顺。惟各省军队大半不明此中真况，常起意外之风潮，而平时伏匿之匪党，又思乘机攫利，此亦议和时期中之至可危事也。事后思之，犹觉懔懔。……自袁世凯与伍廷芳直接商议以来，以有限之文字，传达无限之论议，而种种不可明言之事实，又无从以电报泄露于外，使清廷一方面，或另生枝节。是以袁世凯电请伍廷芳北行，伍廷芳电请袁世凯南行，于事实上观之，伍廷芳不妨暂离上海，而袁世凯万不能暂离北京，故所谓北行南行，皆表面之词也。唐绍怡与伍廷芳签定之条约，断无推翻之理，而袁世凯一再以未与本大臣商明为言，故作必欲推翻之理论，电书往还，两不相让，亦皆表面之词也。其争执最烈之点，为国民会议一节，若袁世凯所开条件，非历数月不能办到。在袁世凯何不可通融办理，而所以斤斤电争者，亦未始非表面之词也。一言以蔽之，袁世凯若不赞成共和，必无南北议和之事，议和亦无如是易成也。[1]

---

[1]《议和记》，《中国革命记》第 21 册，"记事"，第 1、17—18 页。

　　这些揣测判断可以从北方紧锣密鼓进行的促使清帝退位行动得到印证，唐绍仪辞去谈判全权代表之后，继续参与南北交涉。他本来就另有与袁世凯沟通联系的管道，南下议和的随行代表中，杨士琦未与议。"盖上海电报局不允用密码通电，而关于议和事宜，必须与袁世凯秘密商议。既不能用秘电，故唐绍怡将遣其回京，面晤袁世凯磋商一切。"[1]1月8日，唐绍怡致电清内阁，告以四蒙独立，瓜分在即，若东三省独立，辽东亦不复中国所有。民军拟自行召集国会，各国绝无不认之理。"又闻东南各商埠洋商团体拟联电本国政府转劝皇上逊位，以期解决而保商务，现正在沪筹拟。"[2]等于试探性地公开动议重启清帝退位事宜。

　　唐绍仪的意向得到原东南立宪派人士的积极配合。两天后，张謇接连发给袁世凯两封密电，一谈国民会议问题，另一则明确提出："窃谓非宫廷逊位出居，无以一海内之视听，而绝旧人之希望。非有可使宫廷逊位出居之声势，无以为公之助，去公之障。"并且针对僵局出谋划策道："在鄂及北方军队中诚勘通达世界大势之人，然如段芝泉辈，必皆交公指挥。设由前敌各军以同意电请政府，云军人虽无参预政权之例，而事关全国人民之前途，必不可南北相持，自为水火，拟呈办法请政府采纳执行，否则军人即不任战斗之事云云。如是则宫廷必惊，必界公与庆邸为留守，公即可担任保护，遣禁卫军护送，出避热河，而大事可定矣。所拟办法如下，公如以为可行，须请密电段芝泉等。謇默观大势，失此机会，恐更一决裂，此后愈难收拾，幸公图之。"[3]

　　张謇的谋划，的确击中清廷的要害，清军将领如果加入政争，

[1]　《议和记》，《中国革命记》第13册，"记事"，第2—3、17—19页。

[2]　故宫档案馆编：《关于南北议和的清方档案·宣统三年十一月二十日清议和总代表唐绍仪自上海致内阁电》，中国史学会主编：《中国近代史资料丛刊·辛亥革命》(8)，第159页。

[3]　国家图书馆善本部编：《赵凤昌藏札》第10册，北京，国家图书馆出版社2009年版，第560—561页。

天平势必朝着既定的方向倾斜。后来北方军人表态拥护共和，果然成为压垮清廷的最后一根稻草。不过，此举也开启了近代中国军人干政的恶例，埋下民初军阀混战的隐患。此时袁世凯已就清帝退位一事暗中加紧动作，对外却依然故作姿态。直到 1 月 25 日，袁世凯才复电张謇，闭口不谈清帝退位之事，话题仍在国民会议方面："国会公决，系朝廷存亡关键，须请皇宗同意，非行政官所能擅专，极多困难。连日协商，渐有头绪，已迭电少川矣。"[1] 其实此时所协商的已非国会公决，而是清帝退位。

事实上，国民会议刚刚陷入僵局之时，逼劝清帝退位之事就已经重启。早在 1 月 4 日，原来"北京各报中最反对共和、强烈支持清廷"的《官话报》就完全改变立场，刊发社论，"敦促朝廷接受必不可免的事情并逊位，因为这是人民明显的意志。该报竟以路易十四和理查一世的命运告诫朝廷"。袁世凯还私下对莫理循说："再加些压力，朝廷就垮台了。"莫理循获悉，热河正在筹建宫廷，并认为"如果朝廷去热河，事情就简单了"。[2]

1 月 11 日，唐绍仪再度电请清内阁代奏，要求清帝逊位："朝廷既愿将国体付诸公决，其公天下之心，为薄海所共钦。惟大势所趋，万众一致，临时国会，仍用正式选举法，非半年不能蒇事，民军万难承认，且恐旷时日久，转生意外之变，反与皇室诸多不便。务祈俯顺民心，早日逊位，则民军念禅让之德，皇室待遇，必极优隆。除密将优待条件电呈内阁外，谨请代奏。"只是袁世凯觉得时机未到，退位之议还不宜拿上台面，旋即复电谓："吾公既已辞职，该电未便再行代奏。"[3]

---

[1] 国家图书馆善本部编：《赵凤昌藏札》第 10 册，第 559 页。

[2] 《致达·狄·布拉姆函》1912 年 1 月 5 日，[澳] 骆惠敏编，刘桂梁、邹震、张广学、石坚译，严四光、俞振基校：《清末民初政情内幕——〈泰晤士报〉驻北京记者、袁世凯政治顾问乔·厄·莫理循书信集 上卷 (1895—1912)》，第 825—826 页。

[3] 《议和记》，《中国革命记》第 22 册，"记事"，第 26 页。

　　袁世凯的婉拒欲盖弥彰，两天前即 1 月 9 日，袁世凯的亲信蔡廷干已经与莫理循商谈敦促清帝退位事宜，并于次日致函莫理循，希望上海商会将此消息通过英国公使电告各方，再由上海领头，各通商口岸陆续跟进，对清廷施压。[1] 莫理循的看法是："目前全部问题在于如何使皇帝退位。要施加各种压力，促使他退位。有人提议，一个好办法是使上海商会通过约翰·朱尔典爵士向庆亲王和皇帝的父亲提出请愿书，敦促皇帝立即退位，理由是皇室妨碍和平，而没有和平是不可能恢复正常贸易的。这个建议来自袁世凯自己的人，我认为可行，因为，如果我们能使一个商会这样做了，所有旁的商会将会跟着做，积累起来的力量会是非常强大的。"[2] 同日，梁士诒私下前往与英国公使朱尔典商议，梁说："现在，各方面都同意，除非事前皇帝退位和朝廷下台，问题就不可能获得解决。他们所面临的困难，是要决定代替满清王朝的政体。问题在于：如果朝廷愿意让位给袁世凯，或者是授权给他建立临时政府，各国是否将承认他。"[3]

　　12 日，莫理循在一封信中乐观地表示："你收到这封信以前，我几乎肯定你已得到皇帝退位的消息。正在为此进行安排。"皇室必须去热河。尚待解决的是如何保证满人和皇室的安危及利益。"我相信，在诏书发布以前，将会同革命党作出安排。我还了解到唐绍

[1] 《蔡廷干来函》1912 年 1 月 10 日，[澳] 骆惠敏编，刘桂梁、邹震、张广学、石坚译，严四光、俞振基校：《清末民初政情内幕——〈泰晤士报〉驻北京记者、袁世凯政治顾问乔·厄·莫理循书信集 上卷（1895—1912）》，第 830 页。

[2] 《致克·达·卜鲁斯函》1912 年 1 月 10 日，[澳] 骆惠敏编，刘桂梁、邹震、张广学、石坚译，严四光、俞振基校：《清末民初政情内幕——〈泰晤士报〉驻北京记者、袁世凯政治顾问乔·厄·莫理循书信集 上卷（1895—1912）》，第 830—831 页。

[3] 《朱尔典爵士致格雷爵士电》1912 年 1 月 12 日发自北京，胡滨译：《英国蓝皮书有关辛亥革命资料选译》上册，北京，中华书局 1984 年，第 241 页。

仪将作为中间人，进行秘密调停，使革命党同意这种安排。"[1]14 日，
梁士诒又告诉朱尔典，召开国民大会决定是否接受共和将会拖延时
间及带来危险，"隆裕太后不久将发布一道谕旨，宣布满清王朝退位，
并授权袁世凯处理临时政府工作，直到选举共和国总统时为止"[2]。

　　1 月 16 日，也就是袁世凯被刺的当天，莫理循兴奋激动地写信
告诉《泰晤士报》的布拉姆："退位诏书明天或后天就发布。星期
天晚上，我详尽地、如实地向你拍发了关于谈判的电文[3]。袁世凯的
机要秘书下午和我在一起，我们讨论了各种提议。昨天一大早，我
收到他的来信，告诉我他要来见我，他有非常重要的消息相告。他
来告诉我：前天晚上，袁世凯最终接受了这件不可避免的事情，同
意在四天之内由皇太后发布退位诏书，而代之以一个共和国，由人
民选举总统。袁世凯将受命掌管政府。没有提到国民大会。"星期
天即 1 月 14 日，就在这一天，袁世凯已经和清廷议定清帝退位，
实行共和，由袁世凯掌管政府。莫理循还明确说："一封宣布袁世
凯的决定的电报于深夜发给了唐绍仪。你比我更了解东方人。在整
个这场危机中，我们都在和东方人打交道。我们无法象理解欧洲人
的行为动机那样来理解他们的行为动机。袁世凯派唐绍仪去上海时
完全清楚唐绍仪的意图，我对这点从没有过任何怀疑。唐绍仪的辞
职要求被接受了，但从那以后他一直同袁世凯保持着密切关系。他

---

[1] 《致达·狄·布拉姆函》1912 年 1 月 12 日，[澳]骆惠敏编，刘桂梁、邹震、张广学、石坚译，
　　严四光、俞振基校：《清末民初政情内幕——〈泰晤士报〉驻北京记者、袁世凯政治顾
　　问乔·厄·莫理循书信集 上卷（1895—1912）》，第 832—833 页。

[2] 《朱尔典爵士致格雷爵士电》1912 年 1 月 15 日发自北京，胡滨译：《英国蓝皮书有关辛
　　亥革命资料选译》上册，第 280—281 页。以上两封电报分别称来人为袁世凯的亲密朋
　　友和私人秘书，《辛亥革命史》指其人为梁士诒。

[3] 《清末民初政情内幕——〈泰晤士报〉驻北京记者、袁世凯政治顾问乔·厄·莫理循书
　　信集 上卷（1895—1912）》原书注释："这份电文登载在 1912 年 1 月 15 日的《泰晤士报》
　　上，题为'满人倒台，退位条件'。"

是通过他的亲密朋友梁士诒进行联系的。"[1]

种种迹象表明，早在 1 月 16 日之前，促使清帝退位之事不仅已经重新启动，而且几乎要大功告成。而民军方面，虽然没有直接参与袁世凯与清廷的交涉，由于清帝退位的条件必须满足民军的要求并得到其同意，所以绝不仅仅是知情人，更不是旁观者。如果说南北和谈的对手是民军与袁世凯执掌的清政府，关于清帝退位的交涉，袁世凯就只能是居间沟通，民军以袁世凯为协商的对手，袁世凯则要两面传递信息，讨价还价。由于退位交涉暂时只能暗中进行，南北和谈仍在就国民会议举行的具体事宜争论不已，只有少数介入退位密议的南北人士才知道你来我往的函电纷争，其实已经演变成障人耳目的烟幕。

四　袁世凯逼宫

接下来的问题是，差不多一个月前拟订的《请速定大计折》，为何会在一个月后披露于报端，并且成为舆论关注的焦点。

《大公报》的按语道出了部分原因，即 1912 年 1 月下旬皇室会议讨论清帝退位问题，仍以《请速定大计折》为底本。更为重要的是，其时南北之间以及袁世凯与清廷之间关于清帝退位的磋商再度陷入胶着，尽管上海的几家报纸借西报发声，开辟专栏集中报道西报对清帝退位的种种预测，连篇累牍地发表相关消息，宗支王公的商议却不断遇到强力阻挠，迟迟不能取得预期的结果，甚至退位的交涉也只能秘密进行，还不能公之于众，因而需要一些确实可信的证据来为鼓动退位的舆论提供有力支撑，将幕后的交涉摊开到阳光

[1]《致达·狄·布拉姆》1912 年 1 月 16 日，[澳]骆惠敏编，刘桂梁、邹震、张广学、石坚译，严四光、俞振基校：《清末民初政情内幕——〈泰晤士报〉驻北京记者、袁世凯政治顾问乔·厄·莫理循书信集上卷（1895—1912）》，第 835 页。

下，进而增强对清廷的压迫。

这时南北各大报关于清帝退位的消息不绝于耳，而表面局势的发展却是和谈陷入僵局，战事扩日持久，且可能蔓延扩大，这引起各方面的极大担忧。眼看国民会议的分歧难以协调，各方又将目光聚集到清廷退位之上，以为一念之差，容易速效。在南方各省，已经附和民军的原清朝官员纷纷电请清帝退位。1月15日，开缺两广总督袁树勋和唐文治、丁宝铨、杨文鼎、施肇基等联名致电清廷："皇太后、皇上既以公天下为心，保全民命为重，应请明降谕旨，早定共和政体，上法唐虞，特畀袁世凯以全权，与民军代表组合相当政府。一面速开国会，选举总统，宁息战祸。"[1] 同日，四川总督岑春煊也致电清廷："今为朝廷计，与其徒延时日，致上下不能径接以诚，何如廓然大公，径降明谕，宣示中外国民，组织共和政治，俾天下知禅让美德，实出自朝廷本怀。人民感念至德，必筹安富尊荣之典，上酬皇太后、皇上之美，宗支王公与八旗亦蒙安全之福。"[2] 这些不约而同的说词，都将清廷禅让与降旨确定及组织共和政体联系在一起，似乎清廷不降旨则共和政体就不能成立。这与民党所认定的共和已经成立、清帝退位不过避免战事延续的看法明显有别。

光复政权的官绅也将目光投向袁世凯，希望他出面迫退清帝，打破僵局。1月14日，江苏代理都督庄蕴宽及张一麟致电袁世凯劝告道："夫致君尧舜，学唐虞之禅让，是谓大智；救民水火，免生灵之涂炭，是谓大仁。此中机括，在公一身。……公果为民请命，清廷未必不幡然改图，千秋万国，自有公论。"[3] 同日，湖南共和协

---

[1] 故宫档案馆编：《关于南北议和的清方档案·宣统三年十一月二十七日开缺两广总督袁树勋等致内阁请代奏电》，中国史学会主编：《中国近代史资料丛刊·辛亥革命》（8），第160—161页。

[2] 故宫档案馆编：《关于南北议和的清方档案·宣统三年十一月二十七日四川总督岑春煊致内阁请代奏电》，中国史学会主编：《中国近代史资料丛刊·辛亥革命》（8），第161页。

[3] 《电劝项城承认共和》，《大公报》1912年1月17日，第5版，"要闻"。文中称二十七日，即15日，但落款为寒，则是14日。

会会长熊希龄、副会长张学济等 150 人联名致电袁世凯，指"满室已失人民之信用，实无再为君主之资格，必须迅速避让，免致涂炭生灵。国民会议之局，亦可不必举行也。时不可待，望公毅然速请明诏退位，勿误大局，天下幸甚"[1]。众口一词之下，清帝成为众矢之的，袁世凯则为众望所寄。

公开呼吁的同时，暗地里的实际进行已经渐有眉目。1 月，直隶、河南两省谘议局经由汪兆铭代转来电称，希望速定共和政体，早建统一政府，以弭内忧而消外患，并提出三条件：一、清帝退位后，举袁为大总统。二、共和成立后，接管清政府所有北方军队，不咎既往，与南军一律待遇。三、先行议定优待皇室及旗民生计。直、豫两省谘议局与袁世凯有着千丝万缕的联系，此举当是为袁世凯劝退或逼退清帝，询问民党可以给予的报酬。1 月 14 日，孙中山复电表示：临时政府的唯一目的就在速定共和，"清帝退位，共和既定，袁有大功，为众所属，第一条件自无不能。……清廷以退让而释干戈，皇室报酬，应示优异"[2]。本来总统大位已经有为袁预备之说，只是因为和谈一拖再拖，光复各省担心生变，组织了南京临时政府，孙中山就任大总统之时，就已经表明暂时承乏之意，如今不过再度确定袁世凯开出的条件而已。

同日，民军和谈总代表伍廷芳电告孙中山和黄兴："旅沪洋商团来函，以商务损失，渴望两方不再开战，早日和平解决，并电催清帝退位以顺人心。"又告以"唐君绍仪来言，得北京确实密电，现在清廷正商筹退处之方，此后如何推举，苟不得人，则祸变益巨。前云孙君肯让袁君，有何把握，乞速详示"。伍廷芳代为保证道："孙

---

[1]《湖南共和协会会长熊希龄等致袁内阁电》，《大公报》1912 年 1 月 19 日，第 2 张第 2 版，"录件"。

[2]《复直豫谘议局电》1912 年 1 月 14 日，中国社会科学院近代史研究所中华民国史研究室、中山大学历史系孙中山研究室、广东省社会科学院历史研究室合编：《孙中山全集》第 2 卷，第 20 页。

君肯让已屡经宣布，决不食言。若清帝退位，则南京政府即可发表袁之正式公文。至此后两方政府如何合并，可由两方协商决定。"[1] 1月15日，孙中山复电伍廷芳，肯定了后者的回答："如清帝实行退位，宣布共和，则临时政府决不食言，文即可正式宣布解职，以功以能，首推袁氏。"[2]

也有人对于袁世凯的作用表示怀疑，担心他才是一切波折回澜的幕后黑手。1月15日，汤寿潜通电各方，指"此次议和备战，其不信有十四"，包括"遣使议和，清廷已明认民军之国家，默许共和为政体，其亲贵之明达者亦知国民实行优待，密请退位，袁必强待国民会之议决，在斗满汉为鹬蚌，彼将收渔人之利"。请从速决战，不令其阴谋得逞。[3]

袁世凯在国民会议公决与清帝退位之间出尔反尔，固然有做戏给世人看的成分，以及在南北清革的夹攻下不得不然的难言之隐，可是要说所有反复都毫无权术的考量，也令人难以置信。因为没有南北和谈，袁世凯自己就要充当迫使清帝退位主张共和的主谋，在北方难以立足，要想接掌大位，势必难上加难；而如果由国民会议决定实行民主共和，袁世凯就不能成为共和的元勋，也无法从清廷那里继承法统，即便出任总统，也不过是听人摆布的傀儡。两种情况都于己不利。由和谈及国民会议形成外部压力，再经由自己将压力转到清廷，从清帝退位中得到授权，得益最大的人，无疑就是袁世凯。看似左右为难的他，很可能就是居间播弄的操盘者。

正当坊间传闻不断，舆论沸沸扬扬之际，清帝退位的秘密磋商突然正式曝光。1月17日，伍廷芳忽然复电武昌各军官，宣称："此次所以允其展期停战者，因清帝退位已将成议，日来正切实磋商，

---

[1]《致孙文黄兴电》1912年1月14日，丁贤俊、喻作凤编：《伍廷芳集》下册，第440页。观渡庐编：《共和关键录》第2编，第157页；第1编，第71页。

[2] 观渡庐编：《共和关键录》第1编，第71页。

[3] 观渡庐编：《共和关键录》第2编，第22—23页。

如能定期宣布，则共和目的已达，其他条件均易就绪。所以未通电布告者，因事在筹商，未经决定，故尚须少待。"[1]1 月 18 日，伍廷芳又复电孙文、黄兴："如公必不能来，请俟清帝宣告退位之后，再商办法。"[2] 这些言词，清晰显示南北双方已经就清帝退位一事达成共识，北方的秘密进行成效显著，至少民党一方获取的信息，几乎是水到渠成。所以同日伍廷芳又公电黎元洪及各省都督、北伐联军总司令、各司令以及天津《民意报》："此次停战展期，实因清帝有退位之议，前此秘密磋商，未便先行宣布。"[3] 这等于是将密谋的信息公诸天下，以安抚因和战不定而情绪日益激昂的各地军民。

在南方的一再催促下，运动清帝退位的步伐明显加速。1 月 17 日，袁世凯电告伍廷芳："皇太后悯全国生灵之涂炭，不忍再事战争，已有允认之意。本大臣与庆、醇两邸，仰体慈宫意旨，政见亦均相同。惟蒙古各王公尚在反对，势须设法与之详细讨论，以期和平解决。若以强迫行之，其各王公等恐必归藩独立，大局终难平定。"[4]

在向民军诉苦的同时，袁世凯也加大了对清廷施压的力度。其被炸的次日即 1 月 17 日，清廷召集御前会议，奕劻、载沣、载洵、载涛、溥伦、载泽及在京蒙古各王公与会，至晚 8 时，议定：一、此次续展停战期内，必将君主民主政体从速解决，决不争执，以免生灵涂炭；二、所有前议和代表唐绍仪签押条款，全行奏明，以便酌度施行；三、应将召集国民会议办法，速与民军代表共同商妥，早开会议，决定政体。会议时"奕劻首先主张共和，溥伦和之。奕劻并谓此时承认共和，君位虽去，君名犹存。故惟有决定让位，以

---

[1] 观渡庐编：《共和关键录》第 2 编，第 21—22 页。
[2] 观渡庐编：《共和关键录》第 1 编，第 74—75 页。
[3] 观渡庐编：《共和关键录》第 2 编，第 22 页。
[4] 《议和记》，《中国革命记》第 23 册，"记事"，第 14 页；渤海寿臣辑：《辛亥革命始末记·议和》，沈云龙主编：《近代中国史料丛刊》（420），台北，文海出版社 1969 年版，第 33 页。

示朝廷大公无我之心。蒙古王公群起反对，力持君主政体之说。倘南方坚持共和，则宁使南北分离，决不赞成民主。而尤以那彦图为最。奕劻谓公等皆有旗可归，有土可守，成则有功，败则无害，然使两宫困守京城，一旦有变，谁能担此责任。蒙古王公驳之甚力，奕劻等无词以对，遂又决定于十二月初一日再行开议解决。会议既毕，亲贵齐至内阁，面询袁世凯之意见。袁谓倘不能达此目的，立即辞职。至退位与否，事关重大，必须太后自行主张"。关于民军优待清室条件凡九项，"清廷会议时业已承认"。其第一条就是，"清帝退位后，仍受外国君主之待遇"。当天美国传教士李佳白至北京，也极力游说满洲皇族与袁世凯，请清帝速退位，和平解决。[1]

由此开始，清廷连续召开御前会议，重点集议退位问题。随着压力增大，反对的声音也陡然增强。1月18日午前，清廷再度开会，奕劻、载沣、载涛、载洵及蒙古王公均集，袁世凯亦至。"会议至午后四钟始散，闻宣布共和，至是已有成议。清太后以载沣、溥伦等婉劝退位，诏已拟定，正待签名宣布，又召集贵族会议，铁良与年少亲王，推载泽为领袖，联合载涛、溥伟等，极力反对。清太后因又迟疑不决。载沣、溥伦、奕劻等因相率告假，于是少年无识之王公，更肆无忌惮，运动再开御前会议。召见时王公皆向清太后长跪，溥伟亦无表决之言。毓朗不能耐，就询溥伟方针，以游移不决之言答之。"[2]

1月19日，分别召开了御前会议和内阁会议。据说"禅位诏书，本已拟就，拟由近支王公议决署名。而溥伟、载涛、载泽、铁良及蒙王某等反对极烈，乃由亲贵领袖奕劻发言，谓我非欲主张共和，惟大局如此，当筹画保全皇室之法，似可采用共和，以和平了结，

---

[1] 《议和记》，《中国革命记》第23册，"记事"，第10—11页；《清廷第一次会议情形》《清廷第二次会议情形》，《时事新报》1912年1月24日，第1张第2版，"接特别记事"。

[2] 《议和记·清廷之御前会议再志》，《中国革命记》第23册，"记事"，第15页。

免至皇室别有危险。溥伟又出而反对，谓吾国不能共和，万不得已，则当南北分立。载涛意见亦同。奕劻谓我年七十余，无论君主与共和，我皆不及享受，有何成见。但今日君主之说，既不能行，南北分立，亦徒托空言。故不如径行共和，以救危局。铁良、载泽创议，欲分南北为二国，抗议纷呶，卒无成议"[1]。

出席会议的溥伟记载，会议开始后，太后问君主好还是共和好，皆曰力主君主，并主战。太后谓战胜固然好，万一战败，连优待条件都没有，岂不是要亡国么？溥伟指优待条件是欺人之谈，即使可恃，受臣民优待，岂不贻笑列邦，贻笑千古。溥伟又称："臣最忧者，是乱臣藉革命党势力，恫吓朝廷。又复甘言诈骗，以揖让为美德，以优待为欺饰。"[2]

当天午后3时，举行内阁会议。"国务大臣中，惟袁世凯、唐景崇未至，胡惟德、赵秉钧、梁士诒三人为袁世凯代表，亲贵中惟肃王、豫王未至。梁士诒先发言，谓袁内阁有病，不能出席，今以本大臣及赵、胡二大臣代表袁内阁，商议组织临时统一内阁之事。赵秉钧接言，谓此办法系将南京政府与北京内阁先行解散，而在北方另行组织临时统一政府，暂理全国事务，一面开国民临时大会，以决定君主民主之问题。因北方兵力不敷分布，且兵饷只敷二月，后即难继，现时尚能保全者，东三省外，止有直隶、山东、山西、河南四省。此四省人民，主张共和，时欲起事者，所在皆是。徒以兵队镇摄，故目前尚可保守耳。万一民军北来，两宫之安宁，与宗庙社稷，皆有危险。今日之事，非空言所能解决，除组织临时统一政府外，尚未有别种办法，请斟酌。语毕，国务大臣退去，王公自

[1]　《议和记·清廷初一日之御前会议》，《中国革命记》第24册，"记事"，第1—2页。

[2]　溥伟：《让国御前会议日记》，中国史学会主编：《中国近代史资料丛刊·辛亥革命》（8），第112—114页。该日记所载出席会议的14人中没有奕劻。

开会议。"[1]

各方意见相持不下，令缺少主见的隆裕太后更加举棋不定，召见亲贵时说："时至今日，大事去矣。民军以死争共和，非达到目的不止。吾苦心焦思，终不得一良策以挽回大局。我朝二百余年之基业，竟丧失于吾手，真令人死不瞑目。"旋又谕令及早图谋生计，现无他法，唯有逊位而已。言罢涕泣不止。[2]

清太后的两难和袁世凯的逼宫，引发各种议论。汪荣宝致函其父，透露出一些值得注意的信息：

> 项城并不坚持君主政体，惟所处地位，断不能直截了当宣布共和。南中舆论，每不谅其苦心，疑忌甚深，不无误会。某微窥其意，盖始终不愿以兵力从事。……项城入京以来，其眼光所注，专在外交及亲贵，故其布置，亦惟对于此二者着着进行，却未曾留意其部下之军队，有反抗之举动。自初九日懿旨颁布后，翌日舒清阿即怂恿张怀芝通电各镇，联名请战，而冯华甫既克汉阳，以不得进攻武昌成就其盖世之功为大恨，遂亦有意反对，鼓吹开战之说，于是一班资政院之顽固议员，乘民选议员之散去，大举活动，开会演说，竭力主战。项城出于不意，仓皇失措，不得不将唐少川代表撤销，借国会地点及会期各问题，与伍秩庸往返电商，以期延宕时日，乘间调处。而主战派气焰非常之高，项城几有维持不了之势，乃拟具奏辞职。……此信一出，于是东交民巷各使馆不约而同，各电其本国政府，请示办法。项城又大惊，乃招集各驻使，告以虽有辞职之说，尚无其事，请各安心。当此进退维谷之时，而东三省、直隶、河南、

---

[1] 《议和记·清廷之内阁会议》，《中国革命记》第24册，"记事"，第2—3页。另组临时政府之事，引发南北新的冲突，导致清帝退位一再拖延，另文详论。

[2] 《议和记·清太后之见几》，《中国革命记》第24册，"记事"，第3页。

山东等督抚，又连电反对共和，措辞甚厉。似此情形，实觉无从收拾，一旦阁令不行，各处军队自由行动，则南北糜烂之局成，列国瓜分之祸至矣。此中消息，未识南中新政府亦有所闻否，如果真心主张共和，为国利民福起见，似宜迅速疏通北军以平其气，□□□□以安北人之心，发表优待皇室条件，以释亲贵之疑，实行□□□□以示尊重人道之意。如此则共和可望，国家可全。[1]

有鉴于此，有报刊评论道："袁世凯与伍廷芳直接议和以来，条件纷陈，实以清帝逊位为主要。袁世凯以此说进，而奕劻亦以此说进，伍廷芳以此说进，内外臣僚亦多以此说进。清太后为保全皇室安妥生灵起见，已有允许之意。奈不明大局者尚一再抗阻。此议和结果之所以迟迟也。"[2] 此说与通行说法有别，却大体能够将所有材料史事贯通无碍。

正当御前会议就清帝退位僵持不下的敏感时刻，天津《民意报》将1月18日伍廷芳致武昌黎元洪及光复各省军政当局及本报的公电刊载出来。[3] 此前南北各报关于清帝退位的传闻不绝于耳，可是并无确据，这下密谋被当事一方意外披露，引起拥清势力的强烈反弹。为了防止情急之下局面失控，清廷由诸国务大臣胡惟德等面传懿旨，仍按召集国会与革军接议。[4] 随后的两次御前会议，由于各

[1]《议和记·附志袁世凯之隐衷》，《中国革命记》第23册，"记事"，第15—17页；《表白项城心理之函件》，渤海寿臣辑：《辛亥革命始末记·各省》，沈云龙主编：《近代中国史料丛刊》（420），第234—235页。该函为汪荣宝给其父汪凤瀛的家书，为苏州军政府检查邮件时发现，1912年2月1日《国民公报》以《表白项城心理》为题刊登，汪荣宝看到报纸后十分不满。（赵林凤：《汪荣宝评传》，南京大学出版社2012年版，第246页。）汪荣宝两度在日记中提及此事，家书写于阴历十一月二十六日，即1912年1月14日。（韩策、崔学森整理，王晓秋审订《汪荣宝日记》，北京，中华书局2013年版，第332、340页。）
[2]《议和记》，《中国革命记》第24册，"记事"，第1页。
[3] 观渡庐编：《共和关键录》第2编，第22页。
[4]《与革军接议尚无头绪奏》，骆宝善、刘路生主编：《袁世凯全集》第19卷，第377页。

王公反对甚力，奕劻托病请假，袁世凯亦不与会。

乱局之中，京城反对退位的声音骤增，这让本来不满于孙中山寸步不让的袁世凯有所借口，放缓了逼宫的力度。"初三日奕劻、溥伟至内阁公署，面询袁世凯以政见，如决意主张共和，即请宣示，吾辈当奏请两宫逊位，以便早定大局。袁谓此等大事，不敢擅决，且民军虽暂承认停战，然此期要求之各件，异常坚执，两方意见，极费调停。此等重任，万难独负。仍请两宫与亲贵商酌妥善，再定办法。"[1] 同时根据懿旨，袁世凯于 1 月 21、22 日连续致电伍廷芳，重提由临时国会公决国体，希望尽快商定选举及开会办法，否定优待各条件已经彼此直接商定。[2]

接到袁世凯的来电，伍廷芳一时间居然反应不过来。1 月 23 日，他复电袁世凯，告以优待条件已正式直接通告尊处，"至于临时国会，应俟清帝退位后，统一全国之共和政府议定选举法，以行召集"[3]。而袁世凯复电坚称："优待条件，此方未经认可，现在无庸置议。正式国会一节，前经尊处允认，既须以国会公决国体，未决以前，自不能设共和政府。希就前议选举法及开会地点详细讨论，想出妥实办法见复。"[4] 次日，袁世凯还向清廷奏报，遵照懿旨与革军代表伍廷芳商办，"覆语悖狂，尚无头绪，仍与切实磋商"[5]。

1 月 25 日袁世凯答复伍廷芳的询问时，仍然矢口否认双方曾经商议过清帝退位事宜："本大臣与贵代表久商未决者为国会选举及地点日期，并未与贵代表筹商退位办法。来电尤不可解。请就选举及地点日期协商妥善办法，以期早日解决。此外非所敢闻。"[6]

[1] 《议和记》，《中国革命记》第 24 册，"记事"，第 12 页。
[2] 观渡庐编：《共和关键录》第 1 编，第 82 页。
[3] 观渡庐编：《共和关键录》第 1 编，第 84 页。
[4] 《复议和南方全权代表伍廷芳电》，骆宝善、刘路生主编：《袁世凯全集》第 19 卷，第 373 页。
[5] 《与革军接议尚无头绪案》，骆宝善、刘路生主编：《袁世凯全集》第 19 卷，第 377 页。
[6] 《复议和南方全权代表伍廷芳电并附录》《致议和南方全权代表伍廷芳电》，骆宝善、刘路生主编：《袁世凯全集》第 19 卷，第 386—387 页。

这一次袁世凯的反复，的确是情非得已，他担心坚持君主制的清朝亲贵和清军将领鼓动风潮，反对清帝退位和宣布共和，导致局势失控，所以故意予以否认，并再以国民会议为障眼法。直到此时，退位仍然不能提上台面，则前此不得不秘密进行，就在情理之中。

面对进退两难的局势，袁世凯一方面要利用清帝退位与南京民国临时政府讨价还价，另一方面要应对拥清势力的强烈反弹，继续对清廷施压，陆续披露一个月前的相关文书，便成为可用的策略之一。《请速定大计折》刊布 5 天前，即 1912 年 1 月 19 日，《神州日报》刊登了一封清内阁致八旗都统衙门函，被媒体称为"清廷实行逊位之先声"，函谓：

> 近因武昌乱起，不两月间，糜烂者已十余省。朝廷不得已而用兵，虽南克汉阳，西收晋鲁，然战域范围过广，而府库空虚，军需莫出，行政经费罗掘殆尽，用是停战媾和，特派唐、杨二大臣等前往沪上。帝德如天，为民请命，凡我臣民，莫不感泣。乃屡接唐大臣等电称，民军之意，坚持共和，别无可议等语，期限已满，复展七日，能否就范，尚难逆料。若一旦所议无成，危亡等于呼吸，常此迁延，前敌哗变堪虞，东西友邦，必有干涉。朝廷不私君位，公诸庶民，前已允监国摄政王退位归藩，时局所逼，迫于眉睫，若上法尧舜，实行禅让，则皇室尊荣，迈伦千古，迥非列朝亡国可比。自此旗汉同风，共建强国，凌欧逾美，指日可待。惟八旗兵丁，素鲜生计，经此政治更革之秋，恐有误会，务望贵衙门晓以大义，切宜镇静，必能妥筹生计，不可妄听谣言，致误前途，是所企盼，特此奉告，伏惟亮察。[1]

---

[1] 《辛亥中国革命史·清廷实行逊位之先声》，《神州日报》1912 年 1 月 19 日，第 2 张第 2 版，"特别纪事"。

　　与《请速定大计折》相比较，这封信同样应写于 1911 年 12 月底，属于旧文新刊，其目的也是公开披露清廷早就暗中谈判以退位换取优待的密谋，瓦解亲贵和将领的反对阻力，促使清帝退位尽快兑现。

　　概言之，袁世凯自 1911 年底就开始暗中谋划和运动清帝退位，并拟就《请速定大计折》，正式提出要求。清廷方面，隆裕太后、载沣和奕劻同意以清帝退位为条件，换取优待皇室皇族和旗人。但是如此大事依制必须经过宗支王公的议决，清廷和袁世凯担心仍在秘密磋商阶段的退位之举未必容易过关。为使清帝能够体面下台，同时减少清朝内部的反对，征得民军议和代表的同意，清廷改行以国民会议公决国体政体。令袁世凯始料未及的是，如此一来，作为袁内阁全权议和代表的唐绍仪成为拥清势力强烈反对的众矢之的，迫不得已，只好以国民会议召开的细节问题纠缠为遮掩，重回运动清帝退位的旧轨。而退位之议尚未水到渠成即被民军方面意外披露，果然引发拥清势力的激烈反弹，危及进行中的清帝退位交涉及安排。刊布一个月前的《请速定大计折》，旨在使清帝退位不再是清方在公开场合讳莫如深的禁忌话题，对坚持君主制的拥清势力产生釜底抽薪的作用。

政权鼎革与法统承继

清帝退位的南北相争

　　辛亥战事陷入僵局之际，迫使清帝退位交权成为各方心目中快速解决纷争、以最小代价平息战事、避免国家分裂的首要选项。虽然由国民会议公决国体政体的方案一度提供了清廷体面的下台阶，很快就因为唐绍仪的辞职而被搁置，双方后续的反复交涉不过是演双簧为暗箱操作退位之事障目。可是即使在密谋曝光之后，清帝退位依然久拖不决，亲贵王公的坚决反对和袁世凯的弄权算计，使得水到渠成变得波折回澜。世纪回眸，当年各方所争都是大是大非的关键，只是那些关系到生死存亡的不得不争，每每体现于表述的一字之差，例如关于清帝如何交权下台，先后使用过退位、逊位、让位、辞位、去位、致政、归政、还政等多种说法。旁观者不知就里，每每视为无谓之争，后来人雾里看花，不加深究，也容易一笔带过，甚至视而不见，或误作别解（如近年来围绕袁世凯政权法统承继问题的争议）。那些脱离材料本来时空位置的解读，往往条理越清晰，去事实真相越远。必须梳理渊源流变，洞察各种说词的本旨及转意，才能正本清源。有鉴于此，尽管尚有部分秘辛未见天日，依时序综合比勘各方记述和各类资料，可以明了证据的意涵，重现史事本相及其演化，让辛亥民元中国政坛上一幕幕波谲云诡的大戏，活灵活现于历史舞台之上。

一　另立临时政府

1912 年 1 月中旬，媒体坊间盛传清帝退位即将实现，民军方面甚至正式公布了相关信息。不过，将伍廷芳致民军各方各电的内容与清廷宗支王公会议讨论的情形比较，可见两边的判断存在明显反差。伍廷芳意指清帝退位已是水到渠成，而清方的相关磋商仍处于暗箱操作阶段，至于台面上，不仅和战尚在两可，即便求和，也还有直接退位抑或交由国民会议取决的不同选择。尤其是清帝退位，还没有提上正式议程，根本不到指日可待的程度。其间的隔阂，既存在于南京临时政府与清廷之间，也存在于南方与袁世凯以及袁世凯与清室之间。其中固然有沟通不畅互信不够引起的误会，也有各自目的不同而导致的争拗。袁世凯居间操弄，想方设法凭借有利地位，获取最大利益，使得退位诏书的颁布一波三折，久拖不决。

在 1 月 19 日举行的内阁会议上，刚刚被炸受伤的袁世凯以疾辞，由赵秉钧、梁士诒代表。赵秉钧突然提出："革命党势甚强，各省响应，北方军不足恃。袁总理欲设临时政府于天津，与彼开议，或和或战，再定办法。"溥伟对以："今朝廷在此，而复设一临时政府于天津，岂北京之政府不足恃，而天津足恃耶？"[1]提议尽管未获清廷批准，赵秉钧却并非一时口快，袁世凯的确准备在天津组织临时政府，"定初二赴津，车已久备，因津宅已预定矣。亲贵哄闹之后，此事暂阁"[2]。可见此事筹划已久。袁世凯事先派人到天津实地勘址，

---

[1]　溥伟：《让国御前会议日记》，中国史学会主编：《中国近代史资料丛刊·辛亥革命》(8)，
　　　第 111—112 页。溥伟将此事系于 1 月 17 日，据《中国革命记》连载的《议和记》，应
　　　在 1 月 19 日。

[2]　丁文江、赵丰田编：《梁启超年谱长编》，第 589 页。初二即 1 月 20 日。

具体商定以京奉铁路局为临时政府办公之所，并向道胜银行借房数十间以敷分用。[1]

易地另组临时政府，在袁世凯固然是想避开亲贵的干扰，更为重要的，则是处心积虑将清政府与南京临时政府并列对等，使之同时消灭，大权统归于己，一方面避免将来全国性政权不得不延续南京临时政府的尴尬，一方面也使清廷陷入无政府状态，只能听命于己。媒体得到消息，"并闻明诏宣布辞政之后，即命各大臣在天津组织临时政府，召集国会，公举第一任大总统及副总统，现在之南京政府及临时总统，应即一律取消。凡涉及政治之事，均由大总统主持，清帝不得过问。俟再行召见各国务大臣，详商一切，即可决定"[2]。

预先获悉了部分相关信息的孙中山立即敏锐地察觉出此举异乎寻常，于1月18日复电伍廷芳，表示为了民国前途，让位的手续应当慎重，并提出五项条件，前两条就是："一、清帝退位，其一切政权同时消灭，不得私授于其臣。二、在北京不得更设临时政府。"[3]

这封巧一电至关重要，孙中山准确预判了袁世凯的政治盘算，虽然不能不实行共和，相较于南京中华民国临时政府，袁显然更愿意其权力来自清帝的逊让。不仅如此，袁世凯还要以北京政府与南京政府合并的名义，使得延续清朝的法统与承接清朝的政府相辅相成，进而吞并南京政府。实际上，自袁氏拥有全权并组成责任内阁后，他就已经是政府首脑。如果其阴谋得逞，民党就无法掌控局势的走向，也无从保证袁世凯遵守民主共和的路线。如此一来，所有的努力和牺牲，都可能前功尽弃。

---

[1] 《组织临时政府之地址》，《顺天时报》1912年1月24日，第7版，"时事要闻"；《清廷退位问题》，《民立报》1912年1月29日，第4页，"新闻一"。

[2] 《议和记》，《中国革命记》第24册，"记事"，第7页。

[3] 《致伍廷芳电二件》，中国社会科学院近代史研究所中华民国史研究室、中山大学历史系孙中山研究室、广东省社会科学院历史研究室合编：《孙中山全集》第2卷，第26页。

　　伍廷芳仔细阅读孙中山的来电，知其"但虑袁被举后，即北京设临时政府，强全国服从，则必不能收全国统一之效"，故改一、二、四、五诸条，以为防闲，用意至为深远。"接电后，即转达唐君。唐谓清帝退位后，北京必不即设临时政府，此层可以无虑。但全国统一之政府，必不可不迅为成立。否则，北方陷于无政府之状态，而统一政府虽举袁为总统，决不能由袁一方组织。故孙公辞职、袁公被举之后，两大总统为交替起见，对于组织统一政府，必须直接筹商。唐所以屡欲孙公来沪，即为预筹统一政府办法，免致临时仓猝。……总之，清帝退位一层，若能办到，则以筹设统一政府为第一。如此事与唐、汪等商议，意见俱同。"[1] 和谈代表的意见相同，刚好反衬出孙中山政治嗅觉的灵敏。

　　与此同时，双方关于退位条件仍然分歧较大。19日，伍廷芳致电孙中山和黄兴，报告唐绍仪送来密电称："前途对于宫廷及皇族力以保全皇号自任，今忽改为让皇帝，此字类于谥法，又近于诙谐，皇族必大起反对。且此等称谓，直是闭门自尊，盖我辈既是民国，本无君臣，其所谓皇帝，断不至牵连到民国。"南北合一之后，保留大清虚号，可借此操纵，使满蒙离而复合。否则无可与交涉之词。由此可见，原来在谈判桌上讨论的清帝退位条件，早已转为暗中磋商，袁世凯表面与伍廷芳进行交涉，而在实质性的清帝退位问题上，仍通过唐绍仪就近与伍廷芳接洽。[2]

　　当天伍廷芳又复电孙中山、黄兴："唐来言，清王公今日下午会议，即可决定，欲急将条件议妥。廷见无甚出入，为早定大局起见，已从权允许。总之，今日万国注目，甚望和平了结，皆谓中国不宜再有战事，而吾党所流血以求之者，只在共和。若清帝退位，则共和目的已达，其他枝节，似可从宽。……此次协议转折过多，由袁

[1] 观渡庐编：《共和关键录》第1编，第78—79页。
[2] 《致孙文、黄兴电》，丁贤俊、喻作凤编：《伍廷芳集》，第445—446页。

转唐，由唐转廷，由廷转致尊处，意见偶有参差，即致全盘阻滞，既易致误会，尤易坐失事机。故廷于大体无甚差池，及与尊意无大出入者，先为允许，无非欲及早定议，以便进行。汪等意见相同。"[1]所说转折过多，再次证明唐绍仪居间沟通的角色作用。而"似可从宽"之处，却未必是枝节。后来事态的发展表明，正是这样的大体从权，导致民军和谈代表在孙中山反复坚守的关键问题上大意失荆州。

南北和谈，在面对面的伍廷芳和唐绍仪背后，还有袁世凯和孙中山，而孙中山的一再坚持，令伍廷芳左右为难，尤其是针对袁世凯见招拆招的应对之策，显然认识不一。伍廷芳虽然大体知道统一政府如何组织的极端重要，与孙中山的本意还存在不小差距。孙中山看出了其中的偏差，立即采取了一系列措施，首先，特意致电伍廷芳转告唐绍仪，"申明巧一电之意"，即 1 月 18 日提出的对袁要约五条，明确指出："一、清帝退位，系帝制消灭，非只虚名。二、袁须受民国推举，不得由清授权。三、袁可对中外发表政见，服从共和，以为被举之地。四、临时政府不容有两，以避竞争，今清帝退位后，民国政府当然统一。五、袁可被举为实任大总统，不必用临时字样。如此始得民国巩固，南北一致。"[2]重点是防范袁由清帝授权以及另立临时政府，以确保帝制消灭和民国巩固。

伍廷芳将清帝退位后民国政府的优待条件正式电告袁世凯后，孙中山觉得兹事体大，当天连电伍廷芳，告以将对袁要约改为三条："一、清帝退位，政权同时消灭，不得私授其臣民。二、在北京不得更立临时政府。三、各国承认中华民国之后，临时总统辞职，请参议院公举袁为大总统。"孙中山着重解释道："此于民国安危最有关系，在所必争，请唐告前途当计及远大，毋生异议。盖袁不得于

---

[1] 观渡庐编：《共和关键录》第 1 编，第 79—80 页。

[2] 《致伍廷芳电》1912 年 1 月 20 日，中国社会科学院近代史研究所中华民国史研究室、中山大学历史学孙中山研究室、广东省社会科学院历史研究室合编：《孙中山全集》第 2 卷，第 30 页。编者注释此件所标时间系电报收到日期，发出当为 1 月 19 日。

民国未举之先，接受满清统治权以自重。当清帝退位，民国临时政府当然统一南北，则外国必立时承认，此其期间甚短速。文之誓词以外国承认为条件，为民国践行此条件，立即退让，举袁为实任大总统，则文与袁俱不招天下之反对也。"[1] 清帝退位清政府同时消灭、北方不能另立临时政府以及由民国临时政府统一南北，着着制住袁世凯的要害。

其次，致电黎元洪，通报关于清帝退位办法的交涉及其进展，以及对袁要约，并声明："若清廷仍不肯就范，则再战有词，请仍照前电准备。"黎元洪复电表示赞同。[2]

再次，21日午后，南京临时政府召开第一次阁议，议决大事三条，其中之一就是"和议大定，优待清皇室条件已由伍总长开去，将来清帝退位后，将请袁世凯来南京，以就此间临时政府"[3]。据此，不准袁世凯另组政府，目的在于根本否定北方的清朝政府，而以南京中华民国临时政府为全国统一政府，袁世凯当选中华民国总统后应到南京就任。这样袁世凯与清朝的关系就会完全斩断，南京临时政府成为唯一合法的民国共和政府。

关于清帝退位，伍廷芳等人或许过于乐观。22日收到民军正式提出的清帝退位优待条件电报，袁世凯即复电表示："所称优待各条件，仅系从旁探询之事，未经彼此直接商定，自无庸电达各国政府。"[4]据此，则与清廷的交涉还没有进入实质性磋商阶段，更谈不上宣布退位。

不过，袁世凯或有故伎重施之意，因为不满孙中山加诸其身的

---

[1] 《复伍廷芳电二件》1912年1月20日，中国社会科学院近代史研究所中华民国史研究室、中山大学历史系孙中山研究室、广东省社会科学院历史研究室合编：《孙中山全集》第2卷，第30—31页。

[2] 易国幹、宗彝、陈邦镇辑：《黎副总统政书》卷五，上海，古今图书局1915年，第5页。

[3] 《记新政府第一次阁议》，《申报》1912年1月25日，第3版，"要闻"。

[4] 观渡庐编：《共和关键录》第1编，第82页。

种种限制，而矢口否认先前双方已经谈妥之事。以袁的一贯行事风格，涉及清帝退位的大政方针，应无可能完全撇开清廷，擅自与民党协商。实际上，21 日伍廷芳就收到唐绍仪的密电力争北方政府的存废，据称：

> 本拟赶促进行，初三日即可发表。今孙所开四条，多与前言不符。此事关键，所最重者，在接气与不接气。如帝已退位，而孙未退，是全国只有一南京政府，袁既不得更设临时政府，又已脱去清政府所授之政权，则手下兵队听谁调度？北方秩序谁任维持？北京驻使向谁交接？所谓不接气也。且最可虑者，是时袁则有受为南京政府部下之势，北方军士必出阻力。孙电第三条云向院辞职，则院可挽留；定期解职，则期可延缓，与春一电伍致孙电即可发表让袁一语不符，与帆电孙即日解职一语不符，与第二电孙复伍电文即可正式宣布解职一语不符，又与议定降旨之日孙即行解职一语不符。北方各界，谣言阻力日益繁多，迟则大碍。总之，大劫当前，四万万人只差三十点钟便成熙皞之民，忽接孙电四款，将今日进行次第全行紊乱，此后四万万人必死一半而后已。且项城为一时人杰，岂必欲争此总统，若疑其有莽、操之志，尤不直一噱，不过为四万万同胞谋幸福而已。[1]

照此说法，原来满口应承的北京必不即设临时政府，变成不设临时政府又脱去清政府授权即无法掌控军队，维持秩序。而孙中山要求的由民国临时政府统一南北以及袁世凯南下就任，则因为北方军士力阻袁变成南京政府部下而绝不可行。非但如此，既然袁世凯处心积虑设计的继续掌控北方政府的举措合情合理、不得不然，为

---

[1] 观渡庐编：《共和关键录》第 1 编，第 82—83 页。

防范袁世凯阴谋的要约，变成出尔反尔的节外生枝，破坏清帝退位
及南北统一的罪责反而落到南京临时政府和孙中山的头上。

此电无意间披露出隐情，本来当天清帝宣布退位，之所以生变，
是由于袁世凯不愿遵守三项要约，故意声称尚未与清廷商议，以便
拖延时间，与民党进一步讨价还价。伍廷芳当即将电报转告孙中山，
并另行致电孙中山、国务各总长和参议院长，报告原定发表清帝退
位谕旨因故稍滞。"此难问之发生，在清帝退位后对于北方如何处
置，清帝统治权已经消灭，而我临时政府事实上尚不能直接统辖北
方，则北方将陷于无政府之状态。据目下情形，是北方各官吏将士
赞同共和，对于组织统一全国之政府宜得其同意。故廷芳以为，清
帝退位，宜由袁世凯君与南京临时政府协商，以两方同意组织统一
全国之政府。如此，则统一政府成立之后，于内必能统一全国之秩序，
于外必能得各国之承认。廷芳受议和全权代表之委任以来，往复筹
商，以为惟此可期解决。"当天在场的陈其美、温宗尧、汪兆铭等
对此表示赞成，并已告唐绍仪转电袁内阁。[1]

伍廷芳等人的从权，等于落入袁世凯设下的套中。有消息称袁
世凯此时得到清廷授权，与南京政府协商，以双方同意，在天津设
立临时新政府。为此，袁通饬邮传部预备专车 20 辆，以备急用。[2]
袁世凯之所以不顾孙中山的坚决反对，始终不肯放弃另组临时政府
的打算，表明此举为其通向权力顶峰的最佳途径。看到伍廷芳的公
电，孙中山觉得事态严重，次日"万急"致电伍廷芳及各报馆：

> 前电言清帝退位，临时大总统即日辞职，意以袁能与满洲
> 政府断绝一切关系，变为民国国民，故许以即时举袁。嗣就后
> 来各电观之，袁意不独欲去满政府，并须同时取消民国政府，

---

[1] 《致孙文、国务各总长、参议院长电》，丁贤俊、喻作凤编：《伍廷芳集》下册，第 450—451 页。
[2] 《清廷退位问题》，《民立报》1912 年 1 月 29 日，第 4 页，"新闻一"。

自在北京另行组织政府,则此种临时政府将为君主立宪政府乎?抑民主政府乎?人谁知之?纵彼有谓为民主之政府,又谁为保证?故文昨电谓须俟各国承认后,始行解职,无非欲巩固民国之基础,并非前后意见有所冲突也。若袁能实行断绝满政府关系,变为民国国民之条件,则文当仍践前言也。至虑北方将士与地方无人维持,不知清帝退位后,北方将士即民国将士,北方秩序亦即应由民国担任。惟一转移间,不能无一接洽之法,文意拟请袁举一声名卓著之人。交接一节,满祚已易,驻使当然与民国交涉,方为正当,其中断之词[时]甚短,固无妨也。

此外,孙中山还进而提出袁世凯断绝与满政府关系、变为民国国民的具体条件程序:一、清帝退位,由袁同时知照驻京各国公使电知民国政府,或转饬驻沪领事转达。二、同时袁宣布政见,绝对赞同共和主义。三、接到外交团或领事团通知清帝退位布告后,孙即行辞职。四、由参议院举袁为临时总统。五、袁被举为临时总统后,誓守参议院所定之宪法,乃能接受事权。孙中山并且郑重声明:"此为最后解决办法,如袁并此而不能行,则是不愿赞同民国,不愿为和平解决,如此则所有优待皇室八旗各条件,不能履行,战争复起,天下流血,其罪当有所归。"同日,孙中山又电示伍廷芳、汪精卫:"前途若再不办到,则是有心反对。"[1]

孙中山通电曝光秘密交涉,显然是不满于伍廷芳等人的权宜处置。同日,他还以大总统名义派秘书长胡汉民到临时参议院紧急交议上述程序条件,当日由出席会议的20位临时参议员议决通过。

如果说伍廷芳以唐绍仪为谈判对手大体势均力敌,与袁世凯相

[1] 《致伍廷芳及各报馆电》1912年1月22日、《致伍廷芳汪精卫电》1912年1月22日,中国社会科学院近代史研究所中华民国史研究室、中山大学历史系孙中山研究室、广东省社会科学院历史研究室合编:《孙中山全集》第2卷,第34—35页。

比就稍逊一筹，在防范袁方面，他有些掉以轻心，对于孙中山采取的制袁措施则有些不以为然。他虽然将五条办法转达，却视要约及办法为临时加码，认为不如催袁速使清帝退位，以为与清政府断绝的实证。清帝退位后，袁同时宣布政见，绝对赞同共和主义。"如此则尊处践约推袁。而关于组织统一全国之政府，必须彼此协商，出于两方之同意，则第五条所定，亦已包括于其中，似此则在我无食言之嫌，而前后交涉皆持一贯之方针，庶易就绪。否则所开条件，逐日变易，使廷亦茫无所措，而前后不符，受人疑驳，更无以取信于天下。恳请尊处筹一定之办法，始终坚持，不可随时更变。"言下之意，袁世凯的精心算计情有可原，孙中山的针锋相对倒成了随时变易。

对于清帝退位后统一共和政府的组织程序安排，伍廷芳始终未能领会其至关重要。他以为："总之，若清帝退位，全国有统一之共和政府，则我辈目的已达。总统如何选举，国务总长如何委任，似皆容易商量。若以此复起战争，使天下流血，岂国民之福？"[1] 可是，如果南北共组统一政府，等于承认袁世凯主持的政府与临时政府处于对等地位。如此一来，中华民国统一政府与清朝的关系就真的是剪不断理还乱了。

唯恐孙中山不为其言所动，22日，伍廷芳再度致电，以唐绍仪的辩解为前提，反而责怪孙中山言而无信，他说：

> 迫清帝退位之诏已定于初三日发布，而尊处巧电忽添入五条件，与前电不符，使廷失信，处两难之势。而袁意倘各国未能即时承认民国，斯时北方诸省清帝统治权既已消灭，南方临时政府事实上又不能统一，便成无政府之状态，何以维持秩序，对付外人。以此之故，所筹之事，一时停滞进行。廷意凡议和

---

[1]　观渡庐编：《共和关键录》第1编，第89页。

必得两方之同意始为公平。故马电谓清帝退位之后，由袁与南京临时政府协商，以两方之同意组织临时政府，大总统已有推袁之说，则国务各总长亦必以两方同意，始得发表。廷以为舍此办法无以解决目前难题。如尊处承认此办法，则大局可定，似无须告北方另派正式代表以续和议。廷对于此事心力已尽，自维受事以来，凤夜尽瘁，寝食不安，只为欲完全达到共和目的，不期于将近成局之时，又生此波折，进退维谷，不知所可。如马电所陈办法不以为然，则此后变故滋生益难逆料，惟有请另派贤能接议和全权代表之责，俾廷得奉身而退，以免愆尤。[1]

对于袁世凯务必由南北政府共组民国新政权的用心玄机及其潜在危险，伍廷芳似乎毫无察觉，反而认为理所当然，甚至不惜以去就相争，逼迫孙中山维持原议，放弃针对性的防范措施。次日孙中山复电，请伍廷芳正式通知袁世凯，清帝退位的五项条件"经参议院之同意，于马电所陈协商办法，并无窒碍"。而唐绍仪所说清帝退位以后政府组织之事，关系根本大局，必须认真追究。"盖推袁一事，始终出于文之意思，系为以和平解决而达共和之目的。及见袁转唐有取消民国临时政府之电，此事于理绝对不行，要求其一不能摇动民国前途之保证，故有巧电，只保[系]手续稍异，并无有变初衷。继见来马电以各国承认时期为不能待，有袁与南京临时政府协商组织临时政府之说，则袁要有赞同民国之表示，以离去满州政府之关系，彼此始有协商之地。"孙中山一面说明势所必争之理，一面则解释前后一致之情，希望伍廷芳以民国前途为重，坚持到底，继续担任全权代表。[2]

---

[1]《复孙文电》1912年1月22日，丁贤俊、喻作凤编：《伍廷芳集》下册，第452—453页。

[2]《致伍廷芳电》1912年1月23日，中国社会科学院近代史研究所中华民国史研究室、中山大学历史系孙中山研究室、广东省社会科学院历史研究室合编：《孙中山全集》第2卷，第37—38页。

挽留伍廷芳意在避免功亏一篑，可是对其关键问题上的模糊认识，孙中山仍然十分担忧，他特意致函《字林西报》，发表书面谈话，说明自己力排众议，坚持让位举袁，而在磋商最后办法之时，袁世凯忽然电称"南京临时政府应于清帝退位后二日内即行取消"，"吾人以袁氏前既有可疑之状，今又有此举，莫不为之惊讶，决定不允照准。……余辈所不欲者，惟袁氏不承认吾人所立之临时政府，及不照吾人所定办法，任意私举代表而已。"只要袁氏或列强承认民国，即举袁充大总统。如袁氏不欲俟列强承认，则孙中山亲往北京，或袁世凯来南京亦可，以磋商最后办法。[1]

连民军和谈总代表伍廷芳以及陈其美、汪精卫等人都不能清醒认识的问题，社会各方更加难以把握，孙中山的坚持引发不少揣测传闻。1月24日下午，《大陆报》记者晋谒孙中山，谈及该报所载"中国政局之要略"，孙中山深以记者误解为憾，表示：

> 余自抵国后，对于和议，常望袁世凯归从民军，而以总统推让之。此心此志，至今未尝稍渝。余既与袁氏约，袁氏即劝令满人逊位，后由唐绍怡交来电音，承认吾人之条款，并请南京临时政府于清帝逊位后两日内解散，以免两临时政府互起冲突，惟此举吾人不能不反对之。盖将失去中央权力所治之各省也。且临时政府早向袁世凯明白声明，满人当赞成共和而逊位，非赞成袁世凯而逊位，则余始退任。袁如实行共和政体，则余亦退让之。若袁世凯仍为满人效力，则余未便轻让。……须知共和政府为国民军各将士所造成，流几许热血，费多少金钱，始购得此共和两字，其价值之大，殆可想见。故余实无权可以贸

---

[1]《致〈字林西报〉等书面谈话》1912年1月25日，中国社会科学院近代史研究所中华民国史研究室、中山大学历史系孙中山研究室、广东省社会科学院历史研究室合编：《孙中山全集》第2卷，第40—41页。据编者注释，所标时间系《民立报》发表日期。

然授与，而不得不要求实行之保证。[1]

这番话基本抓住了症结所在，孙中山坚持清帝逊位必须是赞成共和而非赞成袁世凯，重要理据就是清帝逊位给袁，即为私相授受，赞成共和，则是交权让位给南京临时政府，再由后者让位给袁。如此，就能够斩断袁世凯与清朝的继替关系，使得中华民国统一政府的法统绝不由清廷禅让而来。

1月27日，孙中山又致电各国驻华公使，通告和议出现反复的原因，矛头直指袁世凯：

> 本总统甚愿让位于袁，而袁已允照办。岂知袁忽欲令南京临时政府立即解散，此则为民国所万难照办者。盖民国之愿让步，为共和，非为袁氏也。袁若愿尽力共和，则今日仍愿相让。当袁氏闻民国愿举为总统之消息后，即一变其保清之态度，而力主清帝退位，至前此所议之国民大会一节，亦复尽行抹却。既而知民国必欲其实行赞成共和，而决不肯贸然相让，堕其诡计，则袁氏又复变态矣。盖袁氏之意，实欲使北京政府、民国政府并行解散，俾得以一人而独揽大权也。[2]

如果说促使清帝退位第一阶段的主要障碍是皇室与皇族赞同与否，第二阶段则是围绕退位后统一政府的组织，袁世凯与孙中山之间展开博弈。居间的民军和谈代表，对于袁世凯的招数和孙中山的对策始终不得要领，某种程度上可以说是帮了倒忙。

---

[1]《孙总统之言论》，《申报》1912年1月27日，第3版，"要闻"。
[2]《西报记和议中梗之原因》，《时事新报》1912年1月29日，第1张第1版，"特别记事"。

二　再以国民会议障眼

正当南北双方因为清帝退位后统一政府的组织争执不下的敏感时刻，天津《民意报》刊登了1月18日伍廷芳致黎元洪、各省军政长官及本报的公电，社会因而得知："此次停战展期，实因清帝有退位之议，前此秘密磋商，未便先行宣布。今已议有头绪，大约再过数日即可决定。届时如再失信，必为天下所不容。"[1] 尽管此前南北各报关于清帝退位的消息早已沸沸扬扬，可是并无确据，如今当事一方披露密谋，引起拥清势力的强烈反弹，原来暗中进行的奕劻、袁世凯等人不得不暂时搁置。"初三日奕劻、溥伟至内阁公署，面询袁世凯以政见，如决意主张共和，即请宣示，吾辈当奏请两宫逊位，以便早定大局。袁谓此等大事，不敢擅决，且民军虽暂承认停战，然此期要求之各件，异常坚执，两方意见，极费调停。此等重任，万难独负。仍请两宫与亲贵商酌妥善，再定办法。"[2]

密谋的曝光也打破了帝位去留话题的禁忌，被迫提上议程。22日，清廷举行御前会议，满蒙王公均集，不限近支，惟奕劻、载洵、溥伦未至。7时后入内召对。"清皇太后之意，以从速决定为要。盖不欲久延不决，以废时日。善耆、载泽、载涛、载沣坚抱君主立宪主义，而溥伟持之尤力，并言袁世凯辞职，我辈当另组织政府，依据开临时国会办法，在北京开会，主持君主立宪，此外不能承认。否则即与民军决战。各王公赞成之，但以奕劻既在假期，又系亲贵领袖，必须就商以决定办法。遂公议俟协商后议决。"据说会议时，"首由溥伟痛陈利害，至数万言，末言今日时局糜烂，为国家危急存亡之秋，惟一条生路，止君主立宪而已。臣等宁决死殉国，岂愿一日偷安。次由各王公群起，参劾奕劻，并数其历年误国之罪，皆谓此

---

[1]　观渡庐编：《共和关键录》第2编，第22页。
[2]　《议和记》，《中国革命记》第24册，"记事"，第12页。

次奕劻主张共和，实系个人私图，计在盗卖社稷。旋有某亲贵奏言：奕劻诸人，已承认皇室经费四百万，皇帝迁居颐和园。清太后大怒，询溥伟果有此事否。此事关系甚大，即使承认共和，亦应将条件商议明白，乃能成议，何贸然乃尔。况此时并未承认共和云云。诸王公唯唯而已"。

否定共和，就意味着重启战端，对此王公亲贵意见不一。而无论战和，袁世凯都是关键人物。"反对共和者，诸王之外，以载泽为最力。其对清后云：袁世凯言库款支绌，军饷不足，不能开战，于是设种种名目，如爱国公债，如短期公债，勒捐亲贵大臣，现已筹有一千余万。钱既到手，因何不战云云。载沣闻之，乃谆嘱世续、徐世昌，谓如有宣布共和谕旨，不得大家同意，万不能钤盖御宝。"主和派以溥伦为代表，"言词极为痛切，略谓我族再主中夏，固已无望，即国民会议，于我亦决无利益。袁世凯虽力欲保持君主，而势孤党弱，譬之片石当冲，众流澎湃，何能有济乎？目下和议虽未决裂，而南京已组织政府，北伐之声，日益加厉，四路已有民军踪迹。袁世凯虽防御甚坚，设有疏虞，噬脐已晚。与其待兵临城下，服从武力，何若先自逊让，尚可稍留爱蒂。优待皇室之说，系由民军商请，公论在人，决不中变，即民军欺我满人，亦决不能欺袁世凯。我满人恃有袁世凯，可不必深虑也"。袁为中外各方众望所归，只是"理学气太重，日来辞职之意甚坚，吾人当劝其不可拘泥，只求能保全中国，不独吾满人之幸也"。

争论结果，对于溥伦所说众无异议，而奕劻尤为赞同。"亲贵既退，国务大臣入对，首由胡维 [惟] 德叩询各王公意见。清太后曰：彼辈亦无成见，但望汝等善为办理。各大臣合词曰：此次组织临时政府，实为不得已之举。但临时政府组成，仍须召集临时国会，乃能决定政体问题。今日究应如何取决，则非臣下所敢妄议。惟若战端再启，兵不敷用，饷亦无着，是为难耳。清太后沉吟久之曰：现在仍以速召国民会议为正当办法，仍望汝等善为办理。"[1] 为了防止退位密谋曝光引发的风波事态扩大，由国务大臣胡惟德等面传懿旨，仍按召集国会与革军接议。组织临时政府之议被搁置，退位之议也暂停，重新回到召开国民会议的老路。

对此结果，君主党仍然心有不甘，他们加紧活动，力图进一步扭转局势。蒙古王公在京组织联合会，1月23日开成立大会，议决赞成君主立宪，举定亲王那彦图为会长，并致函内阁，质问和议情形。声称如赞成共和，蒙古将为库伦之续，全蒙解体。24、25日，清廷连续召开御前会议，"王公大臣中之反对共和者，以载泽、溥伦[伟]为最，铁良又暗中运动，拟俟袁世凯内阁解散，将以赵尔巽为总理，铁良主持军务，荫昌督兵赴战，欲以兵力解决之。更有主张借用外兵以平民军者。"[2]

在亲贵反对共和之声暴涨的情势下，溥伟、荫昌找到袁世凯，质问其近日计划。"荫昌谓南军全恃虚骄之气，其实力究不如北军，与之决战，可期必胜。君何专以礼让为事，老师糜饷，徒延岁月。今北方军队已跃跃欲试，望君主持。溥伟谓君前此不欲主战，藉词饷项无着。今已领发内帑及王公捐款爱国公债，已近千万，可支持数月矣。和议决无可望，逊位之举，万不可行。民军处处违约进兵，若不速筹战备，必为和议所误。"面对溥伟等人的催逼，袁世凯知道其不过是虚张声势，"谓公等卓见甚佩，但余才力薄弱，不能负此重任，请自为之"。[3] 实权在握的袁世凯，撂挑子就是对付亲贵最有效的方式。

此时北方政坛暗潮汹涌，一方面，吴宗濂（驻意）、汪大燮（驻日）等驻外使节继续要求清帝交权让位；另一方面，反对逊位乃至武力

---

[1]《议和记·清廷初四日之御前会议》，《中国革命记》第24册，"记事"，第13—16页。

[2]《议和记·清廷初六日之御前会议》，《中国革命记》第24册，"记事"，第19—20页。

[3]《议和记·各方面之反对共和》，《中国革命记》第24册，"记事"，第19页。

勤王的嚣声突起，东三省陆防全体军人致电清内阁，"传闻朝廷将
有逊位之举，大臣有赞成共和之说，可惊可怪，莫此为甚"。声称
国家不可一日无君，请内阁明确表态，以释群疑而靖谣言，同时自
行组织勤王军队，预备开拔。[1]

　　乱局之中，袁世凯在京城的压力骤增，这让本来不满于孙中
山寸步不让的他有所借口。接到懿旨，袁世凯即致电伍廷芳，重提
由临时国会公决国体，希望尽快商定选举及开会办法。接着又回
复伍廷芳哿电，"所称优待各条件，仅系从旁探询之事，未经彼此
直接商定，自无庸电达各国政府"[2]。等于矢口否认暗中进行的退位
密谋。

　　24日，袁世凯通电清军将领，坚决否认《民意报》所载伍廷
芳关于秘密磋商清帝退位的电报："查讨论大局，自唐代表辞退后，
由本大臣与伍代表直接电商，往来各电，均经登报，众所共见。且
国体须由国会公决，系遵懿旨办理，为国民所公认，本大臣岂容有
与伍秘密磋商之事。诚恐军民因见伍电致滋疑讶，希切实晓谕，勿
得轻听浮言，以免摇惑而维秩序。"同日，又致电东三省各督抚，
否认东北陆防全体军人来电的指控，"至逊位、赞成之说，概系谣传，
万勿听信"。希望所组织的勤王军迅速开拔，进援徐、颍两州。[3]

　　次日，清方发生了三件与清帝退位关系密切的事情。其一，清
廷谕旨：国会办法正在磋商，凡我臣民尤不容妄启谣疑。着内阁告
诫军民，勿得听信浮言，转相煽惑，以维秩序。[4]这是针对清帝退
位消息公开所引起的政坛风波而发，目的是平息事态。其二，署湖

[1]　故宫档案馆编：《关于南北议和的清方档案·宣统三年十二月初四日东三省陆防全体军
　　　人致内阁电》，中国史学会主编：《中国近代史资料丛刊·辛亥革命》(8)，第170页。

[2]　观渡庐编：《共和关键录》第1编，第82页。

[3]　《致北方各军队电》《内阁等致东三省总督赵尔巽等电》，骆宝善、刘路生主编：《袁世凯
　　　全集》第19卷，第383页。

[4]　故宫档案馆编：《关于南北议和的清方档案·宣统三年十二月初七日旨》，中国史学会主编：
　　　《中国近代史资料丛刊·辛亥革命》(8)，第171—172页。

广总督段祺瑞致电内阁，声称将领要求共和，听闻恭王、泽公阻挠共和，愤愤不平，要求联衔代奏，否则暴动。[1] 这是配合袁世凯继续逼宫，促使清帝退位。其三，袁世凯奏请修改国会选举办法，指民军所拟优待皇室条件，系两面派人暗中商议，前曾代请面奏，如改为国会取决国体，则优待皇室条件似亦应由国会议定。[2] 这是做出在清帝退位一事上反悔的姿态，以便与民党讨价还价。是日清廷御前会议，"满蒙王公咸集，奕劻以南京所开五条件，已得参议院同意，绝不更动，故亦销假赴会"[3]。

清方翻云覆雨引起政坛波谲云诡，使得局势陡然紧张起来，社会上出现了种种流言蜚语，其中之一，就是将风云突变的原因归咎于孙中山未能信守承诺，导致清帝退位无法如期实现。25 日，南京临时政府召开特别大会，磋商政策，对于和议及孙中山自愿辞职，以总统推袁世凯一节，陈说如下：

（一）和议所辨论者，系政体之为君主抑为民主，须付国会议决。（二）孙君未任总统以前，并未订有条款规约，而后任职。（三）孙君辞职，并请人民举袁世凯为民国总统，出自己意，民党未有提及，继经孙君再三劝导，始得公认，庶几国事问题，可以和平解决。（四）孙君请袁世凯为总统时，订明袁须依附民军，并须由袁世凯自行声明，附合民军，中国人民始能举之为总统。（五）前致满洲亲王条件，仍旧遵行。倘袁允洽以上条件，则举袁为总统，亦照遵行。（六）孙君政策，前后一辙。孙君亟欲早日谋致和平及全国人民幸福，并无丝毫推广自己声势之意。

[1] 故宫档案馆编：《关于南北议和的清方档案·宣统三年十二月初七日署湖广总督段祺瑞致内阁电》，中国史学会主编：《中国近代史资料丛刊·辛亥革命》（8），第 172 页。

[2] 《袁世凯关于办理国会选举暨开会地点折》，中国第二历史档案馆编：《中华民国史档案资料汇编》第二辑《南京临时政府》，南京，江苏人民出版社 1981 年，第 57—58 页。

[3] 《议和记·清廷初七日之御前会议》，《中国革命记》第 25 册，"记事"，第 3 页。

（七）近来讹传淆惑听闻，是非民军公敌，即民军中之奸宄，故意倾败大事，在会职员，心甚忧之。[1]

显而易见，此会旨在澄清真相，为孙中山解困，向袁世凯施压。

至此，伍廷芳终于明白袁世凯是重续前议，可是却不知事为何来，忽然要从进展顺利的清帝退位跳回已成死结的国民会议，所以25日他回复道："国民会议选举法，前与唐代表议定，惟开会地点及日期，与阁下电商未决。此乃十余日以前之事，迩来所切实筹商者，为清帝退位办法，立候解决。何乃忽提过去之事，实所不解。祈开诚布公，速将清帝退位问题解决，以慰天下之望。"[2] 在浑身是眼的袁世凯面前，伍廷芳不免显得有些木讷。

袁世凯的回复虽然承认曾与民军磋商优待皇室条件，并代请面奏，仍矢口否认双方商议过清帝退位事宜。[3] 对于袁世凯坚持不认，伍廷芳还是大惑不解，于26日复电声明，国民会议之事系袁世凯撤回代表，并欲消灭已经签定的条款，"中外人士皆虑和议之终无结果。旋因清帝有退位之议，故复筹商退位办法。此事中外皆知，岂能掩饰？况优待清帝及满蒙回藏人条款，于唐代表未辞职以前，在会场交付，其后复由本代表直电尊处"。请袁世凯于1月29日再次停战期满前，"迅将清帝退位，确实宣布，以期和平解决。若清廷仍以争一君位之故，流全国之血，则咎有所在，非民军之责"。次日，伍廷芳又复电指责袁取消全权代表签定的条款于前，更定选举法于后，声言所开优待条件，系为清廷宣布共和之对待。若届时仍未宣布，则全行作废。[4]

---

[1] 《议和记·南京政府之会议》，《中国革命记》第25册，"记事"，第3—4页。

[2] 观渡庐编：《共和关键录》第1编，第84—85页。

[3] 《复议和南方全权代表伍廷芳电并附录》《致议和南方全权代表伍廷芳电》，骆宝善、刘路生主编：《袁世凯全集》第19卷，第386—387页。

[4] 观渡庐编：《共和关键录》第1编，第86—87页。

不过，这一次袁世凯的反复，确是因为北方亲贵和将领鼓动风潮，反对清帝退位和宣布共和，袁世凯担心局势失控，所以故意予以否认，并做出继续谈判国民会议的姿态。26 日，袁世凯致电伍廷芳转唐绍仪，告以"此次皇族及京内风潮，起点于'退位'二字。秩庸来正式电，万不可言'退位'二字，只言决定宣布共和可耳"，希望所拟电稿"但求实际，不必字字咬实也"，并称北军将领均来电请共和，勿以停战期限相逼。又密电孙中山，表明自己"现逼处嫌疑之地，倘和议仍不能成，即决意引退，决不愿见大局之糜烂。惟各君主党意见愤激，急而走险，如借用外兵等危险之举，恐难免于实行。应请互相迁就，以维大局"。[1] 还通过唐绍仪复电孙中山，剖明心迹："鄙人衰病侵寻，敢冀非分。区区此心，可质天日。所望国利民福，免资渔利，斯愿足矣。祈公亮 [谅] 之。"[2]

在袁世凯等人的策动下，其属下将领动作频频，作势兵谏。25 日，伍廷芳电告黎元洪："日前唐使绍仪致电段君祺瑞，劝其赞成共和，讽令清帝退位。昨接段回电云，比因政体由内会议，自应静候解决，乃至今尚未定议，顷已电阁府部，痛陈利害，并联合各军奏议俯顺舆情云云。段能如此，洵明大义。尊处速派心腹代表与之接洽，并劝其速电清廷，谓停战期将满，我辈断不忍南北自相残杀，应请清帝速行退位，否则统兵入京。如此，则清廷退位之事，必不敢迟延不决，以误时日。"[3] 黎元洪认为清廷显系不愿共和，电告孙中山、伍廷芳，若停战期满，清帝仍未决定退位，不能再度展期，此前所提优待条件，一律取消。[4]

果然，段祺瑞等北洋军将领 47 人于 26 日联衔电奏，请涣汗大号，

---

[1] 《致议和南方全权代表伍廷芳转唐绍仪电》《致临时大总统孙文密电》，骆宝善、刘路生主编：《袁世凯全集》第 19 卷，第 393—394 页。

[2] 《议和记》，《中国革命记》第 25 册，"记事"，第 10 页。

[3] 观渡庐编：《共和关键录》第 2 编，第 126 页。

[4] 《武昌来电》，《临时政府公报》第 1 号，第 10 页，"电报"，1912 年 1 月 29 日。

明降谕旨，宣示中外，立定共和政体，不必等待国会公决，以现在内阁及国务大臣暂时代表政府进行交涉，再行召集国会，组织共和政府。与此同时，山西巡抚张锡銮等北方督抚也联衔致电内阁，以召开国会已无可待，请代奏十条要求，首先就是恭请皇太后、皇上临幸颐和园，或北狩热河，下诏南北罢兵，速组共和政体；派全权大臣与伍廷芳年内在天津速组临时统一政府，南北两政府同时取消。

不无巧合，同样在 26 日，杨度、薛大可、王赓、蹇念益、籍忠寅等在北京组织共和促进会，其宣言书称："欲求中国之保全，先求南北之统一，欲求南北之统一，先求北方之实行共和。近者朝廷有逊位之说，尧舜盛德，薄海同钦。乃亲贵王公及顽旧之徒，忽大张君主立宪之帜，破坏阻挠，不遗余力。"[1] "并闻各亲贵与君主党甚疑与某有密切之关系，盖因其宣言书与某之议论相同，且杨度又为某素所最信任之人也。"[2] 所谓信任杨度之人，就是袁世凯，因而此事可以视为袁世凯向南方公开释放的信号。

27 日，袁世凯复电伍廷芳，依然口口声声要求请就变通选举条件及开会地点作复，不敢置议退位之事，并说："现时外人所以承认我国者，实因朝廷尚在也。今政体未决，此间若即逊位，恐外人将否认我国，势必联袂干涉。故此间先行逊位一节，万难遵办。仍是先开国会，俟政体解决后，再议逊位，为最适当之办法。"[3] 如此再三否认退位密议，是否真的只是为了塞住拥帝势力的悠悠之口，不能不引起民军方面的警觉。

鉴于事态再陷僵局，相关各方紧急磋商，并采取必要的应急措施。当日孙中山电示伍廷芳，和局万无展期之理，民国将士决意开战，参议院尤极愤激，誓以同心共去共和之障碍。清方撤销唐绍仪、

---

[1]《共和促进会之进行》，《申报》1912 年 2 月 5 日，第 3 版，"要闻"。

[2]《共和促进会之内容》，《大公报》1912 年 1 月 29 日，第 5 版，"要闻"。

[3]《复议和南方全权代表伍廷芳电》，骆宝善、刘路生主编：《袁世凯全集》第 19 卷，第 402 页。

不认全权已签之国民会议选举法及提出清帝退位之议、正式公文通告的优待条件和各项办法又复不认，"再三反复，知清廷实无心于平和"。此番开战，其曲在彼之真相，请伍廷芳正式对内对外发表。[1]

接到孙中山的电报，伍廷芳提出，段祺瑞等北洋将校已联名奏请共和，而袁内阁来电，据唐绍仪说皆系表面文字，"其实袁运动清帝退位未尝少辍"。昨已电告袁，若停战期满，未得清帝退位确报，优待条件全行作废，须等待其复电。如仍无使清帝退位之意，再行发表所有真相。如此，则清廷争君位不惜流全国之血，必为人道所不容，民国政府希望和平之善意更加昭著于天下，对外可得友邦之同情，对内可激同胞之义愤，更为妥当。[2]同日伍廷芳复电袁世凯，指"更定选举法直是翻悔"，再度声明，停战到期之前，若仍然未得清廷宣布共和确报，则优待条件全行作废。[3]

孙中山并未接受伍廷芳的建议，27日当天就致电各国公使，公开指责袁世凯关于清帝退位和国民大会之事反复无常。28日，又特电伍廷芳，宣布袁世凯破坏和议的罪状：

　　　　此次议和，屡次展期，原欲以和平之手段，达到共和之目的。不意袁世凯始则取消唐绍怡之全权代表，继又不承认唐绍怡于正式会议时所签允之选举国民会议以议决国体之法。复于清帝退位问题，业经彼此往返电商多日，忽然电称并未与伍代表商及等语。似此种种失信，为全国军民所共愤。况民国既许以最优之礼对待清帝及清皇室，今以袁世凯一人阻力之故，致令共和之目的不能速达，又令清帝不能享逊让之美名，则袁世凯不

[1]《致伍廷芳电》1912年1月27日，中国社会科学院近代史研究所中华民国史研究室、中山大学历史系孙中山研究室、广东省社会科学院历史研究室合编：《孙中山全集》第2卷，第43页。

[2]《致孙文电》1912年1月28日，丁贤俊、喻作凤编：《伍廷芳集》下册，第459—460页。

[3]《复袁世凯电》1912年1月27日，丁俊贤、喻作凤编：《伍廷芳集》下册，第457页。

特为民国之蠹，且实为清帝之仇。此次停战之期届满，民国万
不允再行展期，若因而再启兵衅，全唯袁世凯是咎，举国军民，
均欲灭袁氏而后朝食。[1]

是电将袁世凯作为破坏和议的罪魁祸首，连清帝不能逊让的罪
责也要让其概括承受。

26 日夜半，京城发生行刺大案，军谘使良弼被炸成重伤，数日
后身亡，这为打破僵局平添变数。良弼是宗社党骨干，本来坚决反
对清帝退位，可是恽毓鼎次日得到的消息却是"暗杀者为君主党中
人，奉天人。良弼近日力主共和逊位之议，故遭此一击，惜乎不死
也"[2]。据胡惟德言：当天接到段祺瑞要求清帝退位宣布共和的电报，
内阁召集有关人员会议，袁世凯出示来电，"人人变色，无敢有异
词者。其时备有赞成不赞成两单，军谘使良赉臣（弼），素为人所
注目，至此，言现在除共和无别路，即在赞成单内签名"[3]。另据
1 月 25 日段祺瑞致清内阁电，阻挠共和者为恭王、泽公，并不包括
良弼。[4] 莫理循也说："我相信袁的每一个将军，甚至一些满人，如
良弼，都反对保留清朝。"[5] 行刺者后来证实是革命党人，之所以将
良弼作为暗杀对象，很可能与袁世凯故意散布消息说各王公反对共
和系良弼一人运动所致有关。而袁如此做法，目的就是要借他人之

---

[1] 白蕉：《袁世凯与中华民国》，荣孟源、章伯锋主编：《近代稗海》第 3 辑，第 23—24 页。
此电《孙中山全集》第 2 卷据《总理全书》之九《电文》收录，署期 1912 年 1 月 29 日。《近
代稗海》编者据《时事新报》校改的个别文字，或不如原文准确，今从《孙中山全集》校订。

[2] 恽毓鼎著，史晓风整理：《恽毓鼎澄斋日记》(2)，杭州，浙江古籍出版社 2004 年版，
第 573 页。

[3] 张国淦编：《辛亥革命史料》，第 309 页。

[4] 故宫档案馆编：《关于南北议和的清方档案·宣统三年十二月初七日署湖广总督段祺瑞
致内阁电》，中国史学会主编：《中国近代史资料丛刊·辛亥革命》(8)，第 172 页。

[5] 《致达·狄·布拉姆函》1911 年 11 月 21 日，[澳] 骆惠敏，刘桂梁、邹震、张广学、
石坚译，严四光、俞振基校：《清末民初政情内幕——〈泰晤士报〉驻北京记者·袁世
凯政治顾问乔·厄·莫理循书信集 上卷（1895—1912）》，第 796 页。

手铲除劲敌。[1]

良弼被炸身亡，引起拥清势力的变化。28 日，蒙古王公及恭、肃、礼、豫、洵、朗、泽、荫等君主党在西安门外西安茶园开会密议。此前满人设立君主立宪维持会暨君主同志会，反对共和，宗社党为其中举足轻重的重要机关。其首领铁良运动满蒙王公，在京谋借外兵，赵尔巽在奉天附和，招募勤王队，自请入卫。宗社党召令来京，行至丰台，要求铁路运载。良弼被炸后，铁良畏祸逃走，宗社党势衰，机关遂移至奉天。

拥清一派失势，和战的天平随之倾斜。29 日御前会议，清太后先后召见满蒙亲贵王公、各统兵大员以及国务大臣，垂询和战办法。袁世凯、奕劻未到，国务大臣奏称：现在办事，不外和战二者，和战问题，所关太大，非臣下所敢擅决，还请太后宸断。且太后并未垂帘，从前国事办坏之处，断不能归咎于太后。各国改建共和，皆由人民流血强迫。若太后不待人民流血之强迫，即能俯从民欲，则将来国民必感激太后，而太后之名誉亦万世不朽。旋奉清太后谕，明日召集奕劻、载沣商议，即决定办法。次日，清太后召集各国务大臣商议退位事，未决，须另日再议。[2]

三　回归原轨

局势很快出现戏剧性变化。29 日，孙中山致电清军将领，抨击的矛头由袁世凯转而指向少数皇族，声称："近与袁内阁切商清帝退位办法，已有成言，而为满洲少数皇族所把持挟制，遂令内阁为难，陷于危困。南北本是一家，岂肯为彼少数人之私而流血。"希望各

---

[1] 据《朱芾煌日记》，炸刺良弼等人，系其结客谋划，目的在于为袁世凯扫除障碍，实现南北统一。曹伯言整理：《胡适日记全编》1，第 188 页。

[2] 《议和记》，《中国革命记》第 25 册，"记事"，第 18—19、27—28、32 页。

将领与段祺瑞等一致奏请共和。这与前一日致伍廷芳电以袁世凯为首恶的口径大相径庭。张怀芝复电认可联衔奏请共和，却指责民党扰乱地方，要留君之口，化除满汉，留袁之手，剿平扰乱。[1]

次日，伍廷芳公电孙中山及军政各方，通报议和缘起、过程和近况，表明双方经过沟通，已澄清误会，重回原轨。31 日，南京总统府秘书处又出面更正孙中山宣布袁氏罪状的特电。清内阁外务部随即发布文告，宣称："外间所传内阁总理与孙逸仙之交涉，并非由内阁总理直接办理，亦未由其承认。凡可以臻和平解决之条件，内阁总理固无不乐于从命。惟内阁总理从未尝抱欲任总统之奢愿，而其政策，不过欲维持国家之完全，确定巩固之政体，以期联合南北，恢复和平而已。此次孙逸仙之宣言，殆其秘书员误会内阁总理之政策。"[2] 让下属背锅，为政坛暗箱操作变生不测时惯用的手法，所以识者指出："然不能遂认为无来历也。"[3]

张国淦称，30 日清廷再次召开御前会议，讨论进止。原来历次会议时，贝子溥伦主张自行颁布共和，庆王奕劻附和，皇太后抱皇帝大哭，醇王载沣无言，恭王溥伟和载泽反对甚力，无结果。后奕劻、溥伦被宗社党挟持，或出尔反尔，或避而不至。良弼被炸身亡后，宗室王公人人自危，是日会议亲贵即无持反对论者。其后宣布共和，乃皇太后一人主持。[4]《辛亥革命史事长编》据此称是日由隆裕太后决定退位，似言之过早。清制本来没有所谓御前会议，此为媒体坊间附会日本之说，此次近支王公会议所定事项，应是授权袁世凯与民军商酌优待条件。这意味着清廷准备接受退位，而非确定退位。

不过，张国淦所言当为 31 日御前会议的事。据《议和记》，是日清太后先召国务大臣入内，谕云："予于君主民主两端，本无成见，

[1]　《临时政府公报》第 4 号，第 9—10 页，"电报"，1912 年 2 月 1 日。

[2]　《外务部代宣布文告答孙文宣言》，骆宝善、刘路生主编：《袁世凯全集》第 19 卷，第 443 页。

[3]　白蕉：《袁世凯与中华民国》，荣孟源、章伯锋主编：《近代稗海》第 3 辑，第 23—24 页。

[4]　张国淦编：《辛亥革命史料》，第 309 页。

故已屡次召集卿等详究利害。惟默观大势，固已趋向共和，殊难挽回。卿等有何意见，不妨详陈。时势已迫，今日应即将政体解决。"旋由国务大臣胡惟德奏道："人心已去，固无庸讳。北军全体趋向共和，是最近之铁证。且民军曾允特别优待皇室，若乘此机会，俯顺舆情，且可得禅让之美名。风云日紧，故敢冒犯直陈，惟乞宸断。"清太后点首，似以为善。退出后，复召见袁世凯，谕以速与民军商酌退位后之各项条件，俾得将共和诏旨，早日宣布。是日各亲贵中，奕劻仍赞成共和，载沣亦赶之。载泽、溥伟等初犹持异议，继由奕劻详言北军解体之关系，及满族主战之无把握。清太后泣，载沣亦泣，溥伟等乃不敢持主战之说。然又闻某亲贵与蒙古王公密议，请清太后清帝暂住热河，决计宣战。当奉清太后面谕："此事须有把握，不可徒逞意见。现在前敌诸军，趋向共和，必不能战。不幸溃败，更难收拾。但可永保宗社，于愿已足。"

接着王公大臣至内阁与袁世凯会议国体问题，提出五项要求：一、用中国年号；二、大皇帝仍驻紫禁城；三、满人有被选及选举大总统之资格；四、由共和政府岁给大皇帝俸一千万两；五、八旗俸饷不裁，以筹出正当生计为度。某王又探询袁世凯宗旨，答称："某之宗旨，在消弭战祸，保全和局，采取多数舆论，决定完全政体。无论如何为难，必勉为之，以期达到目的。若有无意识者，无知妄作，置大局于不顾，则非表同情，决计辞职。"某王默然。

次日续开御前会议，清太后表示对于国体问题，绝不固执私见，拟定采用虚君共和政体，筹商宣布召集国会，公举大总统，并先行颁布君主不干预国政之谕旨。此后一切政事，皆由大总统主持。惟王公世爵旗民人等及各路军队各部衙门善后办法，必俟双方认可，方能发表。连日张勋败耗至京，民军北伐之势愈急，亲贵乃知大局不可维持，主张共和者遂占优势。

2月2日再开御前会议，讨论国体，清太后主张平和，谓凡事由余一人担承，尔王公等反复推求，迁延不定，疑议繁生，将来必演出同室操戈涂炭生灵之惨剧，辞意甚厉。并云此后我自主持，无须集议。奕劻等人唯唯而退。报纸的跟踪报道称：

> 自御前会议以来，政体问题确已解决，清太后颇有见解，不为群说所动。惟宣布明谕，非得亲贵同意不可，连日召见王公，皆由于此。至亲贵于御前会议时主战之说，全由铁良、载泽主动。铁良向持排汉主义，此次江宁兵败宵遁，欲洗其失守之罪，乃向亲贵宣言，谓江宁失守，实由袁世凯拥兵不救之故。并谓清兵既克汉阳，英人遽出而调停，亦因袁世凯与民军暗相约定，欲以和议阻碍清军进行，使南京得从容组织临时政府，其居心实不可问云云。于是亲贵颇疑袁。良又诒冯国璋曰：蒙古诸王公各愿回蒙练兵，以备勤王，可用为恢复之后劲，大功不难成也。国璋亦为所动，故力持主战之说。良见其计行，遂于御前会议时，力主开战。其实王公主战者，不过溥伟、载泽二人，余皆无一定宗旨。蒙古王公亦不认有练兵之说。二人既退，私谋借兵日本，并仿庚子义和团办法，调赵尔巽带关外马贼入京，先杀汉人，后攻民军，以破釜沉舟之力，保存满洲君主，非达到目的不止云。[1]

尽管皇族内部意见尖锐对立，形势已经刻不容缓。次日，隆裕太后下旨授袁世凯以全权，研究一切办法，迅速与民军商酌条件，奏明请旨。[2] 由此可见，此前确有可能袁世凯只与个别清室要员密商清帝退位事宜，尚未进入正式与皇室皇族共商的阶段，而所通报的情况令民党方面产生误解。当天伍廷芳接到唐绍仪送来的北京电，转电孙中山、黄兴、黎元洪等，袁世凯得到清廷授权，可以公开与

---

[1] 《议和记》，《中国革命记》第 26 册，"记事"，第 3—4、6、11—12 页。
[2] 《临时公报》1912 年 2 月 13 日（辛亥年十二月二十六日），第 1 页。

民军洽谈清帝退位及优待条件。[1]

同日，袁世凯致电伍廷芳，正式提出以南方所拟为本、与各方面协商修订的优礼皇室条件，分为大清皇帝优礼、皇族待遇以及满蒙回藏各族待遇三部分。[2] 北洋系将领积极配合，4日，冯国璋、段祺瑞、姜桂题、张勋等64人致电伍廷芳，表示北方军界现多主张共和国体，"朝廷若以政权公诸国民，为数千年来未有之盛德，凡我臣民自应欢迎感戴，以尽报答之微忱。我军界同人协同北方各界人商议优待各条件，务请贵代表照此承认，庶可望从此戢祸息兵，得以和平解决，免至兵连祸结，横生分裂之惨"。具体开列的条件与袁世凯的完全一样。[3] 北方军人干政，对清廷和民国都造成巨大压力。

注意到局势的变化，当天孙中山、黄兴联名致电伍廷芳，明确表示："现在南北各军同赞共和，原无再起战争之理。惟清帝尚未退位，袁内阁主张共和，为二三顽迷者所钳制，是以民军急图北上，速定大局。清廷意欲停战，惟有早日退位，否则迁延不决，徒滋祸害，恐惹起种种难题，民军岂能终止进行？顷已通电张勋、倪嗣冲、朱家宝、升允征求意见，如果赞成共和，彼此自系友军，自应联兵北上，共逼清帝退位，早图底定；若以言词表赞成，而于事实为抵抗，无论是否误会民军宗旨，而在民军方面不能不认为反对共和之仇敌，将于天下共同公诛之。"也就是说，清军应与民军联手，南北合力直入北京，以实力定大局，"不合此宗旨者即为共和障碍物，民军不能不竭力排除之，既非挑战即无所谓停战也"。[4]

---

[1] 《临时政府公报》第9号，第13页，"电报"，1912年2月6日。个别文字据中国科学院近代史研究所史料编译组编辑《近代史资料·辛亥革命资料》（北京，中华书局1961年版，第73页）校订。

[2] 《民立报》1912年2月7日，第2页，"紧要电报"。

[3] 观渡庐编：《共和关键录》第1编，第104—106页。

[4] 《沪军政府电报》，《民立报》1912年2月7日，第3页。

是电显示，孙中山等人已将矛头转向清廷和拥清势力，希望袁世凯和清军将领与民军合作，共同逼迫清帝退位，实现共和，从而避免重启战端。否则民军将挥师北伐，扫除一切障碍。同日，伍廷芳致电孙中山，告以袁内阁正式交来优待条件，当日午后二时，偕唐绍仪、汪兆铭坐专车来宁，面商一切。2月5日，南京临时参议院开会审查伍廷芳、汪精卫、胡汉民等报告袁世凯所提优礼条件，对于原案多所修正。表决通过后，即电达袁世凯。

次日，伍廷芳复电袁世凯，告以因来电所开优待条款较南方提出的改动甚多，深虑各省不能通过，故特与临时政府及参议院商酌，加以改定。由于已得临时政府之同意及参议院之议决，断难更改。主要改动是清楚写明因清帝赞成共和国体，中华民国于清帝退位之后，给予优待。南京方面的立场十分清楚，优待是对清廷交权让位的回报，否则一切无从谈起。

北洋系将领再度配合袁世凯的意图，2月5日，段祺瑞等九人联衔电请代奏："共和国体，原以致君于尧舜，拯民于水火。乃因二三王公迭次阻挠，以至恩旨不颁，万民受困。……三年以来，皇族之败坏大局，罪实难数。"[1] 矛头直指皇族。6日，伍廷芳复电冯国璋等，告以优待条件的交涉修订情况："查此次修正案与袁内阁所提出者大旨相同，较之本代表前所提出者更为优渥。惟坚持者，在清帝实行逊位。盖必如是，然后共和国体乃完全成立。否则，有类于虚君位之嫌，故独于此始终坚持。要之，全国人民为共和而流之血，前后积聚，可成江河，万不能含糊了事，以贻后祸。"[2] 既指出双方达成的共识，又表明民军所必争的关键。

同日，"清太后召见近支王公、国务大臣，咨询优待条件事宜，

[1] 故宫档案馆编：《关于南北议和的清方档案·宣统三年十二月十八日第一军总统段祺瑞致内阁请代奏电》，中国史学会主编：《中国近代史资料丛刊·辛亥革命》(8)，第178—179页。

[2] 观渡庐编：《共和关键录》第1编，第106—107页。

并决定发表日期。惟应召者人数甚少，多无成见。清太后对于此次条件，颇为满意。载沣亦无异言。仅有某王对于皇室经费一层，持之甚坚，谓分文不能短少。又谓其余条件，亦应酌为增益。清太后谓此项条件乃自我提出，此时已无可更动之理，况亦无可更动之处。某乃无言。遂议定再召奕劻诸人妥商一切"。

接着举行内阁会议，袁世凯向到会的近支及蒙古王公、统兵大员、各部大臣传阅段祺瑞指王公破坏大局的来电。溥伟愤然曰："段祺瑞此电近于胁迫。本爵等前因朝廷既愿让出政权，不敢再事反对，故已先后署名，表示认可，何竟指王公为败类。"言时声色俱厉。幸袁世凯极力劝止。蒙古王公等亦谓："某等对于君主民主，并无成见，但须双方和平了结，则为我五大族之幸福。况朝廷已欲颁诏退位，某等敬谨遵旨，决不反对。"最后袁世凯声言："诸公政见甚是，如此则和局不难有成。诸王公既已俯顺舆论，允认共和，想退政谕旨，不日可下。惟现时最称紧要者，即系段军统率兵来京一事，如任其来，则两相猜疑，局面不免扰乱。拟即阻之。然须将各王公赞成共和意见表明，诸公以为如何。"众称是。于是拟长电一道，由袁世凯领衔，王公大臣依次署名，当时发出，遂散议。当日袁世凯以南京参议院议决优待条件入宫与清太后商议良久。段祺瑞亦至京往见袁世凯，密商布置退位事宜。

7日，清廷再开御前会议，结果颇一致，虽间有反对者，亦无效。只是随即召开的内阁会议磋商优待皇室条件，反对南方削减经费为常年二百万两。即由阁丞华世奎起草电驳。[1]

与此同时，伍廷芳两度致电孙中山、国务各总长、参议院议长，通告就袁内阁所提条件有所修正的交涉情形。同日又致电黎元洪，告以修订的优待条件已极宽容，唯坚持清帝逊位，以固中华民国之基础，免于虚君位之嫌。

---

[1]《议和记》，《中国革命记》第26册，"记事"，第29—30、40页。

　　虚君共和，是康有为在各地纷纷宣告独立、清廷朝不保夕、共和新国即将出现的形势下苦思冥想出来的"妙法"，他坚持认为没有君主势必造成内争，引发外患。而虚君最好是保留旧主。袁世凯与清廷恩怨甚多，并不情愿受制于人，也不想做大清朝的忠臣，但是却借用虚君共和的名义，以缓解与皇族的矛盾，增加与民军讨价还价的筹码。南京方面则唯恐虚君坐实，非但共和不能完整，清帝还可能反攻倒算。而确保共和的主要途径，就是用一切可能的方式将清廷彻底赶下台，一劳永逸地结束帝制。至于共和成立后如何防止陷入内乱和专制，则是在共和体制内逐步解决的下一步问题。

　　清帝退位及其优待条件公之于众，在南北双方都引起强烈反弹。2月7日，北面招讨使谭人凤致电袁世凯，反对保留清帝尊号。他详细分析道：

　　　夫君主、民主国体既绝不兼容，总统、皇帝名称自不能两立。今总统之外，再拥皇帝，非驴非马，不独无以尊崇国体，实恐见侮外人，其危险一。清廷退位，非出于禅让之本心，而屈于民军之势力。若阳许逊位，阴行帝制，将来暗结私党，巧借外援，路易十六之祸，行将立见，其危险二。既许以外国君主之礼相待，本无干涉内政之特权。惟国交仪式，系尊重国体，非尊重其个人。玉帛往来，仅一时之礼。今清廷退位，国体变更，五种民族，视同一体。君权已全体取消，帝号本无所依据，若视为外国君主，称帝于民国之内，则彼将怀抱野心，煽惑蒙、藏，徐谋恢复，启藩部分离之渐，坏中华统一之基，其危险三。逊位之后，领土、主权，一律转移于民国，此应然之势。若仍拥帝号，难保无赵尔巽、升允之徒，坐据偏隅，遥奉名义，以相号召。将来内部征讨，劳民伤财，殆无宁岁，其危险四。

　　他主张称清逊帝为让皇帝，及身为止。至停战展期，万不能再允。

"倘犹观望迟延，即认为有意挑战，惟有联合南北各军队一致进行，兵临城下，噬脐何及。"[1]

对于谭人凤的反对之声，袁世凯只能敷衍了事，复电称："国体问题，正在磋商，力求平和解决。其中为难情形，唐、伍两君皆所深悉。来电所虑各节，必可消弭。此事但求实际，不系虚称。如以武力追胁，则恐横生枝节，反多阻碍，大非吾人渴望平和之心。"[2]

与此同时，北方拥帝势力的反弹也日形激烈。8日，袁世凯致电上海唐绍仪转伍廷芳，描绘北方形势的复杂，做出推心置腹的姿态，争取理解和同情："此次条件，系奉交议。今早燕孙等请旨验商，刻已发去。南方为难，亦所深知。但北谈平和，群起仇视，近日多方解说，始稍有头绪。要以优待条件能满大众所望为主，否则必有绝大暴动。京内洋人藉居各巷深多，倘扰乱，枝节必多。且肃、恭两邸潜赴奉，因而奉天军民正激烈反对，恐终须为日人所占，又不准金波赴奉。异常焦灼，正在解劝，未知有无效果。请切电简墀，万勿附和。而芝泉所部又出变象，亦须设法抚集。芝尚未到京，兄实为保全大局和平解决起见，岂专眷念故君耶。祈谅之。"[3]

北方拥清势力主要聚集在奉天一带。早在1月20日，就曾以奉天谘议局、教育会、自治会以及农、工、商会等团体的名义致电清内阁，号称"东省人士拥戴君主，矢死不能移"，所谓"朝廷将有逊位之说"，东省人民万不敢承认，要求内阁"宣布政见，亟谋所以表示之，以靖浮言而安全局"。[4]稍后东三省军队再度致电清内阁，反对朝廷逊让，亲贵逃避，宣称"各省一心共襄尊王，军民庶

---

[1] 《民立报》1912年2月8日，第3页，"公电"。个别文字据《辛亥革命史事长编》第9册校订。

[2] 《议和记》，《中国革命记》第27册，"记事"，第11页。

[3] 《致上海唐绍仪转议和南方全权代表伍廷芳电》，骆宝善、刘路生主编：《袁世凯全集》第19卷，第501—502页。

[4] 《奉天谘议局等致内阁电》，骆宝善、刘路生主编：《袁世凯全集》第19卷，第503页。

众翘首以待君宪之治"，东省士民尤为奋激，"已实力联络，誓死希望君宪"，要求袁世凯"早定方针，以安人心而靖大局"，并"宣布政见，表示机宜，慎勿轻从一二人之私言，而显违敝省军民之同心"，否则不能尽保卫维持之责任。[1]

2月7日，总督赵尔巽又来电，以东三省地位、人民心理确与内地不同，提出"万一政体解决出于军民希望之外，则对于东三省应有权宜办法，方免危亡"。他迭次密召士绅、军队商议，将所要求归结成七条："一、东三省臣民对于大清皇帝致其尊敬亲密，永无限制；二、东三省人民得专备大清皇帝选充禁卫官兵；三、大清皇帝于东三省三年巡幸一次；四、南北政府未统一、各国未正式承认以前，不令东三省承认；五、凡有兴革章制，三年内不强东三省以必行；六、三年内东三省官吏，自总督以下，中央不得任意易人；七、三年内东三省赋税、军队，不调拨他处之用。"[2]

关外异动不断，的确令袁世凯担忧局面失控，使得清帝退位和自己接掌大位的计划进程变生不测。7日，他电告赵尔巽："日来各处谣传，谓袁某阳持君主，阴谋共和，此乃革军间疏我北军之诈计耳，祈勿疑议。开战在即，凡事诸要小心，□勿以革军谣言贻误大局，丧失地方。"[3] 次日，又以内阁名义致电赵尔巽等，回复其半个月前转来的奉天谘议局等团体和军队的质问，辩称："内阁只有行权之责，至解决国体，关系重大，非阁臣所敢擅裁，迭经皇族会议，请旨办理。近日讨论优待条件，亦系奉旨之事，并随时请旨遵行。凡奉旨不准宣布者，例不得布告士民。现国体如何解决，尚未奉有明诏，讵可以臆度之词，向人商议。是以贵局、会来电，未便作复。总之，无论何省，断不肯置之不顾。"[4]

[1] 《东三省军队致内阁电》，骆宝善、刘路生主编：《袁世凯全集》第19卷，第496页。
[2] 《东三省总督赵尔巽来电》，骆宝善、刘路生主编：《袁世凯全集》第19卷，第504页。
[3] 《内阁致东三省总督赵尔巽电》，骆宝善、刘路生主编：《袁世凯全集》第19卷，第497页。
[4] 《内阁致东三省总督赵尔巽等电》，骆宝善、刘路生主编：《袁世凯全集》第19卷，第502页。

同日，袁世凯再度电示赵尔巽："近日近支王公均以军离饷竭，无可言战。慈圣亦谓，如待瓦解，兵临城下，优待皇室一层岂能再议。两害取轻，不如先与南方商酌优待条件，果能合宜，亦可俯顺舆情，宣布共和政体。因命凯与南方作正式商议。奉旨后，力辞不获。现在开议，上命不许宣布，因暂未能明告。且时局变幻多端，仍不知能否即行解决，尤未可与人预议解决后之办法。"[1] 打着帝后的旗号，在袁世凯既有不得不然的苦衷，也有奉旨办事的便利。从他隐约透露出来的实情可见，直到此时，袁世凯仍然小心翼翼，唯恐操作稍有不当，清帝退位之事便会前功尽弃。

四 退位与致政

在清帝退位问题上，袁世凯谨慎应对固然有难言之隐，而孙中山等人的担心也并非杞人忧天。种种迹象表明，袁世凯确有通盘算计，试图上下其手，坐收渔利。他与孙中山的角力，主要体现在两个相互关联的问题上，一是自己掌控的清政府与南京临时政府的关系，二是清帝交权下台诏书的措词。袁世凯及其拥护者常常将二者搅在一起，以增加讨价还价的空间和瞒天过海的几率。

2月8日，清内阁致电唐绍仪并转伍廷芳，表示优待条件经各方面商议，南方大加删改，窒碍甚多。"如第一款，大清皇帝尊号相承不替，保[系]北方军民暨满、蒙人极端注意，万难更改；'逊位'二字，尤为北方军民所骇异，必须改为'致政'或'辞政'；'赞成共和'改为'宣布共和'；'外国君主'改为'各国君主'。"并且强调："此次极力迁就，万不能再有更改。"[2]

同日，梁士诒连发三电给唐绍仪，前后两电主要是关于逊位，

---

[1] 《致东三省总督赵尔巽电》，骆宝善、刘路生主编：《袁世凯全集》第19卷，第503页。
[2] 观渡庐编：《共和关键录》第1编，第109—110页。

告以今早召对逐条逐字讨论："所最决意坚持而言之再四者：一、留'大清皇帝尊号相承不替'十字。二、不用'逊位'二字。上云：'事实虽如此做，然若于字面上摆出，将来京外因此而风潮迭生，我不安，国民亦不安。'三、必须用仍居宫禁或日后退居颐和园，随时听便居住。……此三层如办不到，恐难以宣布共和。务必劝伍迁就。"梁士诒强调："惟清朝立基近三百年，遽易国体，万分为难。南方未能尽悉详细，我辈志在为国民谋幸福，稍不审慎，北人大乱，外人干涉，所失甚大，故不可不委曲求全，以期达到目的为宗旨。应在实际上讲求，不可徒快一时之观听，而生无数之波澜。民国既得其实权，又何惜此小礼节、小款项耶？"并进一步"细为申明"道："'逊位'二字，最难者即满、蒙暨北方军队、督抚，多不谓然，改为'致政'，人心稍安。"请唐绍仪"密告伍公，同谅苦心"。

至于第二电，则是组织统一政府问题。据称："项城本无意于总统，因中外逼迫，勉许暂任，以救大局。今见组织统一如此之难，恐无益危局，反启事嫌，拟请孙始终其事。惟北方如无政府，满人必仍生变动，正中王公之计。外人亦言，如此北方无政府，各国先须调目兵防卫。……是时业已退位，项城将听何人之命令而维持布置耶？抑自行主张？即弟意仍求公切商统一办法，政府人员，似可多用南方人，惟政府地点，决不可移易。"[1]

归结起来，三封电报主要传递了四点意思：其一，清帝尊号应相承不替；其二，必须改逊位为辞政；其三，北方袁世凯政府不能取消；其四，新组织的统一政府必须设在北方。而最要之点，就是要按照袁的意愿划定新的统一政府与清朝及南京临时政府的关系。北洋军人与袁世凯相呼应，当天冯国璋、段祺瑞等64位将领致电伍廷芳："屡闻南方宣言，如国体改定，朝廷仍不失其安富尊荣。今条件中，大清皇帝尊号相承不替为尊荣最要之大纲，靳而不予，

[1] 观渡庐编：《共和关键录》第1编，第111—113页。

抑独何心？应请仍照原文，万勿更易。逊位一语，军界同人极为骇异，应请修正。此两层最关重要，绝对不敢附和。其余各节，均听袁内阁与贵代表协商。如贵代表有和平解决之真心，期免生灵涂炭，决不因此争执，致败大局也。"[1] 大有兴师问罪之势。

　　袁世凯的要求和北洋军人的举动，显示袁世凯千方百计企图斩断与南京临时政府的联系，绝对不受其控制，这正是孙中山最为担忧的事情。同一天，孙中山会见了美国特派记者麦考密克（F. McCormick），后者明显感到，临时大总统最焦虑的一是日本，二是中国人民是否会不再支持南京政府。"清廷的退位诏已经写好，只因南北双方的态度尚待协调，延迟未发。袁世凯赞同君主制，并保证支持清廷。假如民国归了现在的袁世凯，其目的将丧失；假如民国归了一个维护'中华民国'的袁世凯，其目的将可达成。"[2] 也就是说，在孙中山看来，尽管清帝即将退位，可是稍有不慎，让袁世凯阴谋得逞，民军的所有努力都有可能付诸东流。

　　对此关乎民国存亡前途的根本大事，孙中山绝对不能让步。2月9日，伍廷芳电告袁内阁："此方所坚持者，为不使有类于虚君位。如照来电，必致各省、各军群起反对。前修正案系临时政府交参议院议决，无可更改。现各省且有以为太优者，实难再改。本代表深知阁下为难更甚，现力求迁就改正如下，已至极点，决难再让矣。事机紧迫，懈稍逝，万勿往还商榷，致耗时日。"此番改动最多也是最关键之处，即将所有"致政"一律改为"辞位"。[3]

　　在清帝退位已成定局的情况下，9日段祺瑞致电伍廷芳，再度提出协商组织正式政府事宜，主张"宣布共和之日，两方政府同时

[1]　观渡庐编：《共和关键录》第1编，第107—108页。

[2]　《接见麦考密克时的谈话》1912年1至2月间，中国社会科学院近代史研究所中华民国史研究室、中山大学历史系孙中山研究室、广东省社会科学院历史研究室合编：《孙中山全集》第2卷，第141—142页。

[3]　观渡庐编：《共和关键录》第1编，第113—114页。

取销，临时大总统并须预行推定。至临时政府必要人员，及临时政府暂设地点，应由全体公同商定。即以退位之时，为共和临时政府成立之日，庶统治机关不致旷时，两方不致陷于无政府之危险"。并要求将应推之大总统及临时政府必要之人员与地点迅速交与北方军界公议。[1] 段祺瑞对袁世凯亦步亦趋，对南方步步进逼，显示另组临时政府的确居心叵测。

取消南北政府另组临时政府之议，早经孙中山断然否定，理据是南京临时政府绝不可与袁世凯主持的清政府相提并论。尽管康有为认为袁世凯的责任内阁已经掌握实权，清帝不过虚君，可是名义上袁内阁仍是清朝的政府。如果将袁内阁与南京临时政府视同对等，无异于承认其权力由清廷授予的合法性，则革命的正当性就会变得相当模糊。因此，孙中山一再坚持清帝让位的对象是共和政府，下台之后，其政府即袁内阁自然解散，由南京临时政府组织统一共和政府，然后自己让位于袁，再由袁接掌统一政府。

而袁世凯为了巩固自己的权力基盘，在与南京临时政府的较量中占据优势，就要打破清廷的挟制和民党的约束。另组临时政府遭到各方反对，袁世凯仍然想方设法使其责任内阁作为正式政府的延续合法化。尽管孙中山敏锐察觉，坚决反对，无奈其他民党觉得只要清帝退位，宣布共和，其余问题均可迎刃而解。北方政府的地位悬而未决，留下巨大隐患，致使袁世凯后来步步得逞，不能不说是重大的政治失误。

清帝交权下台虽成定局，可是向谁交权，以何种名义，关系到未来中国国体政体的性质。2月3日，袁世凯奉密旨授为全权大臣与民军磋商清帝退位事宜，媒体的报道却是"内阁确奉到皇太后懿旨承认退政"[2]，并非退位。《大公报》明确称："内阁消息，宣布共

---

[1]《临时政府公报》第14号，第3页，"附录·电报"，1912年2月13日。

[2]《退政懿旨已交内阁》，《大公报》1912年2月7日，第3版，"要闻"。

和谕旨已经各王公及内阁公同拟定，其中措词只为推卸政权，并无禅让字样。惟昨闻袁内阁以此项谕旨虽已拟定，诚恐颁发后，民军仍有挑剔，致滋纠葛，因于十五日曾将此次谕旨草案电致南京政府，预令查核再行颁布。"[1] 据说此事出自袁世凯的意旨，并得到清室及皇族的认可。"皇帝推卸政权、承认共和之诏旨，已于十五日由内阁恭拟草案呈进，闻秉笔者系为华世奎、阮忠枢两人，秉承袁内阁之意见而订拟，由皇太后钦览后又由各王公、贝勒公同参核，酌易数字，已交世、徐两太保敬谨收存，恭候皇太后懿旨即行颁布。"[2]

退政与退位，一字之差，意思迥异。按照康有为的说法，自十九信条发布，清室已经失去政权，形同虚君。所谓退政，仅仅是交出政权，对于国家，仍然保留君位。如此，则国体仍是君主制，政体才变为立宪制。当时种种试图调和君主与共和的设想，如虚君共和、帝国共和之类，其动机和目的都是力求保留君主，以为非如此不能防止内乱外患。可是在革命党看来，君主不去，就会对共和制构成严重威胁。民军同意清帝以交权退位为条件予以优待，保留帝号，只是作为外国君主待遇，与国体政体毫不相干。双方的主张尖锐对立。

政与位的本质区别以及主导组织临时政府的用意，在袁世凯等人1月底拟制的《北方议定组织临时政府草案》显露无遗：

> （一）皇帝辞政。为国利民福起见，所有保持安宁，恢复秩序，联合汉、满、蒙、藏、回等事，断不可无统一机关，故特委袁世凯暂行组织临时政府，代掌一切政权，以期维系大局，主持外交，俟国会正式举定大总统后，临时政府再行取销。（二）皇帝辞政后，仍驻跸宫禁，毋庸迁移他处，以维京畿及北方秩序，

---

[1] 《诏旨仍须商之民军》，《大公报》1912年2月6日，第2张第1版，"北京"。
[2] 《承认共和谕旨之秉笔者》，《大公报》1912年2月6日，第2张第1版，"北京"。

裨免糜烂。（三）将来大总统府第，即在北京择地另行建筑，或以新建筑之监国府邸为总统府。（四）自武汉事起，至今三月有余，南北各省经济匮乏，不独国库为然，南京临时政府亦事同一律。皇帝既经辞政，所有通国一切行政，即应统筹全局，以图富强。但一切行政费用，所需甚巨，其东南已经独立省分，能否继续支持，临时再行磋商。至北方各省，国库如洗，目前已属难支，将来临时政府成立后，更须力促一切新政之进行，所需政费，必较今日为尤巨，应如何应付之处，须预筹妥善办法，以免临时棘手。（五）皇帝既经俯顺舆情，政权必当统一，南北各省，仍当化除成见，扶助中央，酌为筹解经费，顾全大局。倘有贫瘠省分因此次糜烂实难兼顾，中央亦可暂缓协济以纾民力。（六）皇帝辞政后，京中各行政衙门，国务大臣以下之官员，悉仍其旧。但组织临时政府，需款浩繁，所有各署官员之津贴，自临时政府成立之日起，统计六个月，暂弗发给，以纾财力。（七）政费一项，以军饷为最关重要。所有北方军队之饷项，于此数月期内，无论如何，均须按月照给，以维持秩序而免哗溃。其南方各军队之饷糈，亦须通盘筹画，不得少有缺欠。至南北方军官将校，均仍旧职，不稍更动。（八）现所组织之临时统一政府，一经各国承认，一切外交事宜，悉由临时统一政府直接交涉。（九）所有外债以及新旧赔款之担任，政体既定，即应继续依期偿还。各省无论如何，亦须依旧筹措，按期照解，以昭大信。（十）皇帝辞政时之谕旨，除刊刻誊黄颁行天下外，更须另颁谕旨于各军队，俾得晓然于朝廷辞政之深意，以免暴动而维治安。[1]

　　按照草案所定程序办法，不仅袁世凯的权力来源及所承继的法

---

[1]《北方组织临时政府之草案》，《申报》1912年2月9日，第3版，"要闻"；《议和记·组织临时政府之草案》，《中国革命记》第25册，"记事"，第25—27页。

统为清朝皇帝，由北京临时政府统管全国行政军政，而且以"辞政"名义交出政权的清帝是否同时失去名义上的统治权，并无清楚认定。也就是说，清帝可能仍是名义上的最高统治者。这从反面证实孙中山看似斤斤计较的执着坚持，绝非杞人忧天，多此一举。

由于南北双方围绕清帝退位诏书的措辞问题反复缠斗，宣布退位因此一再推迟。媒体对于双方立场的差异有所风闻和揣测，伍廷芳来电所示修订的退位诏书及优待条件，"各款仍系逊位，并非辞政，不得谓之虚君共和"，内阁不知如何磋议。[1]《大公报》非常准确地把握到双方争执的关键所在："其争执尤力者，一则曰皇帝辞政，一则曰皇帝退位，故现尚未决。"[2] 可见辞政与退位之争，在北方已经成为公开的秘密。而坚持辞政的目的之一，就是要造成虚君共和的假象。

北洋系将领再度不失时机地演出了配合袁世凯的戏码。"冯、姜、段各军统对于虚君共和政体极表赞成，已联电伍廷芳，要求承认优待条件。旋接伍通电，略谓此次袁内阁提出优待条件，本代表因事赴南京，已将此项条文由参议院协定，现已将修正案全体议决。惟清帝逊位字样必须标明，非是即不足巩固中华民国之基础，且含有虚君位之嫌疑。此次自武昌起义所流之血，聚集可成江河，国民之所希望者，惟在共和，故对于清帝逊位一事不能不始终坚持。而诸公欲保存旧帝之苦心，此间已为人所共谅，但以此事关太巨，不能含糊了事等语。冯军统昨已再联合各路军队复去一电，于逊位二字大为反对，力请撤销，否则死不认可云。"[3] 赞成共和而反对逊位，则所赞成的只能是虚君共和。所以 2 月 10 日伍廷芳复电明确指出："惟清帝若不实行逊位，则有类于虚君位之嫌。"[4]

---

[1] 《民军电复优待皇室条款》，《大公报》1912 年 2 月 10 日，第 3 版，"要闻"。

[2] 《共和明诏迟缓之原因》，《大公报》1912 年 2 月 11 日，第 3 版，"要闻"。

[3] 《各军统关于逊位之电争》，《大公报》1912 年 2 月 12 日，第 5 版，"要闻"。

[4] 观渡庐编：《共和关键录》第 2 编，第 137 页。

其实，逊让之类的言辞，对于清朝的君臣都已经不再讳莫如深。2月9日，各省督抚等联衔电请代奏，就公然声称："共和问题迁延未定，逊让政权之明诏迟久未颁，中外失望，军民解体。"要求速降明谕，宣布共和，"上以幸福予国民，下以尊荣酬君上，其为懿美，超轶唐虞"。[1] 民军方面，对于优待清帝也有不少异议。广东都督陈炯明以和议内有清帝仍居北京、不去帝号、王公仍旧袭爵，电示"全粤愤懑"。为此，伍廷芳通电民军各方，宣称："廷所坚持者，必清帝宣布赞成共和，然后中华民国于其去位之后，予以优待。……至于已经去位之清帝，亦不过虚名之爵号，似无须过于争执。"[2]

按照预定日程，清廷应于2月11日明诏宣布共和，可是诏书的关键措辞迟迟未能商议妥协。接到伍廷芳发来的修正优待条件，袁内阁当即开会讨论，再将逊位改为辞政，并送交隆裕太后，得到后者的首肯。[3] 2月10日，唐绍仪万急致电袁世凯："吾师为难，非特仪所深喻，即南方诸君亦所共谅。惟宣布谕旨与照会字样不符，外国人先阅谕旨，互相较对，必干诘问，万不可行。至优待条件发生于辞位，若云辞政，则十九条已无政权，何待今日。十四省军民以生命财产力争，专在位字。明日入觐，务恳力持办到辞位二字，即时发表，方能保全国防，保全满族。若少不忍，转生大乱。言尽意竭，乞勿再赐电商。"[4] 唐绍仪的确讲到了要害之一，只是民军全力防范清帝，反而忽略了袁世凯弄权的潜在危险。

[1] 故宫档案馆编：《关于南北议和的清方档案·宣统三年十二月二十二日署理直隶总督张镇芳等致内阁请代奏电》，中国史学会主编：《中国近代史资料丛刊·辛亥革命》（8），第181页。

[2] 《致孙文、黎元洪及各省都督等电》，丁贤俊、喻作凤编：《伍廷芳集》下册，第486—487页。

[3] 《逊位诏旨尚未发表之原因》，渤海寿臣辑：《辛亥革命始末记·议和》，沈云龙主编：《近代中国史料丛刊》（420），第40—41页。

[4] 故宫档案馆编：《关于停战的清方档案·宣统三年十二月二十三日清议和总代表唐绍仪致内阁总理袁世凯电》，中国史学会主编：《中国近代史资料丛刊·辛亥革命》（8），第242页。

眼看事情可能功败垂成，同日张謇急电袁世凯转汪荣宝、陆宗舆："南方对于优待皇室条件，当局与参议院反复磋磨，视来件无大出入。不独体项城为难，亦以顾全项城，维持国防而然。伍昨复阁电，实已笔舌俱瘁，费尽磋磨，无可再说。要之，种种优待专为辞位二字之代价，若不说明，何以合南北赞同共和之心理，亦何以示将来政治之健全。二君明于时势，务望力助项城，必践廿四发表之约。万勿迁延两误，败破大局，追悔无及。"[1]

尽管各方竭尽全力克服最后的障碍，共和明诏还是未能如期颁布。2月12日，伍廷芳转发黄兴来电给袁世凯："今南北协议之惟一目的，实欲早定共和大局，然欲定大局，必速下逊位明文；欲迫促清廷逊位，必南北军队连续北上，以武力胁制之；欲南北军队连续北上，则张、倪二君应率所部军队离开徐、颍，以为南北军队之先导。……设仍扼据要害，阻我北上，则清廷存侥幸之心，逊位有观望之患，且恐惹起他方面之效尤，大局牵延，必至更形糜烂。"[2]催促之外，形同最后通牒。

不过，这份最后通牒未及生效，经过最后时刻的紧张较量和磋商，清帝退位诏书的内容文字终于为双方所认可，并于最后期限内通知了南京临时政府。2月11日清内阁发出多份电报，向南方民党报告消息，首先是向上海唐绍仪发去一封简短的电报，请其转达伍廷芳，优待条件本日奉旨允准，照会驻京各国公使，希查照办理。同时又万急致电南京孙大总统、参议院、各部总长和武昌黎副总统，告以"大清皇帝既明诏辞位，业经世凯署名，则宣布之日，为帝政之终局，即民国之始基"。袁世凯表明自己极愿南行，只因北方秩

---

[1] 故宫档案馆编：《关于南北议和的清方档案·宣统三年十二月二十三日张謇致袁世凯转汪荣宝陆宗舆电》，中国史学会主编：《中国近代史资料丛刊·辛亥革命》（8），第182页。

[2] 观渡庐编：《共和关键录》第1编，第115—116页。

序不易维持，东北人心未尽一致，请示如何协商统一组织之法。[1]

在另一封致上海唐绍仪、伍廷芳、南京孙大总统、黎副总统、各部总长和参议院的电报中，袁世凯正式转达了明诏的完整文本：

> 今全国人民心理多倾向共和，南中各省既倡议于前，北方诸将亦主张于后，人心所向，天命可知。予亦何忍因一姓之尊荣，拂兆人之好恶。是用外观大势，内审舆情，特率皇帝，将统治权公诸全国，定为共和立宪国体，近慰海内厌乱望治之心，远协古圣天下为公之义。袁世凯前经资政院选举为总理大臣，当兹新旧代谢之际，定有南北统一之方。即由袁世凯以全权组织临时共和政府，与民军协商统一办法。[2]

2月12日，与诸国务大臣会衔副署的上谕正式公布，与前一天通报南方的电报文本基本一致。同时公布的还有全体内阁大臣会衔副署上谕并附录优待清帝、清皇族及满蒙回藏各族条件。按照明诏宣布为帝政终结的约定，是日为清帝正式退位之日，历经二百余年的大清王朝就此寿终正寝。

五　争议仍未结束

清帝退位明诏颁布的次日，伍廷芳通电中华民国军政各方：顷接北京袁世凯三件来电，"其一谓廷所开清帝辞位后优待条件已照

---

[1] 《致上海唐绍仪转议和南方全权代表伍廷芳电》《致上海唐绍仪南京临时大总统孙文等电》《致临时大总统孙文等电》，均见骆宝善、刘路生主编：《袁世凯全集》第19卷，第530—531页。后一封电报的文字，与《共和关键录》间有不同，如"弊政"为"帝政"、"辞位"为"逊位"、"各国"为"全国"。

[2] 《临时公报》1912年2月13日（辛亥十二月二十六日），第2页。《临时政府公报》第15号（1912年2月14日）第1—2页"附录·电报"个别文字不同。

会驻京各国公使。其二则清帝辞位之诏。其三为袁君赞成共和宣言书。现在清帝既经辞位，北方秩序暂由袁君维持，与南京临时政府协商统一办法"[1]。同日又电请国内各军队一律改悬中华民国五色旗，以免冲突。[2]

当天伍廷芳、温宗尧、汪兆铭还以全权代表及参赞的名义通告全国，就清帝退位的磋商过程做出详细交代，并就必宜注意的重要事项进行解释，其中之一就是清帝名号。"参议院所坚持者，在'辞位之后'四字，而于清帝与大清皇帝之别，谓为无关宏旨，可以'大清皇帝辞位之后，尊号仍存不废'为最后之决定。盖如是，则辞位之后，自可称为已经辞位之大清皇帝，与虚君位主义风马牛不相及也。至于前清内阁初所要求者，为大清皇帝尊号相承不替，廷已严加拒绝，彼亦虑蹈于虚君位之嫌，承认廷所主张矣。"[3]

根据《袁世凯全集》的汇辑，清帝退位诏书存留有若干底本，应该出自多人之手，并经多人改定。其中袁世凯仅仅改动了几处，只是增减几个字，甚至只是调整了字词的顺序，而使得意思迥异。如"将统治权暨完全领土悉行付畀国民"，改为"将统治权公诸全国"，"即由袁世凯以全权与民军组织临时共和政府，协商统一办法"，改为"即由袁世凯以全权组织临时共和政府，与民军协商统一办法"[4]。这些改动不仅相当关键，而且居心叵测，成为后来袁世凯弄权的凭借，为争议再起埋下伏线。

接到清帝退位诏书，孙中山表示将如约兑现让位允诺，但是诏

---

[1] 观渡庐编：《共和关键录》第 1 编，第 119 页。

[2] 《临时政府公报》第 17 号，第 2 页，"附录·电报"，1912 年 2 月 20 日。

[3] 观渡庐编：《共和关键录》第 1 编，第 120—122 页。《袁世凯全集》第 19 卷据《伍先生（秩庸）公牍》将该文题为《伍廷芳通告全国文》，与《伍廷芳集》署期均为 1912 年 2 月 17 日。但文内有"与前清内阁往复磋商，昨日得其复电"，应为 2 月 13 日，后面落款为前全权代表，又应在 2 月 16 日辞去议和总代表一职之后。此电为铣二，铣一电署期为 2 月 16 日。就上述信息推断，电文应写于 2 月 13 日，而发表则在此后。

[4] 《手批清帝逊位诏书稿》，骆宝善、刘路生主编：《袁世凯全集》第 19 卷，第 544—545 页。

书文本仓促定案，显然未经其核准，因而对于清廷私相授权予袁世凯，产生不祥预感，他致电伍廷芳和唐绍仪，通告阁议情形，并提出："惟退位诏内权组织临时政府一语，众不乐闻。徇电告项城，请即南来，并举人电知，畀以镇守北方全权。照此办法，众当贴然。项城辛苦全[备]至，今日应将往来密电，证以事实，由沪发表，以明公论。"[1]

对清帝退位诏书的相关内容感到疑虑的不仅孙中山，看到诏书的正本，温宗尧立即致电南京外交总长王宠惠，诘问："清帝已去位，此项全权系何人所授？民国必不应仍认清帝有委托全权之柄，且袁世凯成为清帝委托之人，于推举总统一端，恐生障碍。循名核实，名不正则言不顺，而事不成。为共和大局计，为袁世凯计，均应请将'以全权组织临时共和政府'十一字删除，方臻妥协。乞商明参议院并临时政府诸公，妥筹应付，是为至要。"[2]

设立临时政府之事，南北双方一再缠斗，袁世凯希望同时取消南北现政府，另立临时统一政府，孙中山坚决反对，认为随着清帝退位实行共和，清政府即袁内阁应同时归于消灭，南京临时政府即为全国统一的共和政府，然后袁世凯南下就职，以南京临时政府为全国统一政府。由于相持不下，2月11日，黎元洪以事机甚亟，不能久延，致电伍廷芳，认为"宜即时请临时政府及北京各派代表到鄂，共同组织正式共和政府，所有政府成立之地点，与大总统以次各员，均于此时商定。北京退位之时，即我正式政府成立之日"[3]。在湖北设立统一新政府，化解南北相争死结的同时，却延续了宁汉之间的角逐竞争。

————————

[1] 《致伍廷芳唐绍仪电》1912年2月14日，中国社会科学院近代史研究所中华民国史研究室、中山大学历史系孙中山研究室、广东省社会科学院历史研究室合编：《孙中山全集》第2卷，第94页。

[2] 《温宗尧反对全权之要电》，《大公报》1912年2月25日，第5版，"要闻"。

[3] 观渡庐编：《共和关键录》第1编，第139—140页。个别文字据《中国革命记》第27册校订。

　　孙中山等人所担忧的主要是袁世凯是否斩断与清廷的关联，正如清帝退位后孙中山答复谭人凤所说："前提条件，系委曲以求和平，若虚君之制犹存，则决不能承认。文虽愚昧，亦断不容以十数省流血构成之民国，变为伪共和之谬制。"[1] 可是虚君主不仅限于清帝，伪共和也不单是虚君制。南方以为袁世凯维护清廷，与北方以为其赞同共和，都是各执一偏。实际上，袁世凯维护清廷旨在减少拥帝势力的压力，以便与南方讨价还价，而赞同共和则是为了迫使清廷让步并减轻民党的反对力度，他所需要的，是能够任意发挥的无限权力。他审阅军谘府军谘使王赓关于破坏后建设的上书，觉得"多可采"，尤其在"共和成立后，暗中应以开明专制之精神行之"的"开明专制"四字下加了着重圈点。[2] 由此可知其心机取向。孙中山虽然早有警觉，百般防闲，却执着于斩断袁与清廷的联系，而未能有效防范袁世凯本人专制集权，加之同党大都共识不足，最终还是棋错一着。

　　已经如愿以偿、大权在握的袁世凯在扫除了清帝的障碍后，对南方的态度也陡然强硬起来。2月15日，他复电孙中山、黄兴等催其南下赴宁组织临时政府的敦促，悍然表示：

　　　　南行之愿，真电业已声明，然暂时羁绊在此，实为北方危机隐伏，全国半数之生命财产，万难恝置，并非因清帝委任也。孙大总统来电所论，共和政府不能由清帝委任组织，极为正确。现在北方各省军队暨全蒙代表皆以函电推举为临时大总统，清帝委任一层无足再论。然总未遽组织者，特虑南北意见因此而生，统一愈难，实非国家之福。若专为个人职任计，舍北而南，

---

[1]《复谭人凤电》1912年2月13日，中国社会科学院近代史研究所中华民国史研究室、中山大学历史系孙中山研究室、广东省社会科学院历史研究室合编：《孙中山全集》第2卷，第91页。

[2]《批军谘府军谘使王赓上书》，骆宝善、刘路生主编：《袁世凯全集》第19卷，第521—523页。

则实有无穷窒碍。北方军民意见尚多分歧，隐患实繁。皇族受外人愚弄，根株潜长。北京外交团向以凯离此为虑，屡经言及。奉、江两省时有动摇，外蒙各盟迭来警告。内讧外患，递引互牵。若因凯一去，一切变端立见，殊非爱国救世之素志。若举人自代，实无措置各方面合宜之人。然长此不能统一，外人无可承认，险象环集，大局益危。反复思维，与其孙大总统辞职，不如世凯退居。盖就民设之政府，民举之总统，而谋统一，其事较便。今日之计，惟有由南京政府将北方各省及各军队妥筹接收以后，世凯立即退归田里，为共和之国民。

是电以退为进，充满挑战意味，简直就是一封问罪书，欲将"以大总统问题酿成南北分歧之局"的罪名强加于孙中山，而自居于爱国地位。[1] 为此，袁世凯派唐绍仪赴宁协商。2 月 18 日，唐绍仪代转梁士诒复孙中山电："清谕有全权组织字样，南方多反对者。实则此层系满洲王公疑惧，以为优待条件，此后无人保障，非有此语，几于旨不能降，并非项城之意。故奉旨后，亦未遵照组织政府。清谕现在已归无效，若欲设法补救，除非清谕重降，自行取消不可。又万万无此办法。南方若坚持此意，实为无结果之风潮。乞公以此意劝解之。"[2]

梁士诒所说，未必全然谎言，奕劻、溥伦等赞成清帝退位的皇族成员确以袁世凯为护身符。而退位诏书文字的更改，也有可能出自袁世凯以外其他方面尤其是清室的意思。但从此前屡屡企图另设临时政府的举动看，袁世凯考虑自身的利益明显多于照顾清室。将已经逊位的清帝抬出来做挡箭牌，仍是屡试不爽的老伎俩，而且木已成舟，无法更改，形同无赖。这样的局面，正是之前袁世凯、唐

[1] 《致临时大总统孙文等电》，骆宝善、刘路生主编：《袁世凯全集》第 19 卷，第 577 页。
[2] 《临时政府公报》第 20 号，第 3—4 页，"附录·电报"，1912 年 2 月 23 日。

绍仪等人一再信誓旦旦保证不会发生的情形。

延续袁世凯的意旨，与之关系匪浅的日本法政学者有贺长雄精准地抓住了南北争执的焦点："方兹之时，南方意思固欲将北京朝廷法律上现有之统治权即其一部分，亦不肯照旧承认。如彼北美十三殖民地将属于英国王及国会之统治权全体排斥，从新造就一个统治体，然又如法朗西国民斩馘路易十六世，用示主权之全然断绝，另由人民互相公约，从新建设统治体。然南京政府亦拟举二百六十年间爱新觉罗氏传承之统治权，将其关系一概废绝，从新竟据民意，设立共和国。其要求袁总理全行断绝与清廷之关系，竟由个人资格赞成共和主义，以此故也。然袁总理所拟移转统治权之方，与此相异。以为清帝辞位，南京政府先行取销，另在北京依据清帝付托之统治权，从新组织共和政府，此南北意见之差异。"尤其是"上谕中所言'将统治权公诸全国，定为共和立宪国体'暨'即由袁世凯以全权组织临时共和政府，与民军协商统一办法'，以上二句为民国国法沿革上最重大之文字，革命时代统治权移转之次第，于此四十有一字存焉"。

有贺长雄对于此事的真相及其来龙去脉应当心知肚明，却别有用心地据此提出："中华民国并非纯因民意而立，实系清帝让与统治权而成，既如上文所述。因而其国法有与纯因民意成立之共和国相异之处。"所谓不同之处有三：一、能将不参与革命、不赞成共和之地方暨诸外藩仍包于民国领土之内；二、无须遵据普及选举法开国民议会；三、中华民国宪法不必取法于先进共和国宪法。[1] 有贺长雄旨在为袁世凯的权力来源辩护，却从反面证明由袁亲自操刀改定的清帝委任一节，绝非可以无足再论，更没有归于无效。不仅

---

[1] 有贺长雄：《革命时统治权转移之本末》，《法学会杂志》1913 年第 1 卷第 8 期，引自史洪智编：《日本法学博士与近代中国资料辑要（1898—1919）》，上海人民出版社 2014 年版，第 272—281 页。

如此，有贺长雄的说法其实就是将革命之际袁世凯百般掩饰的心计，转化成统治权转移的事实，为其专制集权法理背书。

不无讽刺意味的是，袁世凯的精心布局以及有贺长雄的倒因为果，不但让近年一些法学者掉入彀中，用以作为力证袁的权力来源并非受自南京临时政府的凭据，凸显袁氏弄权的老道和专家的懵懂，而且相信袁世凯否认其权力来自清廷的说词，也是将无赖语当作大实话，着了老袁的道而不自觉。仔细梳理事情的发生衍化，可见袁正是处心积虑要借清帝逊位让权彻底斩断与南京临时政府的法统连接，其别有用心的否认不过是欲盖弥彰的遁词。

袁世凯的险恶用心早已被识者看穿，孙中山和温宗尧追究之外，邵力子专门写了社论《关于清谕之研究》，在他看来，退位诏书所谓由袁世凯以全权组织临时共和政府，"乃指清帝辞位后暂时统摄京津等处之机关，绝非吾中华民国提议组织之临时统一政府。观袁以全权组织临时政府之名义，布告前清各省官僚军警，而其致电我民国各个人或团体，则仅自署其私人之名，此中固大有分寸"。尽管如此，还是要防微杜渐，"宜由南京政府参议院及各团体电致袁慰亭，明告以全权组织临时政府之名义，为吾民国所绝对否认。若以事实上之万不得已，暂以维持京津等处之秩序，吾人可权宜通融，惟必须于参议院举出总统及临时统一政府成立以前，先行取消"。[1]只是仅仅凭借"忠告"，袁世凯绝不会轻易就范。

好事多磨，总会留下难以磨灭的印记。关于清帝退位的表述，北方反对退位、逊位，南方不接受辞政、致政，最终改为辞位。而在此前后，不仅各方表述存在微妙差异，正式文件里面也有不同说法。

民党民军对袁内阁及北方，往往是退位、逊位、辞位兼用混用，南京临时政府及独立各省、民党团体相互之间的正式电文一般

[1]《民立报》1912年2月16日，第1页。

均称退位，偶尔也用逊位。而北方对南方及对外，则多用辞位，或避免此类用词。以南方和谈总代表伍廷芳为例，1912年2月6日复电袁世凯，标题为《关于皇帝逊位后优待之条件》，行文开头称"清帝退位"，各款则用"清帝逊位"。[1]致电南方军政各方，则称逊位、退位、去位。清帝辞位明诏宣布后，虽然改为辞位，仍有逊位或退位等用法。对北方将领及袁内阁，则多用逊位。孙中山对南方多用退位，兼用逊位，对北方逊位、退位并用，甚至同一文件也存在混用的情形。[2]也就是说，尽管协商过程中争执不下，最后各让一步，定为辞位，一旦帝制结束，退、逊、让、辞，倒是真的成了无谓之争。

　　媒体和社团，一般而言也多是混用，但也有特别在意者。清帝退位诏书和优待条件披露后，即招致不少批判之声，尤其是对清廷仍居北京、不去帝号等项，反应强烈，指为"不伦不类之共和国，必至贻笑万国，贻害将来"，表示坚决反对，要求从速改订。[3]《天铎报》连续发表署名文章，严词谴责，并强烈要求取消。"青兕"的文章抗议北方设立临时政府与优待虏廷。[4]《民立报》编辑周浩的《反对清帝退位条件宣言书》，不但痛斥袁世凯居心叵测，还指南京临时政府参议院大抵为各省都督以私意选派，"真志士寥寥无几，向之保皇及立宪两党多置身其间，于清帝未能忘情，甚或阿附袁世凯以博将来之利禄。交此条件于参议院，适足成全若辈难言之隐，遂致赞助之不遑"。于是遍告军学商报各界，于2月10日午后2时赴张园开会，公议对待之法。主张"今日之事，惟有以干戈相见，庶可巩固民国之基。欲取消此种条件，必先由军学商报界发电各省都督，

[1] 观渡庐编：《共和关键录》第1编，第96—97页。

[2] 《临时大总统咨参议院推荐袁世凯文》，《临时政府公报》第17号，第1—2页，"令示"，1912年2月20日。

[3] 《临时政府公报》第15号，第4页，"附录·电报"，1912年2月14日。

[4] 青兕：《北方设立临时政府于优待虏廷之抗议》，《天铎报》1912年2月5、6日，第1版，"铎声"。

宣布参议院之无状，撤退保皇及立宪两党人物"。[1]

退位诏书和优待条件公布前夕，已经差不多一年未著文字的戴季陶在《天铎报》发表《天仇宣言》，抨击和议优待清帝、敷衍和平之谬，揭露袁世凯的种种布置手段，反驳各报的赞同言论，并公开向新政府诸公喊话："攻破北京之日，即和议成功之日。无论政府设于南京北京，以及大总统为孙为袁为某某，皆为至易解决之问题。北京不破而言和议，是甘断送中国南北各省人民之生命及四千年之荣誉历史者也。"又忠告外交界诸公："外交以武力为后消，今日对于满清及袁党诸人，无所谓和，迫降而已。降则设法处分，不降则右陆军而左海军，进攻而已。"并大声疾呼于"吾党旧日同志"之前："三民主义革民党至死不变之主义也，若一日作官，而遂变其初心，奸狗彘不食者，当不至此。鄙人虽不才，深不愿吾同志有此行为也。"[2]

周浩为了反对议和条件，辞去《民立报》编辑之职，以全力组织自由党附设的《民权报》，且刊登启事，表示无暇为人作嫁，《民权报》未出版前，对于时局的意见，借《天铎报》发表。[3] 其言行透露出对《民立报》和革命党领袖的强烈不满。退位诏书和优待条件正式公布后，李怀霜也刊登宣言，斥责优待条件浅率之伦，指参议院奸欺不轨，临时政府疲柔无力，吾党忠士悲愤填胸，并反驳指其为主张无政府的攻讦，明确表示无政府不可实行于今日。如果逊位伪诏一下，便由袁世凯组织临时政府，反对优待条件，正是为了保存南京政府。[4] 正是因为反对的声音太多太强，伍廷芳等和谈代表才不得不通告全国，详细说明原委，以释群疑。

激进青年和社会党更加觉得不可容忍，关注时局的苏州学生叶

[1] 周浩：《反对清帝退位条件宣言书》，《天铎报》1912年2月8日，第1版，"铎声"。

[2] 《天仇宣言》，《天铎报》1912年2月12日，第1版，"铎声"。

[3] 《周浩启事》，《天铎报》1912年2月13日，第1版。

[4] 《怀霜宣言》，《天铎报》号外，1912年2月14日，"铎声"。

绍钧坚决反对优待清室，认为"以君主而加于人之上，为不平等，故推翻之。而民国之中固人人平等，无或超出者也。清帝既逊位，则只居于齐民之列；既齐民矣，何以曰优待，优待即不平等也。岂以巨数金钱，作其甘心自退之报酬乎？更进而言之，是谁之位而乃曰'逊'？必待其逊，是已如受清廷之命令矣。故苟其见机而自去，则为至善；如不自去，则北伐军队在，令之肯去亦去，不肯去亦去。清帝之去易事也，最重要者其安固民生，巩斯民国耳"。恰好这时社会党也对议和之事颇有意见，专门开会讨论，陈翼龙发言，指清帝逊位予以优待、袁世凯统辖北方等事，决非南京参议院中少数人可取决而实行之，"必待其逊位，是仿佛待命于清帝，而民国之建立皆清帝之主动矣。清帝既为君主，则即为民生之恶魔。试问有出巨资以优待恶魔者乎？况其资皆出之于民者也，试问民生果愿之乎？"既然南北相和，孙中山、袁世凯或第三人为大总统，"当合全国民之公意而定之"，不能任由袁世凯当然统辖北方。鉴于事关全体国民，他提议派人到上海，联合《天铎报》发起的国事纠正会，掌握实据，逐条驳斥，广泛宣传，"必至修正议和条件而止"。获得在场者的一致赞成。[1]

沪上各团体果然于 2 月 10 日在社会党会场开会，先由发起人邹亚云敦请江亢虎演说，接着余纯武、余鹤、夏重民、谢树华、梅竹庐、徐茂均、蒋宸予、周文奎、李怀霜、凌翘、陈光誉、梁廷柱、许克诚、邹捷三等相继演说，"皆激昂慷慨，责参议院之偾事，伍廷芳之溺职，力主战争，不欲和议"。继由邹亚云提议组织临时机关，由江亢虎主席定名为和议纠正会，公举代表江亢虎、夏重民、李怀霜当晚即向伍廷芳责问，并电致参议院。又决定次日在张园开大会，请各团体提出意见，以维持中华民国、监督临时政府为目的，在沪

---

[1] 叶至善、叶至美、叶至诚编：《叶圣陶集》第 19 卷，南京，江苏教育出版社 2004 年版，第 93—96 页。

诸君皆为会员。[1] 代表访问伍廷芳提出反对意见，未得要领，遂即再开大会，"意赴宁要求修改，期不悖共和本旨"[2]。

以清帝退位的形式和平解决南北战事，结束帝制，实现共和，在以往的研究中颇受诟病，指为只得到一块民国的空招牌，不仅革命不彻底，而且被袁世凯窃取了革命成果，从而留下后来帝制复辟的严重隐患。诚然，退位优待以及袁世凯出掌大位的结局未必理想，可是，转换角度，在整个世界革命史上，辛亥革命以最小代价换取最大成果，二百余年的清王朝连同二千余年的皇权帝制一起走下历史舞台，创建了亚洲第一个共和国，在东西列强都认为绝无可能的地广人众的国度，建立起当时世界上最先进的国体政体政治形式。不仅如此，由于政权的和平更替，包括藩部在内清朝原有疆域和各族民众，基本得到维系，避免了稍后奥匈帝国分崩离析的解体命运，在实现从帝制到共和的跨越的同时，维护了国家的统一和民族的共存。这在世界历史上也堪称绝无仅有的典范。

受到后来历史进程的影响，对清季民初的政权鼎革分别用不同的革命史观重新审视，形成与历史本相有别的描述解读。而当时各方各有所图，也不可一概而论。本来逼迫清帝退位，是在南北和谈僵持不下的情况下直取核心的办法，面对清廷皇室的袁世凯不便将内心想法和盘托出，而要借重南方民党施加压力，自己则做出勉为其难的姿态。他或许不无对清朝的臣节，但更多的还是对自己权力来源的考量，宁可让失去权力的清室担些虚名，以免受南方政府的约束钳制。他利用清朝，旨在应对革命党，同时也有承继大统的美誉，以及主导另组政府的便利。他对清室绝不以禅让的尧舜视之，正因为清室已经失势，才会藕断丝连。对于袁世凯的弄权，孙中山预判准确，针锋相对，却苦于同党共识不足，给袁世凯留下回旋空间，

[1]《和议纠正会开会记事》，《神州日报》1912年2月11日，第3版，"特别纪事"。
[2]《临时政府公报》第15号，第6页，"附录·电报"，1912年2月14日。

造成无法挽回的严重疏失。南北妥协，避免流血瓜分，做成共和新局，令各方不仅如释重负，而且都有所期待。只是后来局势的发展，恰好应验了各自的担忧，促使他们重新反省，又不免后悔当初不得不然的妥协。

接收清朝旧署

　　民元南北和议成功，清帝退位，人们关注的目光集中于共和取代帝制一点，后来更以革命的眼光重新审视辛亥民元的政治鼎革，批评当时民党过于妥协。实则清王朝退出历史舞台，绝不仅皇室亲贵交出最高权力那样简单。作为政府机构的阁府部院，是帝国统治权力的重要组成部分，如何结束，关系政权交替顺利与否的全局，却很少引起研究者的注意。只有个别具体研究提及相关前清部门的接收问题。[1]另一方面，统一的临时政府实行内阁制，作为法理上权力重心所在的国务院的成立，才是政权完善的重要表征。而袁世凯由清朝最后也是唯一一届责任内阁的总理大臣，摇身变为民国临时政府的大总统，原来清朝的阁府部院以及阁僚司员，不但是其维系局面的倚靠，而且成为与南方讨价还价的筹码。凡此种种，都使得原本瓜熟蒂落的接收清朝，成为民国创立的要素，增加了民初政局的复杂和变数。

---

[1]　如关晓红《晚清学部研究》(广州，广东教育出版社 2000 年版，第 146 页) 述及学部的
　　接收事宜。

一　由新旧而南北

南北和谈，民党以共和为先决条件，等于将清王朝排斥于谈判桌之外。袁世凯在一番作态之后，接受了这样的条件，以便从清廷手中接管政权。不过，民党的预想，虽然可以交出大总统的位置，却不仅仅是要求袁世凯承认共和的名义，而是要其全盘接收南京临时政府。也就是说，南京临时政府自认为是当时中国唯一具有正当性和正义性的共和政权，既然袁世凯同意废除帝制改为共和，就理所当然地应以南京临时政府为中华民国的权力机构。即便袁世凯心有不甘，也要千方百计地迫其就范。对于民党的一厢情愿，老谋深算的袁世凯自然心知肚明，一旦如民党所愿，自己即使登上大总统的宝座，也不过是虚位的国家元首，掌控了参议院和内阁的民党才是实际的执政者。这是袁世凯无论如何不能接受的条件。为此，他煞费苦心，与南方周旋，使得局势一步步朝着有利于自己的方向发展转化。

为了改变因接受共和为谈判前提所造成的相对于民党而言的被动局面，袁世凯应对之策的重要支点，是竭力维持与南京临时政府的对等地位。为达此目的，他固守两条：一是坚持自己的权力来源并非延续南京临时政府；二是将自己担任全权总理大臣的清朝末届内阁，变成看似具有民国北方临时政权性质的实体。

南京临时政府成立伊始，受到内外形势和各方力量的制约，不得已将战略目标确定为促使袁世凯逼退清室，从而颠覆帝制，建立统一的共和政权。既然自身不过是实现这一目标的过渡，其体制就不得不随之调整变化。开始实行总统制，后来又改为内阁制，试图以内阁和参议院钳制令人疑虑担忧的袁世凯。不仅如此，南方坚持要袁世凯南下就任，一方面是使其脱离北方的势力基盘，斩断与清王朝千丝万缕的联系，另一方面则是让袁世凯全盘接收南京临时政府的组织乃至人事，或者更为恰当地说，是要将袁世凯放在南方共和政权的顶端，虚高架空。

对于这样的安排，老谋深算的袁世凯当然不肯轻易就范。他很快就抓住了关键所在，利用实权在握的优势，反守为攻。南方排斥清朝和帝制，而以袁世凯政府为对手，使其地位既似第三方，又是正式北方代表，客观上也使袁世凯多了辗转腾挪的空间。与之对面的孙中山，政治敏锐度极高，往往能够明察秋毫，针锋相对地进行应对。可以说双方都是政治博弈的高手，只是如何对策，不仅考验政治智慧，而且受到局势、实力和各方错综复杂关系的牵制。

正如学人已经论及，孙中山与袁世凯之间围绕组织统一民国政府的角力，在南北和谈期间便已展开。孙中山注意到袁世凯有可能利用与清王朝的关系，尤其是掌控全权政府的有利地位，而将其接掌政权做得好像接续清朝大统，以免受到南方共和政府的约束钳制。在清帝决定退位之际，袁世凯的亲信赵秉钧便代表内阁提出一项解决时局的方案，即南北现有政权同时取消，由袁世凯在天津另设临时统一政府。孙中山敏锐地察觉此举背后的玄机，电示南方议和代表伍廷芳，明确反对清廷私授政权于其臣，反对北京更设临时政府，接着要伍廷芳将各项条件交各报馆公开发表，以确保袁世凯斩断与清政府的一切关系。[1]

袁世凯当然清楚，完全断绝与清政府的关系，势必落入张网以待的民党彀中，所得大总统的位置名号，不过是形同虚设的傀儡。这是权力欲很强的袁世凯无论如何不肯接受的。他特意将退位诏书中"即由袁世凯以全权与民军组织临时共和政府，协商统一办法"一句，改为"即由袁世凯以全权组织临时共和政府，与民军协商统一办法"，虽然仅仅变动"与民军"三个字的位置，意思却大相径庭。据此，袁世凯可以自行组织临时共和政府，然后再与民军协商统一。如此一来，则不仅袁世凯的权力来源受自清政府，与南京临时政府

---

[1] 胡绳武、金冲及：《辛亥革命史稿》第四卷，第172—173页。

无关，民军在创建共和政府时不具有法统地位，而且无论实行总统制还是内阁制，袁世凯都是大权在握的权力中心。孙中山对此虽然感到愤怒，可是退位诏书颁布，木已成舟，回天乏术，只得以临时政府约法、定都南京以及参议院等条件相约束。[1] 据当事人之一的蔡元培回忆，孙中山坚持要袁世凯南来就职，并且定都南京，就是希望其以此"表示接受革命政府之系统，而避免清帝禅让之嫌"[2]。

仔细推敲，袁世凯的意图，固然有正统观念，主要还是防止掉进民党设好的套中。相比之下，退位的清室对其未来的执政已无实际约束力，而且清朝正式宣布还政于民，还使得袁世凯天经地义地成为民政的代表。此外，民党方面的防范措施，也有含混不清之处。尤为重要的有两点，一是就职与定都相分离，二是统一政府的组织尚无定论。这些恰好为袁世凯施展权术留下了必要的空间。

由于南方阵营内部存在分歧，虽然孙中山提出定都南京作为牵制条件，实际上定都问题仍然悬而未决。北上迎袁专使蔡元培一再声明此行并不涉及建都奠都事宜，只是请大总统南行，等于明示首都的地点仍在可以讨论之列。鉴于北京局势不稳和北方军人将领纷纷反对统一政府设在南方，权衡妥协，蔡元培等先是放弃临时政府地点之议，以换取袁世凯南下就职，继而提出在袁不能南行，而统一政府不可不即日成立的情况下，采取变通之策，即袁世凯在北京就职，与南京、武昌商定内阁总理，由总理在南京组织统一政府，与南京前设之临时政府办交代，然后重兵护卫参议院及内阁迁北京。[3] 此事值得特别注意的是，迫于形势，蔡元培虽然对袁世凯不

---

[1] 此事原来一般据胡汉民自传所记，指为整句由袁世凯添加。参见胡绳武、金冲及：《辛亥革命史稿》第四卷，第 177 页。

[2] 蔡元培：《自写年谱》，高平叔编：《蔡元培全集》第七卷，北京，中华书局 1989 年版，第 306 页。

[3] 《致孙中山电》1912 年 3 月 4 日，高平叔编：《蔡元培全集》第二卷，北京，中华书局 1984 年版，第 143—144 页。

断做出让步，可是在南京组织统一政府后再迁往北京一条，却至关重要，不仅将袁世凯控制的前清政府排除于组建统一政府之外，而且使得权力重心所在的责任内阁与南京临时政府一脉相承。

可惜蔡元培等人的想法显然还是一厢情愿，袁世凯不得不接受南方由参议院议定的条件，同意南北统一政府实行内阁制，便无论如何不能放手由总理以南方临时政府的班底为基础建立统一政府，否则，就真的可能流于徒有虚名的傀儡总统。清帝的辞位诏书，给他提供了重要的法理依据。他所采取的首要步骤，就是设法将他作为内阁总理大臣掌管的各级各类官署确定为继续维持统治秩序的合法权力机构，而不仅仅作为末代王朝的阁府部院。

辛亥十二月二十六日，也就是 1912 年 2 月 13 日，袁世凯以"全权组织临时共和政府"的名义发布了两道布告。其一，布告内外大小文武官衙：

> 现在共和国体业经宣布，世凯忝膺组织临时政府之任，力小荷重，深惧弗胜。窃念政府机关不容有一日之间断，现值组织临时政府，所有旧日政务，目下仍当继续进行。庶政方新，百端待举，全赖群策群力，互相匡助，务以保全治安，共维大局为要。著在新官制未定以前，凡现有内外大小文武各项官署人员，均应照旧供职，毋旷厥官。所有各官署应行之公务，应司之职掌，以及公款公物，均应照常办理，切实保管，不容稍懈。

其二，布告军警：

> 本政府组织伊始，地方治安，关系至重，全赖军警协同维护，免使居民惊扰。现军警各界赞成共和，早经联合一致，尤应各尽义务，合力维持。所有旧定之军纪警章，仍当继续施行，藉以统一政权，保持秩序。倘有不逞之徒藉端生事，扰乱治安者，

定当按法惩治，以维大局。凡各级长官，务当共申此旨，认真约束，勿得稍有松懈，致干咎戾。

同日，袁世凯又致电北方各督抚各府州县：

> 现在改定国体，采用共和，业经大清皇帝明白宣布。凡我国民，须知此次改革，为我国从来未有之创局，非舍故君而代以新君，乃由帝政而变为民政。自兹以往，我中国之统治权非复一姓所独擅，而为四百兆人所公有。我中华国民，不论满汉蒙回藏何种民族，均由专制朝廷之臣仆，一跃而为共和平等之人民，实我中华无上之光荣，亦世界罕闻之盛举。惟当新陈代谢之交，正祸福攸分之日，始基不慎，遗害何穷。吾人同属国民，各有天职，艰难缔造，义不容辞。凯以非才，谬膺组织临时政府之任，力小荷重，其何能堪。所赖我贤士大夫，各竭知能，共谋匡济。诸公久膺疆寄，外观世局，内察民情，必有以慰同胞望治之心，方不负大清皇帝致政之意。其或愚氓无识，煽动浮言，亦宜剀切详明，广为劝导，务令各安生业，不酿事端，是为至要。至地方有司，在新官制未定以前，一切暂仍旧贯，所有各官署应行之公务，应司之职掌，以及公款公物，均应赓续进行，切实保管，不可稍懈。总之，共和国家，舆论即为法律之母，国是一定，万难再事动摇。无论何人，均有服从国法之义务。凯虽不敏，愿与诸公努力行之。[1]

袁世凯的这两道布告，很快传达到其实际统治的地区。两天后，即十二月二十八日（1912 年 2 月 15 日），吉林各地官署接到北京全权组织临时共和政府袁阁令两电，两相比较，虽然吉林西南路兵备

---

[1]《临时公报》1912 年 2 月 14 日。

道孟宪彝所记较为简略，除个别字外，内容基本一致，甚至文字也几乎一样。次日（2月16日），吉林各地官署再接吉林公署转发的北京来电 [1]，即袁世凯致北方各督抚各府州县电，文字大同小异。也就是说，同日发布的通电，经长春传到吉林，反而晚了一天。

　　袁世凯的这几道电令布告，虽然以"全权组织临时共和政府袁"的名义，显示其权力受自清帝，对于光复独立各省应当没有多少实际意义，因为这些地方的前清政权已经分崩离析，执政的是新建的光复政权；但是对于尚未独立的北方各省，尤其是京师的清朝阁府部院而言，却是意义非凡。既然是大清皇帝授意改政，授权组织政府，既然全体国民均由专制朝廷之臣仆，一跃而为共和平等之人民，既然军警各界赞成共和，早经联合一致，那么就可以和袁世凯一样，由清朝的臣子变成民国的官民。与此相应，各机构也就顺理成章地可以由皇朝的衙署化作民国的机关。

　　在政权鼎革时期，新政权实际接管之前，要求旧政权的机构人员暂时负责维持秩序，本来也是常态，未可厚非。可是袁世凯的目的显然并不仅仅在于维持秩序一节，更重要的，还是使自己的权力合法化正统化。而且其所谓法统，绝非南方民党力图开创的革命法统，而是一方面承继清朝的正统，另一方面又符合民国的新法统。唯有如此，作为前清内阁总理大臣摇身变为民国临时大总统的袁世凯，才能使其所属的各级政权继续实施合法统治，并且理所当然地成为组建统一共和政府的重要凭借。吉林各官署接到的电令，在全权组织临时共和政府之外，还有袁阁的名义，则不仅全权来自清廷的授予，所以采用共和要经大清皇帝明白宣布，而且所谓内阁，既是清朝的最后一届内阁，更重要的还是由袁世凯掌握全部国家大权的责任内阁。如此一来，袁世凯就在清朝内阁与共和政府之间，由大清皇帝搭起一道连接的桥梁，实现其明修栈道暗度陈仓的政治企图。

[1]《孟宪彝日记》，李德龙、俞冰编：《历代日记丛钞》第161册，第558—569页。

　　1912 年 2 月 15 日，参议院选举袁世凯为临时大总统。袁世凯随即开始筹备接掌大位事宜。他设立了临时筹备处，直接隶属于临时大总统，为备咨询筹划之机关，在其正式就职前筹备将来建设之计划，分法制、外交、内政、财政、军事、边事六股。[1] 同时，作为共和政府的临时大总统，他还继续发布原有清朝内阁各部的人事任免令。如 2 月 21 日临时大总统袁命令：学部呈称本部正首领唐景崇假满病仍未愈，应派员接任，委任张元奇兼署。2 月 22 日临时大总统令：法部副首领因病请辞，照准，委任王世琪兼署。3 月 15 日，度支部首领绍英开缺，委任周自齐暂行管理度支部首领事务，陆宗舆暂行管理度支部副首领事务。[2] 也就是说，此时袁世凯是一身二任，民国统一政府的首任临时大总统仍然兼负清朝末届内阁总理大臣的重任。

　　壬子新正（1912 年 2 月 18 日）这一天，作为袁世凯内阁法部大臣的沈家本"本应诣皇极殿行朝贺礼。因服色不便未去。同人相约如此"，而署度支部大臣绍英却照样朝服进内，先后在皇极门外和乾清门内行三跪九叩礼。[3] 可见同人未必是所有同僚。不行朝贺的真实原因，当是原来的阁揆已经摇身变为民国总统，使得阁僚们处境尴尬，不知如何才能左右逢源。这一选择，体现了他们在旧主与新酋之间的向背。武昌起义后，京官纷纷出逃避难，各部官员多属暂、兼，已经是维持会性质。因为与南方临时政府关于定都何处的争议迟迟未决，袁世凯只能暂时以原来的内阁为政府。所以 3 月 10 日袁世凯就任临时大总统时，仪式虽然冠冕堂皇，可是因为新政府尚未成立，仍由清朝最后一届内阁的各署首领依次行礼，然后再

[1]　《临时筹备处规约》，《临时公报》1912 年 2 月 22 日。

[2]　《临时公报》1912 年 2 月 22 日、23 日。

[3]　绍英著：《绍英日记》第 2 册，北京，国家图书馆出版社 2009 年版，第 281—283 页。

带同丞参司员谒见行礼。[1]

在今人眼中,共和与帝制为截然相对,而在进入共和时代的亲历者看来,共和的含义却千差万别。在 1912 年 3 月 10 日举行的临时大总统受任典礼上,迎袁专使蔡元培代表孙中山所致祝词和袁世凯的答词,可见双方对于共和各有侧重的选择取舍。蔡元培的祝词称:"我国新由专制政体而改为共和政体,现在实为过渡之时代,最重要者,有召集国会、确定宪法诸事。孙大总统求全国第一能负此最大责任之人而得我大总统,因以推荐于代表全国之参议院。参议院公举我大总统,而我大总统已允受职。孙大总统为全国得人庆,深愿与我大总统躬相交代,时局所限,不克如愿,用命元培等代致祝贺之忱,希望我大总统为我中华民国造成巩固之共和政体,为全国四万万同胞造无量之幸福焉。"袁世凯的答词则谓:"世凯衰朽,不能胜总统之任,猥承孙大总统推荐,五大族推戴,重以参议院公举,固辞不获,勉承斯乏,愿竭心力,为五大民族造幸福,使中华民国成强大之国家。敬谢孙大总统及欢迎团诸君。"[2] 两相比较,祝词着重于应努力造成与专制相对的共和政体,答词却有意回避此节,凸显自己的众望所归。由此看来,虽然袁世凯在誓词中也表示要奠定共和基础,其共和的意涵更多是指五族共和。

如果说继续旧部的人事任免还是由于袁世凯一身二任,只是实际上有将清朝部院化身为北方共和政权之嫌,前清内阁各部的首领丞参司员作为政府人员正式参与民国临时大总统的就职礼,则从仪式层面完成了从被推翻的帝制政府摇身变成与南京共和政权对等的北方权力机构的合法化程序。而北方各省总督与南方各都督同派代

---

[1] 《沈家本日记》,沈家本撰,韩延龙、刘海丰、沈厚铎等整理:《沈家本未刻书集纂补编》下,北京,中国社会科学出版社 2006 年版,第 1342—1344 页。关于临时大总统的受任仪式,参见《袁大总统举行受任礼纪盛》,《顺天时报》1912 年 3 月 10 日,第 7 版,"时事要闻";《袁总统受任之要电》,《神州日报》1912 年 3 月 11 日,第 3 版,"要闻一"。

[2] 《民立报》1912 年 3 月 12 日,第 3 页,"专电·北京电报"。

表出席临时大总统受任礼，也昭示了在中华民国的政治架构中南北
一视同仁的局面。

二 接收与合组

3月13日，已经就任临时大总统三天的袁世凯发令，特任唐绍
仪为民国政府的首任国务总理。袁世凯就任临时大总统的当天，《时
报》的"专电"和"译电"就分别发布信息，"专电"称："袁拟以
唐绍仪为内阁总理，并赍誓词赴宁，到参议院代表宣布受任，即在
宁组织全体阁员，然后北上。是为统一政府成立。经电商孙总统，
得复允洽。""译电"则谓："袁履任后，将以唐绍仪为内阁总理，
命赴南京组织统一内阁。袁初谓建设统一政府之办法当如此。至初
八日乃接南京政府复电，——赞成云。"[1] 是日《民立报》的"西报
译电"亦称："袁大总统定初十日（今日）上任视事，举唐绍仪君
充内阁总理，唐君再赴南京组织新内阁。袁大总统初八日接到南京
来电，允可以上一切办法。"[2] 不同来源的内外专电均确切指称组织统
一内阁事宜应由唐绍仪南下在南京完成，印证了蔡元培所说与袁世
凯的约定确有其事。

蔡元培与袁世凯的约定并非只是心照不宣的君子协定。3月6
日，孙中山向南京临时政府参议院提出议案，因收到蔡元培北京来
电，报告北京现状及对付之法，要求四点：一、袁世凯不必南行就职；
二、临时政府暂设北京；三、袁在北京行就职式，与南京、武昌商
定内阁总理，参议院承认后，由总理在南京组织政府，与南京现在
之临时政府办交代，组织完备，乃偕参议院迁往北京；四、参议院
及内阁全部迁北京时，用重兵护送，以巩固政府，弹压地方。孙中

---

[1] 《时报》1912年3月10日，第2版，"专电""译电"。
[2] 《民立报》1912年3月10日，第6页，"西报译电"。

山据此提出四项办法：一、电请黎副总统来南京代表受事；二、以同意委任总理得参议院之承认，在南京组织政府，与现在政府交代；三、如黎副总统不能来南京，则拟交代于武昌；四、袁世凯可否于北京行正式就职礼与临时政府地点暂设北京一节，请由参议院决定。

参议院对此意见不一，或谓所拟办法非但无济于现在之问题，且徒多生事。经过全院审议会审议，决定办法六条，其他如同意袁世凯在北京就职、向参议院宣誓后由参议院承认并重告全国、孙大总统于临时政府交代后始行解职等，大体如前议，可是其中至关重要的第五、六两条意思却有些含混，多少偏离了初衷。一是袁大总统受职后即将拟派国务总理及各国务员姓名电知参议院，求其同意；二是国务总理及各国务员任定后，即在南京与现在政府行交代事宜。[1]与蔡元培的要求及孙中山所拟办法相比照，组织内阁之权操于袁世凯之手，不仅总理人选无须与南京、武昌协商，还要决定各部总长人选。而原来国务总理在南京组织政府，变成只是由总理总长办理南京临时政府的交代。可以说，参议院的举措顾及了自己的面子，却使得南方民党钳制袁世凯的利器大为受损。

3月17日，唐绍仪带同黄恺元、刘冠雄、王正廷等人乘火车南下，"此次唐氏南行，负责甚重，国务员之位置，须俟唐到南与各员接洽，得其同意，乃能正式宣布。盖恐发表之后，又纷纷辞职，蹈从前之弊也。如原定诸人须有更动，则可由唐氏随时选任"[2]。3月25日唐绍仪到南京后，"国务卿即须发表。现各部人员，唐均暂时慰留。至政府迁往北京，约须在一月之后也"。据3月下旬的《大陆报》称，其时新内阁国务员国务卿只确定了三人，其余将于本星期内宣布。[3]

[1] 《临时政府大决议》，《民立报》1912年3月8日，第7页，"新闻一"；《临时公报》1912年3月9日。据3月6日下午的《参议院议事录》，议案系由谷钟秀提出。（张国福选编：《参议院议事录、参议院议决案汇编》，北京大学出版社1989年版，第92—93页。）

[2] 《唐少川南下之行色》，《神州日报》1912年3月23日，第3版，"要闻一"。

[3] 《南京近事摘要》，《神州日报》1912年3月29日，第3版，"要闻一"。

3 月 29 日，唐绍仪列席参议院会议，发表政见，提出各部总长名单。除交通总长外，均获通过。

革命党为了制约袁世凯，特意将总统制改为内阁制。依照内阁制原则，国家权力在于内阁，总统无权参与或干预内阁的人事。即便根据南北双方约定，也应由袁世凯和南京、武昌方面协商决定。不过，民国由《中华民国临时约法》规定的内阁制，与一般的内阁制却有三点不同：其一，大总统并非虚尊，其总览政务，绝不仅仅是名义；其二，国务院不是由多数党（一党单独或数党联合）组成，很难与国会结成同盟；其三，国会本身基础薄弱，无法有效制衡行政权力。宋教仁以为改总统制为内阁制，就可以使总统政治权力至微，纵有野心，也不得不就范，只有纯就体制而言。所以胡汉民指出，内阁制纯恃国会，国会无力，无由抵抗，遑论内阁。[1]

胡汉民所言很快就得到印证，在府院会的三角关系中，总统从一开始就处于相对有利的地位。由于袁世凯的实际权势及其与唐绍仪的关系，阁员的人选其实是以袁为主导提出和确定。但是袁世凯显然并不满足于此，如果唐绍仪南下，真的是在接收南京临时政府的基础上组建统一政府，然后再让内阁与参议院一道联袂北上，则尽管定都北京以及占据内阁阁员的要津，仍然无法割断与南方民党政府的联系，更难以驾驭南方临时政府的大批司员。所以，袁世凯必须想方设法要使组建统一政府之事发生于北京，而且是以南北政府现有人员为基础重新组建。为达此目的，袁世凯双管齐下，一方面尽快公布阁员名单等信息，并改变在南方组建国务院北上接收的前约，让总长已在北京的各部抢先办理交接，造成接收南北政府的行为性质相同的印象；另一方面，迫使在南方组建内阁的唐绍仪以及南方各国务员匆匆北上，使得新政府整体北迁的计划消于无形。

---

[1] 《胡汉民自传》，中国社会科学院近代史研究所近代史资料编辑组编：《近代史资料》总 45 号，北京，中国社会科学出版社 1981 年版，第 63 页。

　　3月30日，组阁事宜终于告成。新内阁成立之日，一直密切注视中国政局变动的日本《大阪每日新闻》发表评论，认为经过20余日才能成立，新内阁可谓难产。但总长人选南北尚无偏颇，只是面对问题甚多，执政有待考验。[1] 同日，袁世凯发布临时大总统令：现在各部总长业经任命，除内务、陆军总长在京及外务总长另已派署外，其余各总长未到任以前，在京原有各部事务，暂行照旧办理，以待分别交替。[2] 京中旧部如度支部、农工商部、海军部、学部、邮传部、法部等，皆奉总统令停止办公，清理文件，预备交替。[3]

　　这时新政府尚未正式成立，袁世凯也没有正式发布接收令，可是各部除了准备各项交接事务外，一些由北方人士任总长的部门已经悄然开始实施交接。有报纸报道："自各国务总长发表后，北京各旧部即纷纷赶办交替，除内务、陆军两部由赵、段两总长自行交代自行接收外，其他各部均于八号呈报总统府，已将应行交代事宜办理完毕，专俟各总长到京后交替等情。当奉大总统批复，司法、交通两部即由徐次长、施总长即行接收，无须与各部一同延候云。"[4] 也就是说，还在4月上旬，在袁世凯的授意下，由其旧部属出任新政府国务员的部门自行接收的行动已经开始。这与其说是接收旧政权，毋宁说是进一步认可新旧政权继替关系的合法性更为恰当。

　　国务员名单公布后，南京临时政府如约解散。4月2日，南京领事团接电：南京临时政府今日解散，各部次长即由总长推荐，然后开阁议委任。新内阁定于本月十日移往北京。领事团随即将此消息通报《字林报》。[5] 由于是新建政权，确定组阁名单，与完成所有组阁事宜距离甚远，除了次长的人选及委任外，还有各部机构的组

[1]　怒安译：《支那新内阁》，《神州日报》1912年4月9日，第1版，"译论"。

[2]　《临时公报》1912年3月31日。

[3]　《民立报》1912年4月1日，第3页，"专电·北京电报"。

[4]　《京华短柬》，《申报》1912年4月17日，第3版。

[5]　《西报记南京近事》，《神州日报》1912年4月3日，第3版，"要闻一"。

织与人事的安排。为此，唐绍仪继续在南方进行活动，以便组织一个基本成形的新内阁并如期迁往北京。

可是接下来事情似乎不大顺利，4 月 10 日的约期已过，唐绍仪和新内阁未能动身北上。这引起北京方面的严重不安。南北之间因为定都问题曾发生尖锐分歧，南方虽然迫于情势以及内部意见不一，不得已同意定都北京，却始终心存芥蒂；而北方在首都之地最终定局为事实之前，对此仍不无疑虑。北京传闻说："唐总理、各国务员及参议员迟不来京，此间均疑南人因反对迁移北京，故此留难。"[1]不过，这时让北方更为担心的或许已经不是首都地点在南在北，而是害怕唐绍仪在南方组织的政府太过完善，使得北方失去人事安排的空间和讨价还价的余地，北上之后袁世凯的旧部只能屈从。

对于唐绍仪延期滞留南方继续组建新政府部门的行动，袁世凯事先已经获悉，为此感到相当忧虑。他不能容忍唐绍仪将一个以南方临时政府人员为基础主干的新政府带到北京强加于自己。据报道："国务员迟不来京，袁总统甚为焦虑，初九日午后，召集陆军总长段芝泉、内务总长赵智庵、署外交总长胡馨吾在本府楼上筹议办法。经袁总统宣言，谓国家危急已至如此，而国务诸公尚多猜疑，必欲拥兵北上，外则贻笑友邦，内则徒生意见。"如果报道属实，则在 4 月 10 日之前，袁世凯等人已经决心迫使唐绍仪等加速北上。在确定了危及国家的罪名之后，袁世凯复电唐绍仪，南来人员限期 4 月 20 日必须一律到京。[2]此举的目的，显然在于阻断唐绍仪在南组建新政府各部的计划，迫使其回到北京后再进行组建统一政府的活动。

列强再次机缘巧合地帮了袁世凯的大忙，恰在此时，北京外交团提议，以民国政府久不成立，南北势将分裂，将公举代表监督财政。北方各种拥袁势力趁机鼓噪，向南方施压，逼迫滞留上海的唐绍仪

---

[1] 《申报》1912 年 4 月 14 日，第 1 版，"专电"。

[2] 《盼望国务员到京之迫切》，《申报》1912 年 4 月 16 日，第 3 版，"要闻一"。

迅速回京，参议院和各国务员随同北上，在京从速组织政府。4月12日，北京国民协进会致电上海各报馆各政团："乃自总理受任以来，掷至宝之光阴，为无谓之延搁，影响所及，险象迭生，竟使外人于民国开幕之初，即议监我财政，国民未睹共和之建设，先见亡国之端倪，谁生厉阶，种兹恶果。试问总理及参议院，何忍曲徇私利，陷全国于无政府而不顾耶？顷参议院已有二十以前到京之说，切望总理率各国务员于两三日内起程北上，先使政府成立，以抵剧烈之外潮，诸事方能着手，尤望各政团各报馆将此危急情势，警告国内，共谋拯救，无任迫切。"[1] 一时间南北各方风起响应，公私各电敦促参议院和国务员北上者达数百通之多。

其实，按照唐绍仪事先宣布的日程，最早也要4月10日才能和新内阁及参议院北上，这时不过刚刚到期，虽然的确未能如期启程，但要说是虚掷光阴，故意延搁，却是欲加之罪了。所谓曲徇私利，无疑正是以南方临时政府人员为基础组织新阁部之事。对此唐绍仪抵达南京时，已经预期组织政府部门或许较确定阁员难度更大，因而表示政府迁往北京的时间当在一月之后，留下了足够的回旋余地。而北方的拥袁各派借故造势，目的就是要打乱相关的部署计划，夺取组织政府的主动。

在各方的压力下，尚未完成组阁事宜的唐绍仪只得匆忙决定尽速北上。据4月15日总统府得南方来电："谓唐总理偕同内阁各员及随员等四十人，定期十五日（昨日）夜半乘招商局新昌轮船来京。"唐绍仪及各国务员电告袁总统，准期二十一日可以抵京。[2] 关于其滞留南方的原因，各报前后报道不尽一致。开始说是包括处理沪军都督的去留、南京各部之交代、向沪上某银行商借款项以及罗致人

---

[1] 《北京国民协进会电》，《申报》1912年4月13日，第1、2版，"公电"。

[2] 《申报》1912年4月16日，第1版，"专电"。

才等。[1]后来唐绍仪由沪启程时，电达梁士诒转呈袁世凯解释其留沪原因为：一、财政总长熊希龄不肯就职，电邀张謇来沪劝驾；二、江苏都督庄蕴宽辞职，难觅替人，程德全最合适，而程不肯轻允，几经磋商，始克就绪；三、江苏境内尚有上海、江北两都督，势必取消，而定江苏都督驻扎地点于南京，转折甚多。[2]似未涉及在南方组织统一政府事宜。

而据《民立报》的消息："唐总理绍仪来沪浃旬，与各国务员面权要政。屡得袁总统、黎副总统电促北上，急于星火。"[3]《顺天时报》也报道说："唐总理在上海勾留数日，现与各国务员会同妥商南方政府善后办法，日无寸暇。故袁大总统日来甚为焦虑，限期电催从速北上，以便组织新内阁。"[4]可见唐绍仪南下的确与组阁事宜有关。所以，开始南方各报报道南京临时政府各部北上之事，给人的印象就是新组建的政府整体迁往北京。如《大共和日报》4月4日北京专电，措辞即为"外交、理财两部须先移至北京，其余各部亦陆续移往"。这与蔡元培所定由总理在南京组织统一政府，与南京临时政府办交代，然后内阁与参议院迁往北京，以及唐绍仪到达南方之初所说组织好政府再迁往北京的意思大体一致。

不过，关于此事，无论是唐绍仪还是南京临时政府，态度与说词都有些模棱两可。其时南京某报主笔曾以个人名义询问参议院不甚赞成袁世凯所交国务员提议的原因，某议员的答复是：袁的提名为12部，与参议院议决的10部制不合；人选中袁仅推荐4人，其余为孙中山所荐；袁的议案系由孙中山接收，而孙尚未交院，参议院为此已备正式公文质问。记者又问：按照贵院所议，"唐内阁一

[1] 《唐总理滞沪原因》，《顺天时报》1912年4月10日，第7版，"时事要闻"。据称这是唐绍仪密电袁世凯的相关内容。

[2] 《唐总理电释留沪原因》，《申报》1912年4月22日，第2版，"要闻一"。

[3] 《国务员联袂北行矣》，《民立报》1912年4月15日，第10页，"新闻四"。

[4] 《唐总理北上问题》，《顺天时报》1912年4月9日，第7版，"时事要闻"。

接收，孙公即日解任，政府各员随同唐内阁北上耶？抑袁总统在北，政府在南耶？"议员答道："依事实观察，政府应在北京，政府与总统无分而为二之理。"[1] 如此答复，显示参议院未必完全清楚蔡元培所议定的条件以及为何要定下这些条件，或是已经放弃了原来议定的一些原则。4月初，南京临时政府各部总长已停止办公，次长亦各存五日京兆之心，科长科员等虽经唐绍仪慰留，而愿北上者十只一二。故现在各部人员形同过客，但愿早日交替。[2]

　　事情的复杂反映于信息的不一致。在刊载某报主笔与参议员问答之事的同日同版同一栏目，《顺天时报》还刊登了一则据称是探听确切的消息："南京各部员暨各科员均皆一同来京，并携带卷宗交代。"[3] 所以4月2日孙中山总统与各部员行正式解职礼后，各部次长由各总长介绍召开内阁会议，内容之一，便是"取决新内阁前往北京，十日内可就绪"[4]。与之吻合的相关事情不止一端。4月7日午前10时，刘冠雄作为新任海军总长到南京临时政府海军部行受职礼，海军人员到者百余人，前总长黄钟瑛在沪未返，由王统代为宣读解职辞，侯毅代总长宣训词，海筹舰长林颂庄代表全体述答词，刘冠雄书"共和万岁！民国万岁！海军万岁！"十二字，启用关防，同声呼万岁。刘冠雄还以人惟求旧为由，邀请该部已经辞职的各员一概北上。[5]4月17日，南京临时政府司法部曾公电北京总统府，因袁大总统迭次电促南京各部北上，该部将于18日赴京，所有关于司法行政事件，祈直接北京本部办理。[6]种种迹象表明，南方临时政府各部确有机构北移的主观认为。也就是说，如事先约

---

[1]《某记者与南京议员之问答》，《顺天时报》1912年4月9日，第7版，"时事要闻"。

[2]《南京政府近闻纪要·各部之近状》，《大共和日报》1912年4月7日，第4版，"紧要纪闻"。

[3]《部员议员之来京消息》，《顺天时报》1912年4月9日，第7版，"时事要闻"。

[4]《要电》，《天铎报》1912年4月3日，第1版。

[5]《新海军总长受职记》，《大共和日报》1912年4月9日，第3版，"紧要纪闻"。

[6]《南京司法部移北京公电》，《顺天时报》1912年4月20日，第7版，"时事要闻"。

定，应由唐绍仪在南方成立新政府，接收南京临时政府，各部总长
即国务员接收南方各部并行受职礼，然后北上接收前清各部，而非
由南北政府的人员共同合组新政府。只是实际进程中演变成南京临
时政府各部就地交代并停止，仅有部分人员北上，参与新内阁即国
务院的组建。

得到唐绍仪等人的承诺，袁世凯仍不放心，抢先对外发布新
政府各部所在地址：总统府，南苑行宫（拟改陆军部旧署）；内阁，
石大人胡同迎宾馆；参谋部，煤渣胡同前贵胄法政学堂；陆军部，
铁狮子胡同旧署（拟改盐政院）；海军部，石驸马大街旧署；外交部，
东堂子胡同旧署；内务部，民政部街民政部旧署；教育部，铁匠胡
同学部旧署；理财部，户部街度支部旧署；司法部，刑部街法部旧
署；农林部，西直门外农事试验场；工商部，粉子胡同农工商部旧署；
交通部，西长安街邮传部旧署。[1]这种看似万事俱备只欠东风的架势，
使得南方的国务员更形被动。

与此同时，北京军界统一会致电各省都督各军司令官各会党
各报馆："内阁总理暨各国务员不能克期任职，政府不能正式成立，
国步益臻危险"，鼓动各方致电袁世凯，"倘果五日以外犹事迁延，
非如原电所云，恳请大总统先行派员署理，实无救亡之策"。[2]黑龙
江都督发电，也有国务院各部先行派员署理之说。还有消息称，袁
世凯电催唐绍仪，限于14日到京，"否则即仿胡惟德署理外交总长
之例，命北京各部旧首领署理国务大臣，组织政府，以便政治之进
行"[3]。这无异于对南方发出最后通牒，如果参议院和国务员不能尽
快到京，北方将单独重新组织政府，其班底则照用前清旧员。

---

[1] 《新政府各部地址表》，《申报》1912年4月17日，第2版，"要闻一"。

[2] 《申报》1912年4月14日，第2版，"公电"。

[3] 《关于新国务员之要闻·电促赴期北上》，《时事新报》1912年4月12日，第2版，"紧
    要时事"。铁血监督团也发出内容相同的电报。《北方通信纪一·各界对于国务员之公愤》，
    《时报》1912年4月23日，第2版，"要闻"。

　　迫于内外形势，尽管各部组织事宜尚未完成，唐绍仪和国务员也不便继续滞留南方。4月15日，教育总长蔡元培、农林总长宋教仁等由宁回沪，与总理唐绍仪于晚11时乘新昌轮船同行北上，轻装减从，联袂偕来。18日抵塘沽，19日到天津，20日正午乘车进京。同时携来南京总统府秘书室及各部印信文件。[1] 海军总长刘冠雄于4月19日由上海启程，司法总长王宠惠则准于4月21日由粤启行赴沪。财政总长熊希龄于5月初抵京。工商总长陈其美以沪军事务尚未布置完成仍然留沪，后又因舆论反对之声强烈，屡请辞职，坚持不肯北上就任，派熙彦先行暂理。[2] 而尚在驻俄大使任上的外交总长陆征祥远在俄京圣彼得堡，致电袁世凯，定于五月初由圣彼得堡乘夜行车回国。[3] 直到5月28日，才由津来京。[4] 正式就任更是迟至6月10日。[5] 其到任前，总长一职由胡惟德署理。

　　总理唐绍仪于4月20日午刻抵京后，径赴总统府商议要政。次日，内阁阁员晋谒袁世凯商榷部务。对于仍有国务员迟迟不到任的情况，袁世凯再度施压，"袁总统与唐总理会议，以各部长悬职不就，准再俟一星期，如再不到任，即另行委代"。新内阁先设国务会议厅，每日令各国务员赴厅集议。各部先设临时办公处，俟参议院通过内官制后，再行完全成立。[6] 对于先期公布的各部署地址有所调整，大总统与各国务员决议，陆军部迁出，租定安定门内大

[1]《唐总理偕国务员到京》，《顺天时报》1912年4月20日，第7版，"时事要闻"；《唐总理回京时的气象》，《时报》1912年4月27日，第3版，"要闻"；《国务员联袂北行矣》，《民立报》1912年4月15日，第10页，"新闻四"。曾有消息说几位总长偕同参议员60余人于4月19日到京，内阁总理唐绍仪20日到京。《时报》4月19日刊登的4月18日天津专电则称，唐绍仪和各总长当日到天津，即乘专车赴京，并未驻留。
[2]《申报》1912年4月22日，第1版，"专电"；《陈其美之举员自代》，《顺天时报》1912年4月24日，第7版，"时事要闻"。
[3]《民立报》1912年4月18日，第3页，"专电·北京电报"。
[4]《申报》1912年5月29日，第1版，"专电"。
[5]《外交部总长陆征祥通行就任日期文》，《政府公报》第44号，1912年6月13日。
[6]《申报》1912年4月23日，第1版，"专电"。

佛寺以北东胡同路北某私宅办公，原署修缮，作为国务院办公之地。
司法部仍用法部旧署，俟大理院新署完工再行迁入。工商部仍用农
工商部署。农林部拟暂用典礼院署或吏部署。参谋部拟用西长安街
銮舆卫地址。[1]

三　办理交接

唐绍仪抵京当天，即由旧员缮写前清内阁一切文书案卷及人员
名录的清单，收拾器具，准备迁往设于原陆军部的国务院办公处。[2]
4月21日，袁世凯发布临时大总统令："现在国务院业经成立，在
京原有各部事务，应即分别交替，由各部总长接收办理。"[3]这一道
命令，应是新生的共和政权正式接收清朝旧政权的法定文书。按照
日程安排，各部定于4月21日停止办公，开始办理交代，次日各
部总长行正式接任礼就职。[4]不过，由于各部总长来源各异，到任
时间不一，所以各部的交接手续并非同步以同样方式办理。

按照原定程序，统一共和政权成立之际，南北政府同时解散，
国务总理在南方成立新内阁，接收南方临时政府，然后北上接收旧
政权。可是由于事先约定细节上并不明确，尤其缺乏具体程序，实
际操作起来，国务院的整体行动不仅最初演变成南北各部的各行其
是，而且随后不得不在南北旧员的基础上合组新政府。原来的北方
各部其实是前清旧署，与南方临时政府处于敌对状态，即使同意以
清帝退位的较小代价换取帝制结束，南方民党也从未承认其合法地
位。袁世凯任临时大总统，下令原责任内阁各部继续执行政务，新

---

[1]《再纪各部署之地址》,《申报》1912年4月23日，第2版，"要闻一"。

[2]《唐总理到京志略》,《神州日报》1912年4月27日，第3版，"要闻一"。

[3]《临时公报》1912年4月22日。

[4]《申报》1912年4月21日，第1版，"专电"；《时事新报》1912年4月21日，第1版，
    "电报"。

内阁发表，袁旧部任总长的各部又自行接收，加上袁世凯本人以及北方各总长的原有身份，使得北方各部看似具有某种权力来源相当含混的民国新政权的合法性。而南方临时政府在被新内阁接收之后，其人员又以个人身份北上参与新政府各部的重组，等于再度被遴选，在新政府中民党的色彩进一步淡化，革命的新法统几乎荡然无存。

　　教育部是各部中办理交接事宜较快且较为顺利的。总长蔡元培到京数日，以次长范源濂未归，故于接收事宜，未曾议及。等到范源濂回京，即商量接收办法。[1] 蔡元培本来计划，"此次办理学务，除酌留学部旧人外，尚在各处网罗知名之士。现蔡因罗致之人尚未到京，而学务又不能久延，乃先派人接收学部事务，以便着手开办"[2]。4月24日，蔡元培发布《接收前清学部谕示》："本部未成立以前，须先派员接收学部事务，以便重行组织。兹派白作霖、赵允元接收总务司事务，陈应忠、刘唐劭接收专门司事务，陈清震、王章祐接收普通司事务，路孝植、王家驹接收实业司事务，陈问咸、柯兴昌接收会计司事务，崇贵、陈琦接收司务厅事务，彦恩、刘宝和、祝椿年、李春泽接收督学局事务，高步瀛接收图书局事务，常福元接收名词馆事务。定于本月二十六日上午十钟办理接收。该员等自接收之日起，即应按日到署，各司其责。俟本部组织成立，再候本总长分别委任职务可也。"[3]

　　依据中华书局版《蔡元培全集》，这份谕示的底本虽系蔡元培本人所留手稿，可是教育部的接收当在谕示发出的当天即24日已经付诸实行。据5月1日《教育部呈分设厅司请委任参事等职文》："本部已于四月二十四日接收学部事务。"[4] 同日《教育部通行各部院等文》亦称：蔡元培于4月24日就任教育总长，即在旧学部办公。

[1] 《国务院开幕后之重要问题》，《申报》1912年4月30日，第2版，"要闻一"。

[2] 《新政府组织种种》，《申报》1912年5月1日，第2版，"要闻一"。

[3] 高平叔编：《蔡元培全集》第二卷，第155—156页。

[4] 《教育部呈分设厅司请委任参事等职文》，《政府公报》第5号，1912年5月5日。

相应通行各部院各旗都统南京留守各直省都督民政长查照，嗣后京外各衙门如有公文函件，可径向该处投递。[1]稍后教育部又续派崇岱、孟心远接收八旗学务处，晏孝儒、高文彬接收国子丞衙门，彭聚星、秦锡纯接收图书馆。[2]

　　已经先期在南京行过受任礼的海军总长刘冠雄于5月1日到部就任，而海军部的接收手续从4月27日起已经开始办理。据4月28日专电，"海军部已于昨日派员接收，计留旧部员二十余人"[3]。所谓留用旧部员，只是暂时办理交代人员，据《申报》5月3日《各部新陈代谢记》："海军部于前月二十七号办交代，甚形忙碌。其交代人员悉由总长先时派定，新旧两方面俨如旗鼓相当。新人员中派出吴振南、侯毅、吕德元、陈鹏纛、刘永谦、陈复、刘华式、曾兆麟、冯涛、丁士芬、刘勋铭等二十余人，旧人员中派出严复、吕富永、张贤远等亦二十余人。海军部旧共八司，已有七司交代清楚，惟军储司以帐目蒙混，无从稽查，旧存款本有二百零三万有余，大半毫无着落，各人均不愿接收，故该司交代，拟另日再办。"[4]具体分派为：秘书处侯毅、梁能坚，军制司刘华式、郑礼庆，军政司佘振兴、郑友益、汤文城、荣鸿澜，军学司曾兆麟、奚定谟、阳明，军枢司孙必振、陈宗雍、钟纳，军储司吕德元、刘永谦、刘勋铭、朱伟、冯涛，军法司陈复、马国宾，军医司姚蔡常、夏昌炎，主计处陈鹏纛、张承愈、丁士芬。各于4月27日午后1时前往旧部，分别接收。除另派旧部人员会同办理外，并由吴振南参事同该员认真将旧部一切印信文件财产物品，务须详细检核，点收清楚，不得稍有忽漏。[5]

[1]　《教育部通行各部院等文》，《政府公报》第2号，1912年5月2日。

[2]　《各部新陈代谢记》，《申报》1912年5月3日，第2版，"要闻一"；《北京政海春潮记（十一）》，《神州日报》1912年5月6日，第4版，"要闻二"。

[3]　《申报》1912年4月29日，第2版，"专电"。

[4]　《各部新陈代谢记》，《申报》1912年5月3日，第2版，"要闻一"。

[5]　《北京政海春潮记（十）》，《神州日报》1912年5月4日，第3版，"要闻一"。佘振兴原误作余，感谢台北"中研院"近代史所张力研究员据佘氏回忆录指正。

海军部的交接持续了数日，5 月 3 日海军部发布《海军部承认各处交接事件日期广告》："本部与旧海军部办理接收，行将就绪，嗣后凡与各处交接事件，在阳历五月一号以后者，均归本部承认。"[1]

教育部的接收事宜进行顺利，蔡元培处置得当之外，有其体制上的便利。因为该部接收范围大体为学部管辖之内，相对简单，容易操作。而从帝制变为共和，新旧政府的设置并不都是这样简单地对应，不少新设与旧管无法对口，给交接之事带来了一定的麻烦。如前清的农工商部，民国一分为二，变成农林、工商两个部。这样的安排，既有农工商业日显重要的时势需要，也不无位置南方要人的权宜考虑。而新设事务固然可以各自为政，与农工商部的交接则须两部协调进行。农林总长宋教仁于 4 月 27 日正式就任，暂在农工商部署内设立办公处，并行文各部院："凡有咨报文件，均至办公处投递，俟本部择定公署地址迁入后，再另行通告可也。"[2] 由于工商总长陈其美迟迟未能北上，"宋总长于接收事宜尚未议及，须待陈工商长来京，将分割事宜议妥，方有办法"[3]。新部已经开门办公，旧署的摊子却依然存在，不知何时如何收场。4 月 30 日，农工商部总算交代清楚，全体解散，所有堂司各员及苏拉同时离署。当日该部仅有南来人员十余人典守一切。[4]

另一种情况是旧部撤销，归并到其他新部，如理藩部的归属。民国实行五族共和，各族平等，而且是在国民的身份地位上一律平等，具有强烈宗藩色彩的理藩部自然不宜继续存在。开始袁世凯拟将理藩部归并内务部，内务总长赵秉钧申请改隶内阁，袁以内阁事务过繁，不暇兼理，仍持前议。因管理蒙藏必须熟悉边事，特命原理藩副大臣荣勋为内务次长，并依总长赵秉钧所议，设接收所，接

---

[1] 《承认各处交接事件日期广告》，《政府公报》第 6 号，1912 年 5 月 6 日。

[2] 《农林总长宋教仁通行各部院等文》，《政府公报》第 4 号，1912 年 5 月 4 日。

[3] 《新旧京官现形记》，《申报》1912 年 4 月 30 日，第 3 版，"要闻一"。

[4] 《旧农工商部之末日记》，《时事新报》1912 年 5 月 8 日，第 2 张第 1 版，"紧要时事"。

收理藩部事宜。将来或设立边务总局，以荣为局长。[1]4 月 23 日下午，内务次长荣勋奉命到理藩部办理接收，将一切案卷查点加封。[2]后内务部设立蒙藏事务处，专管蒙藏事务。

有的旧部整体上虽然与新部对应，其下属机构仍有不能为新部所容纳者。如度支部原有银库、缎匹、颜料三库，后两库所存为香烛纸帛，用于宗庙祭祀。财政总长拟派人前往调查，所有物品或归皇室，或变价办公，并将二库裁撤。[3]

内务、陆军、司法、交通四部，因为总长或次长为旧部人员，可以自行交接，本应相对简单。但是四部在新旧体制中均为大部，地位重要，各方牵扯也多，因而在新旧交替过程中，都引发了不小的风波。

国务院成立后，先期自行接收的内务部因受人指摘，全体辞职，暗潮剧烈，波及警界。[4]内务部所辖内外两厅曾风传有归并之说，外厅区全体解散。好在四区各员虽然未受民国委任，因警察于人民直接，又属国民一分子，故仍然照常办事，以维地面。新政府成立后，特呈请派员接收，其未交代以前，仍照常办理。[5]

法部自 4 月 21 日国务院成立，各部奉命准备办理交接后，署中即公事停办，印信停用，有要紧事，送往国务院交新任司法次长徐谦办理。法部大臣沈家本"专候交代事毕即可脱离政界矣"[6]。法部旧人为此到徐谦处大闹，又聚会商议应对之策。徐谦曾建议变通办法，在总长到任之前由次长代为接收旧法部，事为唐绍仪所驳。5 月 1 日，王宠惠抵达北京，次日就任司法总长。5 月 7 日，司法

[1] 《藩部归并内部之手续》，《申报》1912 年 4 月 18 日，第 2 版，"要闻一"。

[2] 《荣次长接收理藩部》，《顺天时报》1912 年 4 月 24 日，第 2 版，"杂报"。

[3] 《京华短束》，《申报》1912 年 5 月 1 日，第 3 版，"要闻一"。

[4] 《申报》1912 年 4 月 25 日，第 1 版，"专电"。

[5] 《六部近闻一束》，《民立报》1912 年 5 月 1 日，第 7 页，"新闻一"。

[6] 《沈家本日记》，沈家本撰，韩延龙、刘海丰、沈厚铎等整理：《沈家本未刻书集纂补编》下，第 1346 页。

部正式办理交接，所派 9 人中，骆通等 4 人为南来之员，其余 5 人为法部旧人。[1]次日交接完毕。司法部暂时仍在法部旧署办公。21 日，司法部又派恩培接收了法律学堂。[2]

交通总长施肇基于 4 月 22 日受任，交接事宜的办理情形前后数变，先派曾述棨、罗忠诒、李建勋、王景春、章祖禧、叶恭绰、蒋尊祎、于俊年、龙建章、许沐盛、姚华等 12 人接收交代事件，并由其厘订办事章程及其他一切事项。[3]后续留旧部人员达 31 人，分为四科，由船政司长龙建章、路政司长叶恭绰、电政司长唐文启、邮政司长唐元楷出任科长，另给委任状，分别供职，办理接收事宜。[4]再后留用旧部员增加至 51 人，分为总务、路政、电邮航政三股，接收各司公事。[5]

度支部于新政府成立时，即已预备交代，派人清理案卷。因为总长熊希龄尚未到任，交接迟迟不能进行。其时其他各部办理交替，纷纷裁汰旧员。度支部冗员向较各部为多，预计将来裁汰，亦必较各部尤甚。所以部员中自揣无望者，已不俟发表，即纷纷出京，其余亦均不到部。据说每日赴部签到者，不过五六人而已，即交代册卷，亦无人理处。主管部务的度支部副大臣周自齐感到极为棘手，无可如何，赶紧出京赴山东都督的新任，以免纠葛。[6]因部中诸事无人

[1] 《各部近事记（四）》，《民立报》1912 年 5 月 13 日，第 6 页，"新闻一"。《时报》称："司法次长徐谦督催该部司员赶办交代，已有多日。现总长王宠惠既已到任，南来人员亦已陆续到京，全署各员不得不实行交代。业于日前面唔南来各员，将一切案卷逐次面交。惟法部原有人员尚有不少留任者，其位置手续目下尚不能议决。"（《新政府各部之组织》，《时报》1912 年 4 月 28 日，第 2 版，"要闻"。）据此，法部旧员是向南来人员交代。

[2] 《沈家本日记》，沈家本撰，韩延龙、刘海丰、沈厚铎等整理：《沈家本未刻书集纂补编》下，第 1346—1360 页；《司法总长就职通告》，《政府公报》第 10 号，1912 年 5 月 10 日；《北京政海春潮记（十二）》，《神州日报》1912 年 5 月 8 日，第 4 版，"要闻二"。

[3] 《北京各部之现状·交通部之更革》，《民立报》1912 年 4 月 28 日，第 7 页，"新闻一"。

[4] 《交通部新派科员》，《顺天时报》1912 年 4 月 24 日，第 2 版，"杂报"。

[5] 《各部用人之计画》，《申报》1912 年 5 月 13 日，第 2 版，"要闻一"；《新政府各部要闻》，《时事新报》1912 年 4 月 30 日，第 1 版，"紧要时事"。

[6] 《新旧各部近状记》，《申报》1912 年 5 月 4 日，第 2、3 版，"要闻一"。

主持，故有兼署之举。开始拟以梁士诒署理，梁不承诺，改命施植之。而施并不到署办公，一切事暂由陆宗舆、王璟芳、曲卓新等三人处理。[1]

待到总长熊希龄抵京时，该部已无一人到署办公，只留了庶务科数人，将案卷清单及署中印钥送往熊希龄住宅。惟金银库系库款存储之地，丞参嘱咐管理人当面交代后方能离开。[2]5月6日，熊希龄到部视事，传见丞参之外，点收各项公牍，并盘查金银库，查毕即亲自标封封库，加派兵警日夜驻扎保护。[3]该部共留用旧员王璟芳等41人，并设立部务筹备处，以王为总办，章宗元副之。[4]稍后南京部员及新调各员陆续到京，即选派沈式荀、钱应清、徐恩元、陆定、陈同纪、潘敬、杨汝梅、陶德琨、王君电、姚传驹、王世澄、卢学溥、罗永绍、项骇、黄序鹓、向瑞琨、嵇芩孙等员，迅速到处办事。[5]

先期已由段祺瑞自行办理了交接手续的陆军部，仍然需要经过一定的法定程序。所以该部自4月29日起分司分科办理部务，并以此作为本部正式成立之期。[6]

除了阁部，还有一些前清机构在裁撤归并变通之列。开始计划裁撤取消的有弼德院、都察院、翰林院、太医院、变通旗制处、内阁承宣厅、制诰局等。[7]除制诰局拟改庸勋局外，承宣三厅及叙官、

[1]《新旧各部近状记（续）》，《申报》1912年5月5日，第2版，"要闻一"。
[2]《北京政海春潮记（十三）》，《神州日报》1912年5月9日，第4版，"要闻二"。该部发给司员一月薪水，饬将文件早为清理完毕，4月22日起一律不必到署。（《北京通信记·各部署交代忙》，《时报》1912年4月27日，第3版，"要闻"。）
[3]《熊总长之莅部》，《顺天时报》1912年5月7日，第2版，"杂报"。
[4]《申报》1912年5月9日，第1版，"专电"，
[5]《财政部部令》，《政府公报》第21号，1912年5月21日。
[6]《陆军部呈报成立日期及大概情形文》，《政府公报》第3号，1912年5月3日。
[7]《北京近讯摘要》，《神州日报》1912年3月20日，第3版，"要闻一"。

统计、印铸三局均照旧职任略加变通。[1]5月上旬，由承宣厅交到法律馆呈请辞职一件，总统批示照准，指定法制局局长接收办理。该局于5月10日派员前往接收，所有草案稿本公文档册关防钥匙款项账据并房屋器具印刷机器，凡属馆中所有，均经分别造册移交，法制局逐一点收清讫。除咨行财政部查照外，并呈明大总统鉴核备案。[2]内阁叙官局改为铨叙局，5月8日，大总统任命张国淦为局长，张于当日到局视事，并定于10日午前接收一切文卷。[3]5月上旬，印铸局改组，旧局员仅留3人，其余交卸解散。[4]5月中旬，国务院咨行清宫内务府令转行知照前清内阁制诰局，"谓该局所管事宜，现已归并铨叙局，兹改于本月二十日（即四月初四日）派委夏局员等前往接收，希饬各禁门等处查照放行"[5]。

由于新旧体制不能完全对应，出现了个别旧机构的接收之事无人过问的乱象。如"各部皆有人接收，惟典礼院竟至无人过问，有云应归教育部，有云应归内务部，有云归皇室者，究竟如何结束，不得而知。该院人员，莫不惶惑无主"[6]。据说内务部官制有典礼司，或许将来归于该部。[7]直到6月初，才决定归于教育部，并由该部派人接收。[8]大理院卿率全院人员辞职，已获总统批准，可是接收未派专人，另组又不闻办法，无所适从。[9]后大理院依然保留，5

[1]《新政府内政外交志略》，《时事新报》1912年4月23日，第1版，"紧要时事"；《北京政海春潮记（三）》，《神州日报》1912年4月27日，第3版，"要闻一"。

[2]《修订法律馆呈本馆草案档册关防及房屋器具等物均交法制局收讫文》，《政府公报》第15号，1912年5月15日。

[3]《铨叙局局长张国淦呈报视事日期文》，《政府公报》第17号，1912年5月17日；《铨叙局定期接收》，《顺天时报》1912年5月10日，第2版，"杂报"。

[4]《印铸局之交替》，《时事新报》1912年5月8日，第2张第1版，"紧要时事"。

[5]《清宫近事记》，《申报》1912年5月26日，第3版，"要闻一"。

[6]《北京各部之现状》，《民立报》1912年4月28日，第7页，"新闻一"。

[7]《京华政局丛谈（九）》，《神州日报》1912年5月30日，第3版，"国内要闻一"。

[8]《京华政局丛谈（十）》，《神州日报》1912年6月2日，第3版，"国内要闻一"。

[9]《京华政局丛谈（三）》，《神州日报》1912年5月20日，第4版，"国内要闻二"。

月 18 日，任命许世英为大理院院长，6 月 14 日，许到院视事。[1]

有的前清机构，理应裁撤，却出现了一些人为变数。"内阁成立，都察院本在裁汰之列，惟宪法上行政裁判机关尚未成立，日前袁总统拟即将都察院改为评政院，特命筹备处拟就章程，俟交参议院通过后，再行发表。或言将改名察礼院，未知孰是。袁总统前曾函致钦天监，邀请监正恒安、陈寿彭、左监副徐洪塘、右监副常海至迎宾馆，委任修改中华民国二年新旧合历。闻该监各堂现正筹议，除按新旧历合订外，计存者为干支节气月令星宿，废者为前清纪年忌辰及种种迷信，添者为星期革命大纪念日及日月蚀之原理与新天文之说略等项，约于日内先将草案送呈袁大总统核准后，即行入手修纂。说者谓该衙门本应淘汰，今得此一举，又可苟延残喘矣。"[2]

好在这些传闻并未变成事实。5 月 26 日国务院令："现经国务会议决定，钦天监及典礼院均应隶教育部，所有事宜即归教育部管理，该衙门即赶派员司清查卷宗物件，交由教育部接收。"[3]6 月 2 日临时大总统令："翰林院、都察院、给事中各衙门著即取消，由国务院派定专员办理一切清厘裁撤事宜。"[4]

担任这些衙门的接收委员之一者为许宝蘅，其心境行事，很可以反映一些前清旧员参与组建共和政府的心路历程。他原是清朝内阁承宣厅行走，进入民国，一面继续原来承宣厅的公事，一面被袁世凯派为内政秘书，并奉袁世凯之命，参与临时筹备处事务，还兼任参议院特派委员。虽然认为民国取代清朝，是由承平进入乱世，"当此乱世，一瞑不视，未始非福"。可是他并不因此而弃世。"余颇信数，以为人生祸福利害，无不有定，无可趋避；又以为为人之道不

---

[1] 《大理院院长许世英通行视事日期文》，《政府公报》第 50 号，1912 年 6 月 19 日。

[2] 《都察院与钦天监之存废问题》，《申报》1912 年 4 月 11 日，第 2 版，"要闻一"。

[3] 《政府公报》第 28 号，1912 年 5 月 28 日。

[4] 《政府公报》第 35 号，1912 年 6 月 4 日。

应无始终，不应弃事，不应专顾自己。寄云谓当今之时，是非无分晓。余谓只能尽其在我而已，不必责人，亦不必徇人也。凡人若有应服之职务，万不可委之而去。譬如一室，为我所居，必无室而后与我绝；一物为我所用，必无物而后与我离，至于离绝之后，而我徇之，则儒家之一义也；离绝之后而我忘之，则佛家之一义也。若孔子之儒，释迦之佛，则无徇无忘，顺其自然而已矣。"秉此信条，许宝蘅剪发易服，以示顺应共和新政。

5月24日，国务院总理发令取消前清内阁承宣厅筹划一切："现在本院承宣厅业已成立，所有从前内阁承宣厅及统计局即行取销，一切文件器具，由本院承宣厅派人接收。"[1]旧人许宝蘅作为新政府的代表前往接收故物，将旧案清理送方略馆大库。以后又陆续接收了翰林院、给事中衙门等处，前者"仅一主事，交印二颗，其文卷书籍皆无存者，器具则为茶役等所朋分"，后者也是交接印信外，文卷等类皆无。[2]这种情形，也是共和政府接收清朝所有阁府部院办理交接时的普遍状况。都察院即因无可交代之处，自行关门。[3]

5月初至6月中旬，新设各部相继从国务院承宣厅领到新铸印信，随即启用。[4]前清及南京临时政府各部的印信则交还国务院销毁。原来临时机构用木刻印信，后均改用银质印信。新的政府机构正式开始执行职掌，办理相关公务。5月中旬至6月上旬，印铸局、法制局、临时稽勋局、铨叙局也分别从国务院承宣厅和大总统处领到并启用

[1] 《国务院令》，《政府公报》第25号，1912年5月25日。

[2] 许恪儒整理：《许宝蘅日记》第二册，北京，中华书局2010年版，第397—411页。

[3] 《察院掩门》，《顺天时报》1912年4月26日，第5版，"琐事杂志"。

[4] 各部接到和启用新印信的时间顺序为：农林部（5月1日接到并启用），海军部（5月5日启用），工商部（5月6日启用），教育部（5月7日启用），司法部（5月1日领到，9日启用），财政部（6月12日启用）。参见《政府公报》第11—15、44号（1912年5月11日—15日，6月13日）各部呈报启（开）用印信日期文。

新印信，并将原来印信交国务院或大总统。[1]

　　截至 6 月中旬，前清旧署的接收大体完成。不过，由于其中的种种曲折，究竟是新生的共和政权接收了帝制政府，还是南北双方共同组成新政府，变得相当模糊。而改变原定在南京成立内阁的约定，又使唐绍仪接收南方临时政府时的种种允诺无法一一兑现，引出后续一连串南北新旧相争的政坛风波。

四　一副空架子

　　共和政权成立，接收清朝本来是顺理成章之事，可是却普遍遭遇两个相互牵连的棘手难题，使得相关进程一波三折，充满明争暗斗。这两大难题一是财务，二是人事。

　　国务员名单刚刚发表，《时事新报》就发表论说，认为官制不善，百弊滋生。前清官制之弊，其一在于冗员太多，鱼龙混杂，相互牵制，人浮于事，泥职低效；其二则官俸厚薄不均，贪污受贿，奔竞钻营。[2]清帝退位后，原有各官署奉命继续执行职掌公务。3 月间，度支部曾经公启：因改用阳历，所有各处薪水公费养廉工食等项，自阳历3 月 1 日起改照阳历按月给发，以前应支各项发布按日计清。军饷暂照旧。[3]不过，此则公启真是名副其实的官样文章，实际情况是，"自清廷退位后，北京旧部除外邮陆军等部外，其余各部司员情状极为瑟缩"[4]。据说"各部所发津贴，数目不一。陆军部则如数全发至五月底止，度支部邮传部发至四月底止，农工商部内阁各局均发至三

---

[1]　各局接到和启用新印信的时间顺序为：印铸局（5 月 12 日领到，次日启用），法制局（5月 14 日启用），临时稽勋局（5 月 26 日领到并启用），铨叙局（6 月 8 日领到，10 日启用）。参见《政府公报》第 16、30、44 号（1912 年 5 月 16、30，6 月 13 日）所载各局启用印信通告。

[2]　《论官制与官俸》，《时事新报》1912 年 4 月 1 日，第 1 版，"论说"。

[3]　《度支部公启》，《临时公报》1912 年 3 月 16 日。

[4]　《旧学部之窘况》，《申报》1912 年 4 月 4 日，第 2 版，"要闻一"。

月底止，学部正月发二成，二三月则一文未付，法部、大理院则正月起即不名一钱"[1]。

一方面没有任何收入维持基本日常生活，另一方面却要照旧供职办公，一般京官本来相对拮据，旷日持久，实在难以坚持。到3、4月之交，原来最是清水衙门的学部的官员终于开始骚动。"兹闻学部各员司以及书记工役人等，因枵腹从公，刻已数月，薪俸无着，堂官不设法周济，窘迫交加，故于前日不谋而合，群向会计司索款，谓津贴虽已停缓，饭资自应发给，群集一处，势甚汹汹。而会计司各员以本司虽为部中财政总枢，但刻下所存之款，只剩银洋五百元，即悉数付去，为数亦微，碍难分布。相持良久，各员司云，今日无论若干，即我辈每人得三数元亦可稍充膳食之用，而济目前之急。会计司不得已，允从之。总计此五百元之款，分给百余员，按照月薪，分为三等，以五元四元三元为限。后为工役所闻，竟将署门关闭，群索饭食。会计司无可如何，只得再由此款内均摊，计每员只分二三元不等。"耳闻目睹这般情形，连报馆也慨叹"旧部之窘况亦可怜矣"[2]。据说学部因三月内薪水分文未发，后来得知薪水均暂发给二成，"各司员闻之，莫不欣然有喜色矣"[3]。

学部的窘况或许最为严重，但绝非孤立事件，其他各部也有类似情形，只是程度有所不同罢了。随着情况的日益恶化和逐步蔓延，各部与度支部的矛盾也日趋尖锐。"北京各部薪水今春大半减成给发，度支之支绌可想而知。乃该部司员薪水独照旧数，因此各部群起责问，疑该部别有余款。嗣据度部复称，捐纳项下有部办费，本归各司员分派，近数月之薪水，即以此项应得之私款均匀摊派，并非自私。他部始各无词。现值新旧交替，细查存款，除存在大清银

---

[1] 《北京各部之现状》，《民立报》1912年4月28日，第7页，"新闻一"。

[2] 《旧学部之窘况》，《申报》1912年4月4日，第2版，"要闻一"。

[3] 《京华短柬》，《申报》1912年4月24日，第2版，"要闻一"。

行之十余万两已不能作数外，其余丝丝入扣，连铜元计算在内，只有二万余两。以皇皇巨国总汇财政之度支部，而交替时竟不名一钱，强留此数以作交代时之场面，亦可慨矣。"受困最甚的学部率先向度支部兴师问罪，"学部涓滴无款，屡向度支部筹商，皆未应命，即薪水一项，亦只允发二成。近学部拟控告度支部，谓其有意留难。度支部闻之，促其早日上控，意谓逞此时机，可向总统府一罄困难苦衷"。[1]

度支部的哭穷诉苦，并非都是搪塞遁词。据度支部侍郎（后署理度支部大臣）绍英记，武昌失守后，陆军大臣率兵前往镇压，度支部发放了 50 万两行饷。八月廿四日（10 月 15 日），又放给银行接济市面银 50 万两。九月初二日（10 月 23 日），度支部还放过一次款。到十月十一日（12 月 1 日），部库实存现银 987171 两，辅币 74 万。而筹划已久的向法国续借六千万佛郎（约合银二千万两，六厘息，九六扣，扣去回佣钱等，实合九二扣），又因英美德法俄日会议决定，中国借款概行拒绝，无法成事。十一月初九日（12 月 28 日），清廷召集近支王公会议进退大计，并召见内阁国务大臣商议和战问题，袁世凯表示：现在库中只有廿余万两，不敷应用，外国又不肯借款，是以战亦无把握。十五日（1912 年 1 月 3 日），皇太后交下金八万两，收部库。

其时朝野上下对于亲贵不肯出钱大为不满，而度支部会同外务大臣查明亲贵大臣在各银行并无存款，实则亲贵早已将款全数提出。袁世凯欲战则兵少饷绌，欲和则君主立宪宗旨难保，唯有辞职请另简贤员办理。绍英以现在虽库款尚敷一月之用，而军用浩繁，终有饷项难继之一日，愧悚奚如，也被迫一再请病假并且奏请开缺。[2]南北和谈期间，清廷一度发行爱国公债，后来袁世凯也以备战为名

[1]《度支部之窘状》,《申报》1912 年 4 月 29 日，第 2 版，"要闻一"。

[2] 绍英著:《绍英日记》第 2 册，第 233—268 页。

勒捐亲贵，前后得银约二千万两，可是这些款项看来大都未入清朝
的国库，当由袁世凯实际掌控。[1]

部库空虚的实况，因为京师官场的中饱侵吞等种种贪墨积习泛
滥而更形严重。《民立报》一则《京署人员大活动》的报道，详细
披露了形形色色的官场怪现状：

自去年九月以后，各署人员均逃走一空，其能者多赴南京
谋新位置，无能者多避居天津。近来大局既定，各员均纷纷回
署，遂发现四种怪象，一曰分公款，一曰控庶务司，一曰分私
款，一曰卖会馆。几至人人皆有传染病，各署莫不如是。各署
大抵皆存有办公经费，自奕劻发起瓜分弼德院经费后，翰林院、
内阁承宣厅继起，有一人分千余金者，有得数十金者，于是因
分数不均，大起争端，近且互相控告。其余各衙门要求分款者
亦纷纷而起。各署经管用款，或曰庶务司，或曰会计司，掌全
署收支，为最阔之司，平日充司长者，大约无不舞弊。现在遂
群起攻击，如学部会计司彭祖龄、海军部军储司长林葆纶，农
工商部庶务司长顾寿人，叙官局庶务科长钟仑，弼德院庶务科
长张祖廉，均被人指控有吞款情事，概交由度支部查办。又各
省会馆皆积有存款，群以手枪威迫，几欲尽数提出瓜分。会馆
存款既罄，又分旅京公学经费，又分印结局存款，甚至义园（即
同乡坟山）之款亦丝毫不留，竟扰及已死之人矣。会馆存款分
后，又奇想天开，出卖会馆，由陕西之兴安馆首先发起（闻主

---

[1] 袁世凯勒捐皇室亲贵，另有图谋。据十一月初蓝公武致梁启超函："北方前此表面上虽
似退让到极点，有开国民会议公决之诏，实则皆项城之计画，借以敷衍时日，为其计画
进行之地。"而袁世凯的计划，一面解除亲贵的兵权，卖变宝器，勒捐亲贵，以为要挟；
一面等待南方内讧，重开战端，获胜后仍以国民议会为收场地步。（丁文江、赵丰田编：
《梁启超年谱长编》，第 580 页。）关于此事的前因后果，参见王春林：《爱国与保身：辛
亥革命期间的亲贵捐输》，《清史研究》2012 年第 1 期，第 58—67 页。

持者为李联芳），售价一千八百金。此外则关中馆亦拟出卖，因陕甘两省人争执未决，故买者未敢承受。湖南善化馆亦定价出售，经谭延闿电内务部阻止，遂由警厅干涉，已破坏其事矣。[1]

清季奕劻长期担任首辅，无能贪财，时时处处以个人利益为考量。辛亥武昌战事蔓延，皇族内阁被迫解散，他转身成为弼德院院长。可是面对国库空虚，他率先从银行提取现银，又不肯出钱应变。"自共和宣布后，各部署朋分公款之事，不一而足，弼德院其最著者也。"[2] 共和实现，奕劻首先发议："以本院不适于共和政体，应即销灭。盖该院存款甚多，不消灭不能分用也。"他授意副院长邹嘉来与秘书官张祖廉密商，三股均分。不料机事不密，为众录事所知，群起与邹、张为难，邹许给 1300 两，众录事不肯，复加 1000 两，风潮始息。前任院长陆润庠、荣庆的家丁闻知，亦相争闹。邹、张各于自己款下拨出 140 两和 60 两，凑成 200 两与之，事虽平息，却闹得全院周知，只得与众公分，三人独优异，共分赃 12000 两。[3]

瓜分贪污仍不足以餍其私欲，官员们又有各种花样翻新之举，将黑手伸向扣俸及爱国捐。"闻叙官局亦因此略有风潮，该局人员近来到署者甚少，故今年应领春俸凡有未到署者，概由局长扣除。惟却未退还度支部，均经饱入私囊。现未到署各员大为不平，正与张为严重之交涉。又吏部从前各员凑缴爱国捐一万两，从前度支部有凭原给收条将银两发还捐主之案，不意吏部将此收条遗失，以至未向大清银行领取。现在叙官局清理案牍，忽寻出此收条，遂由禧斌、

[1] 《京署人员大活动》，《民立报》1912 年 4 月 28 日，第 7 页，"新闻一"。

[2] 《旧部署风潮迭起》，《申报》1912 年 5 月 1 日，第 2 版，"要闻一"。实则奕劻并非没有出钱，而且不算少，只是相比于所有家财，不过九牛一毛。其瓜分弼德院款项，或许正是为了弥补割肉之痛。

[3] 《弼德院堂司各员朋分公款》，《时事新报》1912 年 4 月 1 日，第 2 版，"紧要时事"；《北都之要闻种种》，《大共和日报》1912 年 4 月 2 日，第 3 版，"紧要纪闻"。

荣堃、崇彝、普寿等四旗员将一万金领出，秘密瓜分，现为阃局人员所知，皆欲利益均沾，竞争之风潮正烈。"[1]

现金瓜分完毕，又异想天开地打起了存款的主意，此事由法部发端。"法部人员因自去年九月部中将薪水折扣发给，十二月后且丝毫未发，以致每日并伙食费而亦无之，尤以旗籍人员为甚，加以近来南来人员极多，势必分布各部当差，法部旧员知地位不保，穷愁更甚。"[2] 为此，"近日法部司员纷纷请领公费，而度支部无款可支，法部乃奇想天开，仿照南京前卖债票办法，将该部从前寄存大清银行之官款存据，作七折卖与外人"[3]。首先售卖的是法部存于大清银行的十万两公款的契约，转售德华银行，得价六万余两，代理总长及司员等议将此项银两补发前欠薪津，余下之款全部分给阃署人员，以便部务交代后，旧员被裁撤，可以作为回籍旅费。不料次长徐谦大不谓然，拟将此款存放某处，既不补发所欠薪津，更不分作裁员旅费。"以致各员大哗，谓徐次长欲将此款见好于新政府，甘令僚属坐受其困。"法部大臣沈家本对于徐谦的做法不以为然，结果徐谦因此连日不到部，沈家本亦不任代理之责，司法文牍到部，均搁置不办，行政运作陷于停顿。[4]

随后该部司员集会商议，认为此项公款系本部官员应得经费下扣留者，因年前大清银行无款拨付，合部官员皆系自备资斧，维持公务，既然此款已经变通为现银，理应补发欠薪。徐次长欲讨新政府一面之欢心，抹煞全体数月垫款，有违公理。有某君欲率司员到徐谦寓所与其理论，被劝阻，决定采取自由办法，即不待徐谦认可，便将各项欠款逐一发放。若徐谦从中阻挠，即联名上书大总统，以

[1]《旧部署风潮迭起》，《申报》1912 年 5 月 1 日，第 2 版，"要闻一"。

[2]《大闹大清银行》，《民立报》1912 年 5 月 1 日，第 7 页，"新闻一"。

[3]《法部与前翰林院之穷状》，《申报》1912 年 4 月 30 日，第 3 版，"要闻一"。

[4]《司法部分款风潮》，《顺天时报》1912 年 4 月 24 日，第 2 版，"杂报"。

全体司员之力推倒徐谦。[1]

为达目的，该部司员"前日结合数十人，持法部存放大清银行官款六十余万两之折据，向汇丰银行某买办以六成折卖。该银行因见大清银行于去年曾登广告，申言各处官厅不能折卖，即向法部人员云，如大清银行能将此折之存款改为私人存款，始能收买。该人员等乃以此事要求法部新任次长徐谦照办，徐不允，致大起冲突"。徐呼警丁将此等人员勒送出外，该人员复求沈家本，沈不理，该人员等三十余人竟至大清银行，要求将官款改作私款。"其理由谓该部此款系苏元春赃款所报效于部中，作改良监狱费用者，不能视为官款。大清银行云：此款虽系他人所报效，然受报效者系法部，非私人，且存此款于本银行者系法部名义，今日万不能改作私款。该人员等竟至怒骂，谓我等系法部人员，深知法律，决不干休。大清银行监督张允言等知势已决裂，乃延该人员等至客厅理论，该人员仍坚持坐索，后以警察之力，始将该人员等勒令出行。"[2]

法部的非分之想虽然未能达到目的，恶风一开，却引起连锁反应。"闻翰林院亦仿法部办法，公然向度支部请将寄存大清银行所存之公款存据改换堂名，以便折卖，公众朋分。经部批驳后，又自向大清银行请求如前法办理，银行亦以婉词拒绝，请须先经度支部许可方能照办。"[3]

大规模变公款为私款的企图虽然未能得逞，不过私下里分散的交易行为已在进行，于是有人想出应对办法。北京"各衙门所存公费，多系大清银行支票，该行不付款，以至数月薪水无着。现在各署人员以解散在即，多有以此项支票向外国银行出售，外国人即以五成四成现银收买，当道亦置之不闻不问"。有鉴于此，有人提议："与

[1]《司法员大动公愤》，《顺天时报》1912年4月25日，第7版，"时事要闻"。

[2]《大闹大清银行》，《民立报》1912年5月1日，第7页，"新闻一"。

[3]《法部与前翰林院之穷状》，《申报》1912年4月30日，第2版，"要闻一"。

其支票落于外人之手，将来不能不完全兑付，令外人坐享厚利，何如此时将积欠薪水由财政部发给债票，分期偿还。"[1] 为了堵塞漏洞，袁世凯谕告各公署，不准将公款储蓄券向外国银行典卖，并饬中国银行，不准各公署将此前在该行存储各款约券辗转外兑，各部所有存款须即开具清单呈阅，以凭核办。[2]

经过众多旧员千方百计地层层洗劫，各机构财务大都成了空壳，最终影响到新旧政权的交接，影响了新政权的正常运作。其中尤以海军部情况最为严重。原军储司司长林某，于辛亥乱事之际，将该部所存200万元全数用私人名义存入震发合银号。后北京发生兵变，林某携款逃往天津，大起洋楼，任意挥霍，致使该部一切薪津开支俱无着落，累电催其回京，皆置之不理，首领谭学衡亦束手无策。[3]

至海军部刘冠雄总长派员接收部务之际，"由海军部交出残余之现金为银元十枚，银十两，铜元一千余枚，此外则为大清银行存款一百八十余万，交通银行存款廿余万，皆不能支取者。所造之报销册，全属子虚。刘总长不肯接收。按前清之海军部，本系载洵为招权纳贿而设，以谭学衡为副大臣，与载洵狼狈为奸，另又招致一在京汉路局著名舞弊之某某为司员，以作外线，其余司员，皆年近耳顺，不独无海军知识，且均疲聋可怜，不能办事者。是以不多日而该二人之私蓄遂以千七百余万及数十万称名于时。此犹系暗中得来者，至倚仗亲贵勒派外省解来之开办常年经费，亦并未购一舰造一港。"媒体探知实情，义愤填膺，呼吁："此等毫无心肝之人，新政府必切实清查其实数，悉行追缴，不令就此糊涂了局也。"[4] 据说刘冠雄查得海军部亏空公款甚巨，而谭学衡又事事推诿，故不肯接

---

[1] 《北京各部之现状》，《民立报》1912年4月28日，第7页，"新闻一"。

[2] 《禁售官署储款券》，《顺天时报》1912年4月26日，第7版，"时事要闻"。

[3] 《京部司员之劣迹》，《时事新报》1912年4月1日，第2版，"紧要时事"。

[4] 《前清海军部之糊涂帐》，《申报》1912年5月13日，第2版，"要闻一"。

收，拟向载洵交涉。[1] 而载洵畏罪，与德国人葛幼斯携带金珠潜往天津德租界。[2] 实际上刘冠雄也不便和前清亲贵直接冲突，而是与旧官僚打起了消耗战。"日昨海军总长刘冠雄派人到海军部接收各项事宜，谭学衡因所挪用之公款尚未凑齐，延不交代，谓必须刘总长到部面交云云。而刘又不欲与谭会晤，故现在双方相持不下。谭亦可谓善于推诿矣。"[3]

袁世凯就任临时大总统后，命令各署官员继续担任职掌，办理公务，可是实际上这些官员在风声吃紧时早就逃之夭夭，并未尽责职守，以至于不少衙署的文书案卷乃至家具器物等应当交接的物品几乎荡然无存，除印信外，无可交接之物。更有甚者，当局势明朗时，他们又纷纷返回京城，想方设法瓜分各署余下的钱财器物，甚至将贪欲之手伸向公有性质的会馆。一旦面临裁撤，他们又相互串联，结成团体，向新政权要求种种权益，以补偿他们并不曾有过的看守之功。"现在旧部各员，业已解散，惟各部所发津贴，数目不一。……以至被裁汰者大为不平，已联合团体，分见袁总统、唐总理质问，恐不免尚有风潮。"[4]

诚然，政权更替之际，政府长期欠薪属实，京城的众多小京官养家糊口也的确不易。然而，欠薪的正主是前清政府，在袁世凯主政的维持阶段，他们又没有起到应有作用。"国务卿至京，即将组织新政府，旧日部员当然消灭。近日各部人员约分三派，其一则到处运动，卑鄙苟贱，无所不至，希冀得一新位置，所谓狡黠派。其二联合多人，把持案卷，不肯交代。宣言只能新旧参用，不能令旧者向隅，且美其名曰办防堵，所谓愚蒙派。其三则为老京官，自知不容于政府，但要求补发前数月津贴（自八月军兴以来，各署津贴

---

[1] 《申报》1912 年 5 月 1 日，第 1 版，"专电"。

[2] 《民立报》1912 年 5 月 7 日，第 3 页，"专电·北京电报"。

[3] 《六部近闻一束·海军部》，《民立报》1912 年 5 月 1 日，第 7 页，"新闻一"。

[4] 《北京各部之现状》，《民立报》1912 年 4 月 28 日，第 7 页，"新闻一"。

多未发给），以还宿债，并酌给川资，俾得回籍，免流落异域，所谓可怜派。三派之趋向各不同，要之，皆在金钱上著想。至于洁身而退者，惟外务部之张权，农工商部之冒广生，典礼院之吴国镛，学部之宗树枏、胡玉缙、刘罪释，陆军部之陶葆廉，叙官局之宝铭，御史崇芳、齐忠甲寥寥数人。"[1] 在袁世凯的操弄下，作为革命对象前清官员，在共和政府面前没有丝毫愧疚，反而显得理直气壮，大有自居为与南方民党平起平坐的北方政府成员之势。

---

[1]《京署人员大活动》,《民立报》1912 年 4 月 28 日，第 7 页，"新闻一"。

创建民国新阁

　　论及民初政争，一般关注的目光主要集中于民党与袁世凯的角力，重视坐上总统大位的袁世凯如何揽权，而相对忽略国务院的建置。可是，按照参议院的决议案，统一的中华民国政府实行内阁制，国务院才是权力中枢。袁世凯首先要设法将国务院弱化，才能实现大权独揽的政治企图。因此，即便将关注重心放在民党与袁世凯的斗争之上，也要弄清楚袁世凯是如何将内阁制虚化，逐渐实现总统大权独揽并使之制度化的。

　　关于接收清朝和创建民国首届国务院即内阁部院的种种史事，不仅研究者的目光甚少触及，甚至编辑各种与此相关的辛亥革命或北洋军阀的资料也基本付诸阙如。虽然民国成立距今已经百年，其筚路蓝缕的成立史某种程度上可以说还是一笔糊涂账。了解接收清朝旧署与创建民国新阁的来龙去脉，可以深入一层认识民国肇建历史进程的本相，对于开天辟地、白手起家的创举多几分了解同情，少一些后来者惯常的自以为是。

一　以南北争新旧

接收清朝旧衙与组建民国新署是相互牵连之事。前清旧员所争，绝不仅仅在于留作退路的钱财，更重要的是立足进取的位置。政权兴替，共和政府成立，作为被接收对象的前清官员，于情于理，都没有争位置的资格，更缺少敢于出头相争的底气。可是在袁世凯的有意主导之下，新旧交接与南北统一相牵混，在共和政府建制的问题上，南北统一盖过了新旧交替，使得前清官员堂而皇之地获得与南方临时政府人员参与新政权的同样权利，从而演化出本不该有的南北之争的种种怪相。

按照与迎袁特使蔡元培等人的约定，应是在南方成立政府之后，国务院与参议院一起北上。如此，则应由北上的新政府人员负责接收前清各个官署。相应的前清各部司员固然可以选择留用，其主动权却完全在于新政府，绝无讨价还价的余地。可是北方的气氛与此迥异。"探闻近日京津两处各省在京供职人士纷纷集议，谓统一政府成立，南北政府同时销灭。现在南方人员多方要挟，以求固其位置。闻各国务员北来，所带人员有千余人之多。其余要求咨送留学及酌给川资者时有所闻。是在南方人员或入政府或留学或酌给川资，已各得其所。吾辈身处北方，履艰冒险，地势虽异，而情形则同，不可不谋抵制之方。刻拟集合团体，要求大总统，将来政府人员，必须南北参合并用，并请咨送留学或酌给数月津贴以作川资。刻下正在组织团体，进行甚亟。不知大总统将何以处之。"[1]

王朝帝制与共和政权的对立，俨然变成南北政府势异情同的对等，既然南北统一，就要一视同仁，参合并用，否则就是不公不正。正是循着这样的逻辑，四月底"北京报上发现一种告白，文曰：袁唐鉴：旧人用否早宣布，勿含糊敷衍，致人倒悬。谚云：宁斩立决，

---

[1]《北政府旧人亦将要求位置矣》，《申报》1912年4月23日，第2版，"要闻一"。

不愿斩监候。下署十一部员无运动者总代表白"[1]。

　　为了造成舆论压力，前清司员竭力鼓噪，将新旧之争说成是南北之争，并且夸大北上人员的数量及其能量。"所带人员有千余人之多"，虽然是极端说法，却有进一步的细节描绘："此次唐总理及各国务员到京，由南带来之各部司员甚多，所有前清各署司员，除内务、陆军、交通各部无大更动外，其余各部一律扫除。并闻即陆军部一部，其由南带来者已有一百五十人之多，而度支部亦复不少，故该部已于日前将各司员一律发给薪水，并令各员此后勿庸进署听候差遣。各司员领此薪水后，情形极为懊丧。"[2]

　　诸如此类的说法，如果不是以讹传讹，就是别有用心地散布谣言，以激化南北人员的矛盾。南京临时政府本来从简，加上部分人员主动辞职或不愿离开南方，北上者人数有限。据1912年4月28日《申报》刊登的《新到南方人员一览表》，随同唐绍仪到京的，计有农林部的余光粹（君持）、唐劲中（伯感）、刘百（耕尘）、陈文选（彰炳）、陈乙白（物庵）、李世翰（心持）、彭彰斌（巨川），工商部的吴铁城，内务部的胡宗铨、孙润盦、伍日成（朝旭）、赵燏黄、金体选，陆军部的傅鸣一、易晋熙、傅维四，教育部的刘先登（尚之）、顾行（子言）、宋志群（汲仁），总统府秘书官郑宪五、刘元梓、金溥崇（峰材），外交通商司长冯自由，卫戍总督执法处的龚治初，以及职务未详的周虎彝、王竹怀、黄衍鋆、董鸿祎（恂士），共28人。19日陆军次长蒋作宾带来殷学潢、朱常、田秉衡、杨业、朱子英、龚云青、刘受之、袁伯周、朱兆熊等16人。而参谋次长钮永建随带80余人，尚未到京。[3] 前两项相加，只有44人，即使后一说属实，总共也不过百余人，这与随同首批国务员到京千

---

[1] 《申报》1912年5月2日，第2版，"专电"。

[2] 《各署司员之末路》，《申报》1912年4月29日，第2版，"要闻一"。

[3] 《新到南方人员一览表》，《申报》1912年4月28日，第2版，"要闻一"。

余人的说法相去甚远。[1]

　　在南北人员参合并用的基础上建制新的共和政府，的确面临粥少僧多、难以位置的压力。其原因主要是前清各衙署冗官冗员甚多，而新政府的位置较前大幅减少，各部员额依据事务繁简，依次为 60、80、100 人（实际不止此数，如参谋部 203 人、财政部 130 人 [2]），再加上一定数量的南方北来人员，更形拥挤，大幅度裁减势在必行。据报道，北京自改革后各衙门裁汰人员非常之多，如度支部原有员司 1200 余人，仅留 40 人，学部旧人 300 余人，仅留 24 人，邮传部旧人 800 余人，仅留 50 人，农工商部旧人 400 余人，仅留 32 人。日来纷纷各还乡里。[3]

　　在此情况下，专程由南方北上者似无不予安置的道理，因为南京各部人员北上，原来就是为了接收前清政府，并作为新政府的基干，而不是与前清旧员合组新政府。据调查，到 5 月初，南京临时政府各部司员北上者已占相当比例，陆军部 70 人，到京者 50 余人；内务部 33 人，到京者 10 余人；教育部 60 人，到京者 20 余人；理财部原数不详，到京者 30 余人；总统府秘书官到京者 8 人。[4] 裁员主要是涉及前清旧员，他们也明白自己的处境不妙，即使由北方人士担任总长的各部，虽然可以酌留一二旧司员以资熟手，多数必遭裁汰。而且如赵秉钧等人，同样重视文凭和经验，在位置如此之少的情况下，很难容忍无能者尸位素餐。于是旧司员只能千方百计力争，除了内部相互竞逐之外，还要想方设法挤压南方来员的空间。所采取的办法无外乎如下数种：

[1]《时报》1912 年 4 月 24 日，第 2 版，"专电"。有报道称到 4 月 23 日，乘坐新铭、新济等船陆续抵达天津的南京各部部员达到数百人。

[2]《参谋部题名录》，《神州日报》1912 年 5 月 27 日，第 4 版，"国内要闻二"；《京华政局丛谈（九）》，《神州日报》1912 年 5 月 30 日，第 3 版，"国内要闻一"。

[3]《北京人才之新旧观》，《申报》1912 年 5 月 21 日，第 3 版，"要闻一"。

[4]《北京政海春潮记（八）》，《神州日报》1912 年 5 月 2 日，第 3 版，"要闻一"。

其一，捷足先登。按照约定程序，国务员即各部总长应由总理决定，事实上袁世凯一开始就起主导作用，使得北方占据了总长的重要位置。为了安抚南方，将几个相对次要的总长位置留给民党，并且在次长的人选上尽可能根据总长的归属配置南北人士。如此一来，南北统一变成南北平衡，总次长之间难以和谐，导致南北分界与冲突由国务院延伸到各部，进一步加剧了司员的对立情绪。陆军部风潮即因此而起。

陆军部总长为段祺瑞，陆军部推荐次长时，段祺瑞依次举荐徐树铮、王赓、蒋作宾三人。以蒋为南京临时政府的陆军次长，不过聊备一格，并非真的愿意援引。不意正式发表时排在最后的蒋作宾成为次长，种下双方不和的远因。发表之后，段祺瑞致电蒋作宾，可酌带部员北来，其意不过是敷衍南军的面子。而北军将领谓段放弃权利，要求提前分配重要位置，于是委派徐树铮为秘书长兼军学处长，王赓等五人为司长。蒋作宾应段电约，带来南中部员80余人，不料到北京后，见重要部员均已发表，而段祺瑞事先无一言商酌，以致所带人员无从一一位置，遂大为愤懑，严词相责。段祺瑞谓次官与副大臣不同，无干预委任秘书长司长之权；至于电约南员，原意仅数员，谁知竟来了80余人。双方为此大起冲突，蒋作宾负气不肯到署。后由军事统一会及某巨公出面竭力调停，于原定五司之外，另立三司，位置南员。且声明以后司长由总长荐任，次长不得预闻，科长以下由次长委任，总长亦不干涉，划清权限，以免再起争端。双方认可，风潮始息。[1]

清季陆军留学生向有一怪习，即毕业届数甚严，二三期不能居一期之上，颇似翰林院前后辈的分别。秘书长徐树铮为第八期毕业，原来段祺瑞欲举为次长，部中群滋不悦，即使担任秘书长，也颇滋

---

[1] 《陆军部之暗潮》，《民立报》1912年4月30日，第6页，"新闻一"；《新旧京官现形记》，《申报》1912年4月30日，第3版，"要闻一"。

异议。段祺瑞以其办事得力告诉次长蒋作宾，蒋始无异议。各司长北方旧人与南方新人额数颇足相当，如罗开椿、施尔常、魏宗瀚系北方旧人，林摄、沈郁文、翁之麟、方擎系南方新人，故外间议论均称平允。[1] 不仅司官一级南北搭配，科长一层也考虑南北平衡的问题。[2] 但是总体而言，陆军部人员的新旧比例为 4:6，旧人占优，而且其中颇有人不称职、用非其才之弊。[3] 由于陆军部职员多系前清旧吏，南方军界在京谋差者 700 余人，奉委者不及十分之一。新成立的参谋部所委人员均系第七、八两期留学生，南方的第一、二期生数十人，只有个别获任。因而南方军界人士公同质问参谋次长，与之大起冲突。[4]

其二，请托奔竞。官场历来趋炎附势，且以血缘地缘业缘等纽带结成各种关系，夤缘攀附，尤其改朝换代之际，更是四处钻营。"自国务卿由南来，此间一般运动家咸奔赴塘沽迎迓，闻塘沽客店人为之满。如内务长赵秉钧亦微服前往。十九日午刻天津车抵前门车站，迎迓者几无立足之地。"[5] 据称"各部奔竞之风，以外交、交通为最盛，而以农林、司法、财政三部为最清静"[6]。遗憾的是，在前清旧员大幅裁汰后，"新来者亦有不少，打磨厂南河沿一带客馆俱有人满之患，大都与某部总次长有一面之缘，希冀谋得一席者"。《申报》记者因

---

[1] 《六部近闻一束》，《民立报》1912 年 5 月 1 日，第 7 页，"新闻一"。

[2] 陆军部"各科科长及秘书处人员亦已派定，其中除雷炳焜、唐汝谦、李学瀛、吴经明、塔齐贤为该部旧员外，余皆南方新人物"。军衡司长林摄，考任科长刘冠军，赏赉科长陈虬，军务司长沈育文，军事科长张华辅，步兵科长王凤清，骑兵科长花尚品，炮兵科长朱兆熊，工兵科长雷炳焜，军械司长翁之麟，枪炮科长韩林春，材具科长简业敬，军需司长罗开榜，会计科长唐汝谦，粮服科长杨鸿昌，军医司长方擎，医务科长张修麟，卫生科长李学瀛，军学司长魏宗瀚，教育科长丁锦，步兵科长陈乾，骑兵科长刘文锦，炮兵科长李实茂，工兵科长吴经明，辎重科长齐振林，秘书处长徐树铮，秘书曾毓隽，塔齐贤、梁建章，主计士杰。《新旧各部近状记（续）》，《申报》1912 年 5 月 5 日，第 2 版，"要闻一"。

[3] 《陆军部之新旧官》，《时事新报》1912 年 5 月 11 日，第 2 张第 2 版，"紧要时事"。

[4] 《各部之笑笑啼啼》，《时事新报》1912 年 5 月 5 日，第 2 张第 1 版，"紧要时事"。

[5] 《京署人员大活动》，《民立报》1912 年 4 月 28 日，第 7 页，"新闻一"。

[6] 《各部司员升沉记》，《申报》1912 年 5 月 28 日，第 2 版，"要闻一"。

而慨叹："官之可欲如此，钻营奔竞之风，谁谓共和国民必损于专制国之人民乎？"[1]

记者的愤懑，确系空穴来风，事出有因。奔竞之风如此之盛，是因为效果显然。国务总理唐绍仪等即带头破坏官箴。"铨叙局局长张国淦自任命之后，各处请托之条子纷至沓来，日有百余起，较之从前之叙官局为甚，而尤以唐总理交下之条子为最多。惟该局所定员额不足十人之数，应酬一人，即得罪一人，故张对于此事十分为难。且以民国新造，此等现象究不雅观，然又不好不留唐等面子，只得一一延见，用好言相慰，无非随后留意等语。闻张胸中已有成竹，拟亟择旧人中之精干者补足额数，藉以杜绝请托。果尔条子无效，不知又有几多人失望矣。"[2]

其三，消极抵拒。新政府成立后，各部旧员多以被裁在即不赴署办公，而新员尚未到齐，不能全面接手，以致部务悬搁，颇有妨碍进行。为此唐绍仪要求各部陆续接收后，部员裁留问题应尽速宣布。[3]大总统亦因国务院刻已成立，指示所有各部事务，应即向新任总长交替，旧有部属人员一律解散，以便新总长另行委任。"现各部人员闻此消息，大起反对，其理由系谓政府前当需人之际，力为挽留，数月间多不发薪。现在新任有人，即挥之使去，殊觉欺人太甚。闻已议请大总统先行拨给解散款，然后方肯交替公务。并闻日前海军部不允办理交代，即缘于此，而他部由是亦渐有暗潮发生。"[4]

由于新国务员不日就任，旧署各司员均已无心办公。教育部接收学部办理较为顺利，是因为此前学部政务已经陷于停顿状态。该部首领张元奇奉大总统任命内务次长后，即赶紧到内务部行就职礼，

[1]《北京人才之新旧观》，《申报》1912年5月21日，第3版，"要闻一"。
[2]《各部司员升沉记》，《申报》1912年5月28日，第2版，"要闻一"。
[3]《会议部员裁留问题》，《顺天时报》1912年4月25日，第2版，"杂报"。
[4]《旧部署风潮迭起》，《申报》1912年5月1日，第2版，"要闻一"。

并逐日到部办公。袁世凯以教育部无人管理，仍命张兼管，而张以既赴内务部充次长，又复到教育部充首领，面子不甚好看，遂变通办法，饬各司司长将公事逐日送至私宅阅看，应如何处分者，即批在稿件之上。科长以下不得见首领一面。"此系前清时所无之事，或者自前学部饬各学堂停办以来，至今本属无事可办，故不妨作如是之怪现相也。"[1]

度支部司员向最冗杂，该部正副首领格外体恤，于罗掘俱穷之日，阳历三月薪津仍旧照支，并未短发。然而该部各司员或盘踞总统府，日夜设法运动，或潜赴天津，与民党接洽，以便将来仍得巩固旧日势力。"至一般老朽，明知该部位置将来必为民党或本部运动大家所得，故亦不肯卖力气，或在京师闲居，或在天津观望，该部应办各事极多，一律停搁不理，其小事则更不待问矣。"[2]据度支部人云："该部本多冗员，将来裁汰者亦必多。故自揣不能被留者，均纷纷出都，不俟发表。其余亦均不到部。近日画到者日不过数人，即交代卷册，亦无人经理（从前每日收文率用二人装以大笼，抬至司内，其文牍之多可想）。周自齐极为棘手，然亦无可如何。故特赶于熊总长到京前先行出京，以避此难关。"[3]该部旧员鉴于邮传部解散情形，自揣万难留用，准备也全体联名辞职，以免被裁。有一二欲暂留观望者，亦被迫胁。[4]

财政总长熊希龄到京后赴部视事，见大堂上度支部旧司员名单，连同盐政院币制局调查局，共 1300 余名，除有差事者约 400 人，告假回籍者约 200 人，其余 700 人均有官而无差，即所谓散走司官。熊颇为骇异。闻其中有学识经验者颇多，以格于成例，未由表现。

---

[1]《京华短束》，《申报》1912 年 4 月 23 日，第 2、3 版，"要闻一"。

[2]《京华短束》，《申报》1912 年 4 月 23 日，第 2 版，"要闻一"。

[3]《度支部之不解自散》，《时事新报》1912 年 5 月 7 日，第 1 张第 2 版，"紧要时事"。

[4]《度支部全体辞职风潮》，《顺天时报》1912 年 5 月 1 日，第 2 版，"杂报"。

熊拟择用数十人，并就本部应用之学考试一次，以定去留。[1] 而南京财政部原用人员亦未便概摈不用。南京理财部共有八九十人，陈锦涛荐与熊希龄49人，已陆续到京。[2] 熊决定在旧司员中选留40人，其余皆好言遣散。[3]

5月7日，熊希龄发布总长令：本部改革之初，拟先设立筹备处，派员司筹议办法，其旧部当差各员，除金银库员司及前次派管案卷各员，仍应暂留管理外，其余先行解散，俟本部组织完全，再行分别去留，量才委任。筹备处总办王璟芳，帮办章宗元，下分总务、币制银行、盐务、公债、税务、会计、库务等七股。[4] 各股员司吴乃琛、曲卓新、张茂炯、刘泽熙、蹇念益、周宏业、陆世芳、李景铭、刘颂虞。王宗基、钟峻、陈威、甘鹏云、庆琛、钱承铦、雷多寿、曹宝珣、袁永廉、何卓时、张竞仁、楼思诰、乐守纲、钱锦孙、王朴、熊正琦、高彤墀、司骏、卞颂元、沈承烈、赵世棻、蹇先聪、晏才杰、应国樑、杨赓元、润普、李恩藻、张绍、宝宗、张荣骅，均着即日到处办事，俟南京部员到京，再行选派加入。[5]

为了安定人心，熊希龄遣散旧员之时，允诺此后添人，必予各旧员以优先权。除了筹备处留用人员外，所选定诸人及南京同来之人，尚须陆续派办职事。[6] 5月23日，发布财政部令："本部现拟修正官制，预备交议，一俟通过，即须分司办事，所有旧部各员司人等，应由筹备处查明详细履历，办事成绩，开列清单，呈候核夺。"[7] 除

---

[1]《京华政局丛谈（三）》，《神州日报》1912年5月20日，第4版，"国内要闻二"。

[2]《北京政海春潮记（十六）》，《神州日报》1912年5月14日，第4版，"要闻二"；《京华政局丛谈（二）》，《神州日报》1912年5月18日，第4版，"国内要闻"。陈锦涛北上之际所带人员，有30余人、40人两说。

[3]《财政筹备处开办情形》，《申报》1912年5月14日，第3版，"要闻一"。

[4]《各部纪闻·理财部之暂时办法》，《时事新报》1912年5月14日，第2张第1版，"紧要时事"。

[5]《财政部熊总长令》，《政府公报》第7号，1912年5月7日。

[6]《财政筹备处开办情形》，《申报》1912年5月14日，第3版，"要闻一"。

[7]《政府公报》第23号，1912年5月23日。

候补人员外，所有实缺各员及曾有乌布差委者一律列册。各旧员闻知，无不喜形于色，以为人人皆有留用之望，有人还预行剪发，置备洋装，以图取悦于总长。[1]

虽然熊希龄优待有加，旧员却未必一律配合。度支部部员张茂炯曾在盐政处任职，颇知盐政利弊。惟以办事棘手，殊不愿就。故此次虽经熊总长留用，仍派盐务股差使，而卒不任事。近在天津，熊希龄两度专函专电催其回京，皆不应。第三次由楼思诰亲自到津劝驾，仍坚持不允，"其归志可谓决矣"[2]。其实张茂炯其人绝非淡泊名利，此前他署盐政院厅长，盐政院裁撤后，仍回度支部供职，设法运动绍英派在丞参上行走，已拟就堂谕，尚未画行，因共和发表而搁置。绍英开缺后，由周自齐署理，张茂炯乘新旧交替之际，串通考绩科书吏，将堂谕簿添画伪行，并将同党大员如盐政处开缺人员及各司长等衔名一并加入，一时丞参上行走竟增至10人之多。"虽满清黑暗时代，亦无如此骇人听闻之事，不意于中华民国见之，可谓奇矣。"[3]

其四，以退为进。据报道，民政部司员与内务部总长赵秉钧感情极厚，新内阁成立前，均极力维持，唐绍仪到京且常川入署办事后，全体司员以民国政府成立，原来南北政府当然取消，上书辞职，赵秉钧照准，以便另行组织。北京内外厅区各员，亦集议全体辞职。袁世凯因为内务部所管警政与市面关系密切，颇感棘手，召集赵秉钧筹商善后办法。[4]起初媒体以为是内务部总长赵秉钧欲将民政部旧员大加裁减，引起部员全体辞职。而总理唐绍仪力主调停。赵秉

[1]《京华政局丛谈（二）》，《神州日报》1912年5月18日，第4版，"国内要闻"。

[2]《各部司员升沉记》，《申报》1912年5月28日，第2版，"要闻一"。

[3]《京部员之劣迹》，《时事新报》1912年4月1日，第1张第2版，"紧要时事"。

[4]《前民政部司员全体辞职》，《顺天时报》1912年4月24日，第7版，"时事要闻"；《内务部司员全体辞职记闻》，《时事新报》1912年4月30日，第1版，"紧要时事"。

钧因唐绍仪主张多留旧部员，大起争论，赵负气向总统袁世凯辞职。[1]
后来得知实情刚好相反，前清民政部旧员有700余人，加上南来各员，
必定有一番大淘汰。[2] 其时内务部设立蒙藏事务处，已调用旧理藩
部司员数十人。总理唐绍仪之意，各部皆须多用南方人员，而额缺
又不可多设，意欲少用旧人。总长赵秉钧以久在民政部，熟人甚多，
穷于位置之法，大有左右为难之概。民政部旧司官闻讯，乃全体辞职，
以为保全面子之计，"现在内务部衙署已无复旧司官之踪迹矣"。

　　蒙藏事务处所留理藩部旧人及派定之职掌为：总办文哲晖，帮
办吴燕绍，第一科长毓盛，副科长沈国钧，第二科长宝训，副科长
沈家彝，第三科长扎拉芬，副科长朱麟藻，第四科长吉章，副科长
李景圻。"其中最可笑者，自总办起皆一满一汉，按次配合，俨如
前清六部旧习。且此等人半皆纨绔，对于蒙藏毫无阅历，更无政策。
呜呼，曾是共和国而仍有此腐败现象耶。"[3]

　　趁着内务部司员因新旧用人问题全体辞职的风潮，总长赵秉钧
以志不能达，亦向总统袁世凯自请辞职。袁一面表示慰留，一面谓
国务长进退由参议院决定，参议院开会之期已近，应暂勉留以待，
看能否通过。现在职权内不能允许辞职与否。据说袁世凯为此特邀
各部总长讨论调停办法，拟调赵秉钧为河南都督，张元奇升为总长。
唐绍仪闻知赵秉钧辞职，顿悟赵秉钧所争在保全地面上之安危，非

[1]《申报》1912年4月26日，第1版，"专电"。
[2]《内务部辞职真因》，《民立报》1912年5月2日，第7页，"新闻一"。
[3]《新旧京官现形记》，《申报》1912年4月30日，第3版，"要闻一"。另据《时事新报》报道，
　　唐绍仪主张将旧有司员一体解散，重新组织。赵秉钧表示本部关系地方治安，未可一日
　　无人办事。不同他部，可借解散之名招致多数新进。唐绍仪嘱其自行酌办。赵将此事宣
　　布于僚属，于是阖署司员聚议，一体辞职，听候总长办法。（《内务部司员全体辞职记闻》，
　　《时事新报》1912年4月30日，第1张第1版，"紧要时事"。）《神州日报》则称，4月
　　2日赵秉钧与唐绍仪商议留用司员办法，唐告以内务部至多只能留用50人，赵以事繁不
　　足用，且又接收理藩部，若仅此数，唯有辞职。唐不松口，赵遂辞职。司员迎合其意，
　　200余人一起辞职。（《北京政海春潮记（六）》，《神州日报》1912年4月30日，第3版，
　　"要闻一"。）

为见好司员起见，即与赵约，不干涉部中用人权，并劝其从国家前途着想，万勿辞职。[1] 此事实际上是旧司员借故要挟，以退为进，迫使唐绍仪让步。《时报》一则《新政府与旧人才》的时评敏锐地指出："北京为旧人才巢穴之处，今新政府成立，于此旧有之各部人员淘汰与录用，必有一番之变动，而因缘运动者必多。主持之者，非有定识与毅力，欲一洗其旧习，非易事也。内务人员之全体辞职，其要挟已露端倪矣。"[2]

当然，赵秉钧也不能一味偏袒旧部。南京内务部陆续到京 34 人，一度皆无位置，所以屡次诘问唐绍仪，因为唐在南京时曾表示，内务总长虽为旧人，南京内务部人员必有相当之位置。唐绍仪为了兑现承诺，与赵秉钧协商，请其设法安排。[3] 面对原内务部司员全体辞职的风潮，以及南方人员的压力，总长赵秉钧不得不设法调停新旧司员的感情，使之融洽，进而拟刷新部务，饬两厅丞调查各员履历学识，无论满汉新旧，如有才干之士，均挑选入部委用，已选定录事约 70 员，其他各司员亦已略定。[4] 同时特意表现出对北上南京临时政府内务部人员的优待，在本部官制尚未决议之前，"所有南京内务部投到之张友栋、伍晟、郑毅权、许家恒、居文哲、陈玉润、赵璧、饶光民、陈济、许允、赵世晋……等二十员暂留本部为办事员，于六月一号先行到署办事"[5]。6 月 25 日，内务部发布部令："本部现应重新组织，所有办事各员，除已分别开单呈请大总统任用外，

---

[1] 《内务总长辞职不成》，《申报》1912 年 5 月 1 日，第 2 版，"要闻一"；《总统为唐赵之调停》，《顺天时报》1912 年 4 月 26 日，第 7 版，"时事要闻"。赵秉钧调任之说，获系外间揣测。（《唐赵感情之冲突》，《顺天时报》1912 年 4 月 27 日，第 7 版，"时事要闻"。）此事在《顺天时报》看来，却是唐绍仪欲位置私人，与赵秉钧意见相左，以致引发揠潮。（《箴新政府之用人》，《顺天时报》1912 年 5 月 9 日，第 2 版，"论说"。）

[2] 《新政府与旧人才》，《时报》1912 年 4 月 28 日，第 2 版。

[3] 《南京内务部来京人员》，《顺天时报》1912 年 5 月 8 日，第 7 版，"时事要闻"。

[4] 《各部用人之计画》，《申报》1912 年 5 月 13 日，第 2 版，"要闻一"。

[5] 《内务部赵总长令》，《政府公报》第 32 号，1912 年 6 月 1 日。

其列单之一百十四员应即先行到署办事。"其中首位就是后来牵连宋教仁被刺案臭名昭著的洪述祖。[1]

其五，诸法并用。前清邮传部人事最为复杂，4 月 23 日，交通总长施肇基到任，却没有到部，只是将一张留员名单贴于大堂，下署施肇基启。前数日，该部仅将现在办事之人酌留 45 人，合之新来者 6 人，共得 51 人。留用人员之所以如此之少，原因之一，是南来及由总理唐绍仪所委任者，以交通部为最多，达到 80 余人。故该部裁汰旧员比例较大，600 余人当中仅留用 45 人，其他皆为位置新人之地。[2] 于是交通部被裁各员攻讦总长施肇基用人不公。[3] 风潮影响甚大，以致总统也不得不出面调停。

该部事务繁杂，而定员不足，设定官制时，派陆梦熊笺注，总长意以少改为妙。次长以下，设参事 4 人，秘书长 1 人，秘书 4 人，司长 4 人，科长 24 人，科员 66 人，并局入司，分三股办事。所有办事人员，路电二司所留者皆有线索可寻。其余则因职务关系，不能卒然更动者。[4] 而且这一定额还是总统干预的结果。总长原来只设 80 人，总统以为交通事繁，南北两方人员均须位置，始有酌用百员之说。[5] 此外，总统鉴于交通部风潮起因于各部员司去留无一定之办法，希望议订划一标准。惟以此事颇费调停，且曲折繁多，一时尚难解决。[6] 后来决定用考试方式进行选择，反而激起更大风波。

交通部考试录事的风潮刚刚平息，又因将署中旧人大加裁汰，而留用及调用人员不能尽乎众望，故被裁各司员联络录事，群起反

---

[1] 《政府公报》第 56 号，1912 年 6 月 25 日。

[2] 《新旧京官现形记》，《申报》1912 年 4 月 30 日，第 3 版，"要闻一"；《交通部用人之种种》，《时事新报》1912 年 5 月 7 日，第 1 张第 2 版，"紧要时事"。

[3] 《申报》1912 年 5 月 5 日，第 2 版，"专电"。

[4] 《新旧各部近状记》，《申报》1912 年 5 月 4 日，第 3 版，"要闻一"。

[5] 《新旧京官现形记》，《申报》1912 年 4 月 30 日，第 3 版，"要闻一"；《交通部用人之种种》，《时事新报》1912 年 5 月 7 日，第 1 张第 2 版，"紧要时事"。

[6] 《总统之调停忙》，《申报》1912 年 5 月 4 日，第 3 版，"要闻一"。

对。留用人员多出于龙虎二将的叶恭绰、梁士诒门下，一般附势者争相奔走钻营。[1] 被裁司员因去取不公，于 4 月 28 日在湖广会馆开全体大会，研究对待叶、梁之方法。或主张上书大总统，请定去留办法，或主张以野蛮手段对待。而南方交通部人员亦于同日在金台旅馆开会研究到部问题。两相映照，颇耐人寻味。[2] 交通部各裁员上参议院请愿书称，施肇基毫无公理，任用私人，所留用者有科举出身如龙建章举人，蒋尊袆进士，有捐纳如安涛，而老资格如唐、何，留学生如陆梦熊等则不用，且留学生淘汰最多。[3]

旧员对于新部也有趋炎附势的一面，《申报》报道过一个极具象征性的事例："前邮传部有一戴水晶顶子而蓝翎之管门官，一老头子也，为旧日各部商标之特色。自改定政体后，乃易其官帽而为便帽。二十三日为新总长到任日期，此公乃易其便帽而戴黄色边之军帽。"该报特意点评道："但能换戴新帽即可立地成佛，此管门老头子其代表也。"[4]

北方被裁人员开会，是因为当局用人不公，拟用激烈手段对待。南方人员则以部中如此黑暗，殊难托足，且留部人员多无实学。交通部南来人员共 50 余人，裁去 15 人，留者或派为调查员，或秘书员，多非要缺。而施肇基又续调旧员及其戚友，以致南人大哗。[5] 继 28 日会议之后，特于 4 月 30 日再在金台旅馆开会，谓交通中人，非尽用航路邮电专门人员不可。如施总长不允，南方人员将全体解散。[6] 不料其中有人并非专门出身者，自料当有位置，所以反对该项提议，

[1] 《六部近闻一束》，《民立报》1912 年 5 月 1 日，第 7 页，"新闻一"。
[2] 《新旧各部近状记》，《申报》1912 年 5 月 4 日，第 3 版，"要闻一"；《各部之笑笑啼啼》，《时事新报》1912 年 5 月 5 日，第 2 张第 1 版，"紧要时事"。
[3] 《各部现形记（续）》，《天铎报》1912 年 5 月 16 日，第 3 版，"中外大事"。
[4] 《新旧京官现形记》，《申报》1912 年 4 月 30 日，第 3 版，"要闻一"。
[5] 《时报》1912 年 5 月 21 日，第 2 版，"专电"。
[6] 《交通部南北司员会议之内容》，《时事新报》1912 年 5 月 7 日，第 1 张第 2 版，"紧要时事"。

未能通过。[1]交通次长冯元鼎以用人行政与总长意见不合,坚请辞职。旧部员共留 51 人,其中有目不识丁者,有数月足不到部者,平日实在出力者反多在淘汰之列,以致愤不能平,有人将重要文件及洋文合同等携之而去,准备将来交参议院弹劾。[2]

交通总长施肇基在民国首届内阁各部总长人选中物议较多,坊间、报馆乃至官场,甚至误传其为总理唐绍仪的女婿或侄婿,暗指其凭借裙带关系得此位置。他在交通部并无根基,亦无实权,该部大事由梁士诒暗中主持,小事由参事程淯(原南京交通部秘书长)办理。此次该部所留南员,施均咨询程淯意见,而程向与南京交通部承政厅人员有嫌(据说因其窃取津浦免票被人攻击),是以承政厅人员除一人系程的亲戚留用外,全部被屏黜。5 月 17 日,南来各员公举代表刘芳、胡健赴交通部质问,施避而不见,由次长冯元鼎代见。代表质问道:程淯声名恶劣,何以反得参事位置?冯答此系袁总统所交名条,不能不特别优待。代表又问:此次留用人员,以何为标准?冯答曰:并无标准,南北均应同时解散,从新组织。代表问:既是南北同时解散,何以唐总理在南京时,定要我辈北来?冯曰:我不知,我不知,请诸君问唐总理去。代表遂回。南来人员的问答,清楚显示唐绍仪确曾履行与蔡元培的约定,希望以南京临时政府为班底组建新的统一政府并迁往北京。

5 月 18 日,南来被摒人员代表陈非致函施肇基质问,施不答复。又有该部秘书叶兆崧等专门守候施于交通部大门,遇见即扭往国务院见唐绍仪。叶虽然已被留用,系与唐总理同乡,同来各员全被屏黜,不能不动公愤。见到唐绍仪,便诘问道:一、大总统何以有私交名条代人请托之特权。二、唐总理曾许特别酬报,何以不能见信。三、

[1] 《交通部新司员之学识》,《时事新报》1912 年 5 月 10 日,第 1 张第 2 版,“紧要时事”。
[2] 《交通部被裁人员之手段》,《时事新报》1912 年 5 月 3 日,第 1 版,“紧要时事”;《旧部员去留记》,《民立报》1912 年 5 月 3 日,第 7 页,“新闻一”。

到北京后如不能任用，应即时宣布，何以迟至今日，始定去留。四、如因交通部用人甚少，不能位置，何以施于南北旧人之外，复调其原在弼德院就职的亲戚张祖廉等 20 余人，其理由安在。唐绍仪不能答。宋教仁、王正廷出为调停，允诺将交通部被摒各员调往两部安插。各员坚持不肯，以为若不合用于交通部，则其余各部亦不合用。若可用，非在交通部不可。唐绍仪无奈，许以星期一必有正式发表。叶等遂退去。

是夜，南来诸员秘密会议，提出方法数种，决心非推翻施肇基不可。具体为：一、齐赴参议院递请愿书，请质问大总统何以私交名条于施肇基。二、交通部如留用南来人员，不许有一人遭摒弃。三、交通部位置比照南京从前地位，不得故为抑扼。四、南来各员在交通部立于监督地位，如交通部仍旧营私舞弊，得随时举发。五、程淯声名恶劣，交通部不许留用。六、以上五则如不能达到目的，以文明对待，将立刻全数移至施肇基私宅，否则以野蛮对待，手枪从事。[1] 经各方调停，结果程淯辞职，尤桐等调部或派外差，胡健、刘芬、陈非等不留用。南京交通部承政厅来员留用 7 人，未用 5 人。[2]

南来人员加入争闹的行列，虽然其中别有曲隐，却引起舆论的不满，视为新旧之间的争权夺利。4 月 30 日《申报》刊载的《新旧京官现形记》称："近数日来，新旧官僚暗斗极烈，旧者萧索可哀，新者腐败运动如故，现象如此，大足为民国前途危。……内务部新到名角数人，有一秘书长者，于总理未到任之先，即早欲到任，而内务部以本部现有名目，并无秘书一席，如何位置，须俟总理到京

---

[1] 《交通部两日风潮记》，《神州日报》1912 年 5 月 26 日，第 3 版，"国内要闻一"。据说叶兆崧原为南京交通部船政司长，到京后施肇基委以秘书，愤懑不平，每日无事到施室久坐。施问以何故，告以天天监督，并历数其植党营私遏抑新进之罪。施斥以胡闹，表示要辞职，叶答称极好极好，快点辞职吧。（《交通部激斗》，《天铎报》1912 年 5 月 24 日，第 3 版，"中外大事"。）

[2] 《再记交通部无谓之风潮》，《神州日报》1912 年 5 月 29 日，第 4 版，"国内要闻二"。

再定辞之。最奇者有一王黼炜其人者，南京法部之秘书长也，其人其文不敢下断语，惟自徐谦发表该部次官后，此人乃急欲发贺电，而苦南北阻隔，不知徐之居处，乃电天津许世英转递，可谓奇矣。"[1]

共和开国的腐败现象确是前清旧习的遗留，只是袁世凯政府并不能完全代表共和政治，南方临时政府已经做出正面表率。孙中山对于清末仕途腐败深恶痛绝，很早就注意到临时政府草创之际，难免奔走请托，蒙混诈伪，使不肖者得以进身，特令内务总长悉心考察，慎重铨选，以肃官方而饬吏治。[2]4月初，南京临时政府内务部次长居正、参事田桐以及秘书长、各司长等提出辞职，表示：此前组建之际，"恐临时政府迟一日之组成，即国民前途多一日之危险，用是不揆愚蒙，遂承一时之乏。……今者国务总理已经发表，人才辈出，缺乏无虞，正等自愧樗庸，敢请解职，以让贤能，俾本部事务，得以重加整顿，无任屏营之至"。荐任官以外，委任官亦全体辞职，"希大总统令唐总理遴员接替，免误新政而迟进行"[3]。此番集体辞职，背后或另有隐情，但是整体而言，不贪恋名利地位的举动，还是反映出为共和开局的新气象。

二 兼容新进与故旧

民国新设各部尤其是南方民党担任总长的几个部，本来就深知南北新旧之间心结甚深，经财政等部风潮一闹，不得不更加重视南北新旧的平衡。即使情非得已，表面也要做出公允持正的姿态，以安抚人心，稳定局面。教育总长蔡元培本来认为"非将旧时部员大加淘汰，学务断难进步"，因而电致南方，延请现负时望者来京襄助，

---

[1] 《新旧京官现形记》，《申报》1912年4月30日，第3版，"要闻一"。

[2] 《临时大总统关于慎重用人致内务总长令》，中国第二历史档案馆编：《中华民国史档案资料汇编》第二辑《南京临时政府》，第37页。

[3] 《内务部全体辞职》，《民立报》1912年4月7日，第7页，"新闻一"。

所请计有夏曾佑、袁观澜、钟宪鬯、蒋维乔、许寿裳、周树人、谢仁冰、汤爱理、王云五、杨焕芝、胡梓芳、曹典球、钱秩斐、高叔钦、陈墨涛、马振吾、林冰骨、赵幻梅、胡孟乐、张鼎荃、洪季岑、杨乃康、张燮和、顾养吾、许季上、伍仲文、伍博纯、王懋镕。[1]但5月初其在该部大堂演说，却特意表示："此次所派，系接收部务之员，将来组织新部，尚须续调多人，不仅限定此数。外间所谓全用南来之人，实系误会。"此话令学部旧员心生侥幸，"现在京师各报多谓学部人员不尽绝望者，即因有此演说耳"。[2]

　　教育部的表态，绝非是故作姿态而已，在人事安排上，还要切实体现南北和衷共济的原则。接收学部事务后，分设厅司，规划一切，"所有参事、秘书长、司长各职，亟应慎重遴选，分别荐任。查有钟观光等七员，或久供部职，长于行政，或历办学务，确有经验，均堪荐请委任"[3]。所谓久供部职长于行政、历办学务确有经验，从教育部的具体人事安排可以窥见要旨。该部委任各员定于5月6日开始办事，"兹闻范次长传语各司，凡本系部内旧员，即可于五月六日以前随时到署预备一切。并闻前次留办交代各员，此次有未派入厅司者，均将派入各局处办事"[4]。其各科科员的任职，不仅平衡新旧，而且兼顾满汉，尽量淡化南北之分。[5]首批留任的17名旧员中，

[1] 《各部之笑笑啼啼》，《时事新报》1912年5月5日，第2张第1版，"紧要时事"。

[2] 《各部新陈代谢记》，《申报》1912年5月3日，第2版，"要闻一"。

[3] 《教育部呈分设厅司请委任参事等职文》，《政府公报》第5号，1912年5月5日。

[4] 《各部用人之计画》，《申报》1912年5月13日，第2版，"要闻一"。

[5] 据教育部令：本部接收学部，亟应依据教育部官制选任职员，组织成立。除呈请大总统任命钟观光、马邻翼、蒋维乔为参事，董鸿祎为承政厅秘书长，袁希涛为普通教育司司长，林棨为专门教育司司长，夏曾佑为社会教育司司长外，兹委任吴震春、陈应忠、赵允元、刘唐劭、崇贵、陈琦为承政厅文书科科员，严葆诚、陈问咸、李廷瑛、柯兴昌、兴安为承政厅会计科科员，顾澄、陈简、赵用霖、德启为承政厅统计科科员，建筑科：贝寿同、范鸿泰、赵世喧，编纂员：顾兆熊、汤中、张轶欧、常福元，审查员：白作霖、林启一、陈维治、高步瀛、毛邦伟，普通教育司第一科：许寿棠、刘宝慈、吴思训、胡豫，第二科：陈清震、谢冰、杨乃康、张鼎荃，第三科：张邦华、伍崇学、谈锡恩、李宝圭，第四科：

有一人尚未剪辫。为保全饭碗,才含泪剪去。[1] 该部总共委任 73 人,其中 35 人系学部旧员。[2]

交通部留人接收各司公事后,用人方针尚未确定。"该部录事原有一百三十余人,日前因事全数开除,后至初三日始择调四十人回署办事。"[3] 而司员在留用 51 人后,迫于南方来人日益增多,原来旧员亦极力运动,又续调 35 人。[4] 因此南京来的 54 人,只能委派外省差事。[5]

工商部因陈其美迟迟不到任,由次长王正廷暂署总长。"刻闻该部自参事而下位置,已由王次长向唐总理商定,计参事四人,周家彦广西、陈介湖南、廖炎四川、张奎江苏。又秘书长吴某,名未详,秘书官吴在章,此外尚有数十人,共计不足百名。惟在署旧日之司员,留者甚属寥寥,不日即当发表矣。"[6] 王正廷唯恐引起旧员的骚动,"语农工商部各旧员云:新部用人,原无成见,此次旧员暂为解散,将来仍有借重之处。……各旧员闻之稍慰"[7]。后工商部实际留用旧员

（接上页注）洪思苓、陈文哲、王家驹、杨华,第五科:张敬熙、桂诗成。教育专门司第一科:王之瑞、刘家榆、杨曾浩、蒋履曾、秦锡铭,第二科:路孝植、曹典球、王焕文、程良楷、王季点。社会教育司第一科:沈彭年、樊炳清、冀贡泉,第二科:周树人、胡朝梁、许丹游、洪度。第三科:伍达、王章祐、齐宗颐、徐协真。(《政府公报》第 5 号,1912 年 5 月 5 日。)教育部广告:本部因承政厅及各司官制尚须提出参议院酌量变通,故自参事秘书长司长呈请大总统任命外,五月初五日部令系于未经参议院议决以前暂就现在应办之事量为分设,故于承政厅未设秘书,而暂委科员,于编纂审查两厅暂不荐任,而假定为编纂员审查员之名,又于各司亦暂不设科长,均俟参议院改定官制颁布后,再准据规定名称,分别荐任委任,始为完全成立。特此声明,庶免误会。(《政府公报》第 7 号,1912 年 5 月 7 日。)

[1] 《六部近闻一束》,《民立报》1912 年 5 月 1 日,第 7 页,"新闻一"。
[2] 《北京政海春潮记(十三)》,《神州日报》1912 年 5 月 9 日,第 4 版,"要闻二"。
[3] 《各部用人之计画》,《申报》1912 年 5 月 13 日,第 2 版,"要闻一"。
[4] 《交通部续调人员》,《时事新报》1912 年 5 月 25 日,第 2 张第 1 版,"紧要时事"
[5] 《北京政海春潮记(十三)》,《神州日报》1912 年 5 月 9 日,第 4 版,"要闻二"。
[6] 《各部新陈代谢记》,《申报》1912 年 5 月 3 日,第 2 版,"要闻一"。
[7] 《各部用人之计画》,《申报》1912 年 5 月 13 日,第 2 版,"要闻一"。6 月 29 日大总统批署工商总长王正廷请开去署任及本官呈:"前因陈总长迟滞不至,部事无人主持,是

关文彬等 25 人。[1]

农林部与工商部分别接收前清农工商部的相应部门，针对各部南北新旧之争风潮迭起的情形，以及本部面临的各方请托奔竞的压力，农林总长宋教仁专门发布启事："本部建设方新，事尚单简，加以部款支绌，未暇扩充。积此二因，用人甚鲜，凡大雅所推或上书请试诸君子，其姓名住址均已汇登记室，俟将来本部扩充，需才孔亟之时，再行函聘。此刻诸君行止尽可自便，幸勿为守株之待，致误杖策之游也。"[2] 该部暂派临时办事员 25 人掌筹备规划一切事务，为承政厅魏震、罗戴、余光粹、张周、屈蟠、张焌，农务司陶昌善、陆长儒、恩庆、黄公迈、陈发檀、易次乾，垦牧司田步蟾、黄岐春、高文炳、周藻祥、钟赓言，山林司胡宗瀛、林祜光、唐荣禧、齐鼎颐，水产司王文泰、徐宗彦，临时庶务办事员张璧田、沈竹孙。[3] 其中魏震等 11 人系留用旧员。[4]

海军总长刘冠雄先期在南京临时政府海军部行受任礼，在北上接收前清海军部时，即注意南北新旧的平衡，所派接收人员南北各半，旧员为王翰、袁瑞、吴纫礼、邓聪保、罗则均、徐兴盦、林文彧、荣志、陈瑜、刘云鹏、施作霖、贾凝禧、林瑞田、高穰、潘之瑞、刘蕲、金翊夔、何纫秋、林子鼇、吕富永、徐维震、王世澂、谢天保、李宝符等。[5] 此外，旧部有希望留用者还有郑汝成、李寿田、严文炳、郑清濂、吴毓麟、陈士廉、方阜鸣、曹汝英、刘秉镛、招瑞声、刘

（接上页注）以任命该署总长署理此缺。今总长一席仍在虚悬，而时事之艰，无异往日。该署总长素以爱国为前提，尚期贯澈始终，毋萌退志。所请开去署工商总长及次长之处，碍难照准。"（《政府公报》第 61 号，1912 年 6 月 30 日。）

[1]《申报》1912 年 5 月 4 日，第 2 版，"专电"。

[2]《农林总长宋教仁启事》，《政府公报》第 38 号，1912 年 6 月 18 日。

[3]《农林总长令》，《政府公报》第 9 号，1912 年 5 月 9 日。

[4]《申报》1912 年 5 月 4 日，第 2 版，"专电"。

[5]《海军部之接收人员》，《时事新报》1912 年 5 月 4 日，第 2 张第 1 版。

传绥、林汝魁、薛昌南、曾宗巩、林葆纶、何嘉兰、李鼎新等人。[1]

对于各部用人风潮不断，外报以为大都由于南北意见不同。[2]各部被裁旧员大概也持相同看法，一度还发起组织北京各部联合会，拟向新政府要求位置，或发给一年薪水，以便另谋生计。具体办法为：一、分别录用，或为另筹生计；二、不主激烈；三、不准暗杀；四、坚持到底；五、不设会长，举干事20人；六、会费共同捐助。已印制传单，分送各部。如表同情者多，即定期开会。[3]为此，袁世凯曾以手函交国务院，表示"嗣后国务既由总理及各部总长担负责任，本总统似未便干预。惟当此国基甫定之际，危急存亡，关系重要，新员故多才能，旧员亦非不可用。务请详细核酌，勿存成见"[4]。唐绍仪也担心各部用人风潮不断，扰乱大局，因而决定除次长外各部用人由总长负全责，总理概不干预，直到考试任用章程制定颁布。[5]连国务总理自己用人，也要考虑南北新旧满汉的平衡，"调用从前内阁承宣厅人员到国务院办公，计共九员，雷延寿、黄彦鸿、江保、傅鸿恩、伊密杨、阿松海、秦树声、吕式斌、曾文玉。内有旗人三员，盖以示不分界限之意"[6]。

不过，南北之争毕竟不能完全掩盖新旧之别，由前清旧吏出任次长并暂主部务的司法、外交两部，反而更加趋新，以示与逊清王朝划清界限。尤其是辛亥武昌起事后，为了填补官员辞职离任的空缺，突击拔擢的一批原来层级较低的新锐，更是刻意表现进取。曾任大理院少卿的徐谦被大总统袁世凯任命为司法部次长，以才力不胜请辞，未蒙批准，就任，并先赴前法部办事。值司法部接收交替

[1]《北京政海春潮记（十）》，《神州日报》1912年5月4日，第3版，"要闻一"。
[2]《西报记各部之纷争》，《神州日报》1912年5月3日，第3版，"要闻一"。
[3]《旧部员去留记》，《民立报》1912年5月3日，第7页，"新闻一"；《北京政海春潮记（十）》，《神州日报》1912年5月4日，第3版，"要闻一"。
[4]《袁总统对于用人之宣言》，《时事新报》1912年5月1日，第2张第1版，"紧要时事"。
[5]《北京政海春潮记（九）》，《神州日报》1912年5月3日，第3版，"要闻一"。
[6]《新政府组织种种》，《申报》1912年5月1日，第2版，"要闻一"。

事务，补行呈报。[1] 其时司法总长王宠惠尚未到任，4 月 5 日，徐谦谒袁世凯，拟将本部旧有司员酌留三成，其余全行裁撤。回部之后，又传令收发所所长派差茶役，将部署内外前清红白批示告示对联封开印报条等一律用青灰刷净，以展现焕然一新的形象。[2] 不仅本部如此，徐谦还将大理院、都中各级审判厅人员一律遣散，每处只留一人预备交代，为各部所未有。[3] 后王宠惠以各级审判厅不可轻易更动，指示暂留旧人，将来再行甄别。[4] 与此反差显著的是，南京司法人员随同唐绍仪到京的 8 人，派定参事 3 人、司长 2 人、秘书长 1 人、秘书员 2 人，并负责办理交替事宜，均委以重任。[5]

　　法部旧员因为遭到裁汰而且不发欠薪，与次长徐谦发生冲突。"闻此事之真像，实系由徐次长所激起。盖王总长前曾来电，对于裁留司员，已主张新旧参半。而徐次长乃痛诋旧员，至指为亡清奴隶，拟全数解散，尽用新员。所有旧欠津贴，概不发给。因之大起冲突。"[6] 徐谦致王宠惠函称，须一洗前清旧染之污。法部司员反唇相讥，谓徐亦系前清官吏，亦在当洗之列。[7]

　　据《顺天时报》的确切调查，徐谦获任新政府司法部次长后，先与署理法部大臣沈家本谈及整顿司法手续，认为必须先将旧员咸令解散，另委任由欧美留学法政出身者。此后徐接到总长王宠惠来电，告以组织司法机关，所有人员新旧参用。而徐在署扬言王总长

---

[1]《司法部次长呈报就职日期等文》，《政府公报》第 12 号，1912 年 5 月 12 日。

[2]《徐次长之政见》，《顺天时报》1912 年 4 月 6 日，第 7 版，"时事要闻"。

[3]《北京近讯摘要》，《神州日报》1912 年 3 月 20 日，第 3 版，"要闻一"。

[4]《京华政局丛谈（三）》，《神州日报》1912 年 5 月 20 日，第 4 版，"国内要闻二"。

[5]《北京政海春潮记（六）》，《神州日报》1912 年 4 月 30 日，第 3 版，"要闻一"。

[6]《旧部消灭记·法部裁旧冲突》，《时报》1912 年 5 月 4 日，第 3 版。《时事新报》报道：司法部风潮真因，亦由裁旧更新而起。徐次长先以此意电商王总长，王回电谓过渡时代，不能求全责备，请斟酌损益，以得其平。事为各司员所知，乃借发款事与徐次长冲突。事为唐绍仪所知，以为仅仅争薪，函告徐次长，未领薪水将来必能补发。（《各部之笑笑啼啼》，《时事新报》1912 年 5 月 5 日，第 2 张第 1 版，"紧要时事"。）

[7]《北京政海春潮记（十三）》，《神州日报》1912 年 5 月 9 日，第 4 版，"要闻二"。

来电，不令委任旧员。不料电文为部员左某觅得且予以披露，使得徐谦与部员之间顿生恶感。该部接到政府公函饬令解散，以便另派，各司员称，解散固所应当，但是合署官吏约有千余人，请次长将此前扣留津贴存大清银行之款转售现银，补发欠款，即皂役亦应照军人解散办法，予以三个月口粮，以便另谋生计。徐佯允之，待将储款券向德华银行议妥售价，竟不认可。各司员以其失信，大哗，当议定将款自由分散。而中国银行不准司员更换折券，且不认部款转售之事，以致无法与德华银行兑现。司员遂聚众前往徐宅理论。徐拒不接见，还电话召来巡警多人弹压，各司员之激烈者欲冲入徐宅痛殴之，经劝阻，公举代表四人，到大总统府索要欠款，并具呈全体辞职。由于部内秩序大乱，监狱看守也纷纷整理物件，放弃责任，使得服刑的重案犯无人看管，要求徐谦派人接管。徐谦接报，迫不得已，请各司员不可辞职，将来必当新旧参用。[1]

4月29日，原法部全体司员在总统府递呈二件，一提出全体辞职，二要求补发欠薪。大总统袁世凯当即交国务院调和此事。院议总长王宠惠未来京之先，旧司员不容令其辞职，至从前欠薪，理应照数设法补发。"总统总理当即责成徐谦一力维持，现在已有公函到部说明总统总理之意见，传知各司处所矣。"[2] 这种息事宁人的处理态度，虽然避免了政局动荡，却以否定徐谦的改革为牺牲。

出任外交次长的胡惟德，原系清朝最后一届内阁的外务大臣。外交总长陆征祥因为尚在驻俄大使任上，到任较晚，部务由胡惟德暂代。"闻胡惟德拟将司员中之年少而曾习外国语言文字者，择优派赴外洋，专研究国际法学，使其深造，藉以养成外交之人才。该部司员等一闻此信，大为恐怖，有虑不能入选，早归裁撤者，有以美差方将运动成熟，恐以出洋中止者。独一般有小差使之年轻者，则跃跃欲试，异常

---

[1] 《司法部冲突之种种》，《顺天时报》1912年4月27日，第7版，"时事要闻"。

[2] 《新旧各部近状记（续）》，《申报》1912年5月5日，第2版，"要闻一"。

高兴，并日日密探胡氏何时遣派。惟据胡氏告人，虽有此意，亦须
俟陆总长到京再定办法。故各司员至今仍惶惶不定。"媒体揣测："旧
日外务部人员刻虽全数留部，然将来仍不免于天然淘汰。"[1]

果然，总长陆征祥到任后，于 6 月 17 日连续发布几道外交部
部令：本部现应从新组织，所有办事人员，除经大总统任命及收文
处电报处之士魁、张沛霖两员外，着即一律解散，另候新令，再行
到署。接着先派定张煜全等 65 员留部办事，暂仍各按原厅司分别
办公。其先未派在厅司者，暂均赴承政厅办事。此次未经留部之易
迺观等 25 员，均在本国高等学堂或留学他国毕业，着记名存部，
另候续传。[2]6 月 22 日又发布外交部部令：此次未经留部各员内，
年逾六旬之恒林及业经病废之陈全森二君，着每月暂给四十元。[3]
算是善后措施。

新旧参合的做法，使得一些前清庸吏得以继续尸位素餐，败坏
了民国新政权的形象，引起官场和舆论的不满。教育部留用旧员彦
德，虽曾留学日本六个月学习警视，毫无学识，因为系荣庆侄婿，
得以混入学部，不数月而署督学局长，敷衍因循，久为识者所訾。
国体变更，应在淘汰之列，竟然仍得充任学务局长。北京学界大起
激愤，拟联合团体，起而反对。外交部司员共 130 人，旧者约 40 人，
其中有聋者、残废者、终年不起者及未剪辫发者，其顽固不堪、无
新知识者更居大半。"共和国之外交部，乃容纳此种司员，亦一大
缺点也。"[4]海军部留用 42 名旧员，与刘冠雄所称实学专长和素称得
力两条标准亦不尽相符，而且多属闽籍。不但旧员颇有怨言，南来
人员也大为不满。[5]

[1]《各部司员升沉记》,《申报》1912 年 5 月 28 日, 第 2 版,"要闻一"。
[2]《外交部部令》,《政府公报》第 50 号, 1912 年 6 月 19 日。
[3]《外交部部令》,《政府公报》第 59 号, 1912 年 6 月 28 日。
[4]《京华政局丛谈（三）》,《神州日报》1912 年 5 月 20 日, 第 4 版,"国内要闻二"。
[5]《旧部员哭笑记》,《民立报》1912 年 5 月 7 日, 第 7 页,"新闻一"。

三 专业化取向

袁世凯在成功地将视线由新旧转移到南北，从而脱离南方临时政府的革命法统，解决了自身权力来源的合法性问题之后，也面临着如何建立有效政府的难题。他显然深知前清政府效率不高的种种弊端，希望自己的政府行政运作得力高效。新政府国务员公布，西文《大陆报》即以为"参用南北人才而得其平"，尤其注意到前清科第出身者仅有熊希龄一人，"是尤足征时势之变更，而此后用人行政之方针，当不如前清之局于一偏矣"。[1] 至于国务总理和各国务员，更要面对机构精简的压力。民初财政窘迫，只能进一步压缩职位，相应地对于在位人员的能力要求大幅度提升。在此情势下，平衡南北只是暂时性的权宜之计，选拔能员干吏才是提高政府效率的当务之急。

清季改制，停考科举，变更官制，文官试验一事已经列入议程。南京临时政府时期，内务总长程德全鉴于各地光复政权唯军政全归我有，府县等地方官吏皆仍清朝旧人，无视民生疾苦，不知政治学问，不革于下则国本不固，于2月13日呈请速颁文官试验令。孙中山认为任贤选能为当今急务，令行法制局编纂文官试验草案，咨文参议院议决颁行。[2]

作为清季新政与宪政的要角，袁世凯对于职能政府如何高效的问题并非没有认识，甚至较一般官员体会更深。3月中旬，袁世凯就表示，民国成立，所有文官考试任用等项章程关系重要，拟即参照旧时法制院所编订的各项官制草案，斟酌损益，俟临时政府成立后颁布施行。[3] 4月9日，在京的赵秉钧、段祺瑞、胡惟德等几位总

---

[1] 《西报评论新国务员》，《时事新报》1912年4月1日，第1张第2版，"紧要时事"。

[2] 《内务部请颁文官试验令呈及临时大总统批》，中国第二历史档案馆编：《中华民国史档案资料汇编》第二辑《南京临时政府》，第28页。

[3] 《北京近讯摘要》，《神州日报》1912年3月20日，第3版，"要闻一"。

长以及总统府秘书等在迎宾馆召开会议，讨论各部酌留属员问题。有人主张各国务总长次长全体到北再行核定去留，有人主张先将旧日司员有毕业专门文凭人员请总统宣布命令留署以免骑墙，有人主张凡各部旧有丞参，以录事以上无论有无文凭，一律甄别，凡取最优等者留署派差外，其余全行裁撤，以免运动之弊。议论纷纷，莫衷一是，只好呈请总统裁夺实行。[1]

袁世凯认识到，新政府即日成立，各官署章制及一切用人之资格权限，关系紧要，不容再缓。鉴于"北京各部司员久已人浮于事，南京遣来各司员又甚繁夥，甚难位置。至临时约法中于各部司员之任用，惟略为规定，然并无一定手续"[2]，在几位总长议而不决的情况下，袁世凯于4月中旬与赵秉钧、段祺瑞面商任用之法，决定先期议定任用官吏暂行办法。"官制即暂用南京参议院所议决之官制通则，其各部用人之权，分为二级，各司长局长由总次长合意选任，而科长以下则由司长局长荐举，其资格凡高等专门学堂毕业，与在该部供差得力五年以上者，无须考试，其余则须一律试验，方得委任。"[3] 另有报道称，其任用资格，科长以下，原在南京供职者，如系高等专门学校毕业免考，在北京供职者，在部五年著有成绩免考。此外皆须考试，"以免贤者向隅，不肖者滥竽，仍蹈前清时代之覆辙"[4]。

据此，留用人员兼顾学历与经验，新进人员则着重讲究学历知识。因为没有学历者，单靠经验很难通过标准化专业考试的程序。即使各部由总次长自择的用人，也要得到参议院审查员的同意，而且要依据学历高低确定职位。"闻大概办法须各国高等毕业者方可

[1] 《会议裁留部员》，《顺天时报》1912年4月10日，第7版，"时事要闻"；《预备各部要务》，《新闻报》1912年4月16日，第1张第3版。

[2] 《北京政海春潮记（三）》，《神州日报》1912年4月27日，第3版，"要闻一"。

[3] 《任用官吏暂行办法》，《申报》1912年4月20日，第2版，"要闻一"。

[4] 《北京政海春潮记（三）》，《神州日报》1912年4月27日，第3版，"要闻一"。

充司长，本国高等毕业者方可充科长，普通毕业者充一等科员，至有知识经验而无毕业文凭者，只可充二等科员。至薪水一节，有说最少每月一百元，有说最少每月三十元，须交参议院通过，刻下均未能定夺。"[1]

国务院成立后，袁世凯要求各部事务即向新任总长交替，凡旧有之部署人员，应一律解散，以便新总长另有委任。各旧部纷纷交替，各部员司亦均大行更动，而各部人员因总统函饬解散，颇起反对暗潮，要求大总统先行拨给解散款，才肯办理交代。唐绍仪在用人问题上与赵秉钧冲突后，虽然做出让步，决定今后各部用人，除次长外均由总长负责量才任用，总理概不干涉。惟所用人员是否称职，总长仍负全责。等到考试任用章程拟定颁布后，再行分别考核。[2] 4月22日，唐绍仪与各国务员会议各部用人办法，于调停新旧之间，颇难处置。因为财政总长熊希龄尚未到任，而用人与财政关系密切，以致未能议决。[3] 然据闻所有委任各员仍系暂局，俟三个月后尚须由本部总长甄别一次，始能确定去留。[4]

开新必先除弊。5月底，铨叙局发出通告，前清官吏的科甲、捐纳、保举、劳绩、世袭等资格一律取消。[5] 6月4日，国务院又发布命令："兼差为旧日恶习，庶政废弛，胥由于此。盖人才各有专长，精力不可分用，专责始克有功，兼任不免两败。民国初建，百度维新，岂宜重蹈覆辙，致坏首基。为此通令行政各机关在职人员，勿得兼任他差，其有兼差者，即由各该机关查明开去，以肃官纪而饬吏治。"[6] 清季改制，由循例转而讲求效率，各部行政，实缺与兼差大都名实

[1]《各部用人之计画》，《申报》1912年5月13日，第2版，"要闻一"。

[2]《各部用人之责成》《解散署员之暗潮》，均见《顺天时报》1912年4月26日，第7版，"时事要闻"。

[3]《北京政海春潮记（五）》，《神州日报》1912年4月29日，第3版，"要闻一"。

[4]《新政府组织种种》，《申报》1912年5月1日，第2版，"要闻一"。

[5]《北京政界之潮声》，《时事新报》1912年5月31日，第2张第1版，"紧要时事"。

[6]《国务院令》，《政府公报》第37号，1912年6月6日。

不符，不少官员对于政务力不从心，真正起作用的，只有少数一身数任，在各部院行走的能员干吏。废除兼差，必然朝着行政专业化的方向发展，科举出身的旧员难以胜任，势必让位于国内外新式学堂毕业生。

各部负责专门行政事务的国务员，因为职责所关，无疑更加欢迎推行专业取材标准，而不是平衡南北新旧的政治考量。拿到这两柄尚方宝剑，他们不但可以更好地跳出新旧南北的纠结，而且能够设法有效地解决粥少僧多的难题。在处理南北新旧人员的去留问题时，财政部、内务部均已提出按照学历和能力选取的思路办法。

前清各部的人脉关系错综复杂，上下夤援，盘踞部中，不要说一般人无法插足，就连想要有所作为的堂官也无可奈何。据说"北京名誉最劣之衙门，向为邮传部，前清时几于无人不舞弊，无事不有弊，无时不弄弊。其司员非权贵之亲友，即多金之纨绔，俗所称少爷部者也。虽有自好之士，一入邮部，亦无不传染。每日到署则串通舞弊，出署则酒地花天，不知所谓公事也。尤奇者，开部不及五年，尚书更易十三次，如张百熙、林绍年、岑春煊、陈璧、李殿林、徐世昌、唐绍仪、沈云沛、盛宣怀、吴郁生、唐绍仪、杨士琦、梁士诒，几于朝暮易置，而侍郎则可以数计。盖利之所在，人争趋之也。……司官中之黠者如梁士诒、叶恭绰，稍能留心公事，便露头角，历任堂官，无不倚如左右手。梁、叶二人，遂援引无数粤闽同乡，勾结一气，上下把持，司员中如关赓麟、关冕钧、谭祖任、唐士清、谭天池、何启椿、梁用弧……惟其然也，事无巨细，非闽粤两省人不能预闻。满清有势力人物如良揆、良弼、刘道仁、李景和、卢静远、沈林一、唐宝锷之类，于邮传部中均有干薪，为数甚巨。"

盛宣怀接掌部务，改委浙人许引之为京奉路总办、苏人孙钟祥为京汉路总办，不过徒有虚名，并不敢放手整顿。盛拟以许鼎霖取代叶恭绰，方商之沈云沛，梁士诒已指使其三家机关报群起攻击，事遂作罢。越数日，盛由其宅内下一堂谕，派皖人徐乃光为总局总办，以为迅雷不及掩耳之计。不意盛方到署发表此堂谕，载洵忽来电话，横加干涉，盛只好取消成命。而徐系载泽私人，于是载泽载洵又起冲突。自梁士诒任邮传部长，又兼大总统府秘书官，各路总办俱改用粤人。"一般舆论咸谓该部如欲整理，非全易旧人不可。……然后大加刷新，以专门人才组织之，或可有重逢天日之望。"[1]

首任交通总长施肇基为人圆融，误传是他岳丈的唐绍仪又为梁、叶密友，舆论以为其不过傀儡而已。可是施肇基履任后，颇思有所振作，率先将交通部因乱事告假人员予以裁撤，随后"外交、内务、理财、教育等部亦有裁减员额以节财用之风声，于是在各部当差人员，皆于心界上增添一忧愁之点，其中恐慌尤以旗人及守旧派达最高之度，新人物尚能勉强自持，不呈露张皇之状况"[2]。

可惜施肇基的改革阻力太大，一波三折。4月22日，施肇基到交通部履任，于前清邮传部司员只留40余人，次日复到署，将所留各员逐一点名，余俱解散，并谕各录事，定于23日当天当堂考试，分别去留。"讵解散各司员暗中鼓动各录事，以官制取销，皆属平等，须将留部及新来各员一律考试，分定等级，万不能以一人意旨，即指某为科员，某为录事，是共和反胜于专制矣。随将堂谕揭破，由承参厅善言解劝始散。次日，复全体到署会议，拟具公呈一通，每厅司局处各举代表二人，由各代表发言，向总长质问。秘书长某闻信，再三劝慰，维时已三钟半，总长尚未到署，遂将公呈先递秘书长处。旋总长到署，当将公呈交阅，并面述众人反对理由。总长无可如何，即将所发布告取销，并谓将来办法与司员一律，决不畸重畸轻，其

---

[1] 《交通部之今昔观》，《申报》1912年4月26日，第2版，"要闻一"。
[2] 《新官场现形一斑》，《申报》1912年4月26日，第2版，"要闻一"。

事乃寝。"[1]

　　邮传部录事所争表面上是要求与新来人员一律平等待遇，其实主要还是害怕考试遭到甄别淘汰。因为施肇基对于南京临时政府到京人员并无特殊礼遇。"闻南政府交通部员陆续到京者计有六十余名，俱系留美邮电学生，于日前往见施总长，施卒然曰：诸君此来欲谋司长科长耶？现本部旧人甚多，一时恐还借重不到。即使将旧人尽行解散，本部亦无如许位置云云。该部员闻言大怒，曰：我辈本系交通部人员，以公是总长，不得不来相见，安见便是谋司长科长耶？何苦一见面便若此盛气相侵，使用满清专制上司的架子。一人冷笑曰：汝不过唐少川之侄婿耳，有何实学，堪任总长？言已，相与鼓掌大笑曰：不必理他，我们散罢。遂一哄而去。"此事出自坊间传闻，连报道相关消息的《申报》也认为"此说恐未必确，想施总长或不至若是颟顸，南政府人员亦未必若是暴躁也"。

　　在迫使施肇基取消定期考试以定去留之后，邮传部录事仍然不肯善罢甘休，反而变本加厉。作为替代办法，施肇基"但令各司员出具切实考语，以便分别录用。讵录事等尚不谓然，前日又在署中

---

[1] 《旧部署风潮迭起》，《申报》1912 年 5 月 1 日，第 2 版，"要闻一"。据《时事新报》1912 年 5 月 4 日第 2 张第 1 版《交通部之风潮》，施肇基到任次日发布告，将从前所有录事概行甄别考试。全体录事大动公愤，谓共和成立，阶级陋习宜扫除净尽。司员与录事同属办公人员。而一则随意录用，一则必经考试，殊不足以昭公允。遂全体会议，由各厅司局处公举二人向总长质问理由。总长屈于公论，立将所发布告取消，并谓将来办法，当与司员一律，决不畸轻畸重。风潮于是略息。《神州日报》则称，施肇基受任之前，奉总统总理谕令，只留专门毕业生和当差五年者，但所留 51 人中，多未毕业之人，且有办事七年而不留用者。司员咸抱不平。25 日考试录事时，后者诘问考试理由。施谓革命时代以前之人，不适用于今日，不得不加考试，分别能否称职，以定去留。录事等即驳之曰：录事固皆革命以前之人，然总长独非革命以前之人乎？革命以前之人既不适用于今日，则何必多此一考。且总长既与录事等同为革命以前之人，即同为不适用于今日之人。如欲取消录事，须请总长自行取消，以为之倡。又谓司员不考，独考录事，其不平等太甚。施黯然。少顷即曰：不考何如？录事谓：不规则之命令，非总长亲自取消不可。施无如何，遂亲手将传谕销毁。（《北京政海春潮记（七）》，《神州日报》1912 年 5 月 1 日，第 3 版，"要闻一"。）

开会演说，要求全体录用。事为施总长所闻，以如此纷扰，将来办事，何可下手，势必遇事阻碍，尚复成何事体。因于昨日将全体录事一律解散。闻此次好事者不过少数，而藉此糊口者一闻此命，莫不愁锁双眉矣"[1]。不过，解散所有录事之后，公牍无人缮写，积压无数，尤以路政司和铁路局公事最多，南京到部和本部留用人员只得全部集中到铁路局办公。施肇基拟将旧有录事一律召回，但必须严行考试，酌留一半，以足敷办公为止，而免冗费，不再另行招考。[2]

司法部暂时主持部务的次长徐谦，4月初便于谒见袁世凯时表明用人方针，将来属官新官制确定，缺额均选用中外法政专门毕业人员补充。而且留用法部旧员，也要定期先行考试，以定去留。[3]又以从前的法官多有不胜其任者，拟俟总长王宠惠到京后会商，将原有法官全行甄别一次，其甄别之法分为三项，一出洋留学法政有毕业文凭者，一在本国法政法律学堂毕业而有裁判才智者，三于新旧法律人情风俗均皆透彻，而又于裁判上富有经验者。除此三项外，无论其系何项出身，概不留用。[4]因为旧员的联合抗争，甄别被迫暂缓，但徐谦并未放弃自己的主张。

总长王宠惠到任后，虽然表明不分新旧的态度，做法却基本延续徐谦的思路，立即发布司法部令："溯自国体变更，中央行政机关本应首先改组。维时国务院尚待组织，在京原有各部不得不暂时继续办事。迨四月二十一日奉大总统令宣告国务院成立，旧日各部事务应分别交替，由各总长接收办理，是为一定之手续，亦正当之办法，固无所容心于其间也。顾自共和宣布以来，全国统一，在北在南，凡经服务之人，均属尽力民国。本总长同深敬佩，毫无歧视。兹经本总长派员接收前法部事务，无论新旧各员，未经指派者，均

[1] 《交通部风潮迭起》，《申报》1912年5月6日，第2版，"要闻一"。
[2] 《交通部录事之转机》，《顺天时报》1912年5月7日，第2版，"杂报"。
[3] 《司法次长之政见》，《顺天时报》1912年4月9日，第7版，"时事要闻"。
[4] 《司法人员大恐慌》，《民立报》1912年4月28日，第8页，"新闻三·北京通信"。

暂缓进署，听候另行组织。本总长自当虚心访察，延揽富于学识经验之人，共图司法行政之进行。除荐任官外，所有应行委任各官，即当另行通告，定期考试，以示大公。且此次考试并非专为去留部员之计，其考试及格而未经选入本部者，仍可为改良法院之储备。惟是民国用人，期无倖进，而官制谨严，必难普及，任劳任怨，本总长亦所不辞。区区此心，实惟共谅。"[1] 此项命令既确认了接收前清法部的正当性，又表明南北官员都是尽力民国，因而无论新旧，一视同仁，不分轩轾，还毋庸置疑地宣布必须通过考试确定去留，考试合格，也要根据官制需要任免，不合格则连录用资格也没有。这不但断绝了倖进者的企图心，也有效地避免了因为粥少僧多而可能引发的风波。

据《天铎报》报道，考试之法并非由王宠惠主动。徐谦主事时期，因意见冲突，风潮不断，即在部中宣布，大总统传谕，各部用人，皆由总长酌派，一时未得派差者还可续派。旧司员张振庠抗论道：酌派二字太嫌囫囵，总当以考试为定。随后又上一意见书，谓国称民主，大总统尚无随意指派官僚之特权，而各部总长乃能随意酌派属员，与共和原则太不相符。要求徐谦请王宠惠详解酌派二字，以释群疑而绝侥幸。该意见书刊登于某报，为王宠惠所见，深以为然，故实行甄别以膺众望。开始南北各员报名考试者仅 50 余人，后王总长电话传谕，非报名投考者，无论南北，一概不用。所以第二次续报名，又增加了 50 余人。[2]

随后司法部发布招考通告：

查普通文官须经考试任用，为东西各国之通例，司法一职，实全国人民自由生命财产所关，非遴选人才不足以昭慎重。兹

[1]《司法部令》，《政府公报》第 8 号，1912 年 5 月 8 日。

[2]《司法部小风潮》，《天铎报》1912 年 5 月 21 日，第 3 版，"中外大事"。

本部组织伊始，除荐任官外，所有科员等必须考试及格者，方
予委任，以示大公。为此，通告南京司法部及北京旧法部人员，
均可报名应考。至此次考试，并非专为去留部员而设，其考试
及格者，如未选入本部，仍可为将来改良法院之储备。凡有志
愿者，即日赴部报名，幸勿自误。

　　报名期间：5 月 8 日至 11 日；报名处所：前门内本部（旧法部）
报名处；报名手续：填写履历，呈验凭照。考试日期：5 月 14 日至
16 日；考试时间：每日上午 9 时至 12 时，下午 2 时至 5 时；考试
处所：顺治门内象坊桥财政学堂；考试科目：宪法、民法、商法、
刑法、民事刑事诉讼法、监狱学，以上六科，每科发法律原理问题
四则，其中指定二则必须全答，每则 30 分，其余二则任答其一，40 分。
考取数无定额。[1]
　　据说旧司员中由法政法律学堂毕业者闻之咸有喜色，由科甲捐
纳出身者，于法律毫无研究，一闻考试，皆切齿痛恨，已多携眷回籍，
不与考试。[2] 截至报名日期，仅有百人投考，其中录事 70 余人，司
官不过 20 余人。[3] 而有毕业文凭的只有 50 余人。[4] 经过考试，司
法部最终录用了刘定宇（平均 84 分）、宋庚荫（63 分）、何蔚（61 分）、
吴汝让（60 分）、徐彭龄（59 分）、何超（58.6 分）、马有略（57 分）、
傅绍儒（51 分）、王彦藻（50.3 分）、苏镇垣（50 分）十员，着于 6
月 8 日下午 2 时来署接见。[5] 仅就分数判断，即使录取者也是相当
勉强，充其量只能说是矮子里面拔将军，谈不上择优录用。徐谦阅

[1]　《司法部招考通告》，《政府公报》第 9 号，1912 年 5 月 9 日。

[2]　《北京政海春潮记（十五）》，《神州日报》1912 年 5 月 13 日，第 3 版，"要闻一"。

[3]　《京华政局丛谈（三）》，《神州日报》1912 年 5 月 20 日，第 4 版，"国内要闻二"。

[4]　《京华政局丛谈（七）》，《神州日报》1912 年 5 月 27 日，第 3 版，"国内要闻一"。

[5]　《司法部考取科员单》，《政府公报》第 39 号，1912 年 6 月 8 日。

卷后即表示可取者不足 10 人，颇难去取，交由总长定夺。[1]

考试虽然如期举行，效果却未必合乎预期。而且南省各员对此不以为然，拟联合团体，断不投考，宁愿罢归。但必须由总长发给川资。闻王宠惠系为徐谦所播弄而演出此无谓之举，现颇悔考试办法之不适当，将来任用司法机关各员，当以法律法政毕业者为标准。除未习法学而确有经验者酌留数员外，其余悉尽毕业人员委任。[2]

由于各部留用旧人之事风潮不断，宋教仁、范源濂、徐谦等主张考试一次，以定去留。但是其他总长也有不同意见。蔡元培就认为："旧司员不少品端学粹之人，若必待考而后用，恐稍具崖岸者洗耳而走矣。量其才而用之，既用之后，不能称职，退之可也，安用考试为。唐总理亦赞成其说。故考试之事，已成画饼矣。"[3] 教育部在交接用人等方面较为顺利，与蔡元培的取法不无关联。用考试来阻退旧员或许有效，选拔优才则整体而言或许适得其反。当然，教育部与各部有所差异，士人自高身份，各有所长，以考试排名次定取舍，实在有辱斯文，难免投机者趋迎、自重者却步，形成负筛选。

除司法部外，工商次长王正廷也于 5 月上旬委派周家彦、廖言、屠振鹏三人考验农工商部旧员，以定去留。丞参以下一律与考。[4] 内务总长同样对于任用司员一事难于处置，经张元奇调停，决定采取考试甄别之法，分别去留，以消异议。[5]

其余各部，虽然没有要求必须通过考试来甄别录用，也以不同形式强调和坚持专业化的取向，因而重视学历出身。如海军部旧员共有 103 人，其中曾习海军者仅 30 余人。总长、次长拟将未习

---

[1] 《京华政局丛谈（十）》，《神州日报》1912 年 6 月 2 日，第 3 版，"国内要闻一"。

[2] 《司法部小风潮》，《天铎报》1912 年 5 月 21 日，第 3 版，"中外大事"。

[3] 《北京政海春潮记（十）》，《神州日报》1912 年 5 月 4 日，第 3 版，"要闻一"。

[4] 《各部纪闻》，《时事新报》1912 年 5 月 9 日，第 2 张第 1 版，"紧要时事"。

[5] 《北京政海春潮记（十一）》，《神州日报》1912 年 5 月 6 日，第 4 版，"要闻二"。

海军人员全行淘汰，即使曾习海军者也要择优授职。[1] 总长刘冠雄
当众宣言："此后部中委任各员，须系海军出身，其非海军出身者，
必须熟悉部务，确有经验，不能似前清时代之庞杂。"[2] 经过筛选，
连同南来的 40 余人，海军部人员合计不过 70 余人，拟改设七司，
逐渐派定秘书长、司长等员。[3] 该部旧人以刘冠雄用人不公，联名
上书质问，旧人中留学外洋者又要挟刘另设海军参谋处，以位置多
人，刘皆不为所动，反而进一步向唐绍仪提出，历年各省所设船政
水师海军学堂毕业多人，其中不无人才，拟考试取录，以备任使。[4]

教育部总长蔡元培用人虽然不得不兼顾南北，其本意却是"将
学部旧司官一体解散，从新组织，以示振作"。农林部总长宋教仁
要等工商总长陈其美来京，才能商议分割接收事宜及其具体办法。
"惟闻已调取部中学生出身之履历，大概有注重学生一面之意。"[5] 陆
军部按暂行新官制派定人员后，总长仍以"本部关系全国军务，非
用专门人才不可"，发谕要求旧有员司凡由陆军各学堂及专门学堂
出身者，应仍留备差遣。[6] 财政部筹备处续调 93 人，以东西洋留学
生为最多，其中原在南京财政部的 34 人，新调者 59 人，而旧度支
部人员甚属寥寥，以致其余旧员为此怨声载道。内务总长赵秉钧拟
定五条留人标准，第一条就是留学东西洋或国内警察学堂毕业，其
余依次为当差资格 5 年以上，素日办公勤慎而无贻误，历充要差甚
为得力以及现充要差难以更动。[7]

法制局局长章宗祥系留日出身，前清任过内阁法制院副使，"以
民国初立，法制关系重要，极思认真办理，一洗从前腐败之习，其

[1]《各部新陈代谢记》，《申报》1912 年 5 月 3 日，第 2 版，"要闻一"。
[2]《各部用人之计画》，《申报》1912 年 5 月 13 日，第 2 版，"要闻一"。
[3]《各部新陈代谢记》，《申报》1912 年 5 月 3 日，第 2 版，"要闻一"。
[4]《北京政海春潮记（十六）》，《神州日报》1912 年 5 月 14 日，第 4 版，"要闻二"。
[5]《新旧京官现形记》，《申报》1912 年 4 月 30 日，第 1 版，"要闻一"。
[6]《各部纪闻·留用专门人才》，《时事新报》1912 年 5 月 15 日，第 2 张第 1 版，"紧要时事"。
[7]《北京政界之潮声》，《时事新报》1912 年 5 月 31 日，第 2 张第 1 版，"紧要时事"。

所调用人员，均系东西洋留学生"，如朱献文、汪有龄、余棨昌、恩华、徐秀钧、汪炽芝、胡礽泰、林行规、杨荫杭、胡贻毅、陈介。[1] 同样偏重留学生的还有财政部，以致除了南北意见外，尚有所谓东西之竞争。"盖西洋毕业人员多看不起东洋学生，而东洋毕业人员又妒忌西洋学生，于是南北东西，时生冲突。"这与五族共和、政府用人不分畛域的精神相悖。迫不得已，总长熊希龄在部宣言："本总长用人，一视其人之贤否，不论其新来旧留，更无东洋西洋留学之区别。诸君惟当以国家为前提，万不可存高傲心，尤不可存嫉妒心。"[2]

外交部的用人政策有所不同，总长陆征祥因为长期驻在欧洲，不太熟悉部务，而且南京方面来员仅4人[3]，因而采取相对稳健的做法。6月11日外交部发布部令："本部为民国外交行政中央机关，整理伊始，端赖群材，学问经验，二者并重。本总长久驻欧洲，未亲部务，尤赖老成硕彦相与匡扶。现当鼎革之交，部制未经订定，员缺或难相济，势属无可如何。惟外交前途方当力图发展，则需才正广，所有本部旧时员数，比诸他国，并不为多。本总长为事任人，不拘一格，果有相当之才，必不使抱向隅之憾。至任用之先后，地位之高下，未必尽能满志，亦或势使之然。但本总长区区愚忧，天日可鉴。兹特酌定办法，所有在部诸君，请照所拟程式，各具履历，亲笔填写，于两日内送交承政厅转呈。除由次长、参事及司长诸君各就平日所知开单推举外，即凭所具履历参酌择用。惟既经本部派定以后，如于他官厅署兼有差务者，应即自行决定去留。"[4] 这与蔡元培的用人方针颇为近似，也是适合该部实情之举。

----

[1] 《新政府组织种种》，《申报》1912 年 5 月 1 日，第 2 版，"要闻一"。

[2] 《各部司员升沉记》，《申报》1912 年 5 月 28 日，第 2 版，"要闻一"。

[3] 《北京政海春潮记（十二）》，《神州日报》1912 年 5 月 8 日，第 4 版，"要闻二"。

[4] 《外交部部令》，《政府公报》第 44 号，1912 年 6 月 13 日。

四 舆论与申论

　　权力枢要所在的内阁各部纷争风波不断,引起舆论的持续关注,并随着事态的发展不断发表相关评论。各报背景人事不同,立场观点各异,总体上反对无谓之争影响政局乃至国家形象,具体对同一事件的看法以及当事各方责任的判断却大相径庭甚至截然相反。国务院刚刚成立,《时报》就发表署名"孤愤"的社论《敬告新内阁诸公》,欢呼新内阁成立之余,提出两点消极希望。其一,"今日各部草创伊始,凡一切部员,皆赖总长之组织,非如满清时代袁内阁之有旧部可循也,又非如南京政府未统一以前之可以草率从事也。国人既属望于诸公,诸公宜振刷精神,组织一完全之内阁,俾一雪吾国人政治能力薄弱之耻",不要以为临时内阁是过渡之冲而瞻前顾后。其二,责任内阁多由同一政见同一党派组织,新内阁则新旧杂糅,南北兼用,难免政见分歧,产生冲突。希望以国利民福为前提,勿生意见,力求维持。[1] 社论准确把握住了国务院的与众不同及其基本症结,指出南北政府政治上居于对等地位,因而合组统一政府,首要应当防止新旧杂糅而导致分歧冲突。尽管署名社论一定程度上只是体现作者的意思,此文的确反映了《时报》关于此事的基本态度。

　　自武昌起事以来,中国的政治格局加速分化重构,与《时报》背景全然不同的《大共和日报》,观点却不无近似。4月15日,上海《大共和日报》第一版发表署名"揽莽"的社论《论新政府用人之方针》,敏锐地认识到,在责任内阁成立后,"所竞争不下,而犹待调停者,惟旧时各部之员司,以及南京各部之新进耳。在旧部员司,以为政体虽改,而国实未亡,各部所办之事,什八九仍沿前清旧制,朝章国故,吾辈最为谙习,疏附先后之选,舍吾辈其孰与归。彼草茅新进之流,决不得分吾曹一席之地。而南京政府中人,则人人皆

---

[1]《敬告新内阁诸公》,《时报》1912年4月2日,第1版,"社论"。

趾高气扬，以新国人材自诩，谓政府为民国政府，但有迁徙而无解散，他日即移驻北京，而各司人员决无另行组织之理。彼旧时腐败官吏，自当在天演劣败之列，而不可更留为新国玷"。

上述两造自以为是的言论，作者已经耳熟能详，对于双方的观点却不以为然。国步艰危，爱国忧时之士，应当同心戮力，不能因为萦怀利禄，不惜各分门户，反唇相讥。尤其是那些自命志士为物望所依归者，如果只知保全利禄，则民国前途真的希望渺茫。

有鉴于此，社论明确提出："吾以为政府总理及各部总长次长，对于此事，当始终持坚忍之主义，以综核名实，激扬清浊为己任，不惜以一身丛怨府，必举前清时代长官模棱瞻顾，僚属奔竞把持之旧习，扫荡而廓清之，庶几风气转移，人才蔚起，纵内忧外患之方殷，不难鸠群策群力以挽回之。而不然者，或屈于情面之瞻徇，或怵于势力之楼逼，明明知为害群之马，乱苗之莠，而聊且虚与委蛇，以名器为调停之具，影响所及，岂徒国事蒙其损害而已。南北新旧之交争，其势方较往时尤为烈，而国家员缺有限，终不能人人而厌其取求。"

在社论的作者看来，冗员过多有其前因。清室末造部署骤增，夸呲侧媚之夫，轻险剽悍之士，皆得乘时速化。而南京临时政府草创之初，急欲得人，薰莸泾渭，无暇别择，所招来位置者，大抵虚声无实，欲得俸钱以糊口者。"吾故以为今日官人之法，当一化南北新旧之畛域，而实行甄别澄汰之方，考之言以觇其平日之蕴蓄，询之事以验其临时之干略。……当今日存亡绝续之交，苟委任不得其人，虽欲追悔而无所及。"

4月28日，《时报》针对交通、内务等部裁撤冗员，而袁世凯急谕总长设法调停之事，发表署名"惜诵"（李岳瑞，1852—1927）的社论《论各部裁汰冗员不可为浮议所动》，指调停之举为大误。"国家之败，由官邪。官之失德，宠赂彰也。前清末造，官邪之炽，宠赂之彰，殆未有过于京朝士夫者也。民国初基，万事草创，正宜实行改良官僚政治,以尽涤旧时之秕政。而首善之区,四方观听攸系,更未有重要于各部之曹司者。苟不急行沙汰澄清之策,则官邪之芽蘖犹存,即暂时敛戢于目前,而暗长潜滋,终必尽复故态而后已。"

清代京朝官势力凡三变,清初员少缺多,乾隆以后缺少员多,庚子后政纲定为中央集权,内外轻重失衡,倖门大开,致以贿成。外吏之望京秩,若有班生登仙之羡,乃至有舍监司实缺百计谋一丞参行走者,邮传、度支两部,尤为群羶所集。京员暮夜包苴,植党营私之伎俩,倍蓰于往时,外吏廉耻道丧,国步随之。共和政府开幕,正宜乘机转移风气,用人不拘一格,必须真才实学,不使滥竽伴食之流、夸毗侧媚之夫与绝足轶群之士并处一堂,以致功过不清,赏罚不明,重蹈前清覆辙。交通、内务两部甄别裁汰冗员,为当务之急,不可因员司反对抗议而畏难色沮。凡才俊之士,自信且自尊,不会轻言反抗,而斗筲之才,必由贿赂嘱托而来,人数虽众,有害无益,全体引退亦不足惜。"若对于此辈而亦畏葸之不暇,天下尚有一事之可为乎?特在事者当鉴以公明之识,而持以坚毅之诚,既不可贤否混淆,致真才被黜,而适与此辈以借口,尤不可于投鼠忌器之见,因一二要津之关系而遂至诎大法以迁就之。此议倘得实行,士气官方,必将为之一变。往时丛脞敷衍之风,不俟戒而自绝,共和政体之良法美意,庶不至有名无实而徒托空言乎。"[1]

可惜良好愿望并未变成现实。5月4日,《时报》再度发表署名"惜诵"的社论《北京部员去留之纷争感言》,对于南北人员的争斗表达强烈不满,认为南北双方虽然自诩为新国之才俊和胜朝之故老,自负为开国元勋、礼乐先进,视对方为亡国大夫、伧荒下士,其实都有贪图名位利禄之嫌。清季吏治腐败,天下士子群趋仕进,世风沦丧,不待武昌起义,清室已必亡。民国初基,最急之先务,"当举前清官僚政治之极弊,汛扫而澄清之,廉耻厉而气节昌"。如此

---

[1]　惜诵:《论各部裁汰冗员不可为浮议所动》,《时报》1912年4月28日,第1版,"社论"。

重责，不仅在政府易辙改弦，尤在士君子洁身自爱。若总次长位置私人，员司各自竞争，不知处堂巢幕之可危。"平心论之，两方政府取销之时，皆当举全部员司而解散之，而别加严重精密之甄叙，汰弱留强，拔十而得二三，亦云足矣。然后合并而组织之，别成立一新机关，被摒者既无辞以恋栈，留署者自感奋以驰驱，朝气盛而锢习祛矣。"必须破除情面，裁汰冗员，才能树立正气新风，国立民依。[1] 与上一篇社论着重谴责前清官邪秕政明显有别，此文对于南北新旧人员各打五十大板，看似公正无偏，前提却是将南北政府等同视之，完全无视其性质差别。其实所谓南北新旧之争，主因在于人数众多的前清旧员力图把持排拒。这显示袁世凯混淆视听的效果显著。

正当各部用人风潮涌动之际，《顺天时报》以《箴新政府之用人》为题连续发表论说："民国新政府成立，旧部人员即消灭，此当然之理也。然新旧之交替，案卷之接收，万不能纯用新人，当参用旧员，俾相接洽，此又必然之势也。各部总长用人之初，不问其为新旧派，不遑考其人之贤否，必求我所最信任者，其为我所素景仰之大名士，或不为我用，而我所信任，又为我用者，即为我之亲友，当此不循资格之时代，更无庸顾忌援引私人之嫌，此亦自然之情也。必谓新政府之组织，尽用新人材，所有旧员，尽投浊流，而袁大总统、唐国务总理，固皆满清之旧臣仆也，则何以解。必谓政府之建设，用才不拘一格，贤者智者，兼收并进，片长薄技，弃瑕录瑜。然所留用者，间有劣员，所裁汰者，未必不才也，则又何解。于是新党中之怀材郁郁者众矣，旧员中之得意洋洋者多矣，甚至为一人之位置，有为前清所革斥，舆论所攻击者，有激起国务员之冲突，致以去就争，冲动暗潮者。在旧人员失其为官之营业，恐无斸饭地，为昏夜之乞怜，为奔走之运动，乃其习惯伎俩，毫不足责。独怪受其愚弄者，何以

---

[1] 惜诵：《北京部员去留之纷争感言》，《时报》1912 年 5 月 4 日，第 1 版，"社论"。

置世界之大不韪，竟弗觉悟乎？"

又进一步梳理法部旧员之争款，非用人问题直接影响；唐绍仪与赵秉钧之冲突，咎在唐位置私人。虽然举贤不避亲，唯才是举，但前清积弊，天下败坏，由于亲贵揽权，革命激起，肇端援引私人。过去指责清政府误国殃民，诸君一旦得志，不引为前车，竟步其后尘，为一己之累不足惜，"特恐为吾外强环伺，党争屡起，基础建设未固之民国前途累也"。[1]

不过，法部旧员所争，究竟是何种款项，众说纷纭；而唐绍仪的行为是位置私人，还是兑现在南京时的承诺，也有曲隐。

按照《箴新政府之用人》的描述，法部人员津贴，向给半额。自去年春，度支部照给全额，拨款交法部。而法部堂官按八成发给，酌扣二成，存入银行。现各员以为将被裁撤，此款既难取现，拟减成出售。如此，则法部员司不过是拿回自己被扣的款项，而且是情非得已，又只能拿回部分。其要求不但理所应当，而且令人同情。但实情如何，其他各报的报道与此有异。《时报》的《法部之分赃问题》就说，法部原存款银三项，一为贻谷交款，一为瑞洵交款，一为苏元春交款，共计九万余两。善铨挑唆徐谦、沈家本倡议将此款三人暗中分吞，又担心惹起风潮，乃集商于各司官员，而众司员意见不一。沈、徐提出，如主张分款，须先行具结。各司员质问此事由何人发起，二人却相互推诿。[2]

唐绍仪明知各部用人全权在于总长，却要大加干涉，"在己实有不得已之苦衷。以此次赴南，曾经面许多人，各部长虽不谓然，究无敢显为抗者"。唐绍仪要求内务部位置80人之多，而内务部差缺总共不过百零。总长赵秉钧表示："原人多系可靠熟手，况大局倥扰，奔走任事，赖以维持四月之久，其功具在。若废弃不用，不

---

[1] 醒：《箴新政府之用人》，《顺天时报》1912年5月9日，第2版，"论说"。
[2] 《法部之分赃问题》，《时报》1912年5月3日，第3版，"要闻"。

惟失之苛刻，且骤易生手，于政务上亦多妨碍，万难如命。"听了
这一番看似合情合理的解释，唐绍仪仍然坚持前议，不容置疑："余
之八十人断断不能减少。"赵秉钧以既要位置多人，即请加增额缺，
唐又不允，于是双方大起冲突。[1]

　　这类报道中的细节，如是否有 80 人之多等，还须进一步考证。
问题是，唐绍仪如果真想位置私人，是否有如此之多；即便有，能
否一味强人所难，态度如此蛮横，却丝毫不觉理亏。双方彼此心知
肚明而不愿宣之于口的，恐怕仍是新政府成立背后的种种约定与出
尔反尔。唐绍仪在南方面许多人，应该不是私人行为，因为按照约定，
或者说他的理解，他接受下来的南方临时政府各部，就已经是新政
府的班底。随之北上，是接收前清旧署，而非重新待选。而组织内
阁各部，正是总理的职责所在，而且是头等大事。只是在上有大总统、
下有各部总长的夹击之下，作为责任内阁的阁揆从起步组建阶段就
已有大权旁落之势。

　　紧接着，《顺天时报》再度发表李振铨的论说《论政府用人之
宜慎》，认为民国初建，五族同心希望政府稳固。"欲求政治之进行，
自以用人为入手第一要义矣。况政府人物，为众目所睹，如万矢之的。
苟其贤也，则交誉之，其不贤也，则群毁之。故非有知人善任之明，
弗克收国利民福之效。"前清失败要因，在于用人不慎，上下交相恶，
安富尊荣，揽权纳贿，奔竞营求，谋缺钻差，金钱花酒，结纳夤缘，
不顾才能贤否，学识深浅，以官爵禄糈为拍卖物品，植党营私，相
习成风，"遂至政治之腐败，民生之疾苦，国势之衰颓，不可收拾，
而陷于危亡也"。近日各部用人，意见分歧，或登用新进，或挽留旧人，
各行其道。"夫政治之设施，必思想与经验二者相辅而行，始能发
展其作用，而达良好之结果。"思想专凭主观之企图，经验专依客
观之事势，表里相实，不可偏废。大抵旧日官吏，无政治思想，而

---

[1] 《北京通信记·国务总理之位置内务部人员》，《时报》1912 年 5 月 3 日，第 2 版，"要闻"。

其间安分守常的老成者具有政治经验，新进之士多富有政治思想，却茫然于政治经验。萌芽时代的共和民国新政府，悉委托于一般旧人，势必重蹈前清覆辙，若委托于一般新进，又难免新手驾危船孤舟行于惊涛骇浪，张皇失措，船毁人亡。"窃愿当轴者于用人一事，毋瞻徇私情，毋拘泥资格，毋存意见，毋分畛域，毋厌故喜新，毋昧今泥古。暗托者则婉谢之，纳贿者则峻拒之，因材因地因事因时以慎选之，以严核之。敷奏以言，明试以功，随材器使，量能授职，循名责实，至正大公，斯庶乎政无废事，官无弃材，以保此主权人民土地之三要素，而完全我绚烂之国家。"[1]

接收逊清王朝的政府旧署，应是由帝制而共和的国体更替过程中天经地义之事。严格说来，当时中国只有两种政权，一是南方的光复独立政权，实行民主共和新制，一是北方的逊清王朝政权，仍然延续皇权帝制的旧轨。国体变更，接收清朝政权，理所当然地应由共和政权主持进行。可是旧政权在其阁揆袁世凯摇身变成统一共和政府的临时大总统之后，由于袁世凯及其部属的有意扶植，名分上似乎也呈现脱却王气演变成与南方临时政府对等的权力机构之势。犹如戴罪之身在等待宣判行刑的过程中不仅成功脱罪，还莫名其妙地化身正统。南北政权同时解散实际上意味着双方均不具备或已经结束法理正统地位，无形中剥夺了南方临时政府的正当性，而赋予北方旧政权以某种合法性。在以南方临时政府为主体组织新政府，继而北上接收前清旧署的约定化为乌有之后，统一共和政府的组建异化为南北合组政府，以致无法名正言顺地选用各部官员。在新旧南北的纠葛中，政权鼎革应有之义的接收清朝不仅变成承接一副烂摊子，而且清朝的官场积习随着旧员的录用在新生共和政府中逐渐发酵，中国前所未有的由帝制而民政的国体政体变更，不免黯然失色。

---

[1]　李振铨：《论政府用人之宜慎》，《顺天时报》1912 年 5 月 10 日，第 2 版，"论说"。

不仅如此，责任内阁是权力中枢，国务院及各部人员的组成，不仅关乎新政权的行政能力，也会影响到能否体现其民政性质，从而奠定共和基础。毋庸讳言，南京临时政府草创之际，确有用人无暇考察斟酌、难免鱼龙混杂的弊端，所谓南北新旧之争，南员同样难辞其咎。但不应混淆的是，争端主要起于冗员过滥的前清旧员，如果依照约定，在南方组织政府北上接收前清旧署，则不仅革命法统得以延续，前清衙署不再具有北方政权的地位，旧员更无不待选而力争的资格底气，新内阁可以从容选拔良才，以应共和时代的新型政事，避免南北新旧的纷争困扰。

更为严重的是，在应对风潮不断的过程中，法理上作为权力中枢的国务院受到来自大总统和各部总长司员的挤压，成为矛盾冲突的焦点，不仅承受了极大的政治与社会压力，而且日益被矮化虚化，权力不断流失，总理难安其位，加剧了政局的动荡，责任内阁有名无实。南方民党一厢情愿的院会协同合力制府的政治安排，本来就缺少实力支撑，由于参议院未能给予至关重要的国务院建置以足够重视，民党参与执政的机会从一开始就被严重削弱，本应大权在握的院一极反而最为弱势，自身难保，以致阁揆非但无法有效地掌权行政，还不得不走马灯似的频繁更换。

精心导演了民国开国这一幕大戏的袁世凯，看似渔翁得利的最大获益者，各方角力的结果，府一极坐大坐实，最终达到大权独揽的目的。作为清季封疆大吏中趋新的要角，直隶因袁世凯办理新政成效卓著而成为各省的楷模，对于清朝吏治的积弊和权力架构的弊端，袁世凯知之甚深，因而用人行政极为注重学历和专业化。被裁撤的前清旧员投其所好，早就筹议设立速成法政学堂，以应文官考试之预备。[1] 使得民初法政学校数量猛增，北京及其周边聚集了大量就读法政学校或只是设法购买相关文凭的"高等游民"，以便轻

---

[1] 《时事新报》1912 年 4 月 15 日，第 1 张第 1 版，"电报"。

松取得做官的资格，摇身一变实现由旧官吏到新员司的转化。北京政府时期官员的学历构成因此在短期内大幅提升，造成行政专业化的假象。

中国官场的这一副马厩，自然不是一朝一夕可以打扫干净，不过，想不想打扫以及如何打扫，对于能否打扫干净至关重要。就此而论，民国肇建，建立新制度和组织新政府，虽然无法规避万事开头难的一般规律，毕竟不能说是开了一个好头。千里之行始于足下，起步已经偏离正轨，进程与结局可想而知。即使对于袁世凯本人，包容太多的旧物显然也是负累，不仅新政领袖的声名毁于一旦，整个政治生命和历史定位也将循此轨道由云端跌入地狱，到头来，机关算尽得来的荣华和权力都烟消云散，只落得个无限骂名在人间。

民元孙中山与逊清皇室的交往

兼论清皇族的归属选择

　　民国元年 8 月至 9 月，孙中山北上，在原来清朝的京师如今民国的首都与各方人士会面交谈，其中既有同党同道，也有曾经的敌人对手。这些日程安排紧密的交往，大都在学人的视野之中，有了相应的研究和认识。唯有一个身份特殊的方面，鲜有论及，或虽有简略提及，情节却有错误，即与逊清皇室皇族的交往。[1] 在这些交往中，作为被革命推翻而以退位方式下台的末代王朝的统治者，逊清皇室与革命党的领袖之间究竟有着怎样的交集，这些交集又如何体现了双方各自的态度，对于民国的发展走向产生了怎样的影响，尤其是如何理解革命党民族主义的排满和清皇室在政权鼎革之际的身份认同，至关重要，值得深究。

---

[1] 《孙中山年谱长编》上册（陈锡祺主编，北京，中华书局 1991 年版，第 726—727 页）于 9 月 10 日和 11 日分别有溥伦代表清皇室宴请孙中山以及访晤摄政王及后者答拜的条目，日期和情节均有误。

一　逊清皇室的欢迎活动

　　1912年8月24日下午5时40分，孙中山从天津乘火车抵达北京。自1894年6、7月间游历京津后，这是孙中山再度踏上国都的土地。只是前次还是清朝的京城，如今已是民国的首都。孙中山此次北上，主要是应总统袁世凯之邀，共商国是。作为让权退位的中华民国南京临时政府卸任总统，孙中山在北京受到各界的热烈欢迎。

　　在欢迎的人群中，有一个特殊的身影，即几个月前在内外形势的逼迫之下不得不退位下台、终结帝制的清皇室。作为曾经的对手，清皇室与孙中山长期处于敌对状态，可谓你死我活的冤家对头。所以逊清皇室的欢迎之举，令外界有所疑虑。《新闻报》就有报道称："孙中山到京后，各界奉总统传谕，不得不竭力欢迎。所有总统府之接待，备极优隆，即外人亦为之惊诧。至于一班皇族，摄于威势，亦不敢不先后趋跄。"[1]

　　但是，这种迫于形势随大流的说法，与实情并不吻合。逊清皇室欢迎孙中山，与北京各界的欢迎活动几乎同时启动。孙中山到京次日，《爱国报》就刊登消息："清太后拟在颐和园欢迎孙中山，闻已派定世续、伊克坦、绍英、溥伦为代表，所有远支近族清室人员，皆可到会。惟须由皇室领取特别徽章，届时佩带入场。"[2]此举当然与总统袁世凯的传谕不无关系，不过逊清皇室也有主动释出善意的意向，并非一味敷衍了事。孙中山在京期间，"一切供给，异常精致，其预备之马车，系德国新制，旁有克林德厂等洋字，马车内皆用黄绫，外驾黄缰。或曰系从前预备清太后乘坐，此次特行借用者。双马皆白色，俄国产，其行如飞，洵良马也"[3]。如此，则借用是为了显示

---

[1]　《孙中山到京后之八面观》，《新闻报》1912年9月3日，第1张第3版，"新闻一"。

[2]　《皇室欢迎孙中山》，《爱国报》第2039号，1912年8月25日，第3版，"本京新闻"。

[3]　《北京欢迎孙中山详记》，《神州日报》1912年8月30日，第3版，"国内要闻一"。

尊崇，符合对于卸任总统的礼仪规格，非此不易找到与身份匹配的车辆；允许则多少体现了隆裕太后的豁达，并借此表达对孙中山的敬意。所以北京路透电称：

> 孙逸仙君此次游京，有种种极有兴味之事，其一则为前清隆裕太后注意此举是也。隆裕太后闻孙逸仙君寓于外交部，即谓该处系办公之地，恐供张不能周到，谓政府如需器用陈设诸品物，可向官内借用，俾孙君于其住室得以安舒。并以白纸书折交与政府，令将应用各物填入，以便检交，且言不日拟在内苑宴待孙君及其眷属，日期则随孙君之便择定可也。隆裕太后之礼贤，深为外间称美，预料此举可以感动满人，而得极佳妙之影响。孙君游京所生美满之效果，殊难偻指述也。[1]

根据各报简略而且前后有些歧义的报道，可知逊清皇室在颐和园欢迎孙中山的活动，原定于 8 月 27 日举行。[2] 为此，前清隆裕太后派世续等人往谒孙中山，预备在颐和园进行布置，届时召开大会，大设筵宴，并选择内库珍宝磁玉数件，作为投赠礼物。[3]

世续（1852—1921），字伯轩，索勒豁金氏，隶内务府满洲正黄旗，实为朝鲜人。光绪元年（1875 年）举人，历任总管内务府大臣兼工部侍郎，转吏部尚书兼都统。三十二年（1906 年）为军机大臣。历转文华殿大学士，充宪政编查馆参预政务大臣。宣统初因病告假。三年（1911 年）复起原官，仍兼总管内务府大臣、资政院总裁。世续是整个清朝历史上位列三公的有数之人，在光绪死后主张立长，辛亥赞成清帝逊位，后来又不以复辟为然。此时他是逊清皇室的总

---

[1] 《申报》1912 年 8 月 27 日，第 2 版，"特约路透电·北京电"。

[2] 《天铎报》1912 年 8 月 27 日，第 1 版，"本报专电·北京"。

[3] 《神州日报》1912 年 8 月 26、27 日，均第 2 版，"本馆特电·北京专电"。

管内务府大臣，媒体又称之为皇室总长，所以隆裕派他领衔负责筹办欢迎孙中山的事务。

不仅如此，西报还有消息称："孙逸仙君来京，欢迎礼节极其荣盛。闻清太后拟星期六在颐和园接见孙君。"[1] 星期六为 8 月 31 日，此说如果属实，则在皇室开会欢迎宴请之外，隆裕还准备亲自与孙中山会晤。此外，据《申报》8 月 27 日北京专电："清太后隆裕拟在颐和园接见孙中山时派世续招待，并命陆润庠随同宣统谒见。"[2] 如此，小皇帝也要在师傅的陪同下会见孙中山。

逊清皇室的欢迎活动，并没有如期举行。其原因应是来自亲贵的反弹阻力较大。《文汇报》9 月 1 日北京电讯："清隆裕太后拟接见孙中山一节，现因满亲贵竭力反对，故已作罢论。"[3] 原定 8 月 27 日在颐和园举行的欢迎宴会，由于同样的原因，也未能举行。舆论对于逊清皇室宴请孙中山不无微词，《申报》副刊"自由谈"刊登"游戏文章"，以调侃的口吻拟清太后邀请孙中山宴会："旧历七月二十四日，新历九月五日，前清太后率小犬皇帝，恭备汉满全席，请民国前临时大总统孙中山先生驾临冷宫，赐教一切。先生不弃孤儿寡妇，惠然肯来，从此联结情感，消泯嫌疑，则不特敝后与小犬两人之幸，抑亦我满洲亿万众前途之福也。先布区区，恭迓摩托。"[4]

不过，隆裕太后的会见虽然被取消，皇室的欢迎宴会则只是延期到 9 月 11 日，并将地点改为金鱼胡同那桐的故宅。

关于此事，因为各报的报道有些混乱，影响后人的论著产生了差异。如《孙中山年谱长编》据 9 月 11 日《申报》的报道，记为 9 月 10 日，而《黄兴年谱长编》据 9 月 19 日上海《民立报》，记为 9

---

[1]《西报记孙中山到京事》，《神州日报》1912 年 8 月 27 日，第 3 版，"国内要闻一"。

[2]《申报》1912 年 8 月 27 日，第 2 版，"专电"。

[3]《中山亦知皇帝之贵乎》，《神州日报》1912 年 9 月 3 日，第 4 版，"国内要闻二"。

[4] 累赘：《清太后邀孙中山赴宴柬》，《申报》1912 年 9 月 2 日，第 9 版，"自由谈·游戏文章"。

月 11 日。[1] 同样依据 9 月 19 日《民立报》报道的《辛亥革命史事长编》，却记为 9 月 12 日。[2]

之所以出现这样的分歧，主要是由于当时的消息本身前后不一，或是各报的报道彼此歧异，加上有时讯息中使用今日、昨日等词，与报道或报纸发刊的时间不一致，引用者没有前后左右加以比较，各取一说。如《神州日报》9 月 11 日的"特约路透北京电称"："今日（初十日）溥伦代表清室在那桐住宅内设宴款待孙中山君。"同样的电文，9 月 11 日的《时报》"特约路透电"栏也予以刊载，内容基本一致，顺序稍有变化。"今日（初十日）前清皇室在那桐住宅内宴待孙中山君，以溥伦为代表。"同日的《民立报》《申报》也刊载了内容相同来源一致的电讯。据此可以判定，各报不约而同地指称清室欢迎宴请在 9 月 10 日举行，其实是依据同一份来自北京的特约路透专电。

此外，《新闻报》9 月 19 日的报道《清皇室欢迎孙黄》，则将欢迎活动举行的时间记为 9 月 12 日。[3]

综合考察各种相关记载，9 月 10 日和 9 月 12 日说均为误报误判，9 月 10 日说的来源为路透电，而 9 月 12 日说可能是误植所致。正确的日期应该是 9 月 11 日。依据如下：

其一，各报关于此事的其他直接报道。

《顺天时报》9 月 10 日以《清皇族欢迎孙先生》预报："闻前清伦贝子拟定代表前清皇族，定于明日下午七点，在金鱼胡同那桐宅邀请孙中山开欢迎会，已由孙中山欢诺云。"这一消息次日起陆续得到各报的证实。《时报》9 月 13 日"译电"栏北京专电："十一

---

[1] 陈锡祺主编：《孙中山年谱长编》上册，第 726 页；毛注青编著：《黄兴年谱长编》，第 329—330 页。

[2] 武昌辛亥革命研究中心组编，严昌洪主编，高路编：《辛亥革命史事长编》第 10 册，武汉出版社 2011 年版，第 182 页。

[3] 《清皇室欢迎孙黄》，《新闻报》1912 年 9 月 19 日，第 1 张第 3 版，"新闻一"。

日溥伦款孙中山以盛宴。"《神州日报》9月13日"本馆特电"所载12日发的北京专电《清室已经欢迎》："满清贝子溥伦昨晚宴飨孙中山等，代表清室欢迎。"《爱国报》9月11日则以《孙中山赴会忙》为题报道："旅京粤省人士，定于十一号（今日）下午三钟，在南横街粤东馆，开会欢迎孙中山，又是日晚七钟，前清贝子溥伦代表皇族，在金鱼胡同那琴轩故宅，设宴约请孙先生，开欢迎会。"上述各项消息，均明确指称清室的欢迎宴请于9月11日举行。

其二，主要客人黄兴、陈其美等人的行踪。

黄兴是清室宴请的主要客人之一，席间又代表孙中山致答词，其行程对于判断欢迎宴请的时间至关重要。本来孙中山与黄兴应袁世凯之邀，准备同行北上，不料张振武、方维被杀事件发生，孙中山坚持北上，同意黄兴缓行。孙中山与袁世凯会晤后，电催黄兴北上，以消除北方意见，实现南北统一。黄兴顾全大局，于9月5日自上海启程，途经烟台、天津，9月11日才抵达北京。《民立报》北京特派员对此过程进行了连续即时报道，11日午后2时30分发出的电报称："今日下午二时，黄克强、陈英士由天津专车入京，抵站时赵署总理、段陆军长、刘海军长、各国务员均上车与黄、陈二公握手，略周旋即下车。各界欢迎者甚众，计外宾议员政界学界各党会自治界工商界女界慈善会约数千人，均在站行列，脱帽鸣掌，欢声雷动。黄、陈亦脱帽答礼。"11日午后8时40分发出的电报称："黄克强抵行馆，用茶点毕，四时半偕陈英士往拜袁总统，寒暄甚洽，即留晚餐。七时，前清皇族于那桐宅中开孙、黄欢迎宴会，清隆裕后即派溥伦代表，并邀各部长陪席。闻黄克强由总统府往拜孙中山后，即偕往那宅。"[1]

既然黄兴和陈其美等人9月11日才抵达北京，绝不可能出席前一日举行的欢迎宴请活动。

---

[1]《民立报》1912年9月12日，第3页，"专电·北京电报"。

　　《民立报》的其他报道以及其他各报的报道，均表明黄兴到京与出席清室欢迎宴请为同一天发生之事，而具体时间为 9 月 11 日。《民立报》9 月 12 日的北京专电，明确说 9 月 11 日清皇室于北京那桐住宅开孙、黄欢迎宴会，隆裕太后派溥伦为代表，并邀各部长陪席。黄兴在拜见袁世凯后，由总统府往拜孙中山，遂偕往那宅。[1]《民立报》9 月 14 日刊登北京特派员 13 日午后 4 时 10 分发来的电报称："黄克强、陈英士前日入京访袁总统，袁留晚餐，黄、陈因前清皇族请宴，时间已至，未入席即兴辞而去。"[2]《时报》9 月 12 日酉刻北京专电称："昨日（十一日）午后五时，黄兴及陈其美偕张昉谒袁总统，由王赓、哈汉章、唐在礼引入相见，行鞠躬握手礼，谈一时许。黄以非陆军出身，面辞上将甚切，袁未允许，当在府中留宴，陪客为段祺瑞、赵秉钧、范源濂、刘揆一、沈秉堃、王赓、陈宧、哈汉章、唐在礼诸人。因同时清皇族在金鱼胡同宴孙文、黄兴及陈其美，故席尚未终，黄、陈辞去。"[3]

　　其三，陪客之一的绍英的日记记载。

　　绍英原来是袁世凯内阁的度支部首领，1912 年 3 月 13 日，谕旨补授为总管内务府大臣。两天后，袁世凯发布大总统令，开去绍英的度支部首领。从此绍英便专办逊清皇室内务府的事务。不过，因为原来内务府由世续总管，如今清帝退位，没有朝政等军国大事，世续以大学士、总管内务府大臣仍然掌管颐和园、御茶膳房、造办处等事务，绍英不过随同办理而已。[4]

　　绍英有记日记的习惯，虽然并非每日必记，且随事情的轻重缓急详略不一，但重要事情一般不会遗漏。当日他记道："八月初一日晚，醇邸、伦贝子、世太保公宴孙中山、黄克强、陈君其美及国

[1]　《民立报》1912 年 9 月 12 日，第 3 页，"专电·北京电报"。
[2]　《民立报》1912 年 9 月 14 日，第 3 页，"专电·北京电报"。
[3]　《时报》1912 年 9 月 13 日，第 2 版，"专电"。
[4]　绍英著：《绍英日记》第 2 册，第 289、292—293 页。依制，内务府总管大臣最多可设三名。

务院诸员、参议院吴宗濂、汤化龙，陪客中有顺王、江统领朝宗、禁卫军统制王廷桢、张仲和、长君朴等，景三哥与余亦在陪客之列。"旧历八月初一，即新历 9 月 11 日。

载沣因病未能到会，宴会开始，首先由贝子溥伦代表皇族演说，以表皇族开会欢迎之意，略谓："从来有非常之人，始能建非常之功，其孙中山先生之谓乎？今改数千年专制政体而为共和，固由孙中山先生及诸位先生之功，亦由我皇太后皇上至公无私、以天下之政权公诸天下。惟自改变共和政体以来，而天下事变愈亟。语云：世界能造英雄，英雄亦能造世界。此后政治日进文明，不第我皇族得享优待之荣，而天下人民常享升平之福，均惟诸位先生是望云云。"说毕又云："余今日得见诸位先生，至为光荣。"举酒愿祝诸位身体康健。同座均鼓掌。

随后，孙中山请黄兴致答词，略谓："现在世界竞争，中国非共和政体不能自立，是以孙中山先生热心改革。今者五族共和，实由皇太后皇上圣明，德同尧舜，我辈均甚感激。惟此时外交甚为警戒，切望五族一心，勉力进行，以济时艰云云。"欢迎宴会自 8 时入座，10 时散。[1]

关于此事，各报均有详略不同的报道，所记录的主客双方的致词答词，虽然大体相同，但也有不少小异，不仅可以了解时间程序、参与人员、经过等具体情节，还能借以探查各报的立场态度，有必要加以仔细比对和解析。

《申报》记载："清皇室于前日下午八钟在金鱼胡同那宅设宴招待孙中山诸人，由贝子溥伦主席，俟黄、陈二君赶到后，即相偕入座。先由溥伦致欢迎词，略谓孙、黄二君，皆今日非常之人，故能建非常之业。此次国体更新，共和成立，皆孙、黄诸君数十年鼓吹之功，我皇太后、皇上鉴于孙先生之仁德，且深信共和政体为二十世纪大

---

[1]　绍英著：《绍英日记》第 2 册，第 345—348 页。

势之所趋，毅然退位，赞助共和，实为民国之福。今日我皇族诸人得与诸君欢聚一堂，曷胜欣幸。更望以后实行五族平等，巩固国基，即我皇族诸人，亦永受其赐矣。溥伦演说后，即由黄克强君起立答词，谓此次中国改建共和政体，实为顺大势之潮流，又得孙先生数十年鼓吹诱导之力，故能人心一致赞成。然若无隆裕皇太后之明哲，及诸公之辅佐，成功绝不能如此之神速。故此次改变国体，破坏不多，成功最易，实诸皇族之力也。"[1]

《时报》9月13日申刻到的北京专电："十一日前清皇族宴请孙、黄，席中溥伦述词，赞美共和，谓皇族实受其赐。黄兴答谓，改建政体，实顺今世潮流，隆裕太后及各皇族赞助之功甚大云。"[2]

北京的《爱国报》报道较为准确："十一号下午八点多钟，清皇室在金鱼胡同那桐宅，开会欢迎孙、黄两先生，代表贝子溥伦主席。十点钟，黄克强、陈英士二君始由总统府赶到。入座后，先由贝子溥伦代表述欢迎词，略谓：孙、黄二君，皆今日中国非常之人，故能建非常之业。此次国体更新，共和成立，皆孙、黄诸君数十年鼓吹之功。我皇太后皇上，鉴于孙先生之仁德，且深信共和政体为二十世纪大势之所趋，毅然退位，赞助共和，实为民国之福。今日得与诸君欢聚一堂，共谋幸福，何快如之。更望以后实行五族平等，巩固国基，即我皇族诸人，亦永受其赐矣云云。演说毕，即由黄克强君起立答词，略谓此次改建共和政体，实为顺大势之潮流，又得孙先生数十年鼓吹诱导之力，故能人心一致，全国赞成。然非隆裕皇太后之明哲，及诸公之辅佐，成功绝不能如此之神速。故此次改变国体，破坏无多，共和成立，实诸皇族之力也云云。黄君演说后，

---

[1] 《黄克强在京之酬酢观（二）·清皇室之招待》，《申报》1912年9月18日，第3版，"要闻一"。《新闻报》1912年9月19日第1张第3版"新闻一"刊发的《清皇室欢迎孙黄》，文字与此基本相同。

[2] 《时报》1912年9月14日，第2版，"专电"。

宾主畅饮，至十一点钟，尽欢而散。"[1]

《民立报》北京特派员的专函，记录最为详细：

午后七时，前清皇族开会欢迎孙、黄两先生，到者近百人。代表溥伦起言："今日欢迎孙、黄两先生及陈英士先生，本由醇亲王主席，因醇亲王偶感风寒，特派兄弟为代表。兄弟意见，革命本国家进化应有之事，故汤武革命，称为圣人。且此次革命，原属国体问题，现在建设共和，不独皇室仍受优待之荣，并使满洲人民同享共和幸福，迥非前古帝政时代可比，此敝皇族所极为感谢者。"言毕，即读颂词如下：

"语有之，非常之人，始能建非常之业，斯言也，乃于中山、克强两先生暨诸杰士见之。两先生洞观四千余年之历史，二十世纪之时艰，非以共和定国体，不能为人民谋幸福，不能与列强谈竞争，于是遍游欧美，参以时机，数十年苦口热心，始达共和目的，方诸华盛顿，何多让焉。此固见两先生有志竟成，亦由我皇太后及皇上大公无私之心，遂以天下神器，举而还之天下。不图唐虞揖让休风，复见于今日也。独是建设以来，内忧外患，险象环生，大陆风云，更亟于两先生未创共和伟论以前。然则时势造英雄，抑英雄造时势耶？今两先生翩然北上，北方人士争以望见颜色为荣，且与大总统握手言欢，论道经邦，一堂抵掌。本爵现因小恙，未能亲接鸿言，心殊抱歉。深愿海内升平之治，将于先生倚之赖之，正不仅我皇室享优待之荣也。非常之人，非常之业，惟于两先生是望。"

颂词毕，克强先生起为答辞，谓："二十世纪之国家，须赖国民共同护持。专制政体不足以独立于地球之上，非建设共和，无以保全我五族同胞。孙先生与兄弟及诸同志，应世界之潮流，

---

[1]《清皇室欢迎孙黄之盛会》，《爱国报》第 2059 号，1912 年 9 月 14 日，第 4 版，"本京新闻"。

倡政治之改革，赖全国人同心协力，始有今日。君等乃归功于孙先生及兄弟，实为惭愧。且自武昌起义，甫及三月，大局略定，全赖隆裕皇太后、皇帝及诸亲贵以国家为前提，不以皇位为私产，遂追尧舜揖让之盛心，遂使全国早日统一，以同法美共和相比肩，而北京首都，不见兵革，社会秩序，亦得安宁，尤为和平幸福。虽现在内政外交诸多困难，然以五族同胞共和，血诚力肩斯任，于共和国家前途，必能发展。兄弟等敢不竭其死力，以奠国家于久安，致负隆裕皇太后、皇帝退让之美举。今承开会欢迎，孙先生与兄弟得与诸君一堂聚首，畅叙平生，区区此心，极为欢悦，并请贵爵将兄弟等意转述皇太后、皇帝之前，实为感祷。"[1]

根据《民立报》的专函，溥伦所致欢迎词，其实包含两部分内容，除了表达他本人的意思，更主要的是代表载沣宣读以后者名义撰写的颂词。《神州日报》就以《清皇室欢迎孙中山之颂辞》为题刊登了全文，并且注明"由溥伦代表"，文字与《民立报》北京特派员专函所载大体相同：

　　　语有之，非常之人，始能建非常之业，斯言也，乃于中山先生见之。先生洞观四千余年之历史，二十世纪之时艰，非以共和定国体，不能为人民谋幸福，不能与列强谈竞争，于是遍游欧美，鼓吹提倡，数十年苦口热心，始达共和目的，方诸华盛顿，何多让焉。此固见先生有志竟成，亦由我皇太后及皇上大公无私之心，遂以天下之神器，举而还之天下。不图唐虞揖让休风，复见于今日也。独是建设以来，内忧外患，险象环生，大陆风云，更亟于先生未创共和伟论以前。然则时势造英雄，抑英雄造时势耶？今先生翩然北上，北方人士争以望见颜色为

[1]　北京特派员函：《黄克强入京记（二）》，《民立报》1912年9月19日，第7页，"接新闻一"。

荣，且与大总统握手言欢，论道经邦，一堂抵掌。本爵现因小恙，未能亲接鸿言，心殊抱歉。深愿海内升平之治，将于先生倚之赖之，正不仅我皇室享优待之荣也。非常之人，非常之业，惟于先生是望。[1]

清皇室举行欢迎宴会的地方是金鱼胡同那桐的故宅。那桐曾任皇族内阁协理大臣，解职后又出任弼德院顾问大臣。不久，弼德院撤销，那桐以病向总统辞去税务处督办之职，并且搬到天津德租界居住。1912年7月11日，那桐中风偏瘫，行动不便，连日记也只能口述。此前国务院全体国务员和五族共进会欢迎宴请孙中山，都是借那桐京宅西院的花园。

清皇室举行欢迎宴会的前一日即9月10日，孙中山曾乘车分别前往醇王府、伦贝子府和世中堂宅拜晤。据《爱国报》报道："十号午后三点钟，孙中山先生由石大人胡同迎宾馆乘汽车赴醇王府、伦贝子府并世中堂宅，拜谒晤谈，至五点五十分回馆。随行只有游缉队帮统恒成同车，此外未带一人。并闻十一号上午十一点，前清醇亲王载沣赴石大人胡同迎宾馆回拜。"[2]

拜访醇王府的情形，据载沣之子金友之记述，孙中山曾到后海北河沿醇亲王府来进行访问，事先袁世凯派当时任北京步兵统领的江朝宗来府中等候。孙中山到达后，由载沣迎至宝翰堂会晤，江朝宗也陪同就座。略事寒暄后，孙中山以载沣在辛亥代表清政府逊位，和平交出政权，致以慰勉之意，并希望今后在五族共和的基础上，共跻富强。孙中山又谈到：为了达成南北统一，已辞去正式大总统的候选人，自己将以在野之身，致力于社会建设工作，拟于十年内实现修筑二十万里铁路的愿望。同时，面赠亲笔签名相片一帧。次日，

---

[1]《清皇室欢迎孙中山之颂辞》，《神州日报》1912年9月17日，第4版，"国内要闻二"。

[2]《孙中山访谒清皇族》，《爱国报》第2057号，1912年9月12日，第3版，"本京新闻"。

载沣由江朝宗陪同前往宾馆回访。[1]

　　载沣退位摄政王，与清帝退位交权是两件性质完全不同的事。虽然报纸有时也将前者称为逊位，但这只是迫于各地反正的形势，不得不将众矢之的牺牲，客观上为袁世凯掌握全权清除了障碍，使之得以迫使清帝退位，从而实现共和。说载沣代表清政府逊位，应是后人混淆史事的误记。

　　拜访世续宅的情形，据刘宗汉记，其宅第在北京东城东四南大街灯草胡同路北，门牌 14 号，刘家与之对门，当日听见胡同内世家门前人声喧哗，知道是革命党孙文上世中堂这里来了。此事表明孙中山不再把清室作为革命的对象，认可优待清室条件，已从反满变为五族共和思想。可惜世续的后人已经故去，详情无从考察。[2]

　　溥伦的伦贝子府，在大甜水井胡同（位于东城区东华门一带，王府井大街自南往北第三条胡同，府邸为胡同中段北侧的 19、21号），原来与其弟溥侗合住，民国后兄弟析产。三处相距不算远，孙中山又乘汽车，所以能够于三小时内往返。

　　关于此事的时间经过，各报报道也有歧异，令后人难以判断。主要的差异点有两处，一是孙中山拜访的日期是 9 月 10 日还是 11 日，二是载沣回拜的时间是孙中山来访的当天下午还是次日上午，二者彼此关联。

　　《时报》最初的报道是正确的，其 9 月 13 日"译电"栏所刊北京专电称："初十日孙逸仙访清摄政王，良久始别。"该报同日刊登的 12 日申刻北京专电也说："初十日孙中山往访前清摄政王，十一日王往孙寓答访。所传前清皇室欢迎孙中山之说不确。"[3]

　　《神州日报》9 月 13 日"本馆特电"栏刊登 12 日发的北京专电

[1]　金友之：《孙中山先生会见逊清摄政王载沣小记》，《团结报》1982 年 10 月 16 日。

[2]　刘宗汉：《孙中山拜会清室总管内务府大臣世续记闻》，《北京文史》2009 年第 2 期。

[3]　《时报》1912 年 9 月 13 日，第 3 版，"译电"；第 2 版，"专电"。

《孙中山与载沣交欢》："孙中山昨日拜会前清监国载沣，下午载沣
即赴孙处答拜。外人颇称满人能顾大局。"同时刊登的 12 日特约路
透北京电称："孙中山君昨日（十一）往谒前清摄政王后，下午即
来答拜，讨论大局逾一小时之久。满人对待南方各重要人物之情谊，
深足令人感动，舆论亦极赞许。众意皆谓满人现竭力消灭恶感，而
附从共和国民，并力以求中国之幸福云。"同样内容的特约路透电
北京专电，9 月 13 日的《申报》《时报》也予以刊载，均指孙中山
于 11 日上午访晤逊清摄政王载沣，当天下午载沣即赴孙中山处答拜，
双方晤谈，讨论大局逾一小时之久。外人颇称满人能顾大局。[1]

　　在此，路透电再次成为不实消息的源头，令人怀疑其报道的权
威性。《申报》的编辑注意到外人的消息有故意混淆视听之嫌，刊
发一则北京译电："孙中山君乘车外出，所过之路，均遮断交通，
俨如前清之君主，京中各报颇为忿怒。隆裕太后欢迎孙中山君一举，
因各亲王竭力反对，业已作罢。"文末特意注明："按此又系外人
谣言。"[2]

　　清皇室欢迎宴会的次日，孙中山又由隆裕太后派员陪同引导游
览了颐和园，"兹闻清太后特派皇室总长世续并伊克坦、绍英、溥
伦为代表，暨皇族诸君，于十二号那天，约请孙中山游览颐和园。
是日上午九点钟，中山先生乘汽车出西直门，前赴万寿山，进东宫门，
游览宴会毕，拍照纪念，至下午七钟进城，沿途有中北右三营游缉
马步鼓号各兵队，妥为照料。"[3]此行由世续亲自陪同并担任导引，

---

[1]　《申报》1912 年 9 月 13 日，第 2 版，"特约路透电·北京电"；《时报》1912 年 9 月 13 日，
　　　第 3 版，"特约路透电"。

[2]　《申报》1912 年 9 月 3 日，第 2 版，"译电·北京电"。"文汇报九月一日北京电云：孙中
　　　山君在京出行时，所经过各街道，皆预先禁绝交通，故北京各华字报对于此事颇有烦言，
　　　谓不啻为满清时代之皇帝出行。"（《中山亦知皇帝之贵乎》，《神州日报》1912 年 9 月 3 日，
　　　第 4 版，"国内要闻二"。）

[3]　《孙中山游览颐和园》，《爱国报》第 2059 号，1912 年 9 月 14 日，第 4 版，"本京新闻"。

据《时报》9月15日所刊14日未刻北京专电："孙中山偕黄兴近日
大游内宫颐和等园苑，由世续导引。"

第二天即13日早9点钟，"孙中山先生赴南海游览，由世伯轩总
长派员招待。是日下午三点多钟，又往天坛参观，至六点多钟回馆"[1]。

二　孙中山的满蒙危机应对

孙中山此次北行，于8月24日进京，9月17日离京，其间于
9月6日至8日赴张家口参观，居留北京的时间总共为21天。在此
期间，各种会晤、演讲等活动极为频密。如此繁忙之中，抽出4天
时间专门与清皇室交游，绝不会仅仅是客套应酬那样简单。

晚清的民族主义思想，与种族观念相伴随，在孙中山的革命
思想中，反满的确是色彩鲜明的一面。革命党的早期宣传不乏诛杀
清帝、驱逐满人甚至杀绝满人之类的激越情绪，并声言要建立纯粹
汉种的中国（如邹容的《革命军》）。虽然后来革命党人一再辩明反
满只是反对清帝及其统治集团，并不针对一般满人，而且反满是因
为满人实行帝制，极不平等，若是帝制自为，即便是汉人做皇帝，
也在天下共击之之列。不仅要杀"满酋"，更要杀"协助满酋残害
同胞的满奴汉奸"。可是驱逐鞑虏，恢复中华，确实带有种族排斥
的指向。受此影响，反满情绪高昂者就怀有强烈的排满意向。如
1908年3月10日《中兴日报》刊发希侠来稿《对满愤言》，明确
宣称：

[1] 《孙中山参观坛海》，《爱国报》第2059号，1912年9月14日，第4版，"本京新闻"。
广东省社会科学院历史研究室、中山大学历史系孙中山研究室、广东省中山县翠亨孙中
山故居编《纪念孙中山先生》（北京，文物出版社1981年版）第132幅照片识文为"孙
中山与随行人员在故宫太和殿前留影"，应为1912年9月6日在明长陵祾恩殿前留影。
此时清帝仍居紫禁城，尚无故宫之称。孙中山未与清太后、清帝会面，也没有进入宫禁，
只是游览了南海。

排满者，排去满虏之全数，非排去满虏之君位也。满虏之践吾土、食吾毛、敲吾骨、吸吾血、受吾豢养者已二百六十余年矣。此二百六十余年之中，吾汉人之受戮而死、饥饿而死、失业而死、漂流而死者总计已达满虏全数三倍之多矣，吾汉人遭满虏如此之惨，即使取彼满虏五兆人全数而戮之以为京观亦不为过，而何止于排之而已也。……务使满虏为斋粉、汉奸为肉泥、中国为干净土、满州 [洲] 为血泪场、十八行省为自由园、四百兆人为主人翁、蒙藏回疆为游乐所、昆仑乌岭为升旗山、黄河扬江为澄清水，斯为排满之结果，斯为汉族之光荣，斯为历史之辉耀。[1]

武昌起事之前，所有的反满宣传只是宣之于口，暗杀起义中针对满人的举动，也只有局部作用。而自武昌成立军政府起，作为新生政权如何处置与满人的关系，就成为亟待解决的全面性实际问题。就情理而言，当时大致有四种选项：其一，实行种族复仇，从肉体上消灭满人；其二，将满人逐回东北；其三，18 行省独立，脱离清廷统治；其四,五族平等，共建共和。

第一种选项，实际上可以说并不存在，即使是激进的排满主张者，也懂得必须遵守文明的原则，才能不被各国视为野蛮。不过，在起事的初期，最早揭竿而起的地区特别担心清廷反攻倒算，好像摸黑夜行者不停地大声呼喊一样，用过激的口号一面为自己壮胆，一面鼓动人们起而响应，希望一鼓作气，取得胜利，消除危机。如湖北军政府的《兴汉军歌》就有"杀尽胡儿兴大汉"的歌词。[2] 不过，整体看来，作为一次全国范围的革命，除个别地区外，总体上人员伤亡较小。报复性的屠满事件很少出现，偶尔发生的秘密会社成员的滥杀很快得到制止，对象也主要限于军人。

---

[1]　章开沅、罗福惠、严昌洪主编：《辛亥革命史资料新编》第 5 卷，第 310 页。
[2]　《武汉革命大风云（十五）·兴汉军歌》,《民立报》1911 年 10 月 25 日，第 4 页，"接新闻一"。

第二种选项，道理上似乎是冲突双方解决矛盾的途径之一，满人被驱逐回其龙兴之地，汉人则重新掌控关内中土地区，各归本位。所谓反清复明，预想的结局便是如此。可是无论清方还是民党，几乎没有人想过用这样的方式解决问题。这无疑表明革命党已经不将满人视为非我族类，而满人也不以中华之外的异类自我定位。

第三种选项，在清廷坚持不退而民党又无力直捣黄龙的情况下，有可能发生。按照孙中山的解释，各地独立，便是向清朝独立，而不是向中国独立。但是如果原来的 18 行省独立，势必导致南北分治的局面。武昌军政府用 18 星旗，象征 18 省，就包含这样的意思。南京临时政府参议会议决用五色旗为国旗，孙中山以民国各省用旗有三，武汉首义十八星旗、苏浙五色旗和汉族共和党天日旗。他本人不倾向于用五色旗，因为这原为清海军一二品官员用旗，失体；以五色代五族，分配代色，取义不确，如以黄代满；五族平等，而上下排列，仍有阶级。武昌主张用首义之旗，孙中山则倾向天日旗。但希望民选国会成立后再定。[1]

第四种选项，也就是历史进程实际发生的真实选项。从现有观念看，可以说这是最理想的结果。因为 18 行省的独立，固然是对清廷独立，可是其他部分就未必如此，其民族自决既可能向心参与，也可能离心脱出。在强邻环伺的态势下，一旦出现这种局面，势必引发瓜分狂潮，动乱的中国势将分崩离析。

因排满而导致分裂，显然不是革命党的政治选项。孙中山就任南京临时政府大总统时宣言："国家之本，在于人民。合汉、满、蒙、回、藏诸地为一国，即合汉、满、蒙、回、藏诸族为一人。是曰民

---

[1] 《复参议会论国旗函》1912 年 1 月 12 日，中国社会科学院近代史研究所中华民国史研究室、中山大学历史系孙中山研究室、广东省社会科学院历史研究室合编：《孙中山全集》第 2 卷，第 17—19 页。

族之统一。"[1] 民元凡是赞成共和的，多主张民族融合民族同化，所谓五族共和，民族统一，就是要化各族之地为一国，化各族之人为一族。此处所说的回，并非民族识别后的回族，也不仅限于当时的回部，更主要的是泛指西北广袤地方的回疆。满、蒙、回、藏人数虽然不多，地域却十分辽阔。任何一地如果从中国分离出去，都会使山河变色，造成整个国土版图大幅缩减，引起四分五裂。

多民族国家的独立，往往同时引起向心和离心两种倾向。辛亥南北战事激烈，满、蒙、回、藏等地均出现内外势力相呼应的分离倾向。和谈成功，南北统一后，边疆危机依然持续，引发国人的高度关注。孙中山北上之时，满蒙问题尤为凸显。在当时国人的心目中，孙中山在外交方面拥有长才，其关于满蒙问题的对策，格外引人注目。

恰在这一微妙时刻，8月28日《大陆报》发出一封北京电，报道该报记者采访孙中山的情况，其中话题之一，就是满蒙问题。电称："本馆（大陆报）访员今日（廿八日）进谒孙逸仙君……谈及蒙古与满洲之状态。孙氏之意，谓中国若以武力解决，必无效果。须待至数年之后，俟国力雄厚，然后所有领土自不难恢复。但至一世之后，而中国人仍不能振作，以复其领土自主之权，则中国将不国。而亡国之惨，亦中国人民所当受。至借外力以恢复中国领土，则窃不敢谓然云云。"[2]

《民立报》也刊载了这份电报，文字却多有不同："今日（二十六号）《大陆报》访员见孙中山先生……论及满蒙大局问题，孙氏云：中国今日势孤无助，未便兴兵，满蒙实有不可收拾之势。目下不得不暂待时机。数年之后，兵力充足，领土自可恢复。且曰：设此四万万人于数十年后不能恢复领土，则华人无保存国家之资格。孙

---

[1]《临时大总统宣言书》1912年1月1日，中国社会科学院近代史研究所中华民国史研究室、中山大学历史系孙中山研究室、广东省社会科学院历史研究室合编：《孙中山全集》第2卷，第2页。

[2]《孙中山与大陆报访员谈》，《神州日报》1912年8月30日，第3版，"国内要闻一"。

氏以为，恢复已失之领土而求助于邻邦，似不甚可靠。"[1]

《时报》的"北京专电"关于此事的记载文字亦有所不同，电称："二十八日孙逸仙接见《大陆报》访员……论及满蒙情势，孙氏言中国今日欲抵拒强权，已属无用。盖中国今日无此能力，遂不得不徐俟数年后国势渐强，然后能恢复疆土。孙氏言此四万万人苟于彼时尚无此能力，则中国殊不值存立于世界。盖孙氏似不信于丧失疆土之际，尚能恃他国援助。"[2]

《新闻报》同样刊发《大陆报》28日北京电，内容较为简略："本报访员今日谒孙中山……又论满蒙事，其意国力未强，目前即无可望，亦不愿借重他国之力以争之。"[3]

不厌其详地列出各报的记载，是因为《大陆报》这次采访孙中山关于满蒙问题的意见披露之后，引发不小的风波。而控辩双方对文本的解读截然不同，是导致争议的重要原因。杨荫杭（署名老圃）在《时事新报》发表社论《孙中山之满蒙弃置论》，对孙中山的言词提出强烈质疑和批评。他指"孙前总统对西《大陆报》访事谈满蒙问题，谓满蒙尽可弃置不理。今欲设法保持，乃无益之事。吾以为不如暂时弃去，他日我中华民国自有取回之法云云"。虽然"孙先生发此议时，慷慨激昂，抵掌而谈，谓四万万人众，若不能取回已失之地，亦不成为四万万人众之大国民。西人闻者，皆为之感动云"，但自己不能接受如此说法，并进而提出四点质疑：

> 然记者窃有疑矣。满蒙等属地可以暂时弃去，待他日取回，则中国本部似亦可暂时弃去，待他日取回。土地之所以不可弃者，固非以其能取回而不可弃也。然孙先生则因深信四万万人有

[1] 《民立报》1912年8月30日，第6页，"西报译电"。

[2] 《时报》1912年8月30日，第2版，"译电"。

[3] 《新闻报》1912年8月30日，第1张第3版，"译电"。

取回之能力，遂倡弃置之议。此不可解者一。

满蒙等虽曰属地，实关于全局者也。弃满蒙则日俄独得厚利，失远东列强之均势，他国岂能甘休。若他国群起而效日俄之所为，即为瓜分之实行。然则主张弃满蒙，实不啻主张弃中国全部。此不可解者二。

今日中国危机，皆伏于满蒙，今日万国视线，皆注于满蒙，吾侪小人所寤寐不忘者，皆满蒙问题也。孙先生为建立民国之大豪杰，度必有保持之法，乃竟以保持为无益之事，不特以保持为难行，直以保持为多事。然则古今来鞠躬尽瘁，不顾成败利钝之大豪杰，自孙先生视之皆愚人矣。此不可解者三。

孙先生周流列国，所在皆考察其政治，吾国人之熟悉外国情形者，殆莫孙先生若也。然孙先生主张迁都以避外人之压逼，外人窃窃私议，既疑孙先生未读条约。此次又对外人明言保持满蒙之无益，而欲弃去不顾，恐外人又不免窃窃私议，疑孙先生不知今日国际竞争之大势，而轻于发言。幸而孙先生无缔结条约之大权耳，设孙先生有缔结条约之大权，则今日此言出之口，明日必有无数外国代表登门而请，除满蒙属地已得先生允许外，必更有某国请弃山东一带之地，某国请弃云南一带之地，某国请弃扬子江一带之地。孙先生如反悔前言，彼必言数年之后，尽可由四万万大国民光复故土，想孙先生亦无词以拒之也。然今日孙先生固信口言之，而外国人已笑孙先生之失辞，岂前言戏之耶。此不可解者四。[1]

杨荫杭长于文笔，又精通法律，他的文章引起舆情的关注。为了消除负面影响，端正视听，《民立报》特意以馆主的名义刊发社论《正〈时事新报〉中山满蒙弃置说之误解》，对事情和文本深究

---

[1]　老圃：《孙中山之满蒙弃置论》，《时事新报》1912年9月6日，第1张第1版，"社论"。

详解。该文首先肯定孙中山长于外交，平日对外报记者谈话，未尝失言。辛亥归国途中，欧洲报界记者纷纷来见，孙中山无一语涉及政事。到上海后，西报记者来访，亦只能得到圆滑的谈话。西报记者因而转向郝门李（Homer Lea）刺探消息。郝门李是军人，短于外交，语语关涉中立，遂引起美国总领事的干涉。而孙中山的外交益负时誉。

《民立报》讲这段往事，无疑是为了证明孙中山处理外交的手法老练，为接下来进入正题做好铺垫。所以接着话锋一转，切入本题："前日《时事新报》记者以中山先生与《大陆报》访员谈满蒙问题，未尝细玩全文意义，遂目中山先生为作满蒙弃置论，所言殊骇听闻。孙先生为一代人豪，爱国巨子，岂肯倡此谬言。按之九月六日《大陆报》所登访函，益知《时事新报》所指中山欲弃置满蒙，尽属误会。《大陆报》访函之译文曰：'孙前总统明言彼不以目下断断于保持此藩属为有用。其持态以为即使失去，中国将来有得回之日。彼言辞间极著重而又惹人注意，言时声状，以一手击他手，奋然而言曰：倘此四百兆人不能于一时代间组织完备，以夺回所失疆土，则彼以为此四百兆人不应享有国家。'"

如果《民立报》的译文符合原意，的确与各报所刊登的内容有些出入，所以作者接着解读道："读此可知中山先生当时之愤慨，固讽某某国之不应乘中国有事之秋，而实行其侵吞主义。盖外交家于谈论间不能以愤激之语直接侵人，致起国际上之交涉而伤感情，卒至无交谊可言，岂非为外交上之一失败。故先生对于蒙藏，实以为切肤之痛，此次对《大陆报》之谈话，胸中却含有无限愤恨之气，未便形于言词，遂乃见诸颜色，以为满蒙果竟为强暴者所并，中国亦必力图恢复，不能以其亡而听之。末且谓于一时代间必组织完备，夺回所失疆土，以示四百兆人之决心。先生为中国魁杰，坚忍之志如此，则将来满蒙即使不保，强暴者亦终不能长据吾土，藉可遏抑强暴者并吞满蒙之野心，实先生之志也。则先生又何尝有丝毫弃置满蒙之意乎！"

为了澄清事实，作者进一步征引原函："中山先生此次谈话之有力，再读《大陆报》访函之下文，亦可了然。其文曰：'访员屡提起孙君以彼之力引动政府，将全案宣告世界，使世界人得知中国外藩变端若何之真相。盖访员以此人为众人所注目，频年以来，皆能善用声誉，必能乘时而起。然彼不以为然，声言此举无用，世界人应已知之。且即世界人果知之，亦无能为力，岂不废然。中国今日不能如野心之国任所欲为，他日中国强大，斯时将有以处之。'"

在全面征引和解读的基础上，作者得出结论：

> 观于"中国今日不能如野心之国任所欲为，他日中国强大，斯时将有以处之"之语，则孙先生用意所在，益了然可见。夫先生为创造民国之人，日以五族共和之义诏于天下，则先生对于满蒙之土地，焉有忍于弃置之理。故满蒙弃置之说，纯然出于误会，不足以毁先生。至《大陆报》二十九日专电，不过撮取谈话中之一语而已，其真意亦不如《时事新报》所译也。《时事新报》记者以满蒙尽可弃置不理一语，代表中山先生全段谈话之精神，则不但未曾细味中山之用意，且未读《大陆报》访员之原文，抑更不知外交上之措词，故记者不得不一正其误解。[1]

不过，《民立报》的社论虽然可以澄清《大陆报》采访报道的原意，仍然难以彻底消除人们心中的疑虑。当时孙中山还有另外几项主张和行事被坊间舆论与此牵扯到一起，一是主张迁都，二是拜祭明陵，三是租借甚至"割让满洲给日本"的传闻。

迁都的本意是为了防止袁世凯破坏共和，作为巩固民国的重要措施。此时孙中山又以避让外强逼迫作为理据。而在南北两京

---

[1] 《正〈时事新报〉中山满蒙弃置说之误解》，《民立报》1912 年 9 月 8 日，第 2 页，"社论二"。

拜祭明陵，被解读为种族复仇倾向。"老圃"就发表社论《孙先生恋恋不忘明陵》，认为元明清都是皇权专制，分别只在是否汉人王朝，既然反对专制，就不应单独拜祭明陵。[1]至于割让或租借满洲以换取日本对中国革命的支持，孙中山的确曾经几度在日本人士的要求下，作为交换条件与日方有所谈判，甚至可能形成某种文件。南京临时政府时期，因为财政极端困难，孙中山还想租借满洲给日本以换取大笔贷款，支撑战事和政权的运作。[2]而现在这些都和满蒙问题联系起来，不言而喻，是指反满的孙中山真的可能打算出让满洲。

在《民立报》社论发表的次日，《神州日报》刊登了一篇《孙中山政见之平议》的社论，作者自称从前与孙中山固屡屡握手，"而深悉其品性其人格之如何"。他以知情人的口吻写道："抑予尤有疑者，孙氏为兴中会首时，于中日战后曾往台湾谒日本台督桦山资纪，面许割满州畀日，使日本助其革命。当时桦山曾密商日本政府，为伊藤辈所阻止。其后孙氏尝屡与日人宫崎等谋起义，并有割地赂日之言，为予居东京所习闻，且见于日人之著述。故孙氏返国任总统之初，有力诫其东三省不可再起民军者，孙则掉头不顾，且任蓝天蔚驰往。又有告以须急派专使赴蒙藏宣抚，伸明五族共和权利平等者，孙亦唾弃不用。昨孙之来京，对外人有不必急争蒙藏之宣言，今更于此危急之时，又复主张舍弃北京之首都，其用心果仅出于单简之理想，未暇顾及其他者乎，抑尚有前事之连念存乎，此吾人所急欲知其究竟者也。"[3]

其实，孙中山不主张蒙藏用兵，是担心引起蒙藏人的反感；租让满洲，则是为了挽救共和大业采取的非常措施。在革命的思维中，

---

[1] 老圃：《孙先生恋恋不忘明陵》，《时事新报》1912年9月7日，第1张第1版，"社论"。

[2] 李廷江：《日本财界与辛亥革命》，北京，中国社会科学出版社1994年版，第255—258页。

[3] 《孙中山政见之平议》（逊志自北京属稿），《神州日报》1912年9月9日，第1版，"社论"。

这样的迫不得已可以作为不得不然的选项。不过，孙中山也需要改变原来排满的形象，为实现五族共和采取实际行动。而最具象征意义的举措，无过于和曾经的对手清皇室交游，这不仅有助于安抚旗人，对蒙藏回也具有正面积极的示范作用。更为重要的是，满洲无论割让还是租借，都容易令人联想到孙中山不以满洲为中国的主张，视为驱逐鞑虏的自然延伸。如果孙中山与逊清皇室握手言欢，则双方的冰释前嫌，正是落实孙中山合诸地为一国、合各族为一人的民族统一宣言的重要体现。相逢一笑之下，即使恩怨情仇犹在，对于大乱望治的各族民众，无疑是积极的信号。

三　清朝皇室的自我认同

孙中山的主观努力只是一方面，逊清皇室主动向孙中山示好，表达愿意在民国的政治架构内致力于巩固五族共和，则是双方能够彼此接纳的重要基点。

在清皇室欢迎宴会上主客双方的应答中，皇室方面表示承认国体变更，既肯定了孙中山等人坚持不懈达致共和目的的努力，也赞扬了清帝大公无私、以天下神器还诸天下的义举。希望孙、黄二人继续以非常之人，建非常之业，挽救危机，实现海内升平，使皇室永享优待之荣。黄兴则表示只有共和政体的国民国家才能保全五族同胞，清朝后、帝及诸亲贵以国家为前提，不以皇位为私产，遂使全国统一，社会安定。将竭力克服内政外交的诸多困难，发展共和国家前途，不负清朝后、帝退让之美举。

这样的相互表彰，固然不无客套的成分，但绝不是敷衍的虚词。在皇室方面，国体变更当然是迫不得已，希望国家发展，社会安定，永享优待之荣，却是发自内心。而在孙黄方面，清帝退位于民国成立的重要作用，也是不争的事实。况且，要想国体稳固，民族统一，清室的动向具有重要的指标性象征意义。

清帝退位，结束帝制，虽然在皇室内部曾经引发激烈冲突，可是无可奈何之下毕竟接受了这样的现实。而在做出这样的选择之后，一部分人的确准备遵守承诺和协议，不再幻想复辟大清的统治。或者说，结束大清王朝对于他们固然是痛苦万分，可是复辟非但不符合历史潮流，难以成功，还可能失去一切现实享有的优待。因此，他们宁可与民国政权搞好关系，以保持现有的待遇，而不愿冒险进行恢复大清王朝的密谋。

从历史的实际进程看，与孙中山等人交游的隆裕太后、醇亲王载沣、贝子溥伦、总管内务府大臣世续以及相关的那桐、绍英等人，都是原来赞成清帝退位的成员，虽然皇室已经无力改变命运，但是如果没有他们的同意，最终要实现清帝退位，和平统一，也并非轻而易举的事。民国以后，他们安分守己地过着退隐的生活，尽可能协调与民国历届政府的关系，落实优待条件。

清帝退位，仍有部分官员心有不甘，陕甘总督升允起兵反对共和，宗社党在各地闹事，成为民国初建的极大隐患。对此，隆裕太后从维系大局出发，均出面予以制止。有报道称："宗社党死灰复燃，运动清太后出京赴奉，共谋独立，清太后拒之。"[1]北京宣布共和之初，"满亲贵恭王、肃王、泽公及铁良等谋在奉天独立，拥戴恭王为皇帝。事为清太后所闻，日前恭王回京时，清后唤其入内，谓大势已趋共和，尔等切勿在外妄有举动。恭乃唯唯而退。……闻清太后宣布退位后，恐亲贵不知进退，自取灭亡之祸，同日有旨交内阁电知东三省赵尔巽转饬各亲贵，速行回京，毋得误事。"[2]

4月间，《申报》还从内廷人士和法系报纸探知相关消息，前者称："清太后曾于旧历二月十二日上午由长春宫出苍震门诣宁寿宫皇极殿东阁内，饬太监电话召世续入内，复饬世续分电庆、醇、

[1] 《申报》1912年2月21日，第1版，"专电"。
[2] 《宗社党之亡清灭满策》，《申报》1912年2月21日，第2版，"要闻一"。

礼、庄、睿五亲王并涛、洵、朗三贝勒等即时入见。八点钟，该亲贵等除涛、洵外，均先后乘马车入神武门，至东桶子长街凝禧门前下车，步行入内。是时奎俊、徐世昌均在内，徐于该亲贵进内时即回归私宅。该王贝勒等乃入觐，侍议约两小时。探之，谓因前一日大总统将探明宗社党现在京外欲谋反对共和举动之证据，曾缮清单递呈清太后请示办法，故召该亲贵垂询一切，并饬庆邸等传谕载泽等迅速各归邸第，安分自守，不得徒逞意气，不顾大局，致宗庙陵寝不保，累及全族等语，并饬庆邸等于五日内奏覆，以便答覆大总统。"

后者云："前清太后退政后，对于民国大事甚为关心，近闻京中谣传宗社党将在奉天等处起事，牵涉各亲贵，特饬世续传谕各亲贵，于二星期内一律返京，无事不准再赴他处，以免嫌疑。盖恐因疑生忌，激成他变，致召列强干涉，与退政之意大相矛盾耳。"[1]

隆裕太后的考量，都在大局，其关注主要有二，一是全族和宗庙陵寝的安危，二是中国的安定。如果说前者主要是顾及皇室和满人的利益，后者则是以整个中国的统一为最大关怀。为了扼制亲贵旧臣的图谋不轨，她还进一步采取断然措施，严加防范。"近日外间纷传宗社党蠢蠢欲动，虽尚无何项确据，然前清各亲贵行踪诡秘，实有可疑。清太后对于此事，极为注重，深虑牵动大局，叠电谕召在外嫌疑各亲贵旧臣来京。初三日，世续又奉清太后面谕，拟成电旨四道，函致大总统，请代交电局拍发，立召善耆、恭王、载泽、升允四人迅即来京，勿得在外留连，致滋疑谤。闻大总统已核准照发。初四日，清庆亲王奕劻至宁寿宫请觐清太后，当奉谕，随皇室总长世续入见，密议许久，约二点钟始行退出。闻所议陈均为解散宗社党事。内侍仅闻太后有可否据此答覆袁世凯之一语，该邸所陈情形，

---

[1] 《清太后解散宗社党》，《申报》1912年4月8日，第2版，"要闻一"。

无从深悉。是日下午四点四十五分钟，奕劻即乘京奉火车赴津。"[1]

民国改元，那桐于旧历新正初一即表明："此后遵照临时大总统袁通告，改书阳历。"[2] 他对民国政府平息满汉意见、保护旗人公私财产的政策颇为赞赏，对孙中山也尊称为先生。由于表现良好，抗日战争时期，国民政府不知其早已亡故，为了防止日本拉拢清皇族，还曾想予以表彰，以为风范。据说世续与袁世凯、徐世昌等人关系良好，是拜把兄弟，努力与民国政府维持关系。张勋复辟时，世续、绍英等人均不赞成。溥仪的小朝廷日夜谋划复国，甚至不惜与日本人勾结，建立伪满洲国，其父载沣却明确表示反对，坚持不肯到关外居住。

贝子溥伦（1874—1927，字彝庵，隶属满洲镶红旗。乾隆帝第十一子成亲王永瑆玄孙，道光帝嗣曾孙，隐志郡王爱新觉罗·奕纬嗣孙，贝勒载治第四子）曾于1904年3月4日率清国代表团出席美国圣路易斯世界博览会，并在华盛顿、纽约、芝加哥等城市进行考察，与各方会晤，被视为皇室的改革派。历任资政院总裁、皇族内阁农工商大臣。担任资政院议长时，因弹劾军机案，与奕劻交恶。但他和奕劻都赞同清帝逊位。民国后，溥伦长期担任清皇室代表，负责与民国政府打交道，一度还加入国民党。不过，他过于依附民国政府，甚至赞同袁世凯的洪宪帝制，还将清廷的仪仗借给袁作登基之用，受参政院长，许亲王双俸。袁世凯垮台后，溥伦受到牵连，逐渐淡出政治舞台。

在末代皇帝溥仪看来，载沣、溥伦、世续等人的态度行为，只是为了保证已有的利禄而因循苟且。而在研究者的视野中，也只有从不赞成复辟以及不为日本所利用的角度看来，才具有一定的积极意义。两说各有一定的道理，却忽略了一个必须澄清的事实，即逊

---

[1] 《清太后消弭宗社党之办法》，《申报》1912年4月13日，第2版，"要闻一"。

[2] 北京市档案馆编：《那桐日记》下册，北京，新华出版社2006年版，第709页。

清皇室的自我身份认同。[1]

美国学界提出的新清史及其引发的相关论争，在清中叶以前的内亚化问题上，的确指出了单纯汉化观念的不足。清朝在这些地区与相关方面打交道时，自我称谓、交际礼仪及处置形式办法，均视与对方的关系而有所分别，不宜全用汉化中心的观念来看待和解读。清朝确实另有一套，而且显然与汉人王朝的做法大相径庭，是基于满人原有制度和生存状态而生成。加强这方面研究，无疑是深化认识清朝的重要方面。

不过，新清史及其论争有两个显而易见的偏颇。其一，新清史的主张者显然有意忽略了晚清的变化，尤其是这样的变化是清朝因周边环境的改变而采取的主动应对措施。也就是说，在外力的压迫之下，清朝不得不改变内亚化的旧惯，改行明代以来的体制。结果，清朝日益以明制为本体实行对整个中国的统治，也使得自己完全脱离内亚的胎记，融入中华。

其二，新清史的主张者和反对者，都不免受晚清以来尤其是民族识别以来民族观念和民族存在的影响制约，以此反观清代的民族问题，难免自觉或不自觉地将现实情况和自我意识带入，自然发生许多的误读错解。

清朝一统后，大体在原来明朝控制的区域承袭明制，在满、蒙、藏、西域等地则因地制宜。这样的分而治之一直延续到晚清。随着列强逐渐侵占周边各国，清朝的原有属国纷纷成为各国的殖民地或势力范围，藩部也日渐动摇，边疆危机空前严重。诸如此类的问题

---

[1] 黄兴涛的《清朝满人的"中国认同"——对美国"新清史"的一种回应》(刘凤云、董建中、刘文鹏编：《清代政治与国家认同》，北京，社会科学文献出版社 2012 年版)、定宜庄的《晚清时期满族"国家认同"刍议》(《纪念王锺翰先生百年诞辰学术文集》编委会编：《纪念王锺翰先生百年诞辰学术文集》，北京，中央民族大学出版社 2013 年版) 认识到新清史对于重新研究满人国家认同的重要性，只是所使用的诸多观念和证明方式尚有可议。

虽然历来都有，但是大都属于局部和暂时性的，朝廷有能力应对和解决。可是晚清以来所面对的压力，却让清王朝的统治者感到力不从心，尤其是在捉襟见肘的应对过程中，清朝的君臣逐渐发现，凡是实行郡县制的地方，虽有危机而不易失地，容易控制，否则不但难以有效控制，还会导致动乱分离。

为了根本解决边疆危机造成固有疆域的丧失，清朝不得不改变以藩部拱卫内地的旧制，撤藩建省，加强藩部与内地的联系。原来清朝对于藩部与内地，并无孰轻孰重之别，只是治法不同而已，在某种程度上，还有保留藩部特殊地位的意向。可是藩部的建制在外强的步步紧逼之下显得涣散无力。1884 年，朝野上下在收复新疆后经过几番争议，清廷终于决定撤藩建省。

与稍后的台湾建省有所不同，后者只是在原来的府州县基础上升格为省，新疆建省则是内部改军府制为州县制，整体上意味着清朝放弃所谓内亚化的藩属体制，朝着将所有统治区域变为中华体制迈出了重要的一步，清国与中国，逐渐浑然一体。继此之后，清廷将满人视为禁脔的龙兴之地也改为直省，并相继启动蒙古建省和西藏改制。只是尚未完成，清王朝即寿终正寝。

行省制始于元代，明朝延续，清因明制，原本并非一级行政架构，而是皇权的分身，与部院的分事而治相互呼应，为内外相维的分地而治。新疆建省，使得清中叶以来行省逐渐变成直省的趋势进一步强化，省的地位与作用日益凸显。与藩属的因人而治不同，直省的分地而治与近代国家较为接近，不论是何人，只要居住在同一地区，就具有同等权利和地位。民族统一，意味着融合成为共同的国族。这样的观念和制度，在国民政府时期得到延续。

正是由于这样的变化，使得清皇室在革命浪潮的冲击下，能够接受退位交权以保持留在中国大家庭的身份。他们当然希望自己仍然是清国的统治者，并不情愿成为一般国民，可是，如果必须放弃政权、皇位和帝制，才能留在中国，避免被驱逐，即便国号改成民国，体制改成共和，他们也不做第二选择。这倒不是说他们没有其他的选项，如宗社党和溥仪，就宁可求助于外强，也要千方百计地恢复皇位和帝制，他们的自我身份认同，与其说首先是一般中国人，毋宁说是中国人的征服者和统治者，所以在掌权和归属之间，他们只能在具有统治权的前提下才能接受清国即中国的身份。只是这样的满人即使在皇室皇族中间也为数不多，多数满人主动或被动地接受了五族共和成为民国国民的现实。

民国成立后，在京满人组织了满族同进会，"志在联合全国旗人，使京外八旗、满洲、蒙古、汉军人士互相砥砺，一致进行，以享大同之幸福。征求全国各旗人之意见，筹划旗民之生计，帮助政治之进行，增进自治能力，以使同胞享有共和事权之利益为主义"。发起人和赞成人大都是前清的满蒙官员，宗方小太郎列举了正副会长、评议长、评议员、预备评议员、赞成人、名誉赞成人的名单后，认为"可谓已蒐集其同族之人材"[1]。

报道孙中山在京活动较为详细准确的《爱国报》，全名《正宗爱国报》，原来是彭翼仲被发配后由《京话日报》改刊，主编丁宝臣（本名国珍，以字行）是回民，其办报宗旨意在唤起国人，共谋同种幸福，以国土为性命，人人发出一团热力，爱国如命，保卫中华万万年。民初该报与满人关系紧密，成为后者发声的重要园地。满族同进会的评议员春秀，就于孙中山在京期间，在该报发表连载文章申论《国会应设旗人专额议员之理由》，认定立宪国以国民趋向为国家意志，辛亥革命，因为大多数优秀人民主张共和，所以推翻了专制君主。而地大人众的国度，须实行代议制，国会代表各方面势力，上下两院，分别代表国民的普通势力和特别势力。正式国会参议院组织法，议员由各省、蒙古、西藏、中央学会选出，唯独没有旗人，不够公

---

[1] [日]宗方小太郎：《一九一二年中国之政党结社》，章伯锋、顾亚主编：《近代稗海》第12辑，成都，四川人民出版社1988年版，第122—123页。

允。因此满族同进会要求参议院设专额旗人议员，理由是：一，"现在是五族共和，旗人应享的公权，即应当与汉人平等，民国不当歧视"。二，按政治原理，国会是网罗各方面势力以达代表目的的机关，旗人入关二百余年，"在满汉感情上，已经久已融洽多年（排满革命，是外省旗汉人发生的恶感）"，旗人在社会上成为一种特殊势力。现在皇室虽已退位，旗人的特别势力，不可不消纳在国会里，让旗人在议院畅所欲言，免得旗人政治上不得志，别生枝节。"满族同进会所持的理由，不但专为旗人权利方面设想，而且要替民国设想，可称是两全其美。"

参议院不设旗人议员的理由，一是旗人没领土，二是各国无以种族名义列席国会的先例，三是旗人散居各地，可与汉人一起参选，四是旗人特设议员，反倒显出种族畛域。但在春秀看来，仔细推敲，各项皆不充分。参议院组织不取纯粹地方代表主义，所以华侨无领土而设议员；旗人满蒙汉人全有，并非种族名词；旗人集中于直隶等个别省份，分地选举，名额有限，旗人难以当选；旗人议员与汉人同立一堂，可以融洽感情，调和意见，消除畛域。

有鉴于此，满族同进三次上书大总统请愿，以争公权，并提案于参议院，得到大总统、国务员和多数参议员的赞成。"兄弟这篇议论，所为告知我们旗人，须知参政这件事，是人民在国法上应享的权利，得之则荣，不得则辱。"如果将来旗人没有国会议员，"我们旗人，在中华民国，没有说话的权柄，事事得听人的喝，受人的处分，听人喝受人处分，即是奴隶，不能算完全的国民。请看印度在英国，波兰在俄国，朝鲜人在日本，何尝有参政权。要而言之，我旗人获得此权则生，获不得此权则死。如不幸此案被参议院打消，我旗人务必再接再厉，虽请求至万次，亦不达目的不止"。为此，满族同进会发起旗人参政预备团，"一来为将来继续要求的后盾，二来为预备将来选举的机关，凡京外旗人，皆可加入"。[1]

　　春秀及满族同进会的政治诉求，不但完全接受了民国的政治架构，而且积极参与其中。逊清皇室和满人的表现，得到一般国民的认可。民元 10 月，北京举行国庆纪念活动，"纪念会以共和成立虽系南方革命志士发明提倡之功，而赞成共和者亦不可忽，昨特由该会总理陈家鼎函请民族大同会恒钧氏来会办事，并请将前清逊位之隆裕太后及摄政王像片送来高悬，俾国民瞻仰，以示大同，而彰美德"[2]。共和纪念会的主办者还先期致函前清皇室，请其派员莅会，内称："敬启者：敝会于十月初十、十一、十二三日举行国庆大典，已蒙各国驻京人员到会参观，敝会不胜荣幸。兹特肃函恭请贵太后、贵皇帝俯派代表莅会，共襄盛举，不但敝会增无量之光荣，即五族人民亦均受无穷之幸福。"

　　纪念会盛况空前。"是日赴会者三十余万之多，琉璃厂会场东西口均有松花牌楼。东牌楼有四大字曰：普天同庆；西牌楼有四大字曰：万邦协和。琉璃厂窑为开会地点，当中为追祭坛，上有灵牌，大书中华民国为国死事诸君灵位。台前有大运动场，周围一百余丈，场之南口曰得胜门。追祭坛之东为武德场，为体育会、汇文学校、高等师范附属中学校及协和医学校所建修。其西北为剧场，乃新剧团演剧之所。西南有招待场，为招待各团及诸先烈家属之处。迤西院内，有革命伟人、死义先烈之肖像及各处起义之纪念品。外有黄鹤楼，为女子师范学校所制，其前门内外有四大松花牌楼。门外中间之牌楼有四大字曰：于万斯年；东边牌楼上之四大字曰：尊重人道；西边牌楼之四大字曰：发扬国光；门内牌楼之前面，将隆裕太后宣布共和之明诏大书于上，其后面有四大字曰：五族同庆。"[3]

---

[1]　春秀：《国会应设旗人专额议员之理由》（来稿），《爱国报》第 2058、2060、2061 号，
　　1912 年 9 月 13、15、16 日，均第 1、2 版，"演说"。
[2]　《筹备声中之共和纪念会·满族之光荣》，《申报》1912 年 10 月 14 日，第 3 版，"要闻一"。
[3]　《国庆日纪事种种·共和纪念会之盛况》，《申报》1912 年 10 月 17 日，第 3 版，"要闻一"。

从撤藩建省到融入共和，清皇室和旗人在外强压迫和世界潮流的鼓荡之下，逐渐主动或被迫进行相应的改变。在此过程中，掌握晚清大权长达四十年之久的慈禧起了至关重要的作用，她不仅确立了撤藩建省的取向，也使得满人的汉化大幅度加强。据说慈禧不通满语，又重用汉臣，以至于坊间风传其本是汉家女。受其主导，清皇室为维护其特性而进行的教育渐被忽视闲置，恽毓鼎记：

> 自光绪二十年以后，裁撤上书房，近支子弟皆不令读书，年十六七，即华服骏马，出而驰逐，目不睹圣贤之论，耳不闻正人之言，志趣才识，何从高远？迨醇王监国，复遍布为行政长官，谀谄面谀，与之俱化，遂酿成今日现象。当江汉事起，不过一隅之乱耳，而纷纷提取现银数千万，辇而纳诸外国银行，市面为之窘滞。租界一席地，争先恐后，借以藏身。士民为之动摇，外国为之齿冷。抱头痛哭，不展一筹；儿女情长，英雄气短。项城得乘间而入，唯所欲为。以此沦亡，自贻伊戚。种瓜得瓜，种豆得豆，亲贵已播亡国之种，安得不收亡国之果乎？余三年怨气，只博得今日万点啼痕耳。[1]

恽毓鼎是讲官，又是汉人，关注重点只在读书与否。而上书房作为近支子弟的读书之所，目的不仅是一般的社会化，更要维持宗室作为统治者的特性。上书房的存废，对于皇室的身份认同转变可谓至关重要。[2]

新清史围绕汉化与否的问题所展开的争论，赞同与反对的各方，

---

[1] 恽毓鼎著，史晓风整理：《恽毓鼎澄斋日记》(2)，第574页。

[2] 虽然平行比较并非历史研究的正途，也有当否之别。或者将慈禧与英国女王相比较，实则前者更适宜与其同龄人奥匈帝国的伊丽莎白皇后进行对比。相比于奥匈帝国的解体及其皇室成员的悲惨下场，清朝能够基本完整地过渡到民国，在人类历史上的确非比寻常。就此而论，慈禧和伊丽莎白各自的实际作为及留存形象之间，反差过大。

多少都受到晚清民族主义意识乃至二十世纪五十年代以来民族识别
后中国民族观念与现实的制约。其实，所谓汉化，只能理解为陈寅
恪论魏晋南北朝时期汉化与胡化的意思，而不能将汉视为一族。历
史上的所谓汉，只是大概的指称，并无明确的所指。元代有蒙古、
色目、汉人、南人之分，汉人与今日的汉族并不对等。清朝本是旗
民分治，旗人包括满、蒙、汉，而民人更不仅是汉人。晚清受域外
民族主义影响，加上人种和种族思想的作用，满汉差别和矛盾凸显。
在反清排满宣传的鼓动下，旗民分治日益演化为满汉冲突。[1]

　　民初五族共和，政府并不强调族裔之分，而主张民族同化，各
民族的分别，只是大而化之，恰如五族只是象征意义，地的权重明
显大于人。二十世纪五十年代以后，实行民族识别，按照后设的标准，
对占人口总数百分之十的所谓少数民族加以识别，数十年共识别出
五十五个民族，其中问题很多，争议不断，尤其是对于占人口百分
之九十的人群未经任何识别，就统名之为汉族。实际上，大体而
言，中国版图内的人群大别为二，即所谓汉族与少数民族，究其渊
源，归根到底不过是已经同化和尚未同化的差别，汉族并非同源，为
一大杂种，民族共同始祖的提出，正是为了便于来源各异的人群认祖
归宗。

　　在满汉冲突的背景下，混一的汉被认为一族，失去了原来作为
混同载体的功能。如果说历史上的汉化与胡化是以文化论种族的重
要体现，那么中华民族概念的提出，恰是对于强化民族分别的纠偏
以及汉被视为一族的替代。中华与汉，其实是不同历史时期指向相
似的集合概念，所谓中华民族与汉族，只是范围有别，而非族类有
异。原来大体自我认同或被他者指为同类的是汉，如今则变成中华。[2]

---

[1] 关于满人的称谓及其演变，参见定宜庄：《清末民初的"满洲""旗族"和"满族"》，《清
　　华大学学报（哲学社会科学版）》2016 年第 2 期。该文关于汉的部分，不无可议。

[2] 参见桑兵：《中国的"民族"与"边疆"问题》，《中山大学学报（社会科学版）》2012 年
　　第 6 期。

换言之，历史上的汉化并非以一族同化其他，而是不同文化趋向高明或强势，其间各族并非放弃自我变成他者，而是改变独异融入一体。所谓一体，本来是各族融合的共体，可是在历史发展进程中，越来越被标识为一族，而与其他同源却尚未完全融合的部分成为异体。于是，不得不另以中华民族取代汉为共体名称，以利于民族文化的同化。纯然用域外民族文化理论加以解读，势必扭曲中国的本相。

清皇室和旗人对中华及五族共和身份的认同，成为民族同化和疆域统一的重要机缘。不幸的是，小皇帝身边的一些人各逞私欲，争权夺利，妄图借清帝重归大位实现各自的政治野心，让逊位者卷入张勋复辟的闹剧和伪满洲国的丑剧，不仅使得清皇室和满人的优待条件被废止，应验了隆裕太后当年的担忧，更背上了卖国求荣的千古骂名。尽管如此，追随而去的满人皇族毕竟是极少数，而汉人官员如郑孝胥等，与其说是忠于清室，毋宁说以皇权为一己私利的载舟。在中国历史上，向心与离心的倾向始终并存，越近文化的边陲，分歧越是明显。只是不宜一味放大离心的表现，忽略了向心始终占据主导，不要被若即若离的现象所蒙蔽，有意无意地对不离不弃的事实视而不见或故作别解。

从民元孙中山北上与逊清皇室的交往活动可以看出，以清帝退位下台的方式结束战事，建立民国，维系统一，虽然未必是各自心中的理想结局，却是能够同时为各方所接受的折中方案。正因为各自为此付出了相当的代价，因而对于民国的前景均有所期待寄望。只是后来事态的发展变化，使得各方逐渐淡忘了当年相逢一笑、把酒言欢的融洽，越来越释放出所做出的牺牲是否值得的疑虑。伴随着不断革命的步伐，胜利者反复回到清帝退位之前的历史选择，重新构造各自的理想模式。而退隐一方则日渐淡出历史舞台，成为仅仅留下背影的所谓失语者。这样的历史记忆浸透到历史认识之中，令人多了几分后来脱离实情的遐想，少了几分当时不得不然的无奈。

无论对于历史有多少解读的方式，包括历史的事实是否能够认知，如何正视历史，尤其是如何正视得了历史，仍是考验人们智慧、功力和耐心的一大衡鉴。

人名索引

征引文献

一 报刊

《大公报》（天津）

《大共和日报》

《东方杂志》

《国民公报》

《经纬报》

《临时公报》

《临时政府公报》

《民报》

《民立报》

《申报》

《神州日报》

《盛京时报》

《时报》

《时事新报》

《顺天时报》

《天铎报》

《新闻报》

《政府公报》

《中国革命记》

二 一般文籍

1. 《胡汉民自传》，中国社会科学院近代史研究所近代史资料编辑组编：《近代史资料》总45号，北京，中国社会科学出版社1981年版。

2. 《孟宪彝日记》，李德龙、俞冰主编：《历代日记丛钞》第161册，北京，学苑出版社2006年版。

3. 《沈家本日记》，沈家本撰，韩延龙、刘海丰、沈厚铎等整理：《沈家本未刻书集纂补编》，北京，中国社会科学出版社2006年版。

4. 《汤化龙行状》，中国社会科学院近代史研究所近代史资料编辑室编：《近代史资料》总70号，北京，中国社会科学出版社1988年版。

5. 《严修日记》编辑委员会编：《严修日记》，天津，南开大学出版社2001年版。

6. 《张季子九录·政闻录》，上海，中华书局1931年版。

7. 《张謇全集》编纂委员会编：《张謇全集》，上海辞书出版社2012年版。

8. 《最近官绅履历汇录》第1集，北京，敷文社1920年版。

9. [澳]骆惠敏编，刘桂梁、邹震、张广学、石坚译，严四光、俞振基校：《清末民初政情内幕——〈泰晤士报〉驻北京记者、袁世凯政治顾问乔·厄·莫理循书信集 上卷（1895—1912）》，北京，知识出版社1986年版。

10. [日]波多野善大：《辛亥革命の南北议和と汪兆铭》，龙谷大学东洋史学研究会：《小野胜年博士颂寿记念东方学论集》，京都，朋友书店1982年版。

11. [日]宗方小太郎：《一九一二年中国之政党结社》，章伯锋、顾亚主编：《近代稗海》第12辑，成都，四川人民出版社1988年版。

12. 北京大学图书馆馆藏稿本丛书编委会编辑：《北京大学图书馆

馆藏稿本丛书·汪荣宝日记》，天津古籍出版社 1987 年版。

13. 北京市档案馆编：《那桐日记》，北京，新华出版社 2006 年版。

14. 渤海寿臣辑：《辛亥革命始末记》，沈云龙主编：《近代中国史料丛刊》（420），台北，文海出版社 1969 年版。

15. 曹伯言整理：《胡适日记全编》，合肥，安徽教育出版社 2001 年版。

16. 陈春华、郭兴仁、王远大译：《俄国外交文书选译（有关中国部分 1911.5—1912.5）》，北京，中华书局 1988 年版。

17. 陈美延编：《陈寅恪集·寒柳堂集》，北京，生活·读书·新知三联书店 2001 年版。

18. 陈鹏仁译：《孙中山先生与日本友人》，台北，水牛图书出版事业有限公司 1990 年版。

19. 陈锡祺主编：《孙中山年谱长编》，北京，中华书局 1991 年版。

20. 丁文江、赵丰田编：《梁启超年谱长编》，上海人民出版社 1983 年版。

21. 丁贤俊、陈铮：《唐绍仪与辛亥南北议和》，《历史研究》1990 年第 3 期。

22. 丁贤俊、喻作凤编：《伍廷芳集》，北京，中华书局 1993 年版。

23. 定宜庄：《清末民初的"满洲""旗族"和"满族"》，《清华大学学报（哲学社会科学版）》2016 年第 2 期。

24. 定宜庄：《晚清时期满族"国家认同"刍议》，《纪念王锺翰先生百年诞辰学术文集》编委会编：《纪念王锺翰先生百年诞辰学术文集》，北京，中央民族大学出版社 2013 年版。

25. 杜春和编：《张国淦文集》，北京，燕山出版社 2000 年版。

26. 段云章编著：《孙文与日本史事编年》（增订本），广州，广东人民出版社 2011 年版。

27. 高平叔编：《蔡元培全集》第二卷，北京，中华书局 1984 年版。

28. 高平叔编：《蔡元培全集》第七卷，北京，中华书局 1989 年版。

29. 关晓红：《晚清学部研究》，广州，广东教育出版社 2000 年版。

30. 观渡庐编：《共和关键录》第 1、2 编，上海，著易堂书局 1912 年版。

31. 广东省社会科学院历史研究室、中国社会科学院近代史研究所中华民国史研究室、中山大学历史系孙中山研究室合编：《孙中山全集》第 1 卷，北京，中华书局 1981 年版。

32. 中国社会科学院近代史研究所中华民国史研究室、中山大学历史系孙中山研究室、广东省社会科学院历史研究室合编：《孙中山全集》第 2 卷，北京，中华书局 1986 年版。

33. 广东省社会科学院历史研究室、中山大学历史系孙中山研究室、广东省中山县翠亨孙中山故居编：《纪念孙中山先生》，北京，文物出版社 1981 年版。

34. 国家图书馆善本部编：《赵凤昌藏札》，北京，国家图书馆出版社 2009 年版。

35. 韩策、崔学森整理，王晓秋审订：《汪荣宝日记》，北京，中华书局 2013 年版。

36. 韩信夫、姜克夫主编：《中华民国史·大事记》第 1 卷，北京，中华书局 2011 年版。

37. 侯宜杰：《二十世纪初中国政治改革风潮——清末立宪运动史》，北京，人民出版社 1993 年版。

38. 胡滨译：《英国蓝皮书有关辛亥革命资料选译》，北京，中华书局 1984 年版。

39. 胡绳武、金冲及：《辛亥革命史稿》第四卷，上海人民出版社 1991 年版。

40. 黄兴涛：《清朝满人的“中国认同”——对美国“新清史”的一种回应》，刘凤云、董建中、刘文鹏编：《清代政治与国家认同》，北京，社会科学文献出版社 2012 年版。

41. 金冲及、胡绳武：《辛亥革命史稿》第三卷，上海人民出版社 1991 年版。

42. 金衡钟：《1911年的汪精卫、杨度与国事共济会》，中国社会科学院近代史研究所政治史研究室、杭州师大浙江省民国浙江史研究中心编：《中国社会科学论坛文集·政治精英与近代中国》，北京，中国社会科学出版社2013年版。

43. 金友之：《孙中山先生会见逊清摄政王载沣小记》，《团结报》1982年10月16日。

44. 李国镛：《李国镛自述》，中国社会科学院近代史研究所近代史资料编辑部编：《近代史资料·辛亥革命资料》第25册，北京，知识产权出版社2006年版。

45. 李廷江：《日本财界与辛亥革命》，北京，中国社会科学出版社1994年版。

46. 梁启超：《饮冰室合集》文集之三十五，北京，中华书局1989年版。

47. 刘晴波编：《杨度集》，长沙，湖南人民出版社1986年版。

48. 刘宗汉：《孙中山拜会清室总管内务府大臣世续记闻》，《北京文史》2009年第2期。

49. 骆宝善、刘路生主编：《袁世凯全集》，开封，河南大学出版社2013年版。

50. 毛注青编著：《黄兴年谱长编》，北京，中华书局1991年版。

51. 荣孟源、章伯锋主编：《近代稗海》第3辑，成都，四川人民出版社1985年版。

52. 桑兵：《中国的"民族"与"边疆"问题》，《中山大学学报（社会科学版）》2012年第6期。

53. 桑兵主编：《各方致孙中山函电汇编》，北京，社会科学文献出版社2012年版。

54. 上海社会科学院历史研究所编：《辛亥革命在上海史料选辑》，上海人民出版社1981年版。

55. 绍英著：《绍英日记》，北京，国家图书馆出版社2009年版。

56. 史洪智编：《日本法学博士与近代中国资料辑要（1898—

1919）》，上海人民出版社 2014 年版。

57. 汤志钧主编：《近代上海大事记》，上海辞书出版社 1989 年版。

58. 王春林：《爱国与保身：辛亥革命期间的亲贵捐输》，《清史研究》
    2012 年第 1 期。

59. 王晓秋：《清末京城立宪派与辛亥革命》，《明清论丛》第 11 辑，
    2012 年。

60. 王晓秋：《试论清末京城立宪派》，《北京社会科学》2009 年第
    3 期。

61. 闻少华辑：《国事共济会资料》，中国社会科学院近代史研究所
    近代史资料编辑组编：《近代史资料》总 51 号，北京，中国社
    会科学出版社 1983 年版。

62. 闻少华：《汪精卫与"国事共济会"》，《南开学报（哲学社会科
    学版）》1985 年第 3 期。

63. 闻少华、丁贤俊：《辛亥革命时期的一个投降派——汪精卫》，《吉
    林大学社会科学学报》1975 年第 6 期。

64. 武昌辛亥革命研究中心组编，严昌洪主编，王兴科、何广编：《辛
    亥革命史事长编》第 8 册，武汉出版社 2011 年版。

65. 武昌辛亥革命研究中心组编，严昌洪主编，梁华平、严威编：《辛
    亥革命史事长编》第 9 册，武汉出版社 2011 年版。

66. 许恪儒整理：《许宝蘅日记》，北京，中华书局 2010 年版。

67. 严修自订，高凌雯补，严仁曾增编，王承礼辑注，张平宇参校：
    《严修年谱》，济南，齐鲁书社 1990 年版。

68. 叶至善、叶至美、叶至诚编：《叶圣陶集》第 19 卷，南京，江
    苏教育出版社 2004 年版。

69. 佚名辑：《宣统政纪》，沈云龙主编：《近代中国史料丛刊三编》
    （180），台北，文海出版社 1989 年版。

70. 易国幹、宗彝、陈邦镇辑：《黎副总统政书》，上海，古今图书
    局 1915 年版。

71. 恽毓鼎著，史晓风整理：《恽毓鼎澄斋日记》，杭州，浙江古籍出版社 2004 年版。

72. 张国福选编：《参议院议事录、参议院议决案汇编》，北京大学出版社 1989 年版。

73. 张国淦编：《辛亥革命史料》，上海，龙门联合书局 1958 年版；沈云龙主编：《近代中国史料丛刊续编》（252），台北，文海出版社 1976 年版。

74. 张海鹏、李细珠：《中国近代通史》第五卷《新政、立宪与辛亥革命（1901—1912）》，南京，江苏人民出版社 2006 年版。

75. 张謇研究中心、南通市图书馆编：《张謇全集》，南京，江苏古籍出版社 1994 年版。

76. 张君劢：《我心理上国会之死刑宣告》，《申报·国庆纪念增刊》1923 年 10 月 10 日。

77. 张晓辉、苏苑：《唐绍仪传》，珠海出版社 2004 年版。

78. 章开沅、林增平主编：《辛亥革命史》下册，北京，人民出版社 1981 年版。

79. 章开沅、罗福惠、严昌洪主编：《辛亥革命史资料新编》，武汉，湖北人民出版社 2006 年版。

80. 章开沅：《开拓者的足迹——张謇传稿》，北京，中华书局 1986 年版。

81. 赵林凤：《汪荣宝评传》，南京大学出版社 2012 年版。

82. 中国第二历史档案馆编：《中华民国史档案资料汇编》第二辑《南京临时政府》，南京，江苏人民出版社 1981 年版。

83. 中国科学院近代史研究所史料编译组编辑：《近代史资料·辛亥革命资料》，北京，中华书局 1961 年版。

84. 中国人民政治协商会议全国委员会文史资料研究委员会编：《辛亥革命回忆录》第 6 册，北京，文史资料出版社 1981 年版。

85. 中国社会科学院近代史研究所《近代史资料》编译室主编：《辛

亥革命资料类编》(《近代史资料》专刊），北京，知识产权出版社 2013 年版。

86. 中国社会科学院近代史研究所中华民国史研究室主编，邹念之编译:《日本外交文书选译——关于辛亥革命》，北京，中国社会科学出版社 1980 年版。

87. 中国史学会编:《中国近代史资料丛刊·辛亥革命》，上海人民出版社 1957 年版。

88. 朱英:《唐绍仪与辛亥南北议和》，《广东社会科学》1989 年第2 期。

图书在版编目(CIP)数据

　　旭日残阳：清帝退位与接收清朝 / 桑兵著.
— 桂林：广西师范大学出版社, 2018.8（2019.4重印）
　　ISBN 978-7-5598-1072-4

　　Ⅰ.①旭… Ⅱ.①桑… Ⅲ.①中国历史－研究－民国
Ⅳ.①K258.07

　　中国版本图书馆CIP数据核字(2018)第160180号

广西师范大学出版社出版发行

　　广西桂林市五里店路9号　邮政编码：541004
　　网址：www.bbtpress.com

出　版　人：张艺兵
责任编辑：张旖旎　罗丹妮
装帧设计：彭振威
内文制作：李丹华

全国新华书店经销
发行热线：010-64284815
山东临沂新华印刷物流集团有限责任公司
　　临沂高新技术产业开发区新华路　邮政编码：276017

开本：1270mm×960mm　1/16
印张：25.75　字数：346千字
2018年11月第1版　2019年4月第2次印刷
定价：76.00元

如发现印装质量问题，影响阅读，请与出版社发行部门联系调换。